Persuasion
Reception and Responsibility

(11th edition)

未名社科·学术面对面

说服
如何聪明地说与听

（第十一版）

[美] 查尔斯·U.拉森（Charles U.Larson） 著
董璐　周丽锦　译

北京大学出版社
PEKING UNIVERSITY PRESS

著作权合同登记号　图字:01-2007-5991
图书在版编目(CIP)数据

说服:如何聪明地说与听:第十一版/(美)查尔斯·U.拉森(Charles U.Larson)著;董璐,周丽锦译.—北京:北京大学出版社,2017.9
（未名社科·学术面对面）
ISBN 978-7-301-28825-2

Ⅰ.①说… Ⅱ.①查…②董…③周… Ⅲ.①说服—语言艺术—通俗读物 Ⅳ.①H019-49

中国版本图书馆CIP数据核字(2017)第236274号

Persuasion: Reception and Responsibility, 11e
Charles U. Larson

Copyright © 2007 Wadsworth, a part of Cengage Learning.
Original edition published by Cengage Learning. All Rights reserved. 本书原版由圣智学习出版公司出版。版权所有,盗印必究。

Peking University Press is authorized by Cengage Learning to publish and distribute exclusively this simplified Chinese edition. This edition is authorized for sale in the People's Republic of China only (excluding Hong Kong, Macao SAR and Taiwan). Unauthorized export of this edition is a violation of the Copyright Act. No part of this publication may be reproduced or distributed by any means, or stored in a database or retrieval system, without the prior written permission of the publisher.

本书中文简体字翻译版由圣智学习出版公司授权北京大学出版社独家出版发行。此版本仅限在中华人民共和国境内(不包括中国香港、澳门特别行政区及中国台湾)销售。未经授权的本书出口将被视为违反版权法的行为。未经出版者预先书面许可,不得以任何方式复制或发行本书的任何部分。
978-7-301-28825-2

Cengage Learning Asia Pte. Ltd.
151 Lorong Chuan, #02-08 New Tech Park, Singapore 556741

本书封面贴有 Cengage Learning 防伪标签,无标签者不得销售。

书　　　　名	说服:如何聪明地说与听(第十一版) SHUOFU: RUHE CONGMING DE SHUO YU TING
著作责任者	〔美〕查尔斯·U.拉森(Charles U.Larson) 著　董　璐　周丽锦 译
责任编辑	武　岳
标准书号	ISBN 978-7-301-28825-2
出版发行	北京大学出版社
地　　　　址	北京市海淀区成府路205号　100871
网　　　　址	http://www.pup.cn
电子信箱	ss@pup.pku.edu.cn
新浪微博	@北京大学出版社　　@未名社科-北大图书
电　　　　话	邮购部62752015　发行部62750672　编辑部62765016
印　刷　者	北京富生印刷厂
经　销　者	新华书店
	787毫米×1092毫米　16开本　23印张　490千字 2017年9月第1版　2017年9月第1次印刷
定　　　　价	75.00元

未经许可,不得以任何方式复制或抄袭本书之部分或全部内容。
版权所有,侵权必究
举报电话: 010-62752024　电子信箱: fd@pup.pku.edu.cn
图书如有印装质量问题,请与出版部联系,电话: 010-62756370

前　　言

我第一次上有关"说服"的课程是面向一个由 50 位大学低年级和高年级学生组成的班级。我无法为学生布置"说服性演讲"的作业,因为这样需要大量的时间,但每个人却只有很少的时间去演说。因而,取而代之的是,我决定从受众的角度来讲授这门课程,说服是消费者们每天要面对的数以千计的劝诱性诉求——有些信息是善意的,而有些则是恶意的。许多说服性信息歪曲或者虚构"事实",进行荒谬的推理论证,几乎不理会伦理道德准则。

找到一本能够用于这个课程的合适的教科书是我在教学中所遇到的主要难题。当时市面上所有的说服方面的图书,都是聚焦于培训如何"生产"说服的。因而,我决定特地为说服的"消费者"写一本书。

由此产生了《说服:如何聪明地说与听》(*Persuasion: Reception and Responsibility*)的第一版,而且在我的朋友兼同事迪克·约翰森(Dick Johannesen)和本书的责任编辑贝姬·海登(Becky Hayden)的帮助下,我们发现在讲授说服学的教师中对于如何"消费"说服的图书有着巨大的需求。在这本书刚刚面世的那个时候,《纽约时报》(*New York Times*)就宣称这个时代将如同"脱缰的野马"。这本书从那时开始的确见证了"了不起"的历史。仅仅从自那时起发生的事件中挑出几个思考一下,就可以看到这其中的严重性了:因艾滋病病毒感染而有上百万的人口死亡、恐怖主义现在成为头号敌人,而道德伦理似乎已经被赶到了窗外。从技术层面来看,互联网、电子邮件、博客的使用已经成功地取代了个人电脑、录像带和数字影音光盘,但同时也出现了越来越频繁的个人身份被盗取和其他形式的计算机诈骗等问题。诸如"网络广播""博客""播客""黑莓手机""移动电话""数字视频和音频""iPod""卫星广播"等大量的新术语进入了我们的日常用语。

所有这些事件,还有其他尚未到来的事情,对说服活动产生了影响,并且增加了对于面对凌厉的劝诱攻势而具有批判能力的客户的需求。在第一版发行以来的这些年里,我的同事和学生帮助我不断地修正和更新这本书,指出应该涉及的议题、媒介和技术方面的问题。在他们和汤姆森(Thomson Wadsworth)出版公司的编辑及工作人员的帮助下,我们史无前例地走到了第十一版,我希望它能够使得说服学课程的大学生们变得具有批判性、拥有道德意识、善于质疑,并且时常成为劝诱说服活动的多疑的消费者。

这一版的一些新特征

　　这一版继续保留了之前各版本的卓有成效的特征,并且更新了案例,报告了最新的理论进展。除此之外,这一版呈现了三个至关重要的发展,我认为它们会对说服的世界产生巨大的影响。这些新的发展和它们所隐含的意义将贯穿于这一版的全部十四章。究竟是什么样的发展呢?

　　首先,我们的文化因为种族、民族、宗教、性别偏好、教育和其他领域的差异而对说服的实践和教学活动产生了越来越大的且直接的影响——无论是从说服的生产者还是消费者的角度来看都是如此。纵观这一版,你将会发现大量的案例、练习和研究都涉及有关现今的和未来的我们之间越来越多样的文化所蕴含的含义。

　　其次,我们的世界中的交互性高得令人惊讶,特别是在新媒介领域当中。我们找到了成百上千种新的途径与他人发生互动,从而使我们每个人都变成了记者、编辑、舆论专家以及艺术家,我们拥有着巨量的接收我们的说服的潜在的受众。与此同时,新兴的互动形式开创了吸引作为被说服的客户的我们的新的路径。有人说,我们生活在"媒介时代",其实更确切的说法应该是,我们生活在互动的时代。因而,这本书所纳入的案例、最新的理论发展和练习都涉及我们生活中的互动媒介以及它们已经且将要如何改变说服的面貌——特别是对说服这种人类传播的基本形式中的接收者或消费者产生了什么样的改变。

　　最后,我们的文化正面临着伦理危机。我们可以从大量新近发生的公司丑闻中看到这个危机的端倪,而且我们也正见证着在我们生活中的各个领域所发生的道德沦丧的大爆发,包括在宗教、政治、政府、记者、商业实践、人际关系,甚至是对外政治等领域(例如,道德倒退导致我们在伊拉克的灾难性的战争)。为了讨论道德伦理的危机问题,我对第二章进行了大幅度的修改和更新,而且我在这一版中的每章的后面加上了道德伦理准则的应用练习或案例研究,以供个人或小组探讨。此外,伦理方面的挑战和难题也在文中随处可见。

　　面对说服的客户们需要不断地练习他们的回应能力,从而能够仔细审查扑面而来的说服。为了帮助学生理解本书中所讨论的概念,每一章都是以**学习目标**清单开始的,并以**关键术语**清单作为结束。每一章中也都包含着一个或多个**互动区域**,以帮助学生更好地意识到不断增强的文化多元化和互动性媒介的大爆炸为说服所带来的影响。

　　学生可以使用所有这些内容检测自己对每一章的理解情况,帮助自己管理作为说服的客户的角色,而且理解自己作为数量庞大的信息的持续的接收者所应该承担的责任。

鸣谢

如果没有我的北伊利诺伊大学的同事和学生的帮助,这个版本是无法面世的,特别是迪克·约翰森(后文的理查德·约翰森)和约瑟夫·斯卡德(Joseph Scudder),他们修改了第二、三和四章。我也要向汤姆森出版公司的所有员工表示感谢:从上一版的编辑安妮·米切尔(Annie Mitchell),到不断鼓励我完成这个新版本的本书的出版人霍利·艾伦(Holly Allen),再到资深策划编辑格里尔·罗伊奥德(Greer Lleuad),还有这本书的策划和文字编辑艾丽莎·亚当斯(Elisa Adams),文字编辑雪莉·迪特里希(Sherri Dietrich),以及许多在选题、制作和市场部工作的人。我还要感谢那些审查这个版本,并给出经常的建议的同行,他们是艾克朗大学(University of Akron)的威廉·哈派恩(William D. Harpine)、俄克拉荷马大学(University of Oklahoma)的克劳德·米勒(Claude Miller)和得克萨斯基督教大学(University of Texas Christian)的梅丽莎·扬(Melissa Young)。

最后,我要向将使用这本书的学生和教师表示特别的谢意,并且希望他们能够从对《说服:如何聪明地说与听》一书的第十一版的使用、阅读和讨论中获益。

查尔斯·U. 拉森

目 录

第一部分 理论方面的前提条件

第一章 在当今不断变动的世界中的说服 /5
- 学习目标 /5
- 信息时代的说服 /8
- 科技世界里的说服 /10
- 在充满劝诱的世界中的故弄玄虚之词 /11
- 定义说服：从亚里士多德到精心的可能性模式 /12
- 负责任的说服的标准 /16
- 说服的 SMCR 模式 /16
- 兰克的说服模式 /18
- 一种自我保护的方法 /22
- 回顾和小结 /22
- 关键术语 /23
- 道德伦理准则的应用 /23
- 进一步思考的问题 /24

第二章 对说服中的道德伦理的观察 理查德·约翰森 /26
- 学习目标 /27
- 道德责任 /29
- 顺应受众 /30
- 有关最终目标和中间手段的伦理 /30
- 道德伦理的重要性 /31
- 接收者的伦理责任 /32
- 道德伦理的一些维度 /34
- 黄金准则和白金原则 /39
- 政治性说服的伦理标准 /40
- 商业广告的伦理标准 /42
- 有关故意的模棱两可和含糊不清中的伦理问题 /44
- 非语言符号传播的伦理 /45

道德拒绝中的伦理问题 /46
种族歧视或性别歧视语言中的伦理问题 /48
一些女性主义者的关于说服的观点 /49
赛博空间中的伦理标准 /50
道德伦理和个性特征 /52
提升道德判断力 /54
回顾和小结 /55
关键术语 /55
道德伦理准则的应用 /56
进一步思考的问题 /56

第三章 以传统的和人文主义的路径理解说服 约瑟夫·斯卡德 /57
学习目标 /57
亚里士多德的《修辞术》 /58
柏拉图的对话路径 /64
斯科特的认知路径 /65
费舍尔的叙事路径 /66
以权力为导向的路径 /68
回顾和小结 /73
关键术语 /73
道德伦理准则的应用 /73
进一步思考的问题 /74

第四章 以社会科学的方法理解说服 约瑟夫·斯卡德 /75
学习目标 /75
双重过程理论 /76
有关说服的变量分析方法 /81
另外一些双重过程模式 /90
有关赢得顺从的观点 /98
回顾和小结 /100
关键术语 /101
道德伦理准则的应用 /102
进一步思考的问题 /102

第五章 符号的创制、应用和误用 /103
学习目标 /103
英语语言的力量 /105
语言、修辞术和象征性行为 /107

朗格研究语言应用的路径……/109
普通语义学和语言的应用……/110
伯克研究语言应用的路径……/113
研究语言应用的符号学路径……/115
回顾和小结……/117
关键术语……/118
道德伦理准则的应用……/118
进一步思考的问题……/118

第六章 用于分析语言和其他说服性符号的工具……/120
学习目标……/120
功能维度:词语做了些什么?……/122
语义维度:词语有什么含义?……/124
主题维度:词语表达了什么感觉?……/124
象征性表达的力量……/125
分析说服性符号的工具……/127
注意倾听语言中暗藏的线索……/139
回顾和小结……/141
关键术语……/142
道德伦理准则的应用……/142
进一步思考的问题……/142

第二部分 确定产生说服力的首要前提条件

第七章 心理的或过程性前提条件:激励和情绪工具……/147
学习目标……/147
需求:第一个过程性前提……/149
情绪:第二个过程性前提……/161
态度:第三个过程性前提……/166
一致性:第四个过程性前提……/171
回顾和小结……/176
关键术语……/177
道德伦理准则的应用……/177
进一步思考的问题……/178

第八章 说服的内容性或逻辑性前提条件……/179
学习目标……/180

什么是证明？……………………………………………………………… /181
证据的类型………………………………………………………………… /182
推理的类型………………………………………………………………… /187
对推理形式和证据的误用………………………………………………… /191
说服中的常见谬误………………………………………………………… /193
逻辑三段论………………………………………………………………… /195
图尔明公式………………………………………………………………… /198
回顾和小结………………………………………………………………… /201
关键术语…………………………………………………………………… /202
道德伦理准则的应用……………………………………………………… /202
进一步思考的问题………………………………………………………… /203

第九章　说服中的文化前提条件 /204

学习目标…………………………………………………………………… /205
文化模式…………………………………………………………………… /206
文化的想象和神话………………………………………………………… /208
瑞奇的文化寓言…………………………………………………………… /213
男性的男人和女性的女人………………………………………………… /216
想象作为文化前提条件…………………………………………………… /218
美国的价值体系…………………………………………………………… /220
回顾和小结………………………………………………………………… /223
关键术语…………………………………………………………………… /224
道德伦理准则的应用……………………………………………………… /224
进一步思考的问题………………………………………………………… /225

第十章　说服中的非语言符号 /226

学习目标…………………………………………………………………… /226
非语言符号的渠道………………………………………………………… /227
非语言符号传播中的性别差异…………………………………………… /236
方言………………………………………………………………………… /237
非语言符号手段的使用…………………………………………………… /238
其他非语言符号信息……………………………………………………… /239
回顾和小结………………………………………………………………… /240
关键术语…………………………………………………………………… /241
道德伦理准则的应用……………………………………………………… /241
进一步思考的问题………………………………………………………… /241

第三部分　对说服性前提条件的运用

第十一章　说服性传播攻势或运动…………………………/245
- 学习目标…………………………………………………/245
- 传播攻势是系统性的传播活动…………………………/247
- 传播攻势与单发说服性信息的对比……………………/247
- 各种传播攻势之间的相似之处…………………………/248
- 传播攻势的目标、战略和战术…………………………/248
- 传播攻势中的发展阶段…………………………………/249
- 回顾和小结………………………………………………/265
- 关键术语…………………………………………………/266
- 道德伦理准则的应用……………………………………/266
- 进一步思考的问题………………………………………/267

第十二章　成为一个说服者…………………………………/268
- 学习目标…………………………………………………/269
- 受众分析：了解你的受众………………………………/270
- 受众的人口统计学数据…………………………………/271
- 组织的形式………………………………………………/274
- 论据的形式………………………………………………/278
- 构建可信度………………………………………………/280
- 遣词造句…………………………………………………/281
- 传递信息…………………………………………………/284
- 说服的常用手法…………………………………………/286
- 回顾和小结………………………………………………/290
- 关键术语…………………………………………………/290
- 道德伦理准则的应用……………………………………/291
- 进一步思考的问题………………………………………/291

第十三章　现代媒介和说服…………………………………/292
- 学习目标…………………………………………………/293
- 媒介的革新………………………………………………/293
- 施瓦茨关于媒介使用的观点……………………………/297
- 麦克卢汉关于媒介使用的观点…………………………/301
- 使用与满足理论…………………………………………/304
- 议程设置…………………………………………………/305
- 新闻操控和说服…………………………………………/307

因特网和说服……………………………………………………… /308
　　回顾和小结………………………………………………………… /311
　　关键术语…………………………………………………………… /312
　　道德伦理准则的应用……………………………………………… /312
　　进一步思考的问题………………………………………………… /313

第十四章　在广告和整合营销传播中运用说服性前提条件……… /314
　　学习目标…………………………………………………………… /315
　　广告、促销和品牌定位…………………………………………… /316
　　过度传播的社会的问题…………………………………………… /320
　　进入消费者的头脑：广告研究…………………………………… /324
　　从研究到文案：广告的语言……………………………………… /329
　　广告中的含糊其辞………………………………………………… /329
　　广告中欺骗性的断言……………………………………………… /331
　　世界的变化：广告的言外之意…………………………………… /333
　　广告中的诉诸性感和潜意识说服………………………………… /335
　　回顾和小结………………………………………………………… /339
　　关键术语…………………………………………………………… /339
　　道德伦理准则的应用……………………………………………… /340
　　进一步思考的问题………………………………………………… /340

参考文献……………………………………………………………… /342

后记…………………………………………………………………… /357

第一部分

理论方面的前提条件

说服如同正在演奏的摇滚乐。它不仅摇动我们个人的世界,而且震动着围绕我们的整个世界。说服既改变了我们的世界,也展现了世界改变我们的方式。说服是有关选择的问题。理解说服可以帮助我们做出更恰当的选择,对我们生活在这个不断变动的世界中也十分必要。正如马丁·路德·金(Martin Luther King, Jr.)所阐明的——通过说服活动社会将会成为一个更好的地方,说服学能够使得世界变得更加美好,这一点是显而易见的。

遗憾的是,说服也有阴暗的一面。我们生活在美国社会重新构建的时期。现在,我们面对着不同类型的敌人,而且他们可能带来不同类型的影响,以前这一切在这个国家都是尚不存在的。而且,说服活动远比美国和西方世界——包括今天的全球——更为宏大。社会的重新构建所面临的更为困难的任务,一直都是在我们的主要制度中恢复信任的难题。而且,对美国作为商业领导者的信任也已经发生了动摇。华尔街在美国精锐的会计师事务所的协助下,运用说服术去弥合这些年来公司的谎言,而安然公司(Enron)①的如瀑布一般倾泻而来的会计事务丑闻和内幕交易只是被展现了冰山一角而已。随着不断被揭露出来的神职人员与未成年人之间不正当的性关系丑闻,对于宗教机构的信任也被摧毁了。违背道德准则的问题甚至涉及玛莎·斯图尔特(Martha Stewart)和她的家庭用品制造企业。

对于我们理解说服的另一个挑战涉及新兴的、影响力巨大的高科技的引入和迅速采用,例如个人电脑和大量过时的技术的数字化。而且,我们正在开发各个领域的虚拟现实。简便易行且即时的全球传播对我们的影响是史无前例的。运营商业、处理国内和国际政治、与人交往,甚至是构建文化的传统的方式,都随着几乎是人类活动的所有领域的全球化而变得陈旧落伍了。

---

① 安然公司曾是全球最大的能源公司,在2001年12月2日突然向纽约破产法院申请破产保护,成为美国历史上第二大企业破产案。其破产和相关丑闻的曝光,严重挫伤了美国的经济,并且重创了投资者和公众的信心。——译者注

例如,我们需要具有在线购买、销售、贸易和竞价的能力,要拥有与一系列在全球范围内活动的实体,诸如股票交易所和商品市场、航空公司,以及朋友、亲戚、陌生人,甚至是地球上所有政府不断沟通的能力。而且,我们每天24小时、每周7天都要做到这些。

但是,在所有这些变化中,说服从方方面面来看都是永恒的。事实上,说服已经成为经济、政治、宗教、商业以及甚至是从人类开始发生互动就存在的人际交往领域的最大公分母了。不过,在此之前,说服术还没有成为对我们的日常生活有着如此影响潜力的工具,也不是实现许多——或是有益或是有害的——目的的手段,并且也没有不间断地呈现在我们不眠的生活中的每时每刻。现在,我们所面对的世界是建立在说服力量的基础之上的。

我们需要走近我们日常生活中大量存在的说服,并且意识到从其核心来看,说服无论对于劝说者还是接收者来说都是一项符号象征活动。我们在商业交往、人际往来、家庭生活、政治活动和国际关系中使用符号——通常是字词或图像。说服从根本上体现了民主和人本式的力图影响他人的努力,从而使得他们能够采取某些特定的行动,例如购买、投票、与他人合作等,而不是强迫或逼迫他们去做这些。在大部分情况下,说服运用或是理性或是感性的手段去实现所渴求的目标,而不是诉诸武力。新近的研究和理论指出,我们往往小心翼翼且挑剔地对待理性说服,但是在处理大部分感性说服的时候则不那么严苛。但是,在这两种情况中,无论是顺应逻辑的说服还是诉诸情感的说服,都是努力提供给我们采取行动的"充足的理由"。这些充足的理由必须通过恰当的媒介——无论是"一对一"的人际传播,还是诸如当代媒介那样的"一对多"的传播形式——传送给接收者。而且,这些充分的理由必须是符合社会和文化的规范和价值标准的。

在你阅读这本书的时候,我希望你在一些重要的方面有所改变。在我们所生活的世界中,各种类型的说服性信息持续不断地为我们的关注、信任和行动而竞争。进而言之,我们所生活的这个令人激动的时代在很大程度上是依赖于成功的说服的,而且我们用在接受说服方面的时间比起发出说服要多得多。我们主要扮演的是被说服者或者是说服性信息的接收者或消费者的角色。因此,这本书和这门课程的目标,就是使你成为一个更具有批判性和更负责的说服信息的用户。

通过某些途径,你已经成为一个批判性的接收者,但是你仍然可以不断提升你的接收技能。首先你想要去确定作为接收者你的批判性有多强。你有多容易被说服?说服术如何对你产生作用?哪些战术在你身上最有效?其他战术情况如何?哪些战术对你最没用?

第一部分考察了研究的问题,并且确立了研究视角。纵观这本书的第一、二、三部分,你会发现一些有助于你理解我们所探讨的概念和理论的工具。首先是开启每一章的**学习目标**清单。其次是在每一章结尾之处的**关键**

术语列表。为了成为说服学的卓有成效的学生,你应该能够实现这些学习目标,而且可以定义和解释这些关键术语。为了使我们对在前文中所描述的道德危机问题保持关注,每一章都设置了**道德伦理准则的应用**练习,你可以单独或和班级同学一起进行练习。此外,每一章都包含一个或多个**互动区域**,它们将引导你更好地意识到我们所面对的不断增强的文化多元化和互动媒介爆炸式发展所带来的冲击。

在第一章里,我们考察了说服在多大程度上主导了我们的生活。我们列出了有关说服的一些定义,并且依据其起源——从古希腊到当代的多元化和互动性—媒介化世界——的顺序进行排列。我们的讨论也聚焦于说服学学者、广告人和宣传家休·兰克(Hugh Rank)所提出的一个非常有用的说服模式。这个模式是从兰克自己在全国英语教师委员会(National Council of Teachers of English,NCTE)的工作中总结出来的,他也关注了不断增多的"故弄玄虚之词"——努力通过使用词语而形成迷惑或误导——所导致的错误传播的问题。在第二章,理查德·约翰森(Richard L. Johannesen)讨论了只要发生说服活动就一定会出现的道德伦理问题的不同的研究路径。时刻应该记住的是,这些路径和问题同时涉及说服者和说服对象,即发送者和接收者。在约瑟夫·斯卡德所撰写的第三章中,我们探究了说服学在传统的人本主义中的根源。引人注目的是,许多很久以前就被清晰阐述的原则在今天仍然被广泛应用。而且,我们也看到了认识到说服活动深深扎根于人类经验和社会中是非常重要的。斯卡德在第四章中专注于社会科学研究方法,以及这些方法都向我们揭示了有关说服的哪些特性。在第五章,我们检验了人类的象征性行为,特别是发生在言语或图像中的。最后,第六章提供了几个接收者可以用来对说服性语言进行分析、理解、解码和批判的不同的方法。你是否发现某个理论或方法是你所偏爱的并不重要,而你考虑到不同的选择才是重要的。

第一章　在当今不断变动的世界中的说服

信息时代的说服
科技世界里的说服
在充满劝诱的世界中的故弄玄虚之词
定义说服：从亚里士多德到精心的可能性模式
　　说服的定义
　　说服和其他影响方式
负责任的说服的标准
说服的 SMCR 模式
兰克的说服模式
　　强调战略
　　弱化战略
一种自我保护的方法
回顾和小结
关键术语
道德伦理准则的应用
进一步思考的问题

学习目标

在阅读这章之后，你应该能够：
1. 定义并且使用交互式媒介。
2. 界定并且解释在当代说服中的故弄玄虚的例子。
3. 根据这里所下的定义解释说服，并且列举你生活中的例子。
4. 认识到不断增强的文化多元性，并且尝试着与来自不同文化的人交流。
5. 解释"共通点"，并且在你说服他人的活动中寻找它。
6. 解释传播的 SMCR 模式和它的动态性。
7. 识别在中心和边缘信息处理渠道中加工的说服性信息。
8. 在针对你的说服活动中，辨别使用兰克所定义的强调策略和弱化策略的例子。
9. 拓展你使用兰克模式进行自我保护的能力。

我们更多的是被信息的海洋所吞没，而不是像我们希望的那样能够去处理信息。大部分信息是没有用的，我们可以毫无顾虑地忽略它，但是有一些又是至关重要的。

这些重要的信息将会使我们做出明智的决定——有些决定容易做出,有些却是困难的。能够而且的确对我们发挥影响的因素包括环境、我们的社会和文化方面的道德观念、人际关系、说服,以及其他事和/或人的要素。在这里,我们关注**说服**是如何作为我们生活中的核心影响形式而被用来促使我们去投票、购买、信任,以及行动的。我们生活在电子媒介时代。大众媒介已经伴随我们很长时间了——从有印刷媒介开始,但是,在充斥着媒介和高科技的文化中,说服赢得了新的力量。而且,我们应该注意到一些新的媒介在我们的生活中扮演着重要的角色:互联网、移动电话、iPod、电子邮件、手持电脑、播客、博客等。所有这些使得某个个体能够更为容易地通过发表言论而对他人产生影响。一位在外国打仗的士兵可以通过电子邮件向他的家人和朋友讲述他的经历和在前线真正发生了什么,或者某个看到了武装劫匪的目击证人可以在她的博客里描写她的所见所闻;因此,我们这些普通人就以令人兴奋和独树一帜的方式成为"新闻记者",并且我们也会面对诸如报道哪些内容、我们的消息来源可靠性如何、我们是否在其中掺入了自己的偏见等问题的道德伦理决策。

在这本书里,我们始终要探讨的一个议题就是新兴的**交互式媒介(interactive media)**(也就是说接收者能够积极主动地参与传播过程——例如电台的脱口秀节目——的媒介)在多大程度上被用于说服普通的公众和具体的个人。正如这些媒介为我们提供了参与诸如采购、投票、联盟、捐献等重要的决策制定过程的机会一样,它们也会使我们"非人格化"。因为这些媒介能够监测结果(例如,某一个互联网页面的被"点击"数量;在什么情况下、由谁点击),因而它们将我们变成了统计数据,例如提供给广告主的收视率数据、给政客的公众意见数据、给商人的投资回报率数据等。之前的媒介能够在一定范围内进行监测[例如,尼尔森(Neilson)的电视收视率数据和阿比创(Arbitron)的广播收听率数据]。但是,它们都是基于小样本,并依赖于观众或听众的自我报告,而后者可能会被造假。而在交互式媒介中,用户的"足迹"可以通过记录实实在在打到某个给定的1—800号码的电话的数量、点击某个互联网页面的数量,或是将人员记录仪与观众日志结合起来,或是以其他方式来获得。但是,接收者所获得的这些新的输入数据的能力也使他们面临着一些新的挑战(例如,隐私问题,以及由于被授权而加入了正在进行的说服活动)。另外,交互式媒介并不只是局限于移动电话或互联网。它们还包括视频游戏(有研究表明它有可能增加暴力行为)、触摸屏幕、虚拟现实、被劝诱性广告所包围的加油站的电子支付设备、自动提款机,以及其他许多设备,所有这些都在一定程度上被卷入说服之中。

互动区域1.1　互动媒介时代:想象可能性

近来,得克萨斯的一家企业开发了一个名为liveshot.com的网站。这是一个交互式狩猎大型猎物——例如野猪、羚羊、鹿、熊等——的网站。这个网站使得人们能够在遥远的地方控制自动步枪,也就是说"猎手"通过使用鼠标来瞄准猎物,从而使他们能够操纵偷偷安装在得克萨斯州的真的步枪,在那里进行实实在在的狩猎活动。猎手可以通过网络摄像机来对捕猎区域进行侦查,并且寻找目标。一旦发现了猎物,用户能够操作(例如,进行瞄准)自动步枪,并且扣下扳机。liveshot.com 的首批客户中有一位是生活在印第安纳州的四肢瘫痪的残疾人,他已经有 17 年没有打过猎了,在这次打猎中,他通过对着一根管子吹气来操作鼠标,从而完成了瞄准和射击。顺便说一句,当时他穿着迷彩服(*All Things Considered*, 2005)。他是否应该拥有狩猎许可证?对于这种互动设备你还能想到其他的什么用途吗?

在这里,我们设想一下达到如此互动性的媒介对于各种说服性尝试意味着什么,以及接收者能够参与到什么程度。它们所带来的可能性是不可思议的,而且它们将要或者甚至是已经被用于竞技体育、购物、约会、游戏、选举和其他大量的活动当中了。例如,我们已经目睹了网络跟踪;另外,在英国,球迷能够定下球迷访谈的基调,并且删去评论员的解说。他们甚至可以根据自己的要求操控摄像机的角度、音量,从而创建足球比赛的一个个性化的版本。在赛事播报上所展现的这些能力能够推广到哪些其他领域呢?

在说服的世界里另一个强有力的变化是我们的文化所呈现的多元化的不断增强。**文化多元化(cultural diversity)**(也就是说,有越来越多的人来自不同的文化背景、民族、种族,拥有不同的性取向、教育背景等)要求我们不断地对各种形式的传播做出调整,其中包括说服。在很多时候,文化多元化对传播的影响是非常积极的。例如,在怀俄明州的吉莱特(Gillette),"普雷利之风"(Prairie Winds)定期组织文化狂欢节,提供具有民族风情的食物、舞蹈、音乐、绘画、工艺品和游行,所有的参加者都可以参与其中(*News Record*, 2005)。不幸的是,有时在不同的文化之间所出现的沟通障碍会带来悲剧性的后果。例如,在 2004 年,一个赫蒙族(Hmong)的捕鹿人在威斯康星州杀死了五个人,因为他误解了被害者,后者试图说服他相信他正在使用的猎鹿台是属于别人的。这位捕鹿人因为杀人而获刑,被判终身监禁,而且不得被假释。

作为瑞典移民的后代,我能够对这类出现在说服中的文化差异产生共鸣。我的父母为民主党投票,因为他们的同胞告诉他们应该这样做;他们信任并且参与到某些事务、群体、教会中去,而且购买某些特定品牌的产品,这也是因为他们要和他们的同胞一样;他们也会因为相同的原因对广告、政客和意识形态的拥护者所发出的说服性诉求做出反馈。今天,来到美国的新移民也面对同样类型的诉求,他们也同样是根据各自不相同的文化背景做出回应,因而毫无疑问,他们会像他们的同胞一样加入某些组织、参加投票选举活动、拥有某些信仰,或者是做出捐赠。这些现象也同样存在于亚文化群体(例如,拉美裔会像他们的参照群体那样对说服诉求做出反应,黑人、亚裔和太平洋岛民和其他人也都会这样做)。

现在来思考一下你在读大学以获得学位的过程中所做出的决定:应征加入后备军官训练队(ROTC)、从家里搬出来并且租到自己的住所、为某个候选人投票,或是加入某个组织。在做出所有这些或其他诸如此类的决定的时候,我们都是将自己的文化价值观和心理需求带入其中的,因而我们的决策千姿百态(提示:在这本书的每一章都有一个讨论有关文化多元化的区域。请像积极思考互动区域里的内容那样对待这些区域里所探讨的问题）。接下来，让我们探讨这些来自各方面的因素是如何冲击信息时代的说服战略的。

信息时代的说服

我们生活在一个能够获得的信息远多于我们所希望获得并且能够加以深入思考的信息的时代。自从一个人有可能影响所有集中在他/她声音所覆盖范围之内的大量人群以来，说服就发生了巨大的改变。印刷媒介的到来使得说客的声音能够抵达非常多的人，并且也使得受众能够阅读或者反复阅读说服性请求，甚至还可以将它们与各种各样的不同的证明作比对。凭借广播，说客大大扩展了"一对多"的模式，与此同时，这种媒介也为我们带来了大量的商业广告和政治呼吁，以及不断成熟的说服技巧。媒介也为受众带来了新型的说服者，即诸如库格林神父（Father Coughlin）[①]和休伊·朗（Huey Long）[②]，以及近年来的拉什·林堡（Rush Limbaugh）[③]等这一类在广播上煽动公众的政治人物。电视则为我们带来了更多的利用大众媒介进行说服的说客，比如说比尔·奥雷利（Bill O'Reilly）[④]等。

交互式媒介将继续改变说服活动的特性，以及被说服时的体验。近年来，政客、意识形态传播者和其他人都在说服我们去支持名目繁多的候选人和事业。在明尼苏达州，一位名为杰西·温图拉（Jesse Ventura）[⑤]的职业摔跤运动员大部分是因为非理性的和情绪化的原因而曾经被选为州长。他的宣传攻势所使用的互动性强的互联网和电子邮件战术，通过说服公众投票给他是保护这套体系的个人力所能及的方式，而帮助"筋肉人"杰西（Jesse "The Body"）扫清了与他争吵不休的反对者。接下来他与立法机构又进行了一场战争，并提出了很多离谱的要求。最终，同样是这些帮助他赢得竞选的交互式媒介又将他拉了下来——聊天群、电子邮件和互联网上的电子公告牌上传播着有关这位州长所犯的错误。不断会有关于媒介使用方面的劝说也会使我们相信，大部分人都需要具有交互功能的物品，例如可用于自动提款机的银行卡、遥控设备、个人电脑、主页、互联网、数字相机、高速网络、蜂窝电话、诸如掌上电脑（Palm Pilot）或黑莓手机这一类的手持设备，以及其他物品。

[①] 库格林神父（Charles Edward Coughlin，1891—1979），罗马天主教神父，是第一位利用广播向大众进行传播的政治领袖。他在20世纪30年代通过广播每周向3 000万听众传播宗教和政治思想，1939年他被禁止使用广播。——译者注

[②] 休伊·朗（1893—1935），美国政治人物，曾在1928到1931年间任路易斯安那州州长，以"分享财富"、加强对公共事业的管理的运动而闻名。他在1935年被暗杀。——译者注

[③] 拉什·林堡（1951— ），美国著名的广播脱口秀主持人、作家、政治评论人。——译者注

[④] 比尔·奥雷利（1949— ），美国著名电视节目主持人、作家、历史学家、专栏作者、编剧，及政治评论家。他是福克斯新闻频道政治评论节目"奥雷利真相"（The O'Reilly Factor）的主持人。——译者注

[⑤] 杰西·温图拉（1951— ），纵横多个领域的传奇人物：美国摔跤明星、广播电视脱口秀节目主持人、演员，并曾任明尼苏达州州长。——译者注

在这里简要提到的这些情绪化的、如同说服的膝跳反应一般的说服形式的例子，是否意味着，我们需要对所有从广告主、政客和其他人那里发出的说服诉求自动地做出拒绝呢？当然不是——事实上，我们在思量所有的说服诉求的时候，最本质的问题只是去芜存菁。无论是作为个体、家庭、公司或政府，我们都必须被说服去履行我们在很多方面的责任。例如，在走向能源独立的过程中，同时也必须保护和修复我们的环境。这意味着，我们需要决定是否支持在阿拉斯加野生物保护区（Alaskan Wildlife Reserve）钻井开采石油，还是我们应该为发展氢能源提供补贴。无论哪种方案都拥有合情合理的论点。那么，潜在的成本、收益和备选方案是什么呢？

出于各种各样的原因，在充满互动的信息时代，将我们自己培养成具有批判能力的说服的接收者是尤为重要的，这本书和这门课程的核心目标就是为了提供这样的训练。随着我们从一章过渡到另一章，你应该能够用分析、观察、练习和举一反三的工具将自己武装起来，从而使自己成为一个真正的批判性的说服对象。

我们现在来想一想我们需要成为更为挑剔的说服性信息的接收者的原因吧。研究者杰米·贝克特（Jamie Beckett, 1989）在《旧金山观察报》（San Francisco Examiner）上发表的研究报告指出，普通的美国成年人每天要收到255条广告。《广告时代》（Advertising Age）杂志可能更加接近真相，根据它的估计，每个美国人平均每天看到、读到或听到的说服性广告信息的数量在5 000条之上。另外，传播学教授阿瑟·阿萨·伯杰（Arthu Asa Berger, 2000）指出："一些估算是，每天所得到的说服性信息的总数是15 000条。"（第81页）5 000条这个数据可能是最接近我们在日常生活中每天所接触到的广告的真实的数量。这些说服性信息以多种形式出现。例如，采用大家都熟悉的电视广告的形式，或使用高科技艺术手法、计算机绘图、复杂的特效、计算机动画，以及数字化美化的音效等。早在二十多年前，传播学专家尼尔·波兹曼（Neil Postman, 1981）就呼吁人们应该关注说服中的某一个方面，即它塑造我们的价值观的能力，尤其是电视上的商业广告。当你度过20岁生日的时候，你可能已经看了一百多万条行业广告，也就是说每周1 000条。我们从这些广告中得到什么印象了呢？波兹曼分析指出：

> 商业广告会教给儿童三件有意思的事情……首先是，所有的问题都是可以解决的。其次，所有的问题都能够很快地被解决……而第三则是，所有的问题都能够通过使用某些技术而快速解决。广告宣传的可能是药品，也可能是洗涤产品，还可能是航空公司，或者是某种机器。所传达的实质信息是，当我们愿意使自己受制于技术的支配时，那么所有困扰人们的难题都是可以解决的（第4页）。

我们是否很容易受到这种令人宽慰的信念的影响？我们是否会因为在潜意识里觉得某种产品会使我们更具吸引力、帮助我们获得一个职位，或是给老师留下深刻的印象，从而买下它？由于广告变得越来越老道世故而且越来越简短，因而受众每天也要面对越来越多的广告，这也需要我们清醒地意识到我们需要对这些广告进行更加挑剔的评估。与过去的时长30秒钟的广告不同,在今天我们看到长度为15秒钟,甚至是10秒钟的广告主导了电视广告领域,而且在英国7.5秒长的广告是非常普遍的。在电视节目或电影中的植入式广告(例如,故事中的某个角色在喝可乐)可能只需要几秒钟,但是研究表明,这样做能够说服消费者去购买相关的产品。

其他媒介也包含着影响广泛的说服性信息,例如报纸和杂志上的广告、路边的公告牌和海报、广播中的广告、印有产品名称的T恤、主页、传真、公关通稿,以及甚至是在公共厕所里的招贴。我们会发现自己也被诸如商业目录、直邮广告、电话营销、商业资讯、互联网互动广告等直接营销所淹没。而且,这些说服性诉求不仅使得我们了解某个品牌,除此之外,还通过劝诱性的信息对我们进行潜移默化的影响,这中间包括对于社会或个体价值观产生作用的信息。例如,伊利诺伊州公共卫生部(Illinois Department of Public Health)用公告牌向打算戒烟的人群推广一个网站。庞大的数据库和纵横交错的数据文件及检索系统,使得说服者能够将我们划分为精确的细分群体,从而容易被劝诱。以上这些例子为我们提供了成为批判性受众的充足的理由。而且,直接营销正在运用大量的、可以获得的有关个人的数据,因而,在不久的将来就有可能出现细化到单独的个体的市场分割。如此深入的细分市场意味着什么?我们应该泄露多少有关自身的信息?我们的隐私权发生了什么变化?

科技世界里的说服

说服的本质就是引导人们去尝试、接受并最后采用许多伴随着全球走向高科技时代而来的新的思考、信任和行为方式。大学生被力劝参加大学里的计算机技术方面的科目和课程。父母告诉他们的孩子要调低音响设备的音量,以免造成听力损伤。美国政府努力说服民众通过采用高效能利用能源的设施或混合动力交通工具,从而节约能源。教会、学校和社区都发现有必要通过使用成熟复杂的高科技(例如,向"照顾清单"成员群发电子邮件,或者是"一稿数用式"的直接筹集善款的营销活动)来建立或维系成员关系以及财务资助。与此同时,商人也使用新技术来说服消费者,诸如智能电话上的相机这样的产品能够为他们的生活增添新的乐趣。

这本书的标题已经暗示了其目标以及你的职责都是以说服对象为原点的。《说服:如何聪明地说与听》一书的目的,是使你能够意识到直接针对你的说服诉求在逻辑、情感和文化方面都已经发生了很多变化。这本书集中讨论了你应该致力于提高的你的**回应能力(response-ability)**,或者你需要提升明智而批判地回应你所遇到的说服并且做出聪明的选择的能力。当然,说服并不是新近才出现的现象,因而在过去的岁月里,对于受众来说如果拥有相应的责任心也是非常有益的。如果他们曾经能够履行相应的责任,那么许多暴君就无法敛得权力,战争因而也可能被避免了。全国英语教师委员会认识到,人们有必要致力于提升自己应对说服的责任和能力,这个委员会也定期召开有关**故弄玄虚之词(doublespeak)**的讨论大会,并将这种言辞定义为蓄意的误导。同时,这个组织也在每年为"最为不实、最具欺诈性、闪烁其词、令人困惑或自相矛盾的"说服者颁发年度"故弄玄虚言辞大奖"。这个奖项提醒说服对象注意在说服中经常出现的令人迷惑,有时甚至是误导性的词语使用。

在充满劝诱的世界中的故弄玄虚之词

即便在像我们这个到处泛滥着说服的世界里,如果所有的说服者都是开诚布公的话,那么也不需要防御性训练。但是,有太多的人竭尽全力用欺骗的言辞进行劝诱。欺人之谈会以这样一些面目出现:半真半假的辞令、委婉的说法、拘泥于细节之中、放试探气球、伪造争议话题、使用行业术语等。想一想,我们的政府指挥军事力量致力于全球的"保卫和平"的使命,或者比尔·克林顿坚持说他从来没有"与那个女人(指的是莫妮卡·莱温斯基)发生过性关系"。在这个世界上的某些地方用"种族清理"这个术语来指代大规模屠杀,并且通过使用听起来几乎是纯洁诚实的辞藻而掩盖集中营的存在,以及对成千上万人的大规模杀戮。

当然,故弄玄虚之词并不只是局限于政治世界。如果一则房地产广告声称某幢房子的位置"交通便利",很可能这意味着你无论白天还是黑夜都将听到汽车来回穿梭的噪音。一个"特别适合心灵手巧的人"的产品则暗指它将需要大量的修理工作。一辆"性能良好的车"实际上是指一辆"破车"。安然公司、美国国际集团(AIG)[①]、美国世界通信有限公司(WorldCom)[②]以及其他公司的首席执行官都使用了故弄玄虚之词来迷惑和蒙骗投资人和雇员,使他们相信"债务"即"资产"、"支出"即"收入"。

互动区域 1.2　成为广告媒介:道德的还是不道德的?

病毒式广告是一种新的交互式传播的形式,它将受众带入说服式广告渠道,使得每位接收者像(温和的)病毒那样在线扩散消息。这种技巧与连锁信类似。首先,广告主将一则诸如游戏的引人注意的或者娱乐性的互动信息放在网络上,并且直接引导消费者去浏览相应的网站,那上面包含着各种各样的广告链接。其中有一个选项是"将这个页面发送给朋友"。消费者往往会因为这个页面有趣,而且通过互联网进行分享也很容易,因而做出了这样的选择。例如 www.subservientchicken.com 就是这样的网页,它是由汉堡王(Burger King)赞助的,在原来的"Have it Your Way"的广告语的位置上,表演着鸡做的贡品与庞然怪物打斗的短剧。在这个网页上,有装扮成鸡的形象的角色,网页的浏览者可以命令它跑动、飞腾、蹦跳、跳跃等。有几百个动作被编程

[①] 美国国际集团是一家总部位于美国的国际性跨国保险及金融服务机构,成立于1919年,在进入21世纪后被卷入多起造假事件。——译者注

[②] 美国世界通信有限公司曾是美国第二大通信公司,2003年因会计丑闻事件而破产,2006年被Verizon收购成为其旗下的事业部门,并更名为MCI有限公司。——译者注

到这个游戏中,但是如果要求表演令人不快或者下流的动作,这只"鸡"就会面对屏幕,向"顽皮的"用户摆摆手。这种方法至少在两个层面上进行说服:购买产品、就像你在传递连锁信时所做的那样转发这个"有趣的"交互式页面。你是否还能想到其他的说服的例子,在其中也充分利用了病毒式传播的方法?宗教方面的呼吁或值得从事的事业方面的说服是否使用了这样的方法?参与病毒式营销(例如,使用"有趣的"媒介牢牢抓住消费者或鼓励他们扩散这则信息)从伦理道德的角度来看意味着什么?

定义说服:从亚里士多德到精心的可能性模式

说服的定义

　　古希腊人是最早系统地运用说服术的人,他们将之称为**"修辞术"(rhetoric)**。他们在学校中学习修辞术,将它应用在法律流程中,并且使用它在他们的城邦国家建立了首套民主制度。亚里士多德(Aristotle)是古希腊最早的修辞理论家,他著有1 000多本著作,并且为他的同学亚历山大大帝(Alexander the Great)将已知世界的所有知识进行分类整理。他将修辞术定义为"一种能够在任何情况下找到可能的说服手段的能力"。根据亚里士多德的观点,说服包括艺术性和非艺术性的论证过程。说服者对证据的选择、对说服进行组织、确定表达方式以及对语言的挑选都是**艺术性的证明(artistic proof)**。而非**艺术性的证明(inartistic proof)**则是不在发言者控制范围之内的事物,例如场合、分配给说话者的时间,以及说话者的外形。在亚里士多德看来,说服的成功或失败取决于信源的可信性或其**精神气质(ethos)**;对感情诉求的运用,即**感同身受(pathos)**;对符合逻辑或理性的诉求的运用,即**逻辑性(logos)**;以及所有这些因素的组合(Roberts,1924)。亚里士多德也发现,如果说服是建立在**共通点(common ground)**基础之上的话,那么它将是最有效的,例如在说服者和说服对象之间存在着共同的信仰、价值观和兴趣爱好。来自于共同的区域使得说服者能够在一定程度上对他的受众及其观念做出假设。说服者使用**省略三段论法(enthymemes)**对受众的观念进行推测,这是一种论证形式,在这个证明过程中,首要或主要的前提条件不是由说服者来阐明的,相反,是由受众提供的。一个众所周知的例子就是"所有的人都会死去;苏格拉底(Socrates)是人;因而,苏格拉底会死"。说服者需要做的是确定共通点或那些由他的受众所掌握的主要前提条件,然后将它们运用在省略三段论中。

　　学习说服术的罗马学生为说服性演讲应该包括哪些要素提出了具体的建议。西塞罗(Cicero)确定了说服性演讲的五大要素:(1)创造或发现证据和论点;(2)对它们加以组织;(3)对它们进行艺术性的设计;(4)熟记下来;(5)流利地表达出来。无论是亚里士多德的定义还是西塞罗的界定,都聚焦于消息的来源和说服者构建讲话的技能和艺术。在传播学这个学科里,我们将掌握这些"带有修辞色彩的"方法看作是对说服技能的学习,因为它们出自于希腊和罗马的修辞传统。这些方法在今天仍然被应用于对说服及其效果的研究之中。

当代研究说服学的研究者对伴随着电子媒介的出现和第二次世界大战之后社会科学的发展而来的变化进行了深入的思考。在半个多世纪之前,传播学家温斯顿·布瑞姆贝克和威廉·豪威尔(Winston Brembeck and William Howell, 1952)将说服描述为"通过巧妙地控制人们的动机使其指向预先确定的结果,从而改变人们的想法和行为的有意识的尝试"(第24页),由此,他们也开创了有关说服的新的理论基础。在他们的定义中,我们看到了从对说服中的逻辑的关注,转向对更为"情绪化的"说服手段的重视这一重大的转变,诉诸情感的方法是对受众的内在动机的激发。20多年后,他们将"说服"定义为"旨在影响选择的传播活动"(第19页)。另一位早期的说服学理论家华莱士·福瑟林厄姆(Wallace Fotheringham, 1966)将"说服"定义为是由说服者的信息而"在接收者那里所产生的效果的体现"(第7页)。在这个定义中,即便是无目的的信息也可能是说服性的,如果它们改变了接收者的态度、信念或行为的话。文学批评家和语言学家肯尼斯·伯克(Kenneth Burke)以一种有趣的方式来界定说服。他说,说服实际上是对"模棱两可这种资源"的巧妙运用。伯克相信,如果接收者感到说服者正用接收者"自己的话"对他们说话,而且听到他们自己的观念和价值观被引用,他们就会对说服者产生一种**身份认同**(identification)的感觉,认为说服者与他们是相似的——这个想法与亚里士多德的"共通点"的观点接近。在伯克的理论中,当说服者努力像他的受众那样去行动、思考和说话的时候,他们就创造了与听众的密切联系,而后者将会认为其与前者是一样的,从而将采用前者在相关问题上的建议。

根据从亚里士多德到伯克及其他学者的指点,我们可以在这里将"说服"定义为"通过使用语言的和/或视觉的符号,而由信源和信宿**共同创造**(co-creation)出一种身份认同的状态的过程"。这个定义意味着说服需要说服者和被说服者双方在智力和情感上的共同参与,从而形成共同的含义和共同创造的身份认同。传播学教授及研究者赫伯特·西蒙斯(Herbert Simons, 2001)赞同这个定义,并且将这个过程所产生的结果称为"限制性说服"。请注意,正如我们在定义中所表明的那样,限制性说服是以接收者为导向的,而且是情境性的,依赖于说服者和说服对象之间的相似性以及所讨论的事项是否为说服对象所接受,只有满足这些条件才能引导被说服者采取行动(第75页)。

从某种意义上来看,所有的说服都包括**自我说服**(self-persuasion)。我们很少会按照说服者的意图行事,除非我们理性且/或感性地参与或影响着整个过程。"过程""共同创造"和"身份认同"等词都是我们对说服的定义的核心。

精心的可能性模式(elaboration likelihood model, ELM)是说服的组织模式,它极大地改变了学者看待说服的方式。这个模式也是贯穿本书的中心模式。社会心理学家理查德·佩蒂和约翰·卡西普奥(Richard Petty and John Cacioppo, 1986)指出精心的可能性模式是认知模式,其中指出了说服所采取的两种路线。在**处理核心信息的路线**(central information processing route)时,受众通过精心思考相关问题,并且积极寻找更多的信息,从而有意识且直接地聚焦于说服性传播。这种路线需要接收一方付出大量的努力。接收者对说服性信息进行仔细研究的目标是探明相关议题、找到支持性证据、替代方案、不同方案各自的成本和收益,以及潜在的产出。这种路线往往用在要做出诸如买一辆新车这一类重大决策时。我们因此可能会去阅读宣传手册、比较价格,或者上网去查明经销商真正的利润是多少,以及这款汽车在消费者杂志上的排名如何。但是,有时说服只需要对相关议题的短暂关注。根据精心的可能性模式,说服也可能产生在**处理细枝末节信息的路线(peripheral information processing route)**中。在这种路线中,信息大多是即时处理的或者是凭感觉处理,而不会聚精会神地分析或是对决策进行仔细研究。我们决定在球场买上一包 Cracker Jacks① 爆米花,并且打开包装获得一个"免费"的奖品,这是因为在 20 世纪 70 年代的酒吧里流行的那首《带我去看棒球赛》("Take Me Out to the Ball Game")中提到了它②。在任何时刻,我们身边都有成千上万条诸如此类的琐碎的信息,但是我们只能注意到其中的一小部分。处理细枝末节信息的路线就像一块海绵。我们大量而迅速地吸收说服性信息,并且可能对此做出反应,但是我们是无意识地,或者没有直接或尽力地关注这些信息。处理细枝末节信息的路线往往包含着做决定的快捷方式,而且通常含有情感性诉求。

说服和其他影响方式

大部分传播学学者都一致认为说服往往就是力图用某种方式改变他人的传播活动。许多人指出,这样的尝试一定是伴随着深思熟虑的说服而来的,并且大部分人都同意说服需要信息的发送者和接收者的共同参与。如果说服能够顺应于接收者的世界,即环境、情境、文化,以及接收者的情绪和动机的话,那么说服活动往往能够取得成功。图 1.1 描绘了各种能够对人们产生影响的因素之间的关系,这些因素往往让刚刚开始学习说服学的学生感到困惑。每种影响因素的重要性往往在不同的人那里有着根本性的变化。这个示意图的重点在于,有很多力量(这其中包括说服)为我们的生活带来了改变。

那些研究说服的人也并不总是能够区分这些影响形式。在大量的讨论中,"影响"和"说服"甚至是可以互换、通用的。但是,我们需要区分几个与说服有关的术语,它们包括"影响""强迫""获得顺从""默许""行为典范"和"信息整合"。

影响(influence) 涉及某个人的态度或行为的改变。态度或行为可能通过几种方式而发生变化。例如,许多粉丝采纳他们追随的流行偶像的风格和行为方式。在这个例子里所体现出来的影响是通过行为典范化而产生的。类似的,许多成年人当他们的小孩在公共场合说在家里无意中听到的脏话的时候会感到尴尬。这是行为典范化的预期之外的后果。相反,大部分父母都会有意识地为他们的孩子做出更为积极的行为

---

① Cracker Jacks 是美国百事食品公司旗下的品牌和产品名称。作为产品是指一种爆米花混合花生后裹上一层糖衣的很有风味的零食,它的著名的特色是其包装内附带一个小玩具。——译者注

② 在这首美国棒球迷的流行歌曲中有一句歌词就是"Buy me some peanuts and Cracker Jacks…"(为我买些花生和 Cracker Jacks)。——译者注

榜样,同时期望能够说服孩子模仿这些言行举止。

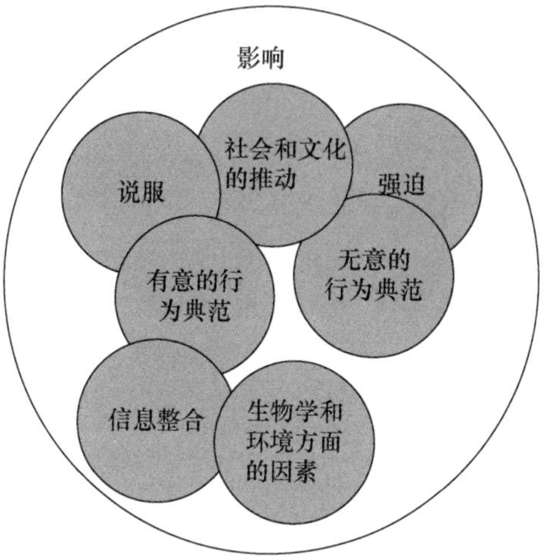

图1.1 说服与其他影响形式之间的关系

（图中内容：影响；说服；社会和文化的推动；强迫；有意的行为典范；无意的行为典范；信息整合；生物学和环境方面的因素）

说服总是包含着一定程度的选择。与之相反,**强迫(coercion)** 则是通过使用一定程度的物理的或心理的力量而导致顺从,例如同辈压力而导致的态度或行为的改变——你真的不想去摇滚音乐会,但是你为了取悦邀请你的那个人,还是选择了去。这样看来,说服和强迫体现了从自由的选择到被迫的选择所组成的闭联集当中的两个极端。由于恐怖分子采用强迫的手段,因而往往不会产生共同创造的身份认同的状态,但是不同类型的说服也可能带来意料之外的结果。例如,在"9·11"事件之后,对文化多元化的接受变得糟糕了,而且很多人避免乘飞机,尤其是当其他乘客看上去具有中东血统的时候。

当某个人选择了某种行为以换来未来的某些特许的时候,影响也相应地产生了,例如在政治领域经常出现的利益交换。只有当一桩政治交易是因为实现了某些共通之处的时候,才出现了说服这种影响形式,也就是与之有关的双方实际上并不是因为将带来的实际好处而改变想法的。

信息整合和分析是另一种影响途径,它与说服无关。例如,一位管理者在获悉季度销售量或是增加或是减少后,可能会改变他/她的库存管理方式。无意中从对话中听到的、在报纸上读到的,或是在互联网上看到的都可能导致行为的变化,但是由于在这里并不存在对共通点的共同创造,因而在这里也没有出现说服活动。说服不只是在公开演讲的环境下进行的,相反,所有包括某种共同创造身份认同活动的行为都可能是说服活动。举例来说,表示抗议的游行、做出举办联欢会的决定、员工大会、销售展示,以及大众媒介上的重大新闻事件等,所有这些都包含着在说服者和接收者之间的共同创造身份认同的行为。

负责任的说服的标准

合作和共同创造式的说服是如何产生的？它发挥着什么样的作用？尽管说服在各种各样的情况下出现，但是有三个前提条件看起来能够提高负责任的说服对象做出明智而且精明的决策的概率。首先，如果所有的参与者在说服对方上拥有同等的机会并且几乎可以平等地使用传播媒介，很有可能出现负责任的说服。如果在某个问题上分成两方，其中一方强行限制对另一方的支持言论的表达，因而尽管另一方的支持者有说服他人的自由，但是接收者得到的是有关这个问题的单方面的和有偏见的观点。尽管受众被说服了，但是这样的说服由于言论限制规则的存在，因而并不真正是公平的。

其次，在一个理想的世界中，说服者应该向受众表明他们的议程。他们应该告诉我们他们的最终目的和目标，以及他们打算如何实现这些。令人遗憾的是，往往这种情况并没有出现。政治候选人应该告诉我们，他们打算如何改善学校条件、他们的税收提案是如何执行的，等等。汽车制造商应该让我们相信，他们正在尽全力打造值得信赖的节能型汽车。理论家也应该提醒他们的受众，当他们的意识形态付诸实践的时候，也可能会伴随着一些负面的结果，例如，当宣布"紧急避孕药"不合法之后所带来的后果。由于说服者会有**隐藏的议程（hidden agenda）**是众人皆知的，因而说服对象会对说服者的讯息采取提防态度，以至于哪怕只是对说服者真正的目的知晓一鳞半爪，也会使我们更有可能做出明智的选择。

最后，也是最重要的一点，被说服者必须批判性地检验他们所接收到的说法和证据。这意味着从各个方面寻找信息，而且只有在获得充足的信息之后，才能做出评判。持有批判态度的受众即便在前两个有关负责任的说服的标准没有实现的情况下，也能够做出可靠的决定。在近年来的选举中，许多候选人使用负面广告和简短的原声摘要。正如宣传攻势评论家、传播学学者凯思琳·霍尔·贾米森（Kathleen Hall Jamieson，1992）在过去近20年所观察到的那样，"各种形式的宣传攻势的论述都变成了……用断言代替论据，并且用进攻代替约定"（第212页）。贾米森在她所观察的宣传攻势中发现许多访谈都是引导性的，因此她确信，断言取代论证、攻击取代商定的模式将会继续下去。批判性的接收者必须跳出这些原声摘要，并且在做出投票决定之前进行严格的调查。

说服的 SMCR 模式

传播学中最简单的同时也是最古老而且被广泛引用的一个模式就是香农和韦弗（Claude E. Shannon and Warren Weaver）的 **SMCR 模式**（请见图1.2）。这个模式包含以下基本要素：
- 信源（S）（或说服者）：信息的编码者。符码可以是语言符号、非语言符号、视觉符号、音乐，或其他形式的符号。
- 信息（M）：通过某种形式的符码所传递的信源要表达的意思。
- 渠道（C）：其负载着信息，而且也可能携带着使人分心的噪音。
- 信宿（R）（或说服对象）：信息的解码者，试图将噪音从渠道中筛选出去，并且在讯息中加入他/她自己的理解。

假设你告诉一个朋友在一则关于新款丰田 RAV（Toyota RAV）的电视广告中，用了一些词语强调这款车宽大，而实际上并不是这样。在这个例子中，你通过解释说服活动中与信源相关的方面——在这里是广告中所选用的词语，从而帮助你的朋友做出选择或是不选择这款汽车的决定。然后，你提醒你的朋友注意广告中的故弄玄虚之词——例如，这个产品"事实上是愉快时光的担保人"。你可以问你的朋友广告所宣称的"事实上"这个词到底是什么意思，并且由此将注意力转向消息本身。你也可以指出广告中娴熟的编辑手法，以及通过运用特效而使车轮显得宽大。这时，你是对传递说服性信息的渠道所产生的说服性效果加以关注。最后，你可以问问你的朋友，出于哪些内在的或无法言明的原因使得他/她想变得受欢迎，以及他们如何看待 RAV 能够带来欢乐时光。在这里，是关注了上述模式中的信宿这个要素。

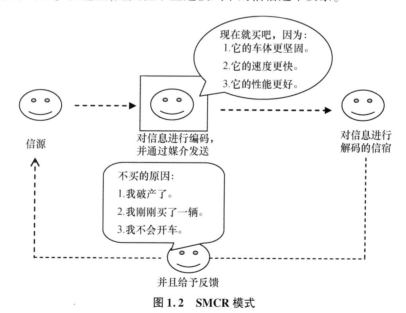

图 1.2　SMCR 模式

由于说服是一个过程，因而作为批判性的被说服者就意味着要准备好批判性地对待四个要素——从信源的动机（或是明显的或是被隐藏的），到信息（用语言或视觉符号所表达的含义），再到用来发送信息的渠道或者媒介，最后直至信宿从信源的论证中得到了什么。首先应该运用一些工具来确定信源的动机。例如，所选用的语言往往会向我们透露信源的意图。信源想要说服受众什么，基本上是会表现在他们所选用的词语和比喻中的。这些语句是否在提出问题,还是在发出感叹?它们是简洁而有力的,还是绵长而温柔的?例如,当舒适剃须刀(Schick)介绍一种名为"私人关怀"(Personal Touch)的"美容"剃须刀时,我很好奇这款产品的目标顾客是什么人,于是我问自己有关这个产品使用了哪些词语。"美容""私人""关怀"等词语都告诉了我们"舒适"所认为的潜在顾客的哪些信息?这款产品是针对"富有男性气概的"男人,还是那些认为自己应该得到特别关注的女性群体?舒适公司所使用的语言告诉我们这款产品的目标客户是女性,其主旨是为了使她们在想到这个产品时感觉不同寻常。通过分析信源所发出的消息,可以看到它向信宿表明了两点:首先,它提醒我们说服是针对我们的。其次,它告诉我们的有关信源的信息,当信源成为我们的说服目标时能够为我们提供帮助。其他工具可以帮助我们分析信息的意图。接下来,我们将考察信宿的需求和情绪,而且我们也要考虑包含在信息中的证据,以及它们是如何与说服目标联系起来的。

最后,SMCR 模式提示我们应该进行自我审视,从而判断我们是以什么样的动机、偏向和视角面对说服的。我们将什么样的迷恋、需求和渴望添加到了共同创造的过程中?我们与消息和传递消息的媒介是如何发生互动的?我们的文化背景是否会使消息的含义发生改变?包括政治家、思想家、广告人、宣传家,甚至也有我们的合作者、朋友和同事在内的说服者都在不断地探寻以上这些问题的答案。传播学学者帕特里夏·沙利文(Patricia Sullivan,1993)分析了杰西·杰克逊牧师(Reverend Jesse Jackson)[①]在民主党全国代表大会(Democratic National Convention)上所发表的演说的主线,从而阐述了其中的步骤[**战术(tactics)**从**战略(strategies)**中产生,而战略是从总**体目标(goals)**中推导出来的]。杰克逊的目标是增强党内团结。他强调了民主党党内的诸多派系之间所拥有的共通之处;而且他通过将他的演讲命名为"共同的基础和共同的意识",调动听众与他的演说产生互动,从而使得"团结"成为中心议题。他还通过充满激情地说出一个句子或短语,促使听众重复它们,从而在演讲中运用了号召—回应(或互动)形式,最终使得听众进一步团结起来。

兰克的说服模式

几年前,全国英语教师委员会开始探寻将学生培养成批判地面对说服的受众。学者休·兰克(1976)这样描述了这项工作所迎接的挑战:"这些孩子正面对着人类历史上无与伦比的凌厉的宣传攻势……学校应该改变自己的重心,培养更多的人掌握新的素养,从而使得更多的公众能够识别说服所采用的更为成熟的技巧和方式。"(第5页)兰克勾勒了一个简洁易于使用但富有洞察力的说服模式,他称之为"强调/弱化模

---

① 杰西·杰克逊牧师(1941—),美国著名的黑人运动领袖,是继马丁·路德·金之后的又一位具有超凡魅力的黑人运动领袖和演说家。——译者注

式"(intensify/downplay)。这个模式帮助人们通过使用四条战略和六条与战略相应的战术从而成为具有批判能力的受众。兰克强调,说服者通过运用这些重要的战略来实现他们的目标。说服者或者**强调**(intensify)他们的产品、事业或候选人的某些方面,或者是宣扬竞争者的某些方面。他们也会去弱化处理他们的产品或候选人的某些方面,或者贬低竞争者的某些积极的方面。通常,说服者会使用这两种策略。说服者战略性地从行动中的四种路线中做出选择。他们可以:

(1) 强调自己所拥有的长处;
(2) 强调对手的弱点;
(3) 低调处理自身的弱点;
(4) 贬低对手的长处。

说服者使用诸如重复、联系和组合等战术以强调他们自身的优点或者是对手的缺点,同时,他们也运用省略、转移和混淆的做法去低调处理自己的弱点和对手的强项。这些战术中的任何一种,都可以或是讲求逻辑或是强调情感地用在互动式媒介或较为传统的媒介中。

说服战略是从意图实现的目标出发,经过全面的、按部就班地推导所形成的结果。而战略控制着说服者所采用的战术或特别的论证、证明和强调的方式。例如,一位政客想要说服选民支持她的候选人资格(这是说服的目标),因而她就努力使得选民对她的演说和她的人格特征产生良好的感觉(这里采用了强调自身的长处的战略)。这位政治人物通过直率地表明对于相关的议题的态度,而执行了这个战略。她也在演讲场地的指示牌、公告栏、徽章、保险杠贴纸、电子屏广告和她的主页上不断重复自己的竞选口号,而且她也将美国国会大厦用作她的所有广告的背景图案。

强调战略

所有的说服者都希望在其受众——如选民、参加者、捐赠人或潜在的客户——眼中是优秀的。一些做法可以强调说服者自身的优点("他一直是那项善良的事业的心甘情愿且忠实的侍从")。另一些做法可以用来强调他人的弱点(他是一个满口胡言的人,我不愿相信他),从而使得说服者在比较中显得美好。重复、联系和组合的战术,都是用来实现强调我们自己的长处或他人的短处这种战略的有效途径。

重复(repetition)。强调某个产品、个体或候选人的长处或缺点的一种方式就是不断地重复这些。这就是口号、广告歌和商标的工作原理。例如,劲量(Energizer)电池在电视或杂志的广告上,以及甚至是在其产品包装上都出现"前进、一直前进"(keep going and going)这句口号。

联系(association)。另一个强调的做法是联系法:将某个事业、产品或候选人与某些已经受到受众的欢迎或者被他们厌恶的事情联系起来。由此,这个事业、产品或候选人就被与人们所喜欢或讨厌的事物划归同类了。例如,政客知道我们害怕自己的隐私或身份在网络空间被盗,因而他们会表明,如果他们当选的话,他们将会对网络信息进行严格的控制,从而就将人们的这种恐惧与政客自身的事业联系起来。广告主将某款田径鞋与一位著名的职业运动员以及每天都运动的人联系在一起,或者像耐克(Nike)那样,将运动鞋与坐在轮椅上的人联系起来。这些联系强调了这款鞋子的突出的地方,并且展现了人们不必成为运动员就能享受它的好处。

组合(composition)。强调的第三个和最后一个战术是通过将消息进行有形的组合,从而强调自身的美好之处或者是对手的拙劣之处。这种做法往往包括使用非语言或视觉手段和一些形式。例如,通过改变印刷字体的造型(将U.S.A.变为U.$.A.),从而传递出美国这个国家只对钱财感兴趣的信息。改变候选人的宣传照片的构图也是被经常用到的手法。仰拍的摄影角度使得候选人显得比实际生活中更高大,并且告诉我们要仰视他或她。改变一则广告的版式也能强化说服效果。例如,杂志页面或海报的右上角和左下角被认为是休耕地,往往不可能得到读者的完全关注。由于眼睛只是短暂地扫过这两个区域,所以是否可以猜测这是香烟生产商常常将健康警告放在这里的原因?这些例子也都说明了在说服性诉求中,对精心的可能性模式中处理细枝末节信息的路线的运用,我们不会将大量的时间、关注或探寻放在对于这些信息的处理上。

说服者也将对比和反差组合起来。例如,一位重要官职的候选人在诸如自由女神像这样戏剧化的背景中拍照。又如,为了强调某位在任政客的糟糕的方面,一则广告将他(她)的形象叠加在其所负责的区域中的一条被污染的河流或港口的照片上。为了进一步强调其负面的形象,并且引起受众与这则广告的情绪互动,一则广告视频在《美丽的亚美利加》("America the Beautiful")的静音版上加入了谈论这位在任的官员缺乏社会责任感的画外音。被污染的河流或港口、周围的环境、音乐和画外音"组合而成"了这则广告的含义。我们可以将使用兰克的强调战略作为成为一个有批判能力的受众的起点。

互动区域1.3　文化多元化和说服

为了更好地了解越来越多的问题与一个国家中的不断增强的多元化文化缠绕在一起这样的事实,你可以访问www.newsreel.org/nav/topics,研究各种与多元化有关的纪录片的内容及它们的制作者。你可以观看吉恩·基尔博恩(Jean Kilbourne)的题为《温柔地杀害》(*Killing Us Softly*)的视频,这部片子讲述了广告宣传通过许多种方式迫使女性看重魅力、性感和性别刻板印象,从而使女性和孩子容易成为暴力虐待的牺牲品。基尔博恩指出,广告制作者在今天是真正的色情作品制作人。

其他有意思的选择包括:探索不同种族的伴侣间所面临的问题的《黑人和白人之间的爱的政治》(*The Politics of Love in Black and White*);《肤色歧视》(*Colorism*)是探讨了在黑人社区中运行着的建立在容貌、头发和肤色基础上的等级制度。你也可以看一看《暴徒吉斯》(Tough Guise),这部片子聚焦于性别与暴力之间的关系。其他的一些片子也会引起你对说服和多元化之间的关系的兴趣和关注。

弱化战略

有时,说服者想要避免强调某些方面或不引起受众对某事的注意,否则会有损于他们的说服目标。他们回避对竞争对手的强项的宣传。政客不会告诉我们,他们的对手最近做出了哪些出色的业绩。这个战略在弱化竞争者的优点时,也可以低调处理自身的弱势。现在,让我们来看看实现弱化战略的具体的战术吧:省略、转移和混淆。

省略(omission)。说服者有时只是简单地略去一些关键信息,从而避免强调他们自身的短处。例如,政客绝口不提那些支持他们的观点的统计数据并非官方数据这样的事实。大部分有关食品的广告在某种程度上采用了这种方式。实拍食物的照片往往是引不起人们的食欲的,略微枯萎的菜叶、黯淡的红色的肉块,等等。因此,就产生了"食物美容师"这样的职业,即专业人士使用各种技巧使得食物看上去更美味。如果在拍照前喷上发胶的话,沙拉看上去就会既新鲜又爽脆。瓷砖黏合剂的照片要比真的巧克力布丁更美味诱人。汤料生产厂家在碗里放满大理石石块,这样汤就显得很浓厚,从而制作出浓汤的版本。慈善机构的工作人员会将"行政管理成本要从慈善捐助中扣除"这样的告知省去。

克劳森酱菜公司(the Claussen pickle company)通过宣传公司的酱菜是通过冷冻而非烹煮生产出来的,从而强调其产品的优点。因而,他们公司的酱菜就比其竞争对手弗拉西克酱菜公司(Vlasic pickles)的产品更爽脆。克劳森酱菜公司运用电视广告来展示两家公司所生产的酱菜被从中间对折的情形。克劳森酱菜公司的酱菜"啪"的一声被折成了两半,而且有汁液从中喷了出来,这些都实实在在地强调了克劳森酱菜公司的产品的优势所在,同时展示了弗拉西克酱菜公司的产品不够爽脆的缺点;但是,克劳森酱菜公司没有告诉消费者,他们的产品比弗拉西克酱菜公司的产品要含有多得多的钠元素(这是他们的缺点),而且弗拉西克酱菜公司的产品是不需要冷藏的(这是弗拉西克酱菜公司的另一个优点)。

显然,克劳森酱菜公司有意地略去不谈他们的产品中的钠含量,因为健康的原因,例如预防心肌梗死或心脏病,人们要减少钠的摄入量。这样一来,这种避而不谈就牵扯到了道德伦理问题。你怎么看待这个问题? 还有,对于脆谷乐(Cheerios)麦圈最近声称其富含纤维,你有什么看法? 尽管这个声明是真实的,但是"脆谷乐麦圈一直是富含纤维的"这个事实却被省略了。在这里的这个省略不会危害人们的健康,但是会产生误导,而且也是其生产商的营销战略的一部分。

转移(diversion)。转移战术包括通过使用替代物而将受众的注意从竞争对手的优点或是自身的缺点中移开的做法。说服者通常通过使用幽默来转移注意力。例如,劲量电池的"兔子篇"广告运用了幽默的手法,从而分散了人们对于"所有的碱性电池都是一样的"这样的事实的注意力。福特汽车(Ford)通过诉诸情感,从而转移了人们对于它的"探险者"(Explorer)车型蹩脚的设计的关注,这种设计很容易引起翻车,从而导致受伤和死亡事故的增多。福特将对它的指责引向了对于该款汽车所安装的凡世通(Firestone)轮胎的责难。细碎的问题转移了人们对主要议题的关注,并且占用了大量的用于对关键问题的讨论以及说服者与被说服者之间宝贵的互动时间。

混淆(confusion)。另外一个弱化战术是在受众头脑中制造混乱。使用技术术语就会因为受众不理解而产生困惑。通过编织错综复杂且杂乱无章的论证过程,从而回避了真正的问题,并且使受众感到迷惑;此外,使用错误的推理也可以产生这样的结果。想一想那句著名的广告语:"她漂亮!她订婚了!她使用 Earth Balsam 护手霜!"在这里,暗含着"推理过程",即因为她用了护手霜,所以她变得美丽了,而因为她漂亮,所以她遇到并且得到了她的梦中情人。

一种自我保护的方法

在兰克(1976)对故弄玄虚之词的讨论中,他提出了一个建议,以发现使用强调或弱化战略的说服者的破绽:"凡是他们强调的,你都弱化处理;凡是他们弱化处理的,你都加强对待。"

在2004年伊始,政客们通过声称社会保险系统(Social Security System)面临着资金危机,从而完全激发出公众对于养老金收益的担心。按理说,这个合法设置的私人投资账户可以使用由雇主和雇员定期缴纳到社会保险中的一些资金。而有关"危机"的声明是在竞争对手指出有一些方式可以弥补社会保险中的亏空而且不会带来剧烈变动的时候,夸大了所出现的意外情况。"危机"这个词引起了直接的情绪性的反应,并且因此促使公众采取行动。但是,由于说服对象采用的是精心的可能性模式中的处理核心信息的路线,他们对这个问题进行了相当深入的调查,因此所谓的"危机"也就顿时消散了。

回顾和小结

如果你现在能够更加敏锐地感觉到说服者用来操控你的方法了,那么恭喜你!你已经走在了成为更具有批判力的受众的道路上了。现在,你需要用一些分析工具将自己武装起来,从而成为一个明智的消费者。学习这些是有额外的益处的。思考哪些做法在什么样的环境中会对哪些人群发挥作用,这些也会帮助你去为说服他人做好准备。随着我们在这本书中的推进,你将可以在自己所面对的问题中运用说服分析工具,并且也将它们用在每章结尾所提出的问题中。同时,也请充分利用互动区域、学习目标、关键术语,以及进一步思考的问题等部分。请审视人际交往层面中所出现的说服的运行方式。每天你都会在个人生活的范畴中做出各种决定:你的父母可能会试图说服你不要选择某些职业领域,或说服你去找份暑期工作,或者是推迟对某个商品的购买;而你会根据你与你的父母之间的人际交流来决定是听从还是拒绝他们的建议。在这里,兰克的模式也是能起到帮助作用的——确定你的父母在强调或者弱化处理什么。你也可以在其他的人际关系层面上——例如,室友、朋友、同事或你的上司——做同样的事情。之后,尝试着找出哪些类型的符号能够导向或阻碍认同。对人际层面的说服的批判性分析会帮助你做出明智的决定。尽管我们每天在公共领域中被广告、演说、广播和电视节目、报纸和杂志上的文章以及互联网说服着,但是我们需要记住说服也发生在我们的个人生活之中。

关键术语

在你读完这一章的时候,你应该能够对以下的术语或概念做出定义、解释,并且举例说明。

说服	精神气质	精心的可能性模式	隐藏的议程
交互式媒介	感同身受	处理核心信息的路线	SMCR 模式
文化多元化	逻辑性	处理细枝末节信息的路线	战术
回应能力	共通点		战略
故弄玄虚之词	省略三段论法	影响	目标
修辞术	身份认同	强迫	强调
艺术性的证明	共同创造		
非艺术性的证明	自我说服		

道德伦理准则的应用

省略所涉及的道德伦理问题。 一位房主要卖掉他的房子,但是他犹豫是否要告诉房产中介或者潜在的买主,地下室发霉了,因而可能有毒。这位房主可以将家用漂白剂一遍遍地喷洒在地下室,从而去除霉斑。他到底应该怎么做呢?(1)在地下室喷洒漂白剂,并且将房屋挂牌出售,却不提发霉的问题。(2)在地下室喷洒漂白剂,并且向买主和地产中介指出这个问题以及解决方案。(3)雇用一位研究有毒霉菌的专业人士,请他鉴别地下室的霉菌是否真的有毒,并且如果的确有毒的话,找到解决办法。(4)不在地下室喷洒漂白剂,而只是挂出"房主出售房产"的牌子。

进一步思考的问题

1. 如果你或你认识的某个人最近在进行一桩大宗购买(比如一辆汽车、一个 MP3 播放器或一部数字相机),那么请确定说服活动所发生的情境。说服活动发生在哪里?是在展示厅吗?还是通过电视广告?或是在人际交流的层面上,例如与一位朋友谈论购买这样东西?在说服过程中,出现了哪些诉求?哪些特性被强调?哪些特性又被弱化处理?说服是诉诸情感的,还是理性的,或者两者都涉及?你从这样的谨慎细致的审视中学到了什么?

2. 大量的说服活动都是出现在人际交往的环境中的。审视你的某一种人际关系,例如你与你的父母、室友、队友或所在的某个组织或教会中的同伴之间的关系。请描述在这种人际关系中,说服是在什么时间、什么地方、如何发生的。有关你自己的哪些特性被你加以强调?哪些被你弱化处理?其他人强调了什么特性?弱化处理了他们的哪些特性?哪些战术最有用?是重复,还是联系,或是省略战术?

3. 从这章所提出的说服的定义出发,创建你自己的体现了这个定义中所提到的所有重要元素的说服模式。

4. 从你最近所经历的说服活动中,选出三种类型,然后根据这一章所提出的有关说服的定义和精心的可能性模式对它们进行分析。它们都使用了哪些语言和/或视觉符号?你是否与说服性信息发生了互动?说服者的目的是什么?你采用了哪种处理信息的路线(处理细枝末节信息的或核心信息的路线)?是什么使你产生认同感?哪些特性被强调?哪些被弱化处理?说服活动使用了哪些战术?是重复、联想、组合,还是省略、混淆或转移战术?

5. 请描述各种强调的战术,并且解释它们是如何运作的。分别举例说明这些战术是如何被政客或广告主用在电视、印刷出版物、广播上的。

6. 请描述各种弱化处理的战术,并且解释它们是如何运作的。分别举例说明这些战术是如何被政客或广告主用在电视、印刷出版物、广播上的。

7. 请确定一个现在正在各种媒介上进行的关于某个事件或议题的"大规模宣传攻势"。你对此采用了精心的可能性模式中的哪种路线?请举例说明在"对恐怖主义的战争"这个议题中,主要采用了哪些强调或弱化处理的战略。在环境问题上又使用了强调或弱化处理战略中的哪些战术?它们是符合道德伦理的吗,还是不道德的?

8. 请列举一些你所使用的互动式媒介。其中有哪些是近年来出现的,例如从 21 世纪开始?哪些是先于互联网出现的?

9. 你是否注意到我们正处于一个越来越多元化的文化之中？这对说服过程有什么影响？

有关在线活动，请浏览这本书的对应网站：
http://communication.wadsworth.com/larson 11

第二章　对说服中的道德伦理的观察

理查德·约翰森
北伊利诺伊大学

道德责任
顺应受众
有关最终目标和中间手段的伦理
道德伦理的重要性
接收者的伦理责任
道德伦理的一些维度
　　宗教的维度
　　人性的维度
　　政治的维度
　　情境的维度
　　法律的维度
　　对话的维度
黄金准则和白金原则
政治性说服的伦理标准
商业广告的伦理标准
有关故意的模棱两可和含糊不清中的伦理问题
非语言符号传播的伦理
道德拒绝中的伦理问题
种族歧视或性别歧视语言中的伦理问题
一些女性主义者的关于说服的观点
赛博空间中的伦理标准
道德伦理和个性特征
提升道德判断力
回顾和小结
关键术语
道德伦理准则的应用
进一步思考的问题

第二章 对说服中的道德伦理的观察

学习目标

在阅读这章之后,你应该能够:
1. 讨论说服过程的重要的道德伦理问题和标准。
2. 认识到对说服做出道德判断的复杂性。
3. 在评判说服时使用六个道德维度。
4. 在评估政治传播和商业广告时使用特定的道德标准。
5. 认识到在不符合伦理的说服中,道德排斥是如何对不同文化、宗教、性别和性取向的人造成伤害的。
6. 认识到互动式媒介和网络媒介是如何为说服带来了重要的道德伦理问题的。
7. 开始发展你自己的有效且正当的道德框架或伦理规范,将其用于评估你对说服的手段和目标所做出的选择,同样也用于评估其他说服者的手段和目标。

选择说服学课程的学生往往是想为今后在广告、销售、新闻、商业或政治领域的职业生涯做准备。但是,对于这些职业感兴趣的学生可能会对这些职业领域中的人有关道德伦理以及人的诚实正直的非常负面的认知而感到惊讶。2004年盖洛普民意调查(Gallup Poll)对不同行业的从业者的诚实和道德感进行了排名,按照降序顺序排在道德感最弱的位置的几位依次是:电视新闻记者、报纸新闻记者、商界高级管理人员、国会议员、律师、广告业从业者,而排在最后面的是汽车销售商(www.gallup.com,2004年12月7日发布)。

有大量的证据表明公众对于不断堕落的道德的担心并非杞人忧天。《芝加哥论坛报》(*Chicago Tribune*,7月28日,第1版和第14版)2002年的民意调查显示,66%的被调查者认为,商业领域的高级经理人的道德伦理标准在过去的十多年间不断降低。2005年盖洛普的道德测量(Morality Meter Gallup Poll)显示,59%的被调查者对美国的道德和伦理氛围有些或是相当不满意(www.gallup.com,2005年3月8日发布)。

一家业务为背景核查的全国性公司在2002年审核了260万份求职申请,发现其中有44%的简历存在着谎言(*New York Times*,2002年12月28日,C8版)。盖洛普青年调查(Gallup Youth Survey)收集了从2003年1月到2004年3月的数据,这些数据表明,在被访问的青少年中有65%认为,在他们的学校里发生着一定数量或者相当多的欺骗行为,46%的人承认他们在测验或考试中有作弊行为(www.gallup.com,2005年5月11日发布)。大卫·卡拉翰(David Callahan,2004)所著的《欺骗的文化》(*The Cheating Culture*)一书,记述了一个"遍布美国社会的被广泛运用的欺骗模式",作者指出,"人们不仅在越来越多的领域里说谎,而且对此也越来越不感到愧疚",作者并且下结论说,大部分欺骗"基本上是由那些自认为属于社会中正直诚实的成员的人所做出的"(第12—14页)。

假想一下你是一名听众,正在听某个人的演讲——我们就叫他布朗森先生(Mr. Bronson)吧。他的演说的目的是说服你为一家重要的医学研究中心捐款以资助有关癌症的研究项目。假设除了一点之外，他所采用的所有的证据、推理和鼓励性的呼吁都是正当有效的，而且不存在任何道德方面的疑点。但是，在布朗森先生的演讲中的一个地方，他使用了一组虚假的数据，它使得你惊恐地认识到，你在一生中患某种癌症的概率很高——你所认定的概率要远高于实际发生的概率。

为了方便我们对于这个所设想的说服情境中的道德伦理问题的分析，请思考以下问题。如果你或是整个社会，将布朗森的说服目标看作是有价值的，那么，这个目标的价值是否使得布朗森以虚假数据为手段去实现他的目标变得正当了呢？如果布朗森是有意地选择使用虚假数据，那么这个事实是否会使你做出不同的评价呢？如果他没有意识到使用的数据是错误的，或者没有办法核查数据的来源，那么如果你做出了对他的道德评判，是否会因此发生变化？在这个例子中，布朗森是否应该因为使用了某种不符合伦理规范的手段，而被谴责为一个不道德的人或者不讲伦理的演说者？

请仔细考虑你将用于对布朗森先生做出道德评判的标准。你的标准是纯粹的实用主义的吗？（换言之，布朗森应该避免使用虚假数据，因为他可能会被发现？）还是从社会的角度出发的？（如果他被发现使用虚假数据，那么他作为代表在目前的和未来的听众那里的可信度就会下降，或者他使用虚假数据被发现将会导致其他的癌症研究组织的代表的可信度的下降）他是否应该因为破坏了在你与他之间的不言自明的道德约定而受到谴责？（你应该不会想到来自某个著名的研究机构的代表会使用令人生疑的手段，因而你特别容易受到伤害）最后，布朗森有意地使用虚假数据是否应该被看作是不道德的，因为这导致你无法获得能够帮助你对一个重要的公共议题做出明智的决策所需要的精确的、重要的信息？

作为说服的接收者和发送者，我们有义务维护用于说服的正当合理的道德标准，鼓励质询和表达，并且鼓励对于民主决策至关重要的公开讨论。为了实现这些目标，我们必须理解这些道德标准的复杂性，而且要承认达到这些标准的难度。这一章的一个目的就是促进你在各种道德标准中做出合理的选择，从而形成你自己的立场或判断。

道德伦理问题（ethical issues）聚焦于有关正确和错误、善与恶的价值判断，以及人类行为中的道德责任。说服作为人类行为的一种，因为以下原因而总是蕴含着潜在的道德议题：

- 在说服行为中，某个人或者一群人尝试着通过改变他人的信仰、态度、价值观和行为，而对他们做出影响。
- 说服行为需要我们对最终的目标和实现终极目标所使用的修辞手段做出有意识的选择。
- 说服一定牵扯到一些或全部的接收者、说服者或者独立的观察者的判断。

作为说服的接收者和发出者，你将会根据你所使用的道德伦理标准对说服的实际情况做出道德评判。你甚至也可能完全忽视道德评判。人们通常援引一些理由从而回避对说服中的道德伦理问题做出直接的分析和判断：

- 所有的人都知道说服中的诉求或所使用的策略是不道德的,因而没有什么值得讨论的。
- 只有最终的成功才是重要的,因而道德伦理与说服没有关系。
- 道德评判因人而异,因此没有最终的答案。

但是,无论如何回答,潜在的道德伦理问题都是存在的。不管你愿意与否,被说服的对象通常都会在一定程度上运用他们自己的重要的道德标准,对你的说服努力做出正式或非正式的评判。即便是完全出于"提高你的成功概率"这样的实用主义的动机,你也应该仔细思考你的听众所秉持的道德标准。

现在,我们转向道德责任这个概念。什么是道德责任,以及它是由哪些部分组成的?

道德责任

说服者的道德责任源自他们因其所承担的义务(例如做出承诺、担保、约定等)或者是他们向他人的传播所实现的效果(产生影响),而获得的或被赋予的身份或地位。**责任(responsibility)**包括履行责任和义务、对其他个体或群体负责、遵循共同约定的标准,以及遵守自己的良知等元素。但是,无论是对于传播者还是受众来说,负责任的传播的一个本质要素是进行审慎和缜密的评判。也就是说,负责任的传播参与者仔细地分析所传播的诉求、全面地评估可能产生的后果,并且尽责地权衡其中所涉及的重要的价值观。从某种意义上来说,一个负责的传播参与者应该是有"回应能力"的。她或他敏锐地、小心翼翼地、恰当地将这样的(响应)能力用于回应他人的需求和传播(请参见 Freund,1960;Niebuhr,1963;Pennock,1960;Pincoffs,1975)。

说服者看上去是否是有意识、故意地采用特定的内容和技巧,通常是我们在评判传播的伦理性时的一个要素。如果一个令人生疑的传播行为看上去更像是一个偶然之举、口误,或者甚至是出自于无知,那么我们可能在作价值评判时就不会那么严苛。对于我们大多数人而言,那些故意地使用在道德伦理上成问题的战术的行为才会受到最严厉的谴责。

另一方面,在充满争议的和展开说服的情境中,我们往往主张,传播者有道义上的责任在将他们的论证和推理展现给他人之前,首先对其可信性进行复核;粗枝大叶的准备工作并不能够成为道德失误的借口。在有关对政府官员的选举或任命方面,也应该采用类似的观点。如果他们使用含糊不清的语言或是满口行话,就无法准确而清晰地表达其想法,即便他们并非有意误导或隐匿,他们在道德层面上也是不负责任的。根据这个观点,这样的官员在履行他们的公务任务时,必须向公众进行清晰而准确的表达。在这里我们需要提出一个与之相关的问题,即是否诚实地表明意图就可以使说服者从使用合理的说服方法、产生正当的说服效果的道德义务中解放出来呢?是否我们可以认为,如果追随阿道夫·希特勒的德国人认定希特勒是诚恳的,那么这些追随者就不需要对他的说服活动是否符合道德伦理进行评判了呢？在这些情况下，对于坦率诚实和伦理性的评估最好分开进行。例如，一个开诚布公地表明其目的的说服者很可能运用了不道德的策略。

关于说服者在调整他们所要传达的信息以适应特定的受众方面有多大的自由空间这个问题，主要是有关某类具体的道德责任的议题。现在我们就来对此进行考察。

顺应受众

在顺应受众这方面涉及什么样的伦理问题？大部分说服者努力确保接收者做出特定的回应。当说服者改变自己的观点和提案，以迎合他们的受众的需求、能力、价值观和期待时，这在多大范围内是符合道德伦理的？为了确保能够被接受，有的说服者在一定程度上改变了他们自己的观点，用已非本意的想法去迎合受众。这些说服者只是在说受众想听到的话，而无论自己的信念是什么。例如，一位记者（Maraniss,1996）观察发现，比尔·克林顿的"一个令人诟病地方在于，他在整个任期内试图在所有事情上讨好所有的人，而且无论对谁，他总是投其所好地发表言论"。有些说服者走的却是另一个极端——他们很少或根本不根据其受众做出调整。他们并不重视受众的特点，并不关注受众是否喜欢他们，也不去考虑在受众群体中存在着文化多元化或宗教多元化。对于受众而言，这样的演说者、作家或广告似乎与他们没有任何关系，或者从来没有考虑到他们。

在措辞、证据、价值观、组织和传播媒介等方面针对具体的受众做出一定程度的调整，是成功且合乎道德的说服的关键部分。但是，在这里无法确定绝对的规则。说服者必须决定为了最大限度地影响受众而单纯对其观点的表达形式做出调整与修正其观点之间的合乎道德的平衡点。对于这个中间点的探寻就是在两个不可取的极端之间找到恰当之处——一个极端是只说受众想听的或想去证实的，另一个极端则是完全不顾受众、不去了解受众。这两个极端都是没有道德责任感的（Booth,2004,第50—54页）。在当今这个高度重视民族、种族和宗教多元化的时代中，说服者在权衡恰当的顺应受众的程度时，面临着重要的切实可行且合乎道德的选择。

一个说服者常常要面对的道德伦理问题是，合理的最终目标是否可以证明为其实现而采用的手段的合法合理性？我们应该如何回答这个问题？在回答这个问题时可以遵循哪些原则？

有关最终目标和中间手段的伦理

在对说服的伦理性进行评判时，目标是否可以证明手段的合法性？所要实现的目标的必要性是否基本上能够确认使用在道德方面可疑的手段的合理性？我们必须意识到,所采用的说服手段在说服者所力图实现的特定的目的之外,还会对说服对象的思想观念和决策习惯产生累积的影响。无论出于什么样的目的,说服者所选择的论证方式、主张诉求、结构和语言都将塑造受众的价值观、思维习惯、语言模式和信任度。

目的不一定能确保手段的合理性,并不意味着,目的从不保证手段的合理性。因为说服者确定其目标的基础,或许就是从大量的可能非常重要的道德原则中选择最恰当的标准。在一些环境下,例如当生存受到了威胁时,确保个人或国家安全这个目标就暂时超越其他标准了。但是,通常来说,我们在评判说服手段的伦理性时,能够将其与说服者具体目标的价值与道德性分开来,从而做出成熟的、合乎道德的判断。我们能够努力将对手段和目的的评判分开。在一些情况中,我们可能发现合乎道德的说服策略被用来实现不道德的目标;在另一些情况中,不符合伦理准则的手段也可能被用来服务于完全合情合理的目标。

尽管以下的讨论是有关新闻伦理的,但是沃伦·博维(Warren Bovee,1991)所提出的六个问题还是可以作为有助益的探测器,用来决定说服中几乎所有的手段—目的关系的合乎伦理的程度。

这里列出了改编过的博维所提出的六个问题:
(1) 所采用的手段真的是不合乎道德或道德败坏的吗? 还是仅仅是令人厌恶的、不受欢迎的、不明智的,或不起作用的?
(2) 所要实现的目标的确是良好的,还是只是由于它是我们所渴望的才显得美好?
(3) 这个不合乎道德的或者在道德层面上可疑的手段真的将可能实现良好的目的吗?
(4) 如果我们愿意创新,且更具耐心、决断力,更加高明的话,那么我们是否能够使用其他更符合道德原则的手段同样实现这个良好的目的?
(5) 是否这个良好的目标显而易见且压倒性地优于为了实现它而采用的手段所造成的恶劣的后果? 使用不良的手段需要证明其正当性,而良好的手段不需要。
(6) 使用不合乎道德的手段以实现良好的目的是否可以经得起公众的监督? 对于那些深受不符合道德原则的手段影响的人,使用这些手段是合理的吗? 或者对于那些有能力公正地对这些手段进行评判的人就可以正当地使用它们了吗?

现在我们是否能够更好地回答有关目的是否可以证明手段的正当性的问题了? 当然,我们已经对这个问题和所涉及的相关选项有了更清晰的认识。

道德伦理的重要性

哲学家杰克·奥德尔(S. Jack Odell)指出,"一个不讲道德的社会注定要灭亡"(出自 Merrill and Odell,1983)。在奥德尔看来,"基本的道德概念和原理为我们形成自己的道德或伦理规范提供了框架"。奥德尔认为"道德原则是一个社会共同体存在的必要前提。没有道德原则,人类就不可能和谐地生活,就不可能没有恐惧、绝望、无望、焦虑、不安和不确定性"(第95页)。

道德伦理的社会或个人体系并不是自动地治愈个体或集体病症的万能药。道德原理和对伦理的系统的思考会发挥什么作用呢?一个答案来自哲学家卡尔·威尔曼(Carl Wellman,1988):

> 道德伦理体系的确不能解决人们在实际生活中遇到的所有问题,但是如果没有一个明确的或隐含的道德体系的话,那么我们就无法做出合理的选择和行动。道德原理的确没有告诉人们在各种情形下应该如何去做,但是它也不是完全默不作声的;它告诉我们在决定做什么的时候需要考虑哪些东西。一个道德体系的实际用途主要是将我们的注意力导向对重要的问题的思考之中,因为它们决定了行为的正确与否(第305页)。

说服中的伦理问题无论对于说服者而言,还是对于说服对象而言都是非常重要的。因此,现在我们来探讨特别针对受众的道德责任。

接收者的伦理责任

作为说服的接收者或者说服对象,你的伦理责任是什么?对于这个问题的一个回答,部分来源于我们从说服的过程中所得到的印象。如果说服者将说服对象看作是被动的且没有防御能力的接收容器——如同一个没有头脑的记事本不加批判地接受所有的想法和观点的话,那么后者只承担非常小的责任。如果受众当中有人确实表现得如同说服者所认为的那样,那么他们几乎没有义务对说服的内容做出准确的理解,并且加以批判性的评估。这个观点认为,受众拥有极小的选择能力,他们几乎是无意识地绝对赞同说服者的观点。相反,我们可以将说服看作是一项交易,无论是说服者还是被说服者,都共同承担着积极参与到这个过程中的责任。说服对象作为一个积极的参与者的形象,意味着他们应该担负一些责任,概括起来大概以下两条:(1)合理的怀疑;(2)恰当的反馈。

合理的怀疑包括一些要素。它体现了在一方面是过于思想开明或轻信、另一方面是过于思想保守或固执己见这两个不可取的极端之间的平衡位置。你不是没有思考能力的记事本,"大量吸收"各种想法和观点,而是要主动地运用自己的能力去探寻其中的含义,做出分析和汇总,并且对合理性和价值做出评估。你可以充分利用所接收到的信息,对它们进行处理、做出诠释、加以评估。你也可以收集在说服中所涉及的议题的信息,并且接收甚至是找出不同的或有争议的观点,最好能够对其含义进行分析。

作为说服对象,你应该意识到,你试图将自己的道德标准强加到说服者身上,可能会妨碍你对说服者所发出的信息做出准确的理解。你立即做出的本能式的道德判断可能会导致你歪曲说服者原本的意图。只有在真正理解了说服者的想法之后,你才能够合乎逻辑地评判说服者的说服策略和目的是否符合道德伦理标准。

在这个对社会中的传播的诚实性已经失去了信任的时代里,合理的怀疑也要求你与不假思索地认定大部分公开传播是不可信的假设做斗争。正是因为任何一次传播都属于某个特定的类型,或者来自特定的信源(例如,政府官员、政治候选人、新闻媒介从业者或广告人),因而它不应该在没有被评估的情况下,想当然地被看作是败坏的或不真实的而被加以拒绝。显然,正如我们在这本书中一直所强调的那样,你应该在接受信息上做到谨慎,在评定信息上小心翼翼。通过使用可以得到的最佳证据,你将会做出最恰当的判断。但是,仅仅因为一则信息来源于一个可疑的信源就判定它是不可信的或不合道德的,这将是一种可能危害我们决定正确性的判断。我们拒绝一则信息,一定要在对它做出评判之后,而非之前。如同法庭上的被告,社会中的传播也必须被假定为在道德上是清白的,除非有充足的证据能够证明它"有罪"。但是,如果说服所采用的方法的确削弱或破坏了公众做出明智的决定所必需的信心和信任,那么我们就判断这些手段是不合乎道德的。

作为说服过程的一个主动的参与者,你需要向说服者提供恰当的反馈。否则,说服者会否认人们做出决定需要重要的且准确的信息。在大部分情况下,你的回应应该诚实而准确地反映你的真实的理解、信念、感觉或判断。反馈可以是语言形式或非语言符号的、口头或书面表达的、即时或延时做出的。理解、疑惑、赞同或反对的回应都会在提问—回答的过程中通过你的面部表情、手势、姿态、询问和陈述,或是写给编辑或广告人的信件表达出来。在某些情形下,当其他受众保持沉默的时候,你甚至有义务做出回应或给予反馈。你需要决定你的反馈的程度和类型是否适合说服的主题、受众和场合。例如,用问题打断说服者的话,或者甚至是责问说服者,在一些情况下是恰当的,但是在很多场合都是不负责任的。

意见分歧和冲突时常出现在亲密的、非正式的人际交往环境中。在这种情况下,参与者中至少有一方可能在情感上更脆弱一些,双方的个性特征通常会对彼此以直接而且强有力的方式产生影响。如果你是一个被说服者,打算以强烈的反对作为反馈,那么在这种情况下,你应该避免用语言冲突这种"违反准则的"策略,因为这是不负责任的(Ross and Ross,1982)。例如,应该避免为了阻止他人表达他们的观点而在谈话中一个人唱独角戏。应该避免使用陷阱,以诱惑他人说出将来你可以用来令其尴尬或伤害他们的话。应该避免你为了将抱怨一股脑地倾泻给他人,而实现制服他们的目的,而淤积的大量牢骚。最后,还应该避免喋喋不休地讨论大量不重要或者琐碎的问题和观点,以从中得到好处。

道德伦理的一些维度

我们将简要地解释道德伦理的六个主要维度,我们可能从这些角度来分析说服所涉及的道德伦理问题。从分类学的角度来看,这些维度并不是穷尽的、互斥的,在顺序上也没有优先等级。有关这个问题的更为广泛的探讨,请参见约翰森(Johannesen,2002)的著作。

作为说服的接收者,你可以运用这些维度中的一个或者将其中几个组合起来,以对说服者所使用的语言(例如运用隐喻和语焉不详)、证据和推理过程的伦理性做出鉴定。你也可以运用这些维度去评估说服者所使用的心理手段(例如诉诸需求和价值观)或借助被广泛认同的文化象征和神话手法的道德性。大规模宣传活动和社会运动中所采用的说服战术也可以或者说也必须成为道德审查的对象。

宗教的维度

传播伦理的宗教的维度(religious perspectives) 是建立在假定宗教将神圣与永恒和人类与世界联系起来等假定的基础之上的。根据这个假设,世界上的许多宗教都强调了评价说服的伦理性时所遵循的价值观、指导原则和规范。不同的宗教的意识形态和宗教文献中都包含着道德原则和"你不可"的禁令。例如,《圣经》告诫人们不要撒谎、诽谤和作伪证。道教强调共鸣和顿悟是通往真理和正确的人生的路径,而不是推理和逻辑。援引事实和证明符合逻辑的结论在道教中并不重要,这门宗教更偏好感觉和直觉。我们可以运用这样或那样的来源于宗教的标准对说服的道德性进行评估。

为了探查宗教和合乎道德的说服之间的关系,请对下面这个案例进行深入思考。在1987年1月的第二个周末,福音传教士奥劳拉·罗伯特斯(Oral Roberts)在他的全国范围内播放的电视节目中详细讲述了他在过去的一年里遇见了上帝。上帝告诉罗伯兹他将不被允许活过1987年3月,除非他能够筹集到800万美元,以为奥劳拉·罗伯特斯大学(Oral Roberts University)的69名医学院学生提供奖学金。在罗伯特斯对他的观众的充满感情的请求中,他问道"你们愿意帮助我延长我的生命吗?"罗伯特斯的最高新闻发言人简·达盖茨(Jan Dargatz)在记者面前为罗伯特斯的动机进行辩护,但是他也承认罗伯特斯的"做法打动了他的粉丝"。达盖茨说,罗伯特斯"打心眼里"实心实意地相信,募集资金的动力就是"要么去做,要么等死的努力"。塔尔萨的万灵教会(All Souls Unitarian Church)的副会长、保守党人约翰·沃尔夫(John Wolf)指责这个要求是"情感勒索"和"铤而走险的行动"(Buursma,1987)。另一则新闻报道指出,在1986年罗伯特斯也提出了类似的要求。罗伯特斯告诉达拉斯的受众,如果他不能募集到资助"神圣的传教士团体"所必要的资金,那么他的"生命将到尽头了",并且上帝"会在今年带走我"。罗伯特斯说："如果我不做到这些,那么我将在今年结束之前死去。我将和天父在一起。我知道这一点,所以我站在这里。"罗伯特斯最终没有募集到所需要的钱款(*Chicago Tribune*,1987年2月26日)。

为了对罗伯特斯的要求的伦理性进行评判,你需要了解埃默里·格里芬(Emory Griffin,1976)开发出来的基督教福音主义的伦理原则。例如,由于运用了心理强迫从而迫使人们做出承诺,因而罗伯特斯的说服在多大程度上可以被看作是"修辞上的强奸行为"? 罗伯特斯运用了诸如唤起负疚感这样的强烈的情感诉求,从而有效地消除了受众的头脑清醒的选择。或者,罗伯特斯的说服是否更应该被看作是"修辞上的诱奸行为",因为他使用了欺瞒、奉承,或是安慰的手法诱惑受众,或用与之无关的成功、金钱、责任、爱国主义、名望进行诱导? 我们还可以运用其他的哪些出自基督教教义或圣典的道德伦理标准,来对罗伯特斯的呼吁做出评判? 我们将如何使用这些标准?

人性的维度

人性的维度(human nature perspectives) 通过询问我们称之为人类的根本是什么,而尝试着探明人性的本质。当人性中一些独一无二的特性被确定下来之后,就可以将我们人类与所谓的较低等的生命区分开来了,我们可以运用这些特性作为评判说服的道德性的标准。在这些特性当中包括推理、创造和使用符号、实现相互欣赏和理解,并且做出价值判断等方面的潜力。在这个维度中的根本的假设是,我们应该保护和培育这种独特的人性特征,以便使人们能够更好地实现他们的个人潜力。我们能够评估说服者的诉求和所采用的方法在多大程度上或是促进或是破坏了基本的人性特征的发展。无论来自于什么样的政治、宗教或文化背景,一个人都应该具有某些值得通过传播而得以推广的独特的特性。而某种将人不作为人来对待的非人性化的手段则是不道德的。

1990年在佛罗里达,美国的一个行政区法院宣判"2 Live Crew"说唱乐团的唱片《想要多肮脏就有多肮脏》(*As Nasty As They Wanna*)犯有猥亵罪。但是,同一年在佛罗里达的地方判决中,却判决乐团的三位成员演唱那些歌曲是无罪的。这两个事件属于更广泛的争议中的一部分,争议是关于那些明确地表达了对性和身体的滥用、对女性的侮辱,以及对少数族裔的攻击的歌曲的。例如,在《想要多肮脏就有多肮脏》这个专辑里生动逼真地描述了处女膜的破裂、强迫女性进行肛交或口交、舔吃粪便,以及其他的诸如排泄、乱伦和群交之类的行为。类似的反映性暴力的歌曲还可以在其他个人演唱者或乐团组合的表演中找到,例如犹太圣徒乐队(Judas Priest)、Great White、Ice-T[①]以及枪炮与玫瑰乐队(Guns n' Roses)等。在枪炮与玫瑰乐队的歌曲《万里挑一》("One in a Million")中,表现了对外国移民、同性恋、非洲黑人的强烈反对。

---

① Ice-T 是 Gangsta Rap 乐队的成员,是特雷西·马洛(Tracy Marrow)的艺名,除了说唱歌手之外,马洛还是演员和作家。——译者注

不管这些歌曲是否被判为有罪,还是受到《美国宪法第一修正案》(*The First Amendment*)①的言论自由的条款的保护,许多人都会说它们至少应该被谴责为不道德的(Johannesen,1997)。这些歌曲没有将女性当作人来对待,而只是作为为了满足男性自私的欲望而被操控的客体或肉体零件。因此,这些歌曲将女性非人化、剥除个性、轻视她们,并且它们强化了有关女性、同性恋者和少数族裔群体的不正确且不公平的刻板印象。你怎么会相信在这样的歌曲中运用了传播伦理中的人性的维度?

政治的维度

被认为是对于某个特定的政治系统的健康和成长至关重要的价值观和议事程序——无论含蓄或明确地表达出来的,都是**政治的维度(political perspectives)**所关注的焦点。一旦我们为一个政治体系确定了核心价值,我们就可以用它们去评价在这个系统之内的说服手段和说服目标的道德性。在这里的假设是,说服性传播应该促进这些基本的政治价值观的实现;而那些阻滞、败坏或避免这样的价值观实现的说服手段则应被看作是不合乎道德的。不同的政治体系通常包含着不同的价值观,因而导向了不同的道德判断。例如,在美国的代议制民主制度的背景下,各路分析人士精确地确定了他们认为从根本上决定了我们的政治体系健康运转的价值观和议事程序,而且正因为如此,这些价值观能够引导对这个政治体系中的说服在道德伦理方面的监督。这些价值观和议事程序包括提高公民做出合理的决定、使用公开传播的渠道和有关公共议题的重要且精确的信息等方面的能力,最大限度地增加选择的自由、容忍不同意见、真实地展现动机和后果,以及细致而且准确地呈现证据和备选项。

仇恨演讲(hate speech) 是一个可以被广泛运用的标签,包括所有因个人和群体的种族、民族、国籍、宗教、性别或性取向而对他们进行贬低、轻视、羞辱或侮辱的传播。仇恨演讲的确引起了我们对于在我们的国家中有关尊重多元化这个核心议题的担忧。在20世纪80年代后期和90年代早期,有关发表在大学校园里的仇恨演讲的问题形象地展现了在言论自由的权利和在行使这项权利的过程中的道德责任之间的矛盾。在一所大学里,八名亚裔美国学生被一群足球运动员骚扰了将近一个小时,后者将前者称为"东亚同性恋"。在另一所大学里,白人兄弟会的成员通过一直向一位黑人学生齐声高喊"黑鬼""黑佬"和"懒猴"来折磨他。还有一所校园里,一位白人大一学生通过运用具有种族骚扰色彩的词语——将五名黑人女学生称为"水牛",向学校的演说规则挑衅。

作为对于仇恨演讲事件的回应,许多大学制订演说规则,对于发表仇恨性和攻击性的公开信息的行为做出惩罚。在许多学校中都规定以下的表达方式是应该受到处罚的:

---

① 《美国宪法第一修正案》于1791年12月15日获得通过,是《美国权利法案》中的一部分,它禁止:美国国会制定任何法律以确立国教、妨碍宗教信仰自由、剥夺言论自由、侵犯新闻自由和集会自由、干扰或阻止向政府请愿的行为。——译者注

- 对贬低性的名称的使用、指向明确的嘲笑、轻率的玩笑,以及在谈话中显而易见地排斥他人。
- 侮辱或牺牲某人,或者形成威胁性或攻击性的氛围的语言。
- 当面使用绰号、侮辱性的语言,以及其他形式的表达方式,而这些表达方式根据接收一方的社群标准来看,是传播者因个性、智力或文化上的差异,而对他们进行的人格的贬低、伤害、牺牲或轻蔑的描述。
- 目的在于骚扰、威胁或侮辱他人的极端的粗暴的行为或传播,其原因是种族、肤色或民族的不同,从而给接收者造成了严重的情感上的痛苦。

不管仇恨演说是否受到《宪法第一修正案》的保护,无论校园里的演说规则是否符合宪法的规定,我们都应该对具体的仇恨演说的道德性程度做出评估(Johannesen,1997)。我们可以使用各种各样的道德维度(例如,人性的维度)进行评判,但是我们如何使用属于美国民主政治维度中心的价值观和议事程序对仇恨演讲做出评价呢?

情境的维度

为了从**情境的维度**(situational perspectives)做出道德评判,就必须有条不紊地从根本上关注所要分析的具体的说服情境中的要素。实际上,所有的维度(那些在这里所提到的和没有涉及的)都允许根据具体的情境对道德标准的运用加以因地制宜的修正。但是,只有极端的情境化维度才会每次都完全根据次次都不同的情况做出评判。情境的维度使来自于广泛的政治、人性、宗教或其他维度的评判标准缩减到最少,并且避免绝对性的或普适性的标准。对于做出完全以具体环境为依据的道德评判而言,其中至关重要的情境性要素包括:

- 在说服对象看来的说服者的角色或功能;
- 说服对象所抱有的期望——主要是是否是恰当、合理的;
- 说服对象对于说服者所采用的方法的认知程度;
- 说服对象所秉持的目标和价值观;
- 实现说服者的提议的迫切程度;
- 说服对象所赞同的有关传播的道德标准。

因而,从极端的情境的维度来看,我们可以认定,例如,当一位被大家共同认可的领导者在相当危急的时刻需要召集众人以获得帮助时,他可以采用所谓的煽动情绪的手段来阻止人们做出合理的、经过深思熟虑的决定。或者说,如果说服对象既能够识别同时也同意说服者使用诸如含沙射影、引起内疚感和毫无事实根据的指责等手段的话,那么这位说服者使用这些手段就可以被认为是合乎道德的。

法律的维度

从**法律的维度**(legal perspective)来看,不合法的传播行为同时也是不道德的,从另一个方面来看,那些没有明显不合法的行为也是合乎道德的。换言之,合法性和合乎道德性两者是同义的。这种方法毫无疑问使得做出符合伦理的判断变得简单了:我们只需要衡量传播手段是否违背当前的法律和规范,就可以确定某种手法是否是合乎道德的了。例如,我们可以将由联邦贸易委员会(Federal Trade Commission,FTC)或是联邦通讯委员会(Federal Communications Commission,FCC)所制定的广告管理法规用作道德指导原则。或者我们可以使用最高法院或国家立法机构所批准的标准来界定猥亵、色情、诽谤或中伤行为,从而以此为基础判断某条具体的消息是否是不道德的。

但是,许多人对于通过法律的途径实现传播的伦理性的路径感到不安。他们指出,显然有些事情是合法的,但是从道德的角度来看确实是暧昧不明的。而且,在20世纪60年代到70年代之间,一些拥护公民权利、反对越南战争的示威公众承认他们的行为是不合法的,但是他们也声称从伦理和道德的角度来看,他们的行为是正当合理的。坚持这一观点的人反对合乎道德性和合法性是同义概念,他们认为道德性的概念要比合法性这个概念广泛得多,并且主张,并不是所有的不道德的事情也是不符合法律规范的。

我们在多大程度上能够或者说应该凭借法律或规定来推行传播的道德标准呢?"你不能像立法一样制定道德准则"和"难道不应该有法律规定吗"这两句古老而且看上去相互矛盾的说法,在什么范围内是合理的? 在今天的美国,几乎没有任何有关传播的道德标准被编制成法律或规定。正如我们所指出的,联邦贸易委员会或联邦通讯委员会的有关广告内容的规定,和关于猥亵和诽谤的法律和法院判决,所体现的是政府治理路径。此外,这些例子几乎无法与大量的关于在我们这个社会中的自由言论和自由出版的界限的法律和法院判决相提并论。相反,我们的社会是通过诸如达成群体共识、社会压力、劝说和有关道德的正式却自愿遵守的规范等间接的途径,来在传播中使用道德标准的。

围绕着互联网和网络上的计算机传播的争论,不仅表明了自由与责任之间的张力关系,而且以例证说明将法律判断方法用于道德判断以及创造正式的道德规范所面临的压力。你是否应该不受任何限制地在互联网、网络上或电子邮件中自由地说出或阐述任何你想要表达的事物?对于如何提升互联网上的计算机传播的道德责任,你有什么想法?是通过立法吗?还是通过制定制度性的、专业的道德规范?

大学中的管理人员——可能就在你所在的校园里,曾经讨论过是否将现有的禁止仇恨演讲和骚扰校园的规定,运用于大学生对互联网及电子邮件的使用行为中,还是是否应该制定特别的计算机传播道德规范,以指导学生的网络使用行为吗?在你就读的学校里,是什么样的官方的政策(是如何制定的、由谁制定的?)管理着互联网和网络上的传播的道德责任?这些政策是如何恰如其分地围绕着传播伦理的特殊问题的?这些政策是否确实更多地指向合法性问题而不是合乎伦理性的问题?

对话的维度

对话的维度(dialogical perspectives)是近年来在学者对传播的对话性特征而不是独白特征的研究中浮现出来的。从这个角度来看,参与传播情境的双方相互对对方表现出自己的态度姿态,是正在进行的传播的道德水平的指标。有些态度被认为比其他的态度更为充分地体现人性,更为人道,更能够促进个人的自我实现(请参见 Johannesen,1971,2002;Stewart and Zediker,2000)。

作为对话的传播的特征体现在以下态度中:诚实、关心他人的幸福和进步、信任、真诚、开明、平等、相互尊重、同情、谦逊、直率、没有伪装、没有操控的意图、襟怀坦白、鼓励自由的表达,以及将他人作为具有内在价值的个体来接受,而无论是否在信仰或行为上有差异等。

相反,作为独角戏的传播则包括以下特征:欺瞒、傲慢、剥削、武断、霸道、不诚恳、虚伪、自我炫耀、自我膨胀、妄下判断而阻碍自由表达、强迫、独占、卑躬屈膝、自我防卫,以及将他人看作是被操控的客体。因而,在说服这种情境下,我们可以检验说服者所采用的方法和所表达的内容,以确定他们在多大程度上对说服对象表现出合乎道德的对话态度,还是不道德的独角戏态度。

如何将合乎道德的对话的维度用于私密的人际传播场合中,例如在朋友、家庭成员、情侣和配偶之间的交流?在论及说服对象的责任的章节较为靠前的部分中,我们总结了一些在人际传播中导致言语冲突的违反规则的手段。从对话的视角,你将如何评估那些做法?

请思考一些被广泛使用的交互式媒介,例如电子邮件、聊天室、博客、手机短信和微软的 Xbox 电视游戏。举例来说,博客(网络日志的简称)使得博主和用户之间能够有广泛而深入的互动。2005 年的一项研究估计,800 万美国成年人开设了自己的网络日志,几乎有 3 200 万美国人表示他们阅读博客,而且超过 1 400 万的人说他们会对博客做出回应。围绕着博客的行为可以与对话或研讨会相提并论(Primer,2005,第 15—16 页)。我们如何将根植于对话的维度的道德标准用于通过博客或其他诸如此类的互动式媒介而进行的传播呢?

凭借着对前面所论述的道德维度(宗教的、人性的、政治的、情境的、法律的和对话的)的认识,我们便能够面对与说服中的道德难题有关的各种复杂的问题了。作为被语言的和非语言的说服性信息狂轰滥炸的接收者来说,我们必须不断地正视并解决这样或那样的基础问题。为了更好地把握这些议题,我们接下来将思考一些我们大多数人可能是在这里或是那里听说过的关于道德伦理的传统的建议,即黄金准则。

黄金准则和白金原则

"对他人做那些你愿意他人对你做的事情。"大多数人可能都知道这句名言,它就是我们应该知晓的**黄金准则**(**The Golden Rule**)。熟知基督教传统的人可能认为黄金准则是基督教所独有的。在《新约全书》中,我们可以读到:"你们愿意别人怎样对待你们,你们也应该如此待人。"(Luke,6:31,也请参见 Matthew,7:12)但是,在世界的主要宗教的圣典中也可以找到黄金准则的另外一些表达方式,例如在印度教、儒教、道教、琐罗亚斯德教和耆那教中。举例来说,在印度教中黄金准则的说法是:"不要对你的伙伴做你讨厌的事情。"在伊斯兰教中则是:"你们之中没有真正的信徒,除非有人为他的兄弟所渴望的正是他为他自己所渴望的。"在佛教中是:"己所不欲勿施于人。"(Kane,1994,第 34 页;Samovar,Porter and Stefani,1998,第 269 页)

对黄金准则的一个解释就是,我们应该只对他人采取那些我们愿意允许他人对我们采取的具体的行为。另一个理解则不需要相互做出同样的具体的行为,而是提出道德原则和标准方面的要求,即我们对待他人时应该遵守我们希望他人对待我们时所遵循的同样的道德准则(Singer,M.,1963)。黄金准则的各种版本不仅为世界上的主要宗教所倡导,而且被世俗社会的哲学家所支持。因而,当代哲学家马库斯·辛格(Marcus Singer,1967)总结道:"黄金准则几乎被全世界的人接受,并被那些相当智慧的人所传播——尽管以各种各样的外在形式,这些似乎都是断言它是基本的道德真理的证明。"

但是,在道德多元化、宗教多样化,以及跨文化和多文化传播的背景下,米尔顿·本尼特(Milton Bennett)主张,最好是在对于基本的价值观、目标、制度和风俗有着广泛的共识的一种文化或一个群体之中使用黄金准则。换言之,黄金准则预设了其他人希望被以和我们所希望的一样的方式来对待。但是,这个假设在形形色色的跨文化和多文化传播中,并不是能够自然而然地发挥作用的。在这样的场合中,我们往往主要或者只是关注自己的价值观或偏好,因而会排斥或者轻视他人的相异于我们的价值观和偏好。作为黄金准则的备选项(或者可能是补充项),本尼特(1979)提出了**白金原则(The Platinum Rule)**:"对他人做那些他们愿意对自己做的事情。"

显然,白金原则迫使我们认真对待他人的价值观和偏好,特别是当他人与我们不同的时候,我们或许可以通过移情作用或想象来感觉他们的体验和世界观。但是,我们需要注意我们不能将白金原则理解为,它要求我们自动地而且不加质疑地去做他人希望我们做的事情。在做出有关我们传播什么和如何传播的最终决定时,我们应该小心翼翼地权衡分别蕴含在黄金准则和白金原则中的道德指南。之后,我们应该决定在我们所处的具体的情境下,优先采用哪条准则。

政治性说服的伦理标准

我们每天或是直接或是间接地暴露在不同形式的政治性说服中。例如,总统出现在国家电视台上,呼吁公众支持某项军事行动。一位议员在国会上反对通过一个协定。一位政府官员宣布一条新的法规,并且指出它的合理性。一位联邦官员声称,出于国家安全的考虑,并不能透露公民行动组织所需要的信息。为国家、州或地方层面的政治选举所展开的宣传攻势。一位公民反对由市参议会所提出的财产税税率。我们应该采用哪些道德准则去评判各种类型的政治性说服呢?

第二章 对说服中的道德伦理的观察

在20世纪的后50年当中,探讨说服、雄辩和论证中的道德伦理的传统的美国教科书,通常都包含着标准清单,那些标准是用于评判说服实例的道德性的。这些标准往往——如果不是明确地,那么也是含蓄地出自于我们在此之前所描述的用于评判说服的道德性的政治维度。这些准则大多起源于那些被认为是有利于我们的代议制民主体系的健康与成长的价值观和议事程序。

在所有可以用于这一章所描述的形形色色的说服类型和说服环境中的道德规范里,下文所列出的11条对于你来说,无论是作为说服者还是说服对象都是最普遍适用的。不要将这些标准看作只限于在政治性说服领域中使用。它们能够应用于各种各样的说服性努力,无论是你所开展的,还是你置身于其中的。请仔细思考如何使用(和修改)这些标准,并将此作为你致力于合乎道德的说服的起点(也请参见 Sellers,2004; Baker and Martinson, 2001)。

下文所呈现的是我对大量的说服的道德标准清单的综合和调整(Johannesen, 2002, 第30—32页、第37—38页)。在我们所处的社会当中,以下准则不一定是唯一的或者最恰当的;它们是作为基本规范而不是刚性的规则而被提出来的,而且它们促进了对于评判说服是否合乎道德的复杂性的讨论。例如,可以思考一下,在什么情况下,这些规则的例外可以被看作是合理的。而且,应该意识到,将这些规范运用到人们对于诸如歪曲、伪造、理性的、合理的、隐瞒、颠倒黑白、无关紧要的和欺诈等概念可能有着不同标准和理解的具体的场合中,是相当困难的。

(1) 请不要使用假的、伪造的、颠倒黑白的、歪曲的或者无关紧要的证据来支持你的论点或主张。

(2) 请不要有意地使用可疑的、没有证据支持的或不合逻辑的论断。

(3) 如果你没有充分了解某个主题,就请不要冒充自己是这个问题的"专家"或假作对此见多识广。

(4) 请不要使用无关紧要的诉求分散对于正在谈论的问题的注意力或关注。用于这一类目的的手段通常是对竞争对手的特性进行诽谤攻击、煽动仇恨或盲从、使用讽刺和带来巨大的情绪负担的词语,从而导致强烈的却未经思考的积极或消极的反应。

(5) 请不要请求你的受众将你的想法或提议与充满感情色彩的价值观、动机或目标联系起来,如果它们之间确实不相关的话。

(6) 请不要通过隐瞒你的真实的目标或自身利益、你所代表的群体或你所主张的观点形成的立场,而欺骗你的受众。

(7) 请不要歪曲、隐藏或篡改有关结果或效果的数据、影响范围、重要性或不受欢迎的特性。

(8) 请不要使用缺乏证明或论证基础的诉求,或者是如果受众有时间、有机会自己去检验这个主题的话,就不会接受的诉求。

(9) 请不要将复杂的、层级繁多的情形过度简化为简单的两极价值观或非此即彼或极端的观点与选择。

（10）请不要在可能性还需要进一步确认的时候，就表现出确定性。

（11）请不要宣扬那些你自己根本不相信的事物。

在 20 世纪 80 年代，大众媒介中的政治评论家常常指责罗纳德·里根总统错误地说明和滥用事例、统计数据和说明性的故事。他们指出，他并不是偶一为之，而是经常在他的新闻发布会上、口头评论中，甚至是演讲中这样做（Green and MacColl，1987；Johannesen，1985 年）。而在道德上以令人生疑的方式引人注目地误用事实和趣闻轶事，仍然继续出现在全国的政治演讲中（请见互动区域 2.1）。

互动区域 2.1　评估政治性说服

请阅读戴维·科恩（David Corn，2003）的著作《乔治·W. 布什的谎言》（*The Lies of George W. Bush*）。科恩采用了哪些道德评判标准？你同意或反对哪些科恩对于布什在多方面所展开的说服努力的评价？请将我们此前有关意图、诚实、责任、政治的维度的探讨和所提出的政治性说服的标准运用到对科恩的道德批判的思考中去。

商业广告的伦理标准

消费者、学者和广告人自身显然不会就哪种道德标准最适用于对商业广告的评估达成共识，在这里，我们将只是简单从各方面人士所建议的大量名目繁多的标准中选取一些进行调查。

通常，广告人所采用的是我们此前谈到的所谓的法律的维度，在这个维度下，合乎道德等同于符合法律规范。但是，资深广告人哈罗德·威廉姆斯（Harold Williams，1974）观察发现：

> 合法的与合乎道德的并非同义，而且合乎道德的也并不等同于诚实的。我们往往将合法性作为我们的指导原则。由此所带来的结果是，我们会求助于法律界人士来判断某些行为是否恰当。
>
> 我们必须意识到这样做只能使我们得到一个符合法律规定的选项，但是并不一定是合乎伦理或道德的。公众、公共辩护律师和许多法律和行政管理方面的权威人士往往都会认识到这一点，尽管我们没有这样的自觉（第 285—288 页）。

有关商业广告的典型看法是，它是一次说服活动，它证明一种关系到某个产品的实际特性或优点的情况或者表达相应的某种主张。这种观点反映在许多广告职业联合会——例如，美国广告联合会（American Advertising Federation）——所正式颁布的道德规则当中。大量的传统的道德标准，例如诚实守信和合理性都被运用在试图表明某个产品的特性当中了。举例来说,人们会评判,支持所提出的主张的证据和理由是否清晰、准确、重要,而且在数量上是充分的?情感上和动机方面的诉求是否直接与产品本身相关?

美国广告协会(American Association of Advertising)在1990年修订了它的道德准则。在你阅读下列准则时,请思考它们的适当性,在今天它们在多大程度上仍然是重要的而且恰当的,以及它们如何体现了诚实和合理的标准。协会成员同意避免故意制作包含以下内容的广告:

- 无论是视觉的还是语言文字上的错误或误导性的陈述,或是夸大其词;
- 没有表现出与之相关的个体的真实选择的褒赞之词;
- 有关价格的断言具有误导性;
- 提出没有充分证据的或歪曲真实含义的或将专业及学术领域的专业人士的言论断章取义的主张;
- 表述、建议或图片损害了公众的尊严,或者对少数群体具有攻击性。

如果有关诚实守信和合理的道德标准对于大多数商业广告而言不再重要的话,将会出现什么样的情况?如果大部分广告的首要目的不是证明其主张,又会怎么样?话说回来,我们所使用的道德标准是起源于我们对于广告的特性及目的的各种不同的看法。有些广告的功能首先是抓住和维系消费者的注意力、发布某个产品,或使得消费者对某个产品的名称形成认识。许多广告的首要目的则是通过使用暗喻、幽默、幻想和虚构,刺激消费者对某个产品形成积极或感觉良好的态度(Spence and Van Heekeren,2005,第41—53页)。那么,对于这类捕捉关注或形成良好感觉的广告而言,哪些道德标准是最适用的呢?

这里令人想到著名广告人托尼·施瓦茨(Tony Schwartz,1974)有关电子媒介中的说服的共鸣理论,我们将在"现代媒介和说服"(第十三章)中详细地讨论该理论。施瓦茨论证指出,由于我们对于真实、诚实和明确的概念是我们的以印刷媒介为导向的文化的产物,因而它们适用于对印刷媒介的信息内容的评判,他这样主张。但是现在,"在处理电子媒介的内容时,有关真实的问题已经相当不重要了"(第19页)。在对于利用电子媒介做广告的道德评判问题上,施瓦茨说,联邦贸易委员会不应该将注意力放在内容的真实性和明确度上,而应该关注广告对受众所产生的效果。但是,他也哀叹,"对于电子传播的效果是否是有益的、可以接受的,还是有害的,我们已经没有一致赞同的社会价值观和/或社会规范去评判它们了"(第22页)。

你对于《十七岁》(Seventeen)杂志——这是一本拥有几百万青春期少女读者的杂志——上的Fetish香水的广告效果和后果有什么样的道德评判?这则广告展示了一位有魅力的少女充满诱惑地看着读者。广告上的文字写道:"慷慨地在你的脖子上喷洒香水吧,当你摇头表示'不'的时候,他就会闻到香气。"要考虑到这则广告出现在被认识的人强奸是一个很大的社会问题这样一个大的文化背景下——女人和女孩被明确地鼓励要对不情愿的性行为说"不",而男人和男孩却仍然一再认为"不"的真实含义是"好"。

那些基于年龄（年老而糊涂的）、性别（女性作为性客体）或文化（落后的）等特征，而将某些人或群体负面地刻板印象化的广告，会对个人或社会产生什么样的有害结果？我们不断地暴露在这样的广告之下，的确可能影响我们对这些被刻板印象化的人的认知和对待方式，也会影响这些被模式化的人对自己以及他们的能力的看法（Spence and Van Heekeren,2005,第54—69页）。"广告中的刻板成见通过降低某些人所属的社会群体的地位、模式化地侵犯人们的自由和获得幸福的权利，从而至少是对这些人加以贬低、伤害了他们的个人尊严，因而，这是不道德的。"（第68页）

商业广告有时也因为包含着模棱两可或暧昧不清的内容而受到谴责。但是，要注意说服中的模糊不清和意义不明不仅局限于商业广告。现在我们将更广泛地检查在模棱两可和含糊不清中所蕴含的道德伦理问题。

有关故意的模棱两可和含糊不清中的伦理问题

"含义不明或不确定的语言"应该是对模棱两可的语言的有代表性的定义。**模棱两可（ambiguous）**的语言向两种或更多种合理的解释开放。**含糊不清（vague）**的语言缺乏确定、明确或准确的含义。清晰地传播所打算传递的含义，通常是有道德的传播者的一个主要目标，无论传播者是为了增强受众的理解，还是为了对受众的信念、态度或行为产生影响。有关口头和书面传播的教科书，往往都提醒读者警惕模棱两可和含糊不清；通常，这些教科书的立场都是认为有意地造成模糊是不合乎道德的传播战术。例如，在这本书的后面，我们会将模棱两可作为一种有用的策略、一种常常是卓有成效的文体手法来讨论，尽管这种方法在道德层面是值得质疑的。

在正确无误的讲授或精确的信息的传达是众人共同认同的目标这样的环境下，绝大部分人都赞同故意的模糊是不道德的。尽管在大部分所谓的说服性传播的情境中，有意的模棱两可在道德上也是存在着问题的，但是，在一些场合中，传播者可能相信有意地制造模糊或含糊是必要的、可以接受的，被看作是正常的，甚至是合乎道德的。这种情况可能出现在，例如，宗教演说、一些广告、雇员与管理者之间的讨价还价、政治宣传攻势或国际上的外交谈判之中。

我们可以列出一些特殊的目的，传播者可能认为，为了实现这些目的，有意的模糊便是合乎道德的了：(1) 通过迷惑而增加受众的关注；(2) 为了在对法律概念的理解中加入一定的灵活性；(3) 通过在次级问题上使用模糊战术，而使得在首要议题上实现准确的理解，并达成共识；(4) 通过让受众创造他们自己的理解，从而促使受众在心理上最大限度地参与；(5) 通过避免锁定在某个单一的绝对的立场上，从而最大限度地扩大在日后应付竞争对手或其他成员时的修正范围。

在无论是来自竞选者还是政府官员的政治传播中，一些情况可能使得有意的模棱两可变得合理。首先，一位总统或总统候选人通常借助诸如电视或广播这样的大众媒介通过一则单一的信息与大量的受众进行交流。这则消息的不同部分可能分别指向不同的特定受众,并且模糊处理这则消息中的一些元素,从而避免冒犯任何一位受众。其次,正如政治学学者刘易斯·弗洛曼(Lewis Froman,1966)所观察到的,一位候选人"无法确定自己对特定的议题的立场,因为在他必须做出实际的选择之前,他是不知道具体的选项意味着什么的。也就是说,具体的承诺与依赖于协商和妥协的政治程序联系得太紧密"(第9页)。最后,选民群体越来越多地根据候选人在对他们这个群体最为重要的某一个问题上所秉持的立场来决定是支持还是反对这位候选人。而这位候选人在许多其他公共议题上的观点则往往被忽略或驳回。"单一议题政治"这个短语描述了这种趋势。一位候选人可能会有意地模糊某个会引起强烈的情绪反应的问题,其目的是使他/她对其他议题的观点也能被公平地听到。

在2004年的总统大选中,乔治·W.布什常常指责他的竞争对手约翰·克里在重要的问题上"摇摆不定",即布什声称克里经常改变他在那些问题上的立场,因而是前后不一致或模棱两可的。你在多大程度上和在哪些方面认为布什的指责是合理和正确的?此外,也请思考一位政客改变他/她在某一个议题上的立场是否必然就是不道德的呢?为什么是或为什么不是?

在一些广告中,有意的模糊似乎被消费者照单理解,甚至照单接受了。请思考在Noxzema剃须膏的广告中那句著名的催促人们"脱掉它,脱掉一切",以及一位漂亮女人伴随着脱衣舞的音乐看着一个男人在刮胡子的画面,在这里是否隐含着不道德的元素。或者请回想在English Leather须后水的广告中,这位性感的女人说:"所有我的男人都穿English Leather,或者干脆什么都不穿。"

有时也需要检查商业广告中的非语言符号元素的道德性。而仔细审视非语言符号传播会涉及更为广泛的议题,这正是我们接下来要讨论的。

非语言符号传播的伦理

非语言符号元素在说服过程中扮演着重要的角色。例如,在一则杂志广告中,特定颜色、图片、排版方式和字形的使用都影响着广告中的话语被接收的方式。在后面的章节中会列举有关在图片选择、拍摄角度和轨迹以及新闻呈现的剪辑中所产生的"非语言符号的偏向"的例子。阿诺德·路德维希(Arnold Ludwig)在《说谎的重要性》(*The Importance of Lying*)一书中强调了在非语言符号传播的某些层面中所隐含的道德问题:

> 谎言不仅可以在语言陈述中被发现。当一个人以肯定地点头作为对于某些他根本不相信的事情的回应时,或者当他假装关注一场他感到无聊的对话时,他就是在说谎……一次做作地耸动肩膀、充满挑逗地扇动睫毛、眨眼或微笑,所有这些都是以非语言符号的形式在欺骗(第5页)。

沉默同样也可能蕴含着道德含义。如果为了履行我们的角色或职务,使得我们有责任对某个主题畅所欲言,那么在这种场合保持沉默就可能被判作不道德的。但是,如果在某个问题上成功地说服他人的唯一途径就是进行不道德的传播,那么道德的做法可能就是保持沉默了。

互动区域 2.2　数字时代的非语言符号的伦理

为了进一步探讨非语言符号传播的道德标准,你应该去阅读包含着丰富多彩、广泛的案例研究的资料。保罗·马丁·莱斯特(Paul Martin Lester)的两本著作——《图片新闻:一种道德路径》(Photojournalism: An Ethical Approach, 1991)和《视觉传播》(Visual Communication, 2003)以及托马斯·H. 惠勒(Thomas H. Wheeler)的《图片真相还是图片虚构:数字时代的道德和媒介意象》(Phototruth or Photofiction? Ethics and Media Imagery in the Digital Age, 2002),都是有关这个题目的优秀的资料。这些学者对于非语言符号传播的道德评判建议了哪些标准?请使用其中一些规范对下文所描述的"9·11"事件的图片进行评价。你会做出什么样的道德判断?为什么?

对"9·11"事件中世界贸易中心的恐怖袭击的电视新闻报道产生了大量的栩栩如生的图片,它们被深深地铭刻在我们的记忆中。一位美联社的摄影记者创造了一幅特别富有感情色彩的影像:一位男子头朝下地从尚未倒塌的双子座北楼一侧俯冲下去。尽管没有任何文字说明表明这名男子的身份,但是由于这位摄影记者的长焦镜头功能足够强大,并且将图片倒过来看又进一步增加了清晰度,因而这名男子的面部对于认识他的人来说是清晰可辨的。这张图片引起了人们对于使用它的媒介的道德批判,同时人们也对没有刊登这幅照片的媒介表达了赞赏。出于什么样的道德原因,你会谴责对这幅照片的使用?请思考这幅照片可能为认识这名男子的人所带来的情感创伤。增加报纸销量的目标或者将恐怖袭击在个人层面中具体展现出来的目的,是否使得增加照片主角的家庭成员和朋友的悲痛之情、侵犯了他们的隐私权变得合理了呢?这张图片是如何填塞着公众对于窥探他人伤痛的似乎永无止境的胃口的?一些学者将这样的过程称为"有关悲痛的春宫图"(M. Cooper, 2002; J. B. Singer, 2002)。

说服有时使用语言符号和非语言符号传播来对其他人,特别是局外人和敌手加以描述,似乎这些领域已经超出了正常的道德规范的适用范围。诸如此类的道德拒绝具有什么特性和隐含之意,正是接下来要探讨的题目。

道德拒绝中的伦理问题

根据苏珊·奥博拓(Susan Opotow, 1990)的观点,**道德拒绝(moral exclusion)**"出现在当个体或群体被看作是处于对其公平地运用道德价值观、规范和关照范畴之外的时候。那些被从道德层面排斥在外的人被看作是无足轻重的、可以被牺牲的或没有价值的;因而,伤害他们似乎是可以被接受的、正当的或者合理的"。对于个人的道德拒绝意味着否定他们的权利、尊严和自主性。为了分析和讨论的需要,奥博拓区分了20多种道德拒绝的症状和现象。对于我们的研究而言,值得关注的事实是这其中的许多表现都直接涉及传播。尽管所有奥博拓所展现的现象对于理解采用道德拒绝的个体的思维方式都非常重要,但是以下几点与说服有着显而易见的关系:

- 通过比较来贬低他人或其他群体,从而展现自己或自己所属群体的优越性。
- 通过将他人描述为较低等级的生命形式(害虫)或低劣的生物(原始人、异形)来贬低或诋毁他人。
- 否认他人的人性、尊严或感受,或者否认他人的同情的权利。
- 不断重新定义越来越大的"合法的"被牺牲者的范畴。
- 将受害者所遭受的任何伤害都归咎于其自身。
- 通过声明"敌人"所犯下的道德错误要恶劣得多,从而使得自己的伤害性行为变得合理。
- 通过使用中性的、积极的、讲求技巧的或委婉的概念去描述那些粗鲁的和有害的行为,从而对其加以掩饰、净化或使其变得体面。
- 通过声明有害行为被广泛地接受(人人都这样做)或它是孤立的、非典型的(它的发生只此一次),而使得这样的行为变得合理。

仅举一个例子就可以说明如何通过选择语言而实现道德拒绝。例如,"害虫"的范畴包括诸如跳蚤、虱子、蚊子、臭虫和壁虱之类的寄生于人体的寄生虫。在纳粹德国,阿道夫·希特勒在演说和文章中经常将犹太人比作寄生在纯种雅利安人(具有日耳曼民族血统的非犹太人的白种人)中的寄生虫,或是一种侵袭德意志民族肌体的病菌。将犹太人形容为寄生物或病菌,目的在于将他们排斥在道德边界之外,因而界限之内给予其他人类的道德标准便不再适用。作为寄生虫,他们必须接受检查;作为不治之症,他们必须从国家肌体中被割除。

即便我们每天在报纸或杂志上偶然看到的大标题,也可能体现了正在发生的(也许是无意识的)道德拒绝。请审慎思考在互动区域2.3中所讨论的新闻标题。

互动区域2.3 大标题中的道德拒绝

在《芝加哥论坛》报的"速度版"(Tempo)上曾出现过《一个因纽特人偶遇文明和人类》("An Eskimo Encounters Civilization and Mankind")这样的大字标题。你能找到这个标题的用词是通过哪两种方式体现了道德拒绝吗?这些措辞是如何将人们排斥在可以正常地使用人类道德的范畴之外的?本章前面的小节中所讨论的仇恨演说,以及在下一节中将要探讨的种族歧视和性别歧视的语言,也体现了道德拒绝的过程。仇恨演说以什么方式体现了道德拒绝?

种族歧视或性别歧视语言中的伦理问题

在《压迫的语言》(*The Language of Oppression*)一书中,传播学学者黑格·博斯马吉安(Haig Bosmajian,1983)展示了一些名称、标签、定义和成见是如何习惯性地用来贬低、侮辱和压制犹太人、黑人、美国土著和女性的。博斯马吉安的目的是揭露"我们的语言的堕落和对语言的不人道的运用",而这些却被用来"使不正当的变得正确可行,使无法接受的变为恰当合适的,使不合理的变得合乎情理,使不体面的变得得体"。博斯马吉安提醒我们:"我们的身份认同、我们是谁、是什么、别人如何看待我们,都在很大程度上受制于我们如何被称呼和我们被贴上了什么样的标签。用来'定义'一个人的名称、标签和措辞可能会最终决定这个人的生死存亡。"(第5页和第9页)

"每种语言都折射着使用这种语言的社会的成见。由于英语在它的历史中的大部分时期,都是在白种人、盎格鲁-撒克逊(Anglo-Saxon)、父权的社会中发展进化的,因而人们不应该对它的词汇和语法常常表现出对少数族裔和女性的排斥和贬低的态度而感到惊讶。"(Miller and Swift,1981,第2—3页)这正是《没有性别歧视的写作指南》(*The Handbook of Nonsexist Writing*)一书的作者凯西·米勒(Casey Miller)和凯特·斯威夫特(Kate Swift)的根本立场。他们指出,传统的英语用法"往往会遮掩女性的行为、贡献,有时甚至恰恰是她们的存在"(第8页)。由于诸如此类的语言用法是误导性且不准确的,因而它牵扯到道德问题。"从这个角度来说,如果继续以这样的方式使用英语,就会造成无异于滥用数据的误导,无论这样的误用是无意的还是计划中的。"(第8页)

在什么范围内,使用**种族歧视和性别歧视语言**(racist/sexist language)是不道德的,我们可以用什么样的标准进行评判?具有种族歧视和性别歧视意味的概念至少是将一些人分到人为创造的、不相关的类别中。而最糟糕的情况是,这些概念通过对其他人的特点、能力和成就做出不公正的负面价值评判,而对他们进行贬低和侮辱。例如,将一个犹太人称作"犹太猪",称黑人为"黑鬼"或"儿子",意大利人为"黑户",亚洲人为"异族"或"眯缝眼",或是将一个30岁的女子称为"小妞儿"或"小鸟儿",这些名称都蕴含着什么样的道德问题?对此一个潜在的答案是:

> 在对东南亚的战争中,我们的军队培育、形成了一种语言环境,在其中,越南人被称作"粪便""破烂""斜眼""东亚佬"和"土人"等;那些名字使得鄙视、恐吓和杀害他们变得更容易。当我们将自己社会里的女性称为"阴道""荡妇""女同性恋""婊子""小妞"的时候,我们——无论男人还是女人,都将自己放到了贬低和侮辱她们的立场上(Bailey,1984,第42—43页)。

从政治的维度出发,我们应该重视对在公共议题上做出合理的判断而必需的重要且准确的信息的获得。但是,种族歧视和性别歧视的语言通过强制推行刻板印象、传递对他人的不正确的描述,而使得相关的人群无法得到认真地对待,甚至因此而使他们在做出各种决定时不被考虑到。这样的语言拒绝给予我们必要的精确的信息,因而它在道德上是可疑的。从人性的维度来看,此类语言在道德上也是成问题的,因为它通过逐渐侵蚀和暗中破坏个体和群体所具有的人类特有的理性思考或使用符号的能力,从而使人非人性化。从对话的维度来看,种族歧视和性别歧视的语言在道德上的可疑性体现在,它反映了对于他人的优越以及剥削、轻视的态度,从而否认一些人拥有平等的自我实现的机会。

一些女性主义者的关于说服的观点

女性主义是一个没有唯一的、被普遍接受的定义的概念。从我们的研究目的来看,芭芭拉·贝特(Barbara Bate,1992)和茱莉亚·伍德(Julia Wood,1994)所提出的定义中的一些要素很有帮助。**女性主义(feminism)** 将无论是女人还是男人都看作是完整的和重要的人类,并且认为社会分界线(往往是通过语言程序来实现的)阻碍了将女性看作与男性有同等价值的人。女性主义意味着对平等和尊重生命的承诺。它反对压迫和支配,将它们作为不受欢迎的价值观,并且接受差异并不必然等同于低等或不良的观点。

索尼娅·福斯和辛迪·格里芬(Sonja Foss and Cindy Griffin,1995)开发了基于女性主义设想基础上的"邀请式修辞"(invitational rhetoric),而这些女性主义假设是:(1) 平等的关系通常比支配关系和精英论更受欢迎;(2) 每个人都有价值,因为她/他是独一无二的,而且是世界的必不可少的一部分;(3) 个体有权利对其生活状况做出决定(他们是自己的生活的专家)。

福斯和格里芬指出,**邀请式修辞(invitational rhetoric)** 是邀请"受众加入说服者的世界,并且像说服者那样看世界"。邀请式说服者"不评判或贬低他人的视角,而是以开放的态度看待这些视角,并且试图去欣赏和确认它们,尽管那些视角与说服者自身的角度有着巨大的差别"。邀请式修辞的目的,是为互动创造一个"没有等级、不作评判、非对抗性的格局",并且与受众发展出一种"相互平等、尊重和欣赏的关系"。邀请式说服者没有他们自己的"经验或视角优越于受众的经验和视角"的预设,"并且拒绝将自己的角度强加给受众"。虽然改变并不是邀请式修辞的目的,但是它可能是其所带来的结果。变化也会表现在"受众或说服者或者双方都在想法的交流过程中产生了新的理解和领悟"。

福斯和格里芬主张,在邀请式修辞的进行过程中,说服者提出自己的视角,但不鼓动受众去支持它或试图让人们接受它。这些个性化的视角将"尽可能小心谨慎、全面和热情地"表达出来。"说服者告诉受众"在所提出的视角下,"他们目前已经知晓或理解了什么;他们指出他们对世界的愿景,以及这些对他们发挥着什么样的作用"。

他们也"传达对他们曾经认为是最不容侵犯的信念进行质疑并且放开对这些信念的紧紧把握的意愿"。进一步而言,他们尽力在与受众的互动中创造安全、重视和自由的环境。安全意味着"为受众创造有保障的且没有危险的感觉",从而使参与者不必"害怕他们被反驳或因其最为根本的信念而被惩罚"。重视涉及对受众成员作为人类的固有价值的承认,从而在互动过程中,避免受众"被疏远、被忽略其个性或以家族式作风对待",而且"当他人谈论自己的经历时,听者不会打断、质问或转而插入自己的事情"。自由包括在互动中不受限制地做出选择和决定的权利。因此,参与者将会被引导思考任何及所有重要事项;"没有什么问题的重要性是无边际的,而所有假设都是可以被挑战的"。最后,在邀请式修辞中,"说服者的想法并不拥有优于受众的特权"(也请参看 Gorsevski,2004,第75、164 页)。

拉娜·拉科夫(Lana Rakow,1994)从作为一位女性主义教师和传播学学者的立场出发,在俄亥俄州立大学(Ohio State University)向她的学生听众发言,并且教授传播学。她将"诚信、相互性、公正和互惠"等标准作为传播关系的试金石。作为范围广泛的传播学研究任务中的一部分,拉科夫主张,我们必须开发出传播伦理,以指导"不同个体、文化、组织、国家之间的关系"。她提出了这样的问题,即"哪些'基本规则'能跨越多种多样的语境背景,而促进健康、平等和互相尊重的关系的形成?"对此,她的建议是:

- 包容性意味着坦诚地以不同的视角看待真实、鼓励受众、愿意倾听。人们不应该由于他们的性别、种族、民族、性取向、国籍或文化而被非人化。
- 参与性意味着确信所有的人一定具有"在有关公共事务的决策过程中,倾听、演说、发出自己的声音和表达自己的观点……的方法和能力"。所有的人都"有权利参与到对世界事务的决定、讨论过程中来,并且有权利说出自己所相信的"。
- 相互性意味着参与者在传播过程中被看作是平等的伙伴。这里应该包括"相互地诉说和倾听,相互了解和像你所希望的那样被了解"。

你在哪些方面同意或者反对由这些女性主义学者所提出的观点?他们的这些看法对于改进我们对于说服的功能及其应该发挥什么样的作用的理解有什么帮助?

一些秉持女性主义观点的学者探讨了涉及互联网和网络空间的道德议题(例如,Adam,2005)。我们的下一个主题就是从几种道德观点中探讨互联网伦理的基本问题。

赛博空间中的伦理标准

什么样的道德标准应该被用于赛博空间——互联网、网络、电子邮件、博客和聊天室等所组成的领域——的传播?我们可以从一些资料中得到指导和建议(例如,Berkman and Shumway,2003;Hamelink,2000;Johnson,2001;Wolf,2003)。由计算机伦理研究会(the Computer Ethics Institute)所提出的"计算机伦理十大戒律"中的一些条目尤其重要。例如,"你不应该:使用计算机去伤害他人;干涉他人在计算机上的工作;窥探他人计算机里的文件;通过计算机去偷盗;通过计算机生成对抗他人的虚假证据;(或者)剽窃他人的智力成果"(转引自 Ermann,1997,第 313—314 页)。

在《在线交流:互联网指南》(Communicating Online: A Guide to the Internet)一书中,约翰·考特莱特和伊丽莎白·珀斯(John Courtright and Elizabeth Perse,1998)将举止合乎道德伦理定义为无非是"做正确的事情,即便没有他人在场看着",以及"举止得当,即便不这样也不会被抓到"(第 16 页)。涉及通过电子邮件的传播,他们建议我们应该问自己:"如果我在每天的报纸上读到我所写的这些话,是否会感到不安和羞愧?"重要的是,无论是有意的还是无意的,都永远不要通过电子邮件侵扰他人,或是发送包含着激烈的措辞、充满了挑衅或批判意味的"愤怒的火焰"或者消息。"正如其他形式的传播一样,不要在生气的时候发送电子邮件。在发出你的消息前,给自己冷静下来的机会。"(第 33 页)无论什么时候,只要你使用了来自因特网的其他人的观点,那么请正确地标明出处以表示对这个人的感谢(第 64 页)。在使用电子邮件、群发邮件和新闻组的时候,请避免不加称谓地"叫嚷"或从头到尾一律使用大写字母,这样做即便不让人感觉粗鲁,也是不得体的。也要避免无聊的"你一言我一语",或者是发送只是为了激起人们用极端的回应来"以牙还牙"的消息(第 82 页)。你认为哪些互联网伦理准则是恰当的、正确的,而且可以发挥效用的?

广告和市场营销专家越来越多地利用互联网和交互式电视的互动潜力,以产生生产者与消费者之间的双向"对话"。在互联网上,Java 技术和 Shockwave 技术实现了互动广告。视频点播和个人视频录制机(诸如 TiVo①)也为互动式广告提供了机会。但是,大量的诸如互联网上的旗帜广告和弹出窗口广告之类的接触,则并不是真实的对话(Spencer and Van Heekeren,2005,第 96—107 页)。"从广告主到消费者的单向、不请自来的广告,尤其是它们的播放未经消费者的同意,则并不是'互动式的',也不是'对话',即便广告主为它们误导性地贴上这些标签。而且,由于它们侵犯了消费者的隐私权,因而它们是不道德的。"(第 104 页)

我们如何概括互联网的定义,在描述网络空间时,我们使用了哪些比喻,所有这些事实上都有道德方面的含义。请思考互动区域 2.4 中所讨论的这个问题。

互动区域 2.4　赛博空间的比喻所蕴含的道德含义

一些学者认为,经常用来描述赛博空间和互联网的主要的比喻,实际上不道德地阻碍了那些已经被社会边缘化、忽视和贬低的人对互联网的使用(Adam,2005,第 64、114、132—136 页;Gunkel,2001;Kramer and Kramerae,1997)。诸如新世界、前沿、无政

---

① TiVo 是美国 1997 年生产出来的硬盘数字录像机,具有自动暂停和跳过功能,因而可以方便地忽略电视台插播的广告,新一代 TiVo 具备搜索功能。——译者注

府、民主和共同体之类的有关赛博空间的隐喻,因它们的道德方面的暗含之意而受到批判。请思考将赛博空间描写为"共同体"的比喻。网络空间和互联网首先是以哪些方式不断地鼓吹个人主义、自私自利、不宽容那些与我们不同的人、由于充满欺骗而缺乏信任,而不是关心和照顾那些较为弱势的人群,以及在一定的共同价值观和目的范围内欣赏和宽容多元化的?将互联网与高速公路进行类比可能产生什么样的道德问题?

在这一章的前半部分讨论了大量有关标准、准则和原则的问题,很快我们将展现出一个问题构架,以帮助你提高你的道德评判能力。但是,现在我们先要探讨,你的既有的道德特性在展开和评估说服的过程中所扮演的经常被忽略的角色。

道德伦理和个性特征

合乎道德的说服不只是通过一系列的小心谨慎和深思熟虑的决策、不断的例证,以符合道德、讲求责任的方式进行说服。有意识地使用道德规范有时是不可能的。例如,当面临着相当大的决策压力,或者截止日期迫在眉睫而没有充足的时间供从容思考的时候。或者是我们可能不确定哪些道德标准与之相关,或如何运用它们。或者所面临的情况太不同寻常了,以至于根本想不起来适用的标准。在这样的危机或不确定的情况下,我们的有关合乎道德的说服的决定与其说来自于深思熟虑,不如说是出自我们已经具备的"品性"。进而言之,我们的道德特性影响着我们使用哪些术语来描述某种情况,以及我们是否认为这种情况蕴含着道德方面的含义(Hauerwas,1977;Kalidman and Beauchamp,1987;Lebacqz,1985)。

请思考伦理学家理查德·德乔治和卡伦·勒巴克(Richard DeGeorge and Karen Lebacqz,1999)所提出的**道德品性(moral character)**的特点。根据德乔治(1999)的观点,在人类的发展进化过程中,人们采用了不同的行为模式、形成了各种性情意向,从而以一定的方式采取行动。

> 这些往往被看作一个整体的性情意向,被称为品性。一个人的品性是他/她的所有优点和缺点的总和。一个人如果习惯性地倾向于做出合乎道德的举止,那么他应该具有优良的品性。如果他能够抗拒强烈的诱惑,那么他具有坚强的品格。如果他惯常性地表现为不道德的,那么从道德层面来看,他的品性不好。如果尽管意图良好,但是他总是屈服于诱惑,那么他个性软弱。由于品性是通过有意识的行动形成的,因而,通常而言,人们应该为他们的性格负道德方面的责任,同样,对于他们个人的行为也是如此(第123页)。

勒巴克(1985)观察到：

　　……在我们做出各种行为举止时，我们不仅在做什么事情，也在形成自己的个性。我们在做出做什么的选择时，同时也选择了我们是什么样的人。仅是一个谎言无法使我们成为骗子；但是一系列的谎言就可能。因而每一个关于做什么的选择也是关于我们是谁的选择，或者更确切地说，是我们成为谁的选择(第83页)。

　　在犹太—基督教或西方文化中，优秀的道德品性往往与诸如勇敢、节制、智慧、公正、公平、慷慨、和善、忍耐、诚实、可信等美德在日常生活中的体现联系在一起。其他文化可能赞赏另外一些或不同的被认为构成了优秀的伦理品格的美好品德。通过慢慢的养成和逐步的灌输，这些美德成了习以为常的性格，在不可能进行仔细或审慎的思考的情况下，它们指导我们进行合乎道德的传播行为。

　　在1997年到1999年这段时间里，比尔·克林顿总统与白宫实习生莫妮卡·莱温斯基之间的不正当性关系，独立检察官肯尼斯·斯塔尔(Kenneth Starr)对这位总统和他的行政机构的罪责的调查，同时由众议院投票通过的两份弹劾(起诉)总统(因其向大陪审团作伪证和妨碍司法公正)的文件，以及由于参议院在这两个指控上宣告他无罪，所有这些使得探明这位总统的个性特征成为媒介观察的首要焦点。这一期间的民意投票反映了一个矛盾：对于克林顿的工作业绩的支持率在60%到70%之间，但是相当多的公众怀疑他个人的道德品性和诚实。例如，美国有线新闻网(CNN)、《今日美国》(USA Today)和盖洛普共同进行了民意调查，在1999年1月中旬发表了调查结果(Washington Post National Weekly Edition, 1999年1月25日, 第12页)，发现69%的被调查者认为从工作业绩来看克林顿是称职的总统，而有81%的人说，他作为总统是成功的。相反，只有25%的被调查者说，克林顿是诚实、可信的，只有20%的人认为，他是优秀的道德典范。在1998年的夏天、秋天和1998年到1999年的冬天，克林顿发表了四次道歉演说(分别在8月16日、9月11日、12月11日和2月12日)，在演讲中，他承认了性关系上的不检点以及对此撒谎，并且逐步表现出后悔、悔恨、悲痛和羞愧。请分析在这四次演讲中的论点和诉求，以对它们的伦理性程度做出评判(请参见 Weekly Compilation of Presidential Documents)。

　　专栏作家罗伯特·萨缪尔森(Robert Samuelson, 1998)指责克林顿"一贯而且无休止地欺骗"——不只是有关其个人行为，而且还关于公共政策："阻止大多数人撒谎成性的是羞耻感的存在。克林顿看来缺乏这种知觉。"(第17页)另一位政治分析人士主张，个人的道德品性在未来的总统选举中应该成为至关重要的议题。约翰·卡斯(John Kass)(1998)的结论是："品性是唯一重要的事情。而我们应该对忽略这一点负有责任。"(第3页)琼·贝克(Joan Beck, 1998)强烈要求："下一次，我们应该将更多的注意力放在品性问题上、放在对品性不能分成公共空间的和私人领域的而分开看待的理解上，而且总统的权威的确会因为诸如口交是否属于通奸行为之类的讨论而被削弱。"(第19页)你在哪些方面以及为什么同意或者反对在这一节里所引用的对于克林顿的道德品性的各种批评的看法？

为了有助于对处于某个担负着责任的位置上的人，或者是试图被信任的人的道德品性进行评价，我们可以对新闻业所提出的准则进行修订。我们可以提出这样一些问题，即近来或现在的那些道德可疑的传播行为是否还将继续进行下去？即便某个具体的事件看上去是孤立的，但是它是否恰巧是某种缺点的典型表现？如果一个人做出了与他/她的公开形象不符的事情，这只是失误还是说明了他/她伪善？（Alter，1987；Dobel，1999；Johannesen，1991）

提升道德判断力

这本书的一个目标是通过鼓励你对传播——尤其是有特别的关注点或者经过仔细思考的——进行道德评判，而使你成为更有分辨能力的传播的受众和消费者。未来对你自己的传播行为和你所接触到的传播进行道德伦理方面的判断，你应该做出具体清晰的评估，而不是模糊的估计，应该是经过思考的，而不是条件反射式的或"本能的"反应。

下列问题框架可以用作对传播的道德性做出更为系统和更为合理的评判的工具（请参考例如Christians等人，2005，第22—24页；Goodwin，1987，第14—15页）。请不要忘记哲学家史蒂芬·图尔明（Stephen Toulmin，1950）的观察："道德判断非常复杂，而且囊括了各种各样的无法进行逻辑检验的情况……因而不能期待它能够适合各种情况。"（第148页）史蒂芬·克莱德曼和汤姆·L. 比彻姆（Stephen Klaidman and Tom L. Beauchamp，1987）在《品德高尚的记者》（*The Virtuous Journalist*）一书中，在对道德评判的复杂性进行强调的过程中，强烈反对"有关世界是由真和假、正确和错误所构成的整齐有序的地方，而没有不确定性和风险性这样参差不齐的边缘这一前提"，他们因此主张，"做出道德评判和解决道德困境需要平衡通常被错误定义为相互敌对的主张，特别是在无序的环境中"（第20页）。你将如何运用这个问题构架？

1. 我是否能够明确说明我或他人运用了哪些道德规范、标准或维度？道德判断的具体基础是什么？
2. 我是否能够对用于某个特定案例的那些标准的合理性和相关性做出解释？为什么在各种可能的规范中，我所选用的道德标准是最为恰当的？为什么（至少是暂时地）优先选择这些道德规范，而不是其他的相关规范？
3. 我是否可以清晰地指出，依据某些标准，某项传播活动的哪些方面被认为是成功的、哪些是失败的？对于某个案例的伦理性程度的判断哪些是合理的？最恰当的评判是有特别的指向性和严密的指向性，还是宽泛的、一般性的和广泛适用的？
4. 在某个具体的案例中，谁——哪个个体、群体、组织或职业是具有道德责任感的？以什么方式、在什么程度上？哪些责任是优先于其他责任的？传播者对于她/他自身以及社会担负哪些责任？

5. 在我做出一个合乎道德的选择之后,我的感觉如何?我能够继续凭良心"与自己和平相处"吗?我是否愿意让我的父母、同伴或最好的朋友知道这个选择?
6. 一个传播活动的伦理性是否可以看作是从本质上反映了传播者的人格特性?在多大程度上其中所涉及的选择在道德层面上是"脱离本性的"?
7. 如果被要求公开地证明我的传播的伦理性,我是否能做到这一点?我能够恰当地提供哪些被普遍接受的理由和合理的证明?
8. 是否有一些先例或之前的类似的案例可以被我用作道德指导?当下所面对的特定的事件中,是否有与其他事件显著不同的地方?
9. 如何在确定特定的选择前,细心地探寻替代选项?这个选择可能比其他同样可行,但被仓促反对或者忽略的选项的道德性要弱一些吗?

请记住这些道德判断的构架并不是一组僵化的、普遍适用的规则。你应该在不同的说服情境中使用这些问题时,决定哪些问题是最恰当的。也就是说,这个清单能够激发出更多的附加问题。这个框架只是起点,而非最终的结论。

回顾和小结

如果要展开说服,就要求你对用来影响受众、使他们接受你所倡导的方案的途径和内容做出选择。这些选择涉及有关愿望、个人和社会的利益等方面的问题。在对技巧、内容和目标做出选择及对这些选择进行评判的过程中,你将使用什么样的道德标准?在当代社会,说服者应该承担哪些道德责任?显然,对于这些问题的回答仍然是不清晰的或者不是普遍有效的。但是,我们必须认真地面对这些问题。在这一章,我们探讨了有助于对说服的道德进行评估的维度、问题和案例。我们对于说服技巧的特性和有效性的兴趣并不会遮蔽我们对于这些技巧的合乎道德的使用的思考。我们不仅必须检查如何使用这些说服技巧,而且要审视是否使用它们。要考虑的两个重要问题,一个是顺应受众,另一个是伦理性。我们需要为我们自己的说服性行为以及用于评估我们所面对的说服形成有意义的道德指导原则,而不是没有灵活性的规则。

关键术语

在你读完这一章的时候,你应该能够对以下的术语或概念做出定义、解释,并且举例说明。

道德伦理问题	仇恨演讲	白金原则	女性主义
责任	情境的维度	模棱两可	邀请式修辞
宗教的维度	法律的维度	含糊不清	道德品性
人性的维度	对话的维度	道德拒绝	
政治的维度	黄金准则	种族歧视和性别歧视语言	

道德伦理准则的应用

假设你受雇于一家大型公司的公共关系部。你的上司分派你到公司刚刚在那里开设了新厂的城市发表一系列演讲。在你的上司所准备的演讲中,你将描述新工厂为所在社区带来的服务和益处。但是,在参观工厂的过程中,你了解了它的运营方式,发现这个工厂实际上并不能够提供演讲中所承诺的大部分服务和利益。你是否会继续发表你的上司所准备好的演说内容?还是你应该干脆拒绝演讲?如果凭良心去做的话,你将对演讲内容做出哪些修改?你是否会征得你的上司的同意?你在做出这些决定时,会采用哪些道德标准?为什么?你在这种情况下还会遇到哪些额外的道德问题?(改编自 McCammond,2004)

进一步思考的问题

1. 你认为哪些标准最适合评判政治说服的伦理性?
2. 你认为哪些道德标准可以用来评估广告?
3. 在什么情况下有意地模棱两可是道德的?
4. 使用种族歧视和性别歧视语言在多大程度上是不道德的?为什么?
5. 是否被普遍用于语言说服的道德标准同样适用于说服中的非语言符号元素?对于非语言符号的说服是否应该有特别的道德规范?
6. 个人特性在合乎道德的说服中应该扮演什么样的角色?
7. 你认为应该用哪些道德标准指导互联网上的传播?
8. 仇恨演讲是如何体现道德拒绝的过程的?

有关在线活动,请浏览这本书的对应网站:
http://communication.wadsworth.com/larson 11

第三章　以传统的和人文主义的路径理解说服

约瑟夫·斯卡德
北伊利诺伊大学

亚里士多德的《修辞术》
　　适应环境和目标
　　顺应受众和各种观点的共同领域
　　证明的类型
　　语言的效力
柏拉图的对话路径
斯科特的认知路径
费舍尔的叙事路径
以权力为导向的路径
　　女性运动
　　马克思主义理论
　　激进运动
回顾和小结
关键术语
道德伦理准则的应用
进一步思考的问题

学习目标

在阅读这章之后,你应该能够:

1. 讨论亚里士多德的《修辞术》是如何成为指导现代的说服和市场营销活动的基础的。
2. 评价柏拉图的对话路径在今天的说服实践中的运用。
3. 解释罗伯特·斯科特的认知路径与亚里士多德和柏拉图的路径之间的关系。
4. 阐述费舍尔开发他的叙事路径的原因,并将费舍尔的一致性和保真度的标准用于新近的说服叙述。
5. 确定反对费舍尔的叙事路径的原因。
6. 讨论在女性主义修辞学学者之间对于邀请式修辞的价值的争议。

7. 区分那些对说服文本拥有权力的人和那些缺席或被推向边缘化的人之间的差异。

8. 比较和对比本章中所探讨的所有路径中的大写的真理和真实。

除非你是一个非常容易被激发的学生,否则经典的说服路径可能对你不会产生什么自然的吸引力。几年前,我也是这么认为的。因而我去读研究生,学习当代、前沿的传播学原理,而不是古典主义的。当被要求在一周内完全读完亚里士多德的《修辞术》(Rhetoric)的所有卷本时,我只能努力挣扎。但是,这使得我有时间认识到,亚里士多德和柏拉图(Plato)为我们今天学习的许多内容打下了基础。今天的说服仍然同样指向过去的说服曾指向的人类的基本动机:承诺更美好的生活、我们的家园和生命的安全性、孩子的快乐、家庭和朋友的爱、对公正的渴望和对他人的尊重等。但是,欠缺、疏忽和盲点的确存在于早期的经典中。它们没有恰当地对待所面对的强有力的他人——特别是当那些人处于涉及压迫关系的领导者的位置上。因而,这一章将对从早期的经典的说服路径到较为新近的人文主义路径——它揭露了对人的剥削是如何将人推到社会的边缘的,这一系列范围宽泛的说服方式进行研究。

亚里士多德的《修辞术》

正式的说服学研究起源于古典希腊,在那里城邦国家重视它们的公民谈论当时的重要议题的权利。像亚里士多德这样的希腊哲学家都致力于描述在说服的过程中发生了什么。许多亚里士多德关于说服这个主题所谈论的话在今天仍然是重要的,而他所提出的原理也还适用于当代社会。

亚里士多德是个在历史上引人注目的人物。亚历山大大帝任命亚里士多德来负责希腊的教育系统,他将从他的导师柏拉图那里所学到的很多东西用于学校系统的开发。他创立了一个雄心勃勃的计划——在我们今天看来是建立图书馆的规划,为此他安排几千人为当时所有已知的知识分类编目。他将他的研究发现写成很多本书,涵盖了各种各样的主题,其中包括他的《修辞学》,这本书被许多人看作是学习说服学最为重要的著作。下面的小节将对《修辞学》的关键特点进行概括,这些要点仍然是今天的说服实践活动的核心。

适应环境和目标

亚里士多德承认,没有哪一种说服路径能够适用于所有的情况。他建议说服式演讲者必须顺应当时的环境。在今天的广告和媒介促销活动中,我们都在谈论市场细分和目标受众的问题。其实,亚里士多德在很久以前就认识到了**细分受众(segmented audience)**,他认为这对于根据特定的目标量身定制信息战略非常重要。他主要思考了三种语境:(1)**法庭上的演说(forensic discourse)**思索的是在法律的竞技场上如何对过去的罪行进行指控;(2)**展示性演说(epideictic discourse)**是应对目前的情形的,它往往更为正式地聚焦于赞扬或指责;(3)**议事演说(deliberative discourse)**是处理未来的政策的,特别关注法律和政治领域。调整顺应并不只是适应于地点或环境,而且包括适应于在那里所发生的行动的目标。

亚里士多德的三种演讲类型在今天仍然是意义重大的,尽管我们将我们的说服用于许多不同的环境和市场部分中的追求。娱乐和媒介表演在我们的社会里占据着主导地位,而在亚里士多德所处的时代里却只有限的影响,而且今天的说服者要面对理解每个新生代与他们的前辈之间的相似之处和不同之处的挑战。例如,过去广告人为在黄金时段播放的广告付费,以接触到令人垂涎的18—39岁这个年龄段的受众群,但是现在的说服战略却发生了改变,转而追求下一个年龄段的大军——40—59岁的群体,因为这些出生于"婴儿潮"时期的人展现了一个巨大且有利可图的市场。这正是亚里士多德所意识到的成功说服的关键点,必须采用与环境相匹配的恰当的说服战术。

顺应受众和各种观点的共同领域

亚里士多德认为不同背景下的听众也将有着共同的经验领域。也就是说,某些诉求类型将能够有效地赢得许多受众成员的关注。在《修辞学》第一卷第 5 章中(第37—38页),亚里士多德提出有关个体的接近—逃避意向的最早的陈述。他建议演讲者应该推广那些让人欢快的事情,而在演说中反对那些破坏或者妨碍幸福的事情。亚里士多德所提出的普通民众的诉求包括:拥有独立性;获得财富;最大化地享乐;保障自己的财富的安全;保持美好的友谊;生育许多孩子;使自己更加美丽;使自己拥有健康;培养自己的运动能力;提升自己的名望、荣誉和美德。这些需求中的大部分在今天仍然有效,特别是对于更美好的生活和来自家庭和朋友的乐趣的诉求。更为现代的需求路径——诸如稍后将讨论的马斯洛(Maslow)的需求层次中的大部分元素,在这里都能找到。亚里士多德清晰地识别出,在这个清单中许多条目是外显的,而有一些却是内隐的。

互动区域 3.1　葬礼所引发的热情中的不恰当的受众顺应

小威廉·F. 巴克利(William F. Buckley, Jr., 2002)呼吁人们注意对明尼苏达州参议员保罗·韦尔斯通(Senator Paul Wellstone)葬礼的不恰当的政治化。韦尔斯通是金钱政治的死敌,也是无产者和环境保护的捍卫者。他丧生于飞机失事,那时他正在全国参加再次当选美国参议员的竞争极其激烈的竞选活动;他去世的时间距离投票只有 11 天。这使得民主党陷入困境,因为那个时候它在参议院只有一个席位的数量优势。

电视播放的为韦尔斯通举行的纪念活动中,包含了近年历史上最具争议的一个片段。韦尔斯通的家人请其竞选团队的财务总管瑞克·卡恩(Rick Kahn)在纪念活动上颂扬韦尔斯通。卡恩从对韦尔斯通的赞扬转为鼓励人们通过提名替代他的候选人来表示对其政治遗产的支持。卡恩使用诸如这样的陈词："如果你帮助我们赢得选举,我们就能够挽回他的牺牲。"他将赞颂和政治意图混为一谈招致大量的批评。明尼苏达州州长杰西·文图拉(Jesse Ventura)在葬礼后走出来担任了政治重振的主要角色。如果演说者考虑到了亚里士多德有关调整的观点,那么他将如何区别对待这种情况?

在《修辞术》后面的部分中,亚里士多德列举了一些说服性手段的例子,诸如对受众有广泛影响的格言、谚语。例如,在第二卷第21章中,他介绍的一句座右铭——很像教父托尼·索波诺(Tony Soprano)①在今天会说的一句俗话:"傻瓜就是杀掉了父亲却留下了儿子,等着被复仇的人。"(第138页)亚里士多德认为听众喜欢听到他们所相信的放诸四海而皆准的真理,因而在鼓励说服者向听众使用格言的时候,他建议说服者强调那些听众已经知道的。他说:"演讲家因此必须推测哪些主题是他的听众对此已经有自己的看法的,都有哪些看法,然后再将这些观点像普遍真理那样表达出来。"(第139页)这里的重点并不是我们今天必须学习一些格言,而是我们必须学会调整我们的消息,以使之适合我们的听众的世界。但是,调整以适应受众的观点所带来的道德问题,在今天仍然存在(请见互动区域3.2)。

证明的类型

在《修辞术》中,亚里士多德将注意力放在他所谓的"艺术性的证明"或说服者能够创造或控制的诉求上。例如,说服者通过对用语和图像的选择而创造了感性情绪,并且通过使用不同的声调、节奏和音量来强调这种情绪。亚里士多德定义了三种主要的艺术性的证明:精神气质、感同身受和逻辑性,这些在今天的生活中仍然被广为运用。因而,进一步对它们进行探讨是非常有益的。

精神气质(ethos)。在演说者真正开始展开说服性报告之前,受众就已经对说服者形成了一定的印象。即便这个说服者对于受众来说根本没有什么名气,受众也会从他们的所见所感——例如,身型、身高、面貌、举止、服装、打扮等当中得到一些结论。受众也许已经知晓这位演讲者:他/她可能拥有诚实可信、富有经验和有趣的名声。亚里士多德将这种形象或名声称为演说者的**精神气质**。对于精神气质的运用的一个当下的例子,出现在eBay这个互联网上最赚钱的电子商务网站上。个体对过去的交易所做出的短短的不到一行的评论,构成了买方和卖方的名声基础。这个网站的用户甚

---

① 教父托尼·索波诺是美国电视剧《黑道家族》(*The Sopranos*)的男主角——一个黑帮老大。《黑道家族》是一部反映黑手党题材的电视连续剧,全剧于1999年1月10日到2007年6月10日在HBO电视网播出,共6季86集,收视率一直走高,获得了美国金球奖和艾美奖的多项奖项。2013年美国编剧工会评出"101部最佳电视剧",该剧位于榜首。——译者注

至没有见过他人或与其他人有过语言上的互动,却已经赢得了一定的名声。电视节目中的演讲者需要与不同的受众成员和电视摄像机进行眼神接触,因为这将是形成个人的可信性的重要元素。可信性和可靠性在华尔街和白宫丑闻不断的今天是一个重要的议题。

但是,什么将确立一个人的声望,则是仁者见仁、智者见智的。当人们得知比尔·盖茨将2000多万美元捐赠给一个在非洲占有领导者地位的防治艾滋病和其他疾病的慈善基金的时候,许多人对这位微软的联合创始人以及他的妻子都抱有好感。而在另一方面,许多计算机专业人士都极其不喜欢微软的商业行为。精神气质涉及许多永远无法预测的复杂元素。例如,白宫前新闻发言人纽特·金里奇(Newt Gingrich)对他的妻子有不忠的行为,尽管他谴责克林顿总统的行为是不道德的。在这则损害性的信息被公布出来后,金里奇无法继续他的政治生涯,但是克林顿总统却渡过了被弹劾的险境。当一个人的精神气质受到质疑的时候,几乎不可能不引起情绪上的反应。这把我们带到下一种艺术性的证明类型。

感同身受(pathos)。感同身受描述那些使得人们对相关事物产生亲切感的情绪和情感,它们在说服中发挥着呼吁的效用。说服者需要对受众的情绪状态做出评估,然后针对这种状态设计艺术性的诉求。有时候,消息中传达了明确的令人感同身受的内容。在历史上的和现今的著名宗教领袖——诸如乔纳森·爱德华兹(Jonathon Edwards)、马丁·路德·金、路易斯·法拉堪牧师(Minister Louis Farrakhan)和葛培理(Billy Graham)的说服性消息中,高度的情感性是很普遍的。当然,这样做也存在被听众将这些显著的情感运用看作是过于夸张的危险。显然,互动区域3.1里所提到的由瑞克·卡恩在韦尔斯通的葬礼上所发表的热情洋溢的颂词,就被大多数人评价为不合时宜和夸张的。霍华德·迪恩(Howard Dean)在2004年积极争取成为参加总统选举的民主党候选人的努力,就因为他在爱荷华州失去优势地位后所发表的非常情绪化的演说而受到了严重的阻碍,一些人将这个演讲评价为"过火的"。

感同身受可以将呼吁本身作为内容。亚里士多德指出,"公正"是一个被广泛认同的美德,而当它遭到亵渎时,就会激发强烈的情绪。在一个当代的案例中,华尔街的改革者就有意识地努力挑起人们对于公司的非法行为的愤怒,指出这些活动使得成千上万的人丢掉了工作,并且导致大量的人遭受重大的财务损失。在那些因安然公司、世界通信有限公司、泰科国际有限公司(Tyco)①高级管理层所进行的非法活动中遭受损失的人那里,情绪是很容易被调动起来的。在政治领域里,两个主要的政治党派也都试图唤起人们对选举对象的错误选择而带来的对未来的恐惧。鼓吹动物权利的群体努力为受到伤害的动物创造出悲伤或可怜的情感。显然,感同身受这种方法既可以用于诉求的内容,也可以用于表达这些诉求的途径。

---

① 泰科国际有限公司是美国的一家多元化的生产与服务性企业,是世界最大的电气、电子元件制造商和服务商,海底通讯系统的设计、生产、安装和服务商,也是世界最大的防火系统和电子安全服务的生产商、安装商和供应商,同时还是最大的流量控制阀门制造商。——译者注

互动区域 3.2　有效的顺应受众还是诱惑受众

为了阐明亚里士多德的"顺应受众"这个概念所涉及的核心问题,让我们从我的一个基于真实经历的故事开始。由于忘记带挡雨的帽子,于是我走进了新奥尔良一家名为 Meyer the Hatter 的令人叹为观止的帽子店。正当我试戴一顶价钱合理的宽边帽的时候,店员说:"小伙子,这顶帽子的确适合你。"我没有理会这个夸奖,因为我认为售货员这么说是为了卖帽子。之后,在这家帽店的一位女顾客说,她也喜欢我戴这顶帽子的样子。我买下了这顶帽子,并且对它大加赞赏。

我所面对的是什么样的矛盾心理呢?我将别的顾客的赞赏看作是真诚的,因为这些人不在那里工作,不会从夸赞中赚钱,但是我对店员究竟是诚实的还是在摆布他人感到怀疑。实际上,许多人不喜欢在没有可以提供值得信赖的意见的人的陪同下逛商店。这也是在理解亚里士多德的概念中所遇到的一个核心议题,这个没有得到解答的难题就是,亚里士多德究竟是更关注被信任的**表象**,还是被受众所真正相信的内容。正因为如此,有些人认为亚里士多德的对消息加以调整以顺应受众的建议包含了操控的成分。

逻辑性(logos)。面向人类的智力或理性的一面的诉求可以用希腊词"logos"来表示。逻辑性依赖于受众以符合逻辑的方式处理统计数据、例证或证据并得出某些结论的能力。说服者必须预测受众将会做什么,因而他们必须评估受众的信息处理模式和得出结论的模式。

亚里士多德和其他先贤常常会使用被称为**省略三段论法(enthymeme)** 的推理形式。亚里士多德对这个在今天的逻辑学研究中被称为**演绎推理(syllogism)** 的方法做了如下的描述。演绎推理是从一个大前提开始的,例如:

　　低龄孩子还不具备评估电视中商业广告的价值的能力。

与大前提联系在一起的是小前提:

　　广告主试图通过大量的商业广告或促销来影响低龄孩子。

由此所推导出来的结论是:

　　当广告主力图通过发送孩子不能评估其价值的指向性消息来说服低龄孩子的时候,广告主的行为是不道德的。

在第二卷的第 22 章,亚里士多德也建议说服者成为事实证据方面的专家,以便能够有效地运用这样的推理:

　　我们首先必须记住的事情就是这一点。无论我们的论点是关于公共事务的,还是其他主题的,我们都必须知道一些——尽管不是全部——有关我们所谈论和争论的这个主题的实际情况。否则,我们没有能够构成证据的材料(第 140 页)。

显然,对于亚里士多德来说材料是重要的。说服恰恰不是一大堆如何蒙蔽人们的眼睛的诡计。你是能够从日常生活中找到被应用的符合逻辑的诉求的。政客使用统计数据和事例去说服你相信某个观点,或者以某种方式投票。财务顾问使用曲线图和表格来说服你他们的投资选项是优于其他人的。通常,为大学招募学生的人会为未来的学生和他们的父母提供新近的毕业生所获得的职位和他们的起薪的例子、有关他们的机构的收费是合理的以及潜在的财务资助的信息。在这些案例中,说服者是在为你以合乎逻辑和符合他们的预期的方式处理这些信息而下赌注。

论据的形式也可能并不完全和以上例子里所展现的一样。请思考一个亚里士多德所引用的三段论:"你同情失去了自己的儿子的父亲,难道对极其勇敢的儿子已经死去的俄纽斯(Oeneus)①却无动于衷?"(第 145 页)有时语言并不是完全依照前面所展示的那个格式的。在这里,让我们用当代的语言考虑这个例子:

你同情那些他们的儿子去世了的父亲。(大前提)
俄纽斯的英勇的儿子已经死了。(小前提)
你应该同情俄纽斯。(结论)

因而,三段论或演绎推理都有可能省略某个前提,或者有的部分以略有不同的顺序排列。尽管如此,这种推理模式就在那里。

论据的位置(places of argument)。今天的市场研究试图确定消费者的大前提。确认了这些大前提之后,市场营销开始设计产品、报纸和广告,以便有效地发展出共通之处,从而共同创造说服性的含义。亚里士多德用**"传统主题"(topoi)**这个名词来指代论据的位置或主题,它们是确立共通点的有效途径。说服者定义这些"位置",并且尝试着确定它们对于特定的受众是否发挥作用。请思考一些主题,并且发现在今天的说服的什么地方会用到它们。

- 论据表现程度的大小,或"多或少":候选人 A 比候选人 B 更加诚实或前者不如后者诚实?较为便宜的李牌(Lee)牛仔裤比李维斯(Levis)牛仔裤更结实,还是不如它耐穿?
- 过去的事实:某一个事件真的发生过吗?某个人犯下了那桩罪行吗?这个战术在法庭中非常重要,在那里指控方必须证明犯罪行为发生过,而且被告犯下了罪行。
- 未来的可能性:某事在未来可能发生吗?这个证据关注于可能性。例如,大学通过强调拥有大学毕业文凭的人比没有它的人收入要高得多来努力招募更多的学生。

但是,亚里士多德也承认,并不只凭借三段论的结构就可以了,还要依靠在其中所

---

① 俄纽斯是古希腊神话中的巨人,是反对奥林匹斯众神的癸干忒斯之王。——译者注

使用的语言也是说服性的。他的兴趣在于那些能够得到关注的语言。

语言的效力

亚里士多德认识到，小心谨慎地选择措辞是成功的说服战略的一部分。他主张使用充满情感的语句，因为这样能够使听众与演说者拥有同样的感觉（第三卷第7章）。但是，充满感情的语言必须要适合语境和场合。同时，亚里士多德认为，当听众对演讲主题有着类似的感觉时，演说者就能够运用更能够调动情绪的语言。他强调**比喻**（metaphor）在展现一个新观念或事实上的重要性——通过熟悉的形象来表现："从比喻那里我们能够最好地把握新鲜事物。"（第186页）但是，并不是所有的比喻都符合亚里士多德的要求，相反，比喻必须充满活力或有生气，使得听到这个比喻的人如同看到了事情本身。当然，比喻也可能过火。如同任何形式的语言一样，比喻也必须是恰如其分的。

总而言之，亚里士多德的说服原则在今天也是非常重要的，而且为现代说服研究提供了基础。当然，有些部分在今天已经是无关紧要的了，它们所反映的价值观也不再为我们的社会所信奉。但是，亚里士多德所提出的调整消息以适合环境的原理认识到了，说服性信息应该随着语境的变化而变化。现在我们来看看其他人的观点。

柏拉图的对话路径

尽管当今社会中的说服实践很大程度上要归功于亚里士多德的研究，但是同时还存在着其他的一些观点，它们也是关于我们如何去了解那些指导我们的决策过程的事项的。坦率地说，亚里士多德让一些人感觉不舒服。《修辞术》并没有像亚里士多德的导师柏拉图那样充分地思考确立真实的问题。究竟是亚里士多德有意地表达与他的老师的分歧，还是仅仅应该将《修辞术》这本书放在更大的背景中去考虑，这些都不得而知。我们可以将亚里士多德开篇这一句"修辞学与辩证法相辅相成"理解为，应该将他在《修辞术》中所提出的建议与通过使用辩证法来实现的对真理的追求结合起来考虑。在其他场合，他提出，真相会在争论中胜出，如果是在势均力敌的说服者之间展开的公平竞争的话。我们只是无法知道对亚里士多德来说哪种阐释更为正确。

令人惊讶的是，比起亚里士多德的对真相缺乏关注的方法，许多人在柏拉图的接近真相的路径中遇到了更大的麻烦。柏拉图认为，作为人，我们没有直接地看到绝对的真实，而只是收集到一些间接的印象、隐约闪现或被遮蔽的真相。柏拉图使用**对话**（dialogue）或**辩证法**（dialectic method）去追求真实。对话是一种讨论的形式，在这当中，一方提出问题，并回答另一方的问题。柏拉图经常在他的著作中运用对话——从一个关于确定讨论的术语的问题开始。对于这些问题的回答引入了所讨论的议题，接下来是另一方的交叉验证。最后，原来的一些解答发生了变化，对于议题的方方面面的论证使得各种观点得到了更透彻的理解。柏拉图的辩证法超越了青睐哲学家、排斥女性的精英统治阶层，它鼓励探索，并且开启了公共演说。至少，在希腊确立了坦诚而公开的讨论的价值，而且开始谈论一些诸如奴隶制的实行之类的重要的观念，甚至也包括大量在当时没有得到最终解决的问题。

柏拉图在"真相"这个概念上倾注了大量的关注。尽管修辞术被普遍地用于实践，但是在《高尔吉亚篇》(*Gorgias*)中柏拉图几乎没有重视它，因为他将修辞术更多地看作是对讽刺、绥靖、掩饰或欺骗等技巧的运用，而不是发现真相、确定生命中重要的事物。柏拉图在对苏格拉底和费德拉斯(Phaedrus)的对话描述中呈现了理想的演讲者的形象——他应该追求最佳地实现他的听众的利益，而不是鼓吹他自己的兴趣。

柏拉图清晰明确地指出，实际处境的不同的确会带来不同的结果。对此，请仔细思考苏格拉底和费德拉斯的对话片段。苏格拉底请费德拉斯假想，他说服了费德拉斯购买一匹马，并且骑着它去参战。同时假设，无论苏格拉底还是费德拉斯实际上都不知道马长什么样子，尽管苏格拉底确实知道费德拉斯认为马是长着长耳朵、驯服的动物。当然，驴也长着长耳朵，而且也完全可以在战场上发挥作用。因而，可以想象有人骑着驴而不是马去参战，并且那头驴还表现得相当好。再请想象一下，在战争之后，苏格拉底发表了一个演讲，详细描述了驴子的美德，但是将它称为"马"。苏格拉底指出，仅仅是将一头驴称为"马"，并不能够使它就成为"马"(Plato, 1937, 第263页)。因此，柏拉图并不相信真实是相对的。存在着实质性的事实，它们是不能被简单地忽视的。除了日常细节的实质性之外，柏拉图的著作中还展现了有关被我们有时称为"**大写的真实**"(Truth)的观点，在那里存在着绝对而且确定的真相，但是我们直接看去却是模糊不清的。

斯科特的认知路径

正如上文所呈现的那样，柏拉图的观点对于传播伦理和平等对话仍然是非常重要的。修辞学家罗伯特·L. 斯科特(Robert L. Scott, 1993)为亚里士多德的传统占优势地位而叹息："基本上，在考虑有关修辞学或者教授它的时候，所谓的'亚里士多德工具主义'就占主导地位……我建议，这种主导态度……应该发生根本性的改变。"(第121页)斯科特反对将真相表现得像一个实实在在的包裹一样，好像它是一份财产或者一个商品。他提出真实从来就不是确定的，无论是在科学领域还是公共事务范围内，但是他与柏拉图不同的是，他所倡导的是小写的真实。对于斯科特而言，修辞是一个不断探索的过程，在这当中，真实被看作是"人性的、富有创造性的过程的"瞬间(第133页)。这个观点被理解为**认知性的**(epistemic)，或者被看作是通向认识事物的途径。

虽然根据斯科特的看法，真实在一个不断地变化着的世界中不可能是静止的，但是，真实有时也可以是稳定不变的。在我们与他人进行辩论时，会得到许多发现。当我们用新的方式看待某事时,会看到不同于之前所看到的,这些事实通常被称为"对事物真谛的领悟"或"顿悟时刻"。斯科特的观点与存在主义哲学家有很多相似之处,他们主张,真实是在变动着的瞬间体验到的,而不可能永远占有。因而,知晓事实远胜于占有事实。

请想一想高尔夫游戏。你愿意邀请一个研究过高尔夫球却从来没有打过的人来讲解高尔夫基础吗?一个人可以阅读正式的规则、在电视上看比赛、借有关如何更好地打高尔夫的录像带,但是一个有打高尔夫球经验的、对它有一定了解的人,远胜于前面那个只是知道一些事实的人。即便是老虎伍兹(Tiger Woods)也通过他自己的经验而不断地了解高尔夫,并随之改变他的打法。

将说服看作是一个不断地发现的过程,应该是学习说服学的学生要学习的关键原则。许多说服性情境都是在对各种问题的交流中而充满互动性的,说服不只是简简单单地学习高效的销售技巧并且记住有效的销售脚本。罗伯特·斯科特的观点清晰地向我们展示了,为什么只是学习一系列说服战术是不够的。更具有个性的说服方法看上去似乎是更具有优势的途径。那么,为什么亚里士多德对于说服的影响却更大呢?

这个问题无法确切地加以回答,但是当代的说服,诸如电视、广播、报纸和直接邮件等大量的大众媒介无法实现很多互动,而亚里士多德的方法能够更便利地适用于市场营销和广告活动中,后者能够更有效率地接触到消费者。而比效能问题更重要的是确定性的问题。如果不能确定地谈论某项事物,对其进行解释或推销就要难得多。这就是为什么原声摘要播出对于政治候选人在媒介上的展示那么重要了。但是,这并不意味着我们就可以忽略来自柏拉图和斯科特的教导。显然,在一些总是能在这个国家看到的非常重大的道德丑闻之后,真相和信任变成了时髦的事物。不过,播出原声摘要并不是倡导诚信的充分有效的途径。但是,诸如叙事理论等其他的备选方案也提供了提升信任的切实可行的道路。接下来我们就来看一看叙事理论。

费舍尔的叙事路径

传播学学者瓦尔特·费舍尔(Walter Fisher,1978)提出了人类"之所以有价值是因为他们是会推理的动物"(第376页)的观点,从而撼动了传播学原理中的占优势地位的假设。费舍尔(1984,1987)用了十多年的时间发展了他的更为规范的观点,以挑战**理性世界范式(rational world paradigm)**的主导地位,这个范式假设人们实质上都是理性的个体,他们根据大量的证据和证明做出决定。在他的叙事理论中,费舍尔(1978,1984,1987)提出,与之相反,我们通过使用故事、剧本或叙述作为分析工具,将说服性事件改写为叙事话语,从而更好地理解行为和状态。这个观点的核心是相信,戏剧或故事是人们能够运用到说服和解释活动中的最强有力、最具说服能力的隐喻。费舍尔(1984)将**叙事范式(narrative paradigm)**形容为是对辩论的和审美的主题的综合,它挑战了雄辩的(说服性的)人类传播在形式上一定是辩论性的而且必须要用形式逻辑的标准来衡量的观念；因此，叙事范式包含了理性世界范式，而不是对它的否定。

那么，究竟是什么一直困扰着费舍尔，使得他决定大幅度地挑战既有的传统？费舍尔的部分使命应该是改变学界的趋势，在那里越来越多地关注精英人群，而不是普通百姓。费舍尔对学界的关注点转向有技巧的论辩感到沮丧，因为这样做排斥了大部分人；在他看来，这是精英主义的。在这方面，费舍尔不同于柏拉图。费舍尔希望重新回到日常争论的合理性的研究上，那里社区中所有成员的故事都会被关注，而不只是极少数的特殊者。

第二个动机是他希望更加生气勃勃的交流领域重新扎根于人们的经验当中，这也正是存在主义的理念。由于故事在对费舍尔的观点的认知中占有如此中心的地位，以至于那些刚开始研究他的叙事范式的人，往往会忽视他对于人类的经验是叙事背后的驱动力量的关注。传统的传播方法通常由于用形式逻辑和形式论辩系统将文本肢解，从而丢失了人类的精神和信念，这令费舍尔感到不安。这就像是在解剖学课上，通过解剖尸体学习有关人体的知识，与通过为活生生的人做检查来学习之间存在的差异一样，两种方法都有价值，但是其中的一种却错过了生动的经验。

费舍尔指出，叙事是否成功取决于它是否具有一致性和保真度。**一致性（coherence）**是指故事没有前后矛盾，并且因而具有意义或含义。**保真度（fidelity）**则涉及以听者的经验为标准，故事听上去是否真实。在一个连贯的故事里，几乎所有人都能够理解它的前提或试图表达的要点。一个故事如果讲述得有技巧，那么它就令人信服。

一致性依赖于这个故事的连贯程度。连贯性意味着这个故事被有逻辑地组织起来或加以讲述。换言之，在一个故事被讲完（即在大多数传统的情况下，它有开头、中间和结尾）之前，我们通常都不知道这个故事的结局或里面人物的命运。在一致性叙事中，每个角色所采取的行为都是有其充足的原因的，而且这个故事中的环境或背景的影响也是有含义的。

叙事中的保真度类似一致性，但是它更关注于故事看上去是否符合现实、是否是的确发生的事件。它体现了叙事的背景、情节、人物和结局的合理性或充分的因果逻辑（Fisher,1987）。费舍尔提出了体现良好的保真度的叙事的几条基准。首先，它们所涉及的人的价值观与这个故事的要点和寓意相吻合，而且符合故事中的人物所做出的举动。其次，这些价值观应该为故事中的人物带来积极的结果，并且与我们自身的经验相符。最后，这些价值观构成了对我们未来的设想。说服性叙事跨越了人类行为的广泛的区域。它们唤起我们与生俱来的想象力和感受力。

叙事也能够形成认同共同体，即人们拥有共同的世界观。正是因为如此，叙述成为——即便不是历史上所有的也是大多数的思想运动的中心部分。例如，创建美国的国父们广泛地传播对自由和人类与生俱来的一系列权利的叙事，这些在今天也对我们所期望的行为方式发挥着重要的影响作用。

尽管许多人欢迎叙事范式所开启的讨论，但是费舍尔还是遭到了那些在理性世界范式基础上建立起职业生涯的人的反对。例如，芭芭拉·瓦尼科（Barbara Warnick,

1987）批判费舍尔所提出的准则过于依赖上下文的情境，而使得听众在尝试着理解叙事之前必须拥有有关背景的广泛的认识。在她看来，费舍尔的准则允许极大的解释空间，从而这个理论可能导致个人评判上的不一致性。其他人，诸如罗兰德（Rowland，1989）并不认为叙事像费舍尔所主张的那样适合许多传播领域。

在叙事范式中还有很多关系到跨越不同文化的领域没有展开探讨，但是在面对与我们不同的文化时，叙事似乎是个开始理解我们之间差异的好地方。无论叙事范式是否是阻止传播以可疑的方式展开的唯一重要的组织模式，费舍尔的确清楚地指明了一条展开说服的描述性路径，相对于其他的、表现得像精英一样的更为技术化的路径，它能够更好地捕捉普通人的人类经验。尽管叙事范式仍有缺陷，但是它是可以采用的最有力的说服方法之一。有时，好的故事可以应对大量的事实。费舍尔的叙事理论有助于我们理解这一点。这里的要点就是，你不应该低估那些能够引起听众共鸣的好的故事。

以权力为导向的路径

这一章所论述的最后一组观点，贯穿着挑战权威和优势文化的权力这个主题。这些路径使得我们从那些没有权力的群体的立场来看说服性情境。这组理论对于建构反对滥用权力的防御战略非常有帮助，它们的用途也在许多社会运动中得以清晰地展示（请参见 Andrews，1980；Bowers and Ochs，1971）。这些也指出了有些说服攻势在那些非主流的人群那里遭到失败的原因。

许多人并不理解为什么要攻击传统的有关说服的观点。这些观点似乎在我们的日常生活中运行良好。毕竟，我们今天所使用的许多说服形式在好几个世纪以来一直发挥着作用。但是，不同的群体认为，主流文化忽略他们或者让他们保持沉默。这些视角往往以不同的方式明确地表明这样的观点，即传统的说服方式是当权者用来维持对那些没有权力者的控制的工具。

表面上来看，说服的基础是在特权阶层当中建立起来的。亚里士多德是特权阶层的一员，并且鼓励对财富的使用。在《修辞术》第一卷的第 5 章当中，他说财富包括"大量的金币和领地；对数量众多、规模庞大且优美的房地产的所有权；还有许多漂亮的家具、牲畜和奴隶的所有权。所有这些类型的财产都是我们自己的、安全的、能够表现出绅士派头的，而且是有用的"（第 39 页）。像亚里士多德所描绘的那种生活方式是社会中的大多数人所不能企及的——在他所生活的时代也是如此。对传统的说服的部分批判就是，特权阶层人士（或群体）不能按其目的吸引那些被排挤到社会边缘的人。其中的原因是大部分精英人士无法真正地理解那些弱势人群生活在贫穷当中或遭受侮辱时的感受。尽管民事权利的合法化带来了实质性的进步，但是对于那些白人和那些因为他们的肤色而不是因为他们的能力而总是被施加偏见的人来说，完全理解有色人种不断遇到的对他们的尊严的攻击，即便不是不可能的，也是非常困难的。

同样地,白人男性处于强有力的位置,他们难以认同女性为了她们的智慧和能力得到尊重而做出抗争。现在我们来看一些对主流文化提出挑战的观点。

女性运动

尽管激进主义在越南战争之后就终结了,但是没有完全消失。女性运动对于压迫女性的主流文化持非常批判的态度。**女性主义批判(feminist criticism)**代表了努力为许多女性带来改善的女性运动的一部分。女性主义学者索尼娅·福斯(Sonja Foss, 1996)提出"女性主义批判扎根于社会和政治运动当中,女性主义或女性解放运动的目标在于改善女性的境况"(第165页)。因而,女性主义理论很适用于对社会运动的讨论。"女性主义"这个概念并不只有唯一的含义,但是福斯主张不同的女性主义的版本都有着共同的承诺,那就是结束男性至上主义的压迫,并且改变女性和男性之间的权力关系。

女性主义理论的核心议题是,传统上的关于修辞和说服的思考都聚焦于男性话语,并且以男性视角占主导地位。女性主义清晰地声明,历史是"他的历史",而不是"她的历史"。女性主义理论质疑了女性被排除在关注视线之外,也对女性是否真的以不同的方式处理传播情境提出了怀疑。一些重要的问题是关于女性是如何被加以表现的,尤其是如何被以语言进行表现的以及近年是如何通过大众媒介上的其他形式的形象加以表现的。尽管女性主义学者对于压迫的原因和纠正办法并没有达成一致,但是许多美国的女性主义者,开始着手于将女性从男性压迫中解放出来或者获得自由的一些问题,其目标在于为女性争取创造她们自己的现实性所必需的权力。女性主义者凯伦·福斯(Karen Foss,1999)和她的同事指出,女性主义者也逐渐认同,由于在社会化和生物方面的差异,女性的体验是不同于男性的。福斯等人声称女性主义的意志自由的自我决定性、坚定性、互惠性、关照和整体论都是优于传统的,由男性价值在文化中占主导地位的世界的一部分。福斯最后指出,女性视角并不是我们现有文化的组成部分,这意味着目前的文化让女人沉默。

索尼娅·福斯和辛迪·格里芬(Sonja Foss and Cindy Griffin, 1995)攻击了传统的有关说服的概念,并且指出**邀请式修辞**与其说是带来了变化,不如说是促进了理解。邀请式修辞类似于柏拉图的对话路径,而显然不是亚里士多德的主张。它与斯科特的建议——修辞是认知性的——也有很强的相似性。但是,有一些女性主义活动家,诸如修辞学学者卡林·科洛斯·坎贝尔(Karlyn Kohrs Campbell),反对邀请式修辞的设想。无论这样的女性主义价值观是否能够成为社会的主流价值观,重要的是要听取一些有关传统的说服实践的讨论。

处于销售职位的男性通常对女性表现出相当高傲的态度,似乎女性对于像汽车和计算机之类的东西一窍不通(请见互动区域3.3)。诸如此类的感觉迟钝的说服手法毫无意义,因为女性通过她们的购买行为比男性发挥着更大的推动消费经济的作用。令人乐观的一面是,我们正看到没有性别色彩或者性别平等的语言被越来越多地使用,尤其是在代词的运用上,一些公司已经意识到了这一点。例如,许多人看到职业女性的经济能力,并且开始直接向她们做广告。那些制作精巧的面向女性的说服性信息必须与所发送的所有潜在的含义协调一致。组织学学者盖尔·费尔赫斯特和咨询师罗伯特·萨尔(Gail Fairhurst and Robert Sarr,1996)的有关框架的著作,就展示了我们的传播是如何变得对女性越来越友好的。未来的研究很有可能将更为清晰地确定为女性所喜爱的传播风格。沙文主义风格并不是试图说服女性的明智的选择,这一点现在已经被证明无疑了。"通过取得理解而带来变化"这个观念非常明确地意味着,理解需要大量的倾听。无论说服者是否完全接受通过女性主义路径带来变化,但是他们从中都可以学到有价值的一课,那就是变化是从倾听,而不是从讲述开始的。

互动区域 3.3　销售大厅里的性别文化碰撞

这是发生在我的一位邻居身上的真实的事件。她有 20 多年的工作经历,而且从各方面来看,她都非常胜任她的工作。她是个已婚人士,生育了两个儿子,而且在管理经济财产方面绝不是个生手。有一天,她去当地的一家汽车经销商那里,打算购买一辆箱式汽车,以淘汰家中那辆旧的。她发现销售员表现出一副高高在上的态度。他不愿意和我的这位邻居商讨价格,而是建议请她丈夫来谈。这种高傲的态度导致我的邻居从另一家经销商那里买了车。对于从汽车销售员那里得不到尊重的女性来说,会如何对待这种缺乏尊重的局面呢?

从总体上来看,广告在促进对于女性和少数人群的观念得以进步方面发挥着形形色色的作用。即便是试图表现得更有包容性的消息,有时也是非常有争议的,而且,我们对于许多媒介讯息都有质疑(请见互动区域 3.4)。媒介当中的值得质疑的说服活动,可能会形成有关女孩和女人的糟糕的形象。在《致命的说服:为什么女人和女孩必须与广告的令人沉迷的力量做斗争》(*Deadly Persuasion:Why Women and Girls Must Fight the Addictive Power of Advertising*)一书中,作者吉恩·基尔博恩(2001)——她同时是电影制作人,详细地描述了广告对于女性形象的形成所产生的不利影响。基尔博恩也对我们的文化中的许多恶劣的习惯以及媒介对此加以强化的方式提出了批判。例如,她观察到,在电视广告中只启用苗条的模特,而乳房是被用来推销些什么东西的。她列举了在一个广告中,一位美貌的女性只穿着乳罩,乳罩的一边是用一根细长的渔线吊起来的。广告上的大字标题写着:"结实——世界上最结实的渔线。"基尔博恩早期的电影《温柔地杀害》就生动地反映了广告中的这些问题。

互动区域 3.4　媒介描述的包容性和与现实的相符性

在今天这个越来越多元化的社会里,对于大多数组织来说,拥有多样化和多文化的成员——至少是反映了组织所在的环境中的多样化——是非常有价值的。但是,从不具代表性的群体中吸引未来的雇员和学生可能是一项艰难的工作。通常,组织使用各种各样的媒介宣传攻势,来扩大和提升它们的比实际情况高得多的多元化的形象。我所任教的大学的网站通常选用的图片上所展现的女性、国际学生和有色人种的比例,要比这些人在我们学校的学生中所占的比例高很多。你是否认为,将一个组织描述为比实际情况更为多元化,从而说服那些属于少数群体的人加入而成为组织的一部分,是不道德的?另外,这样的描述是否直接体现了一个对所有背景的人都更具有包容性的氛围呢?

马克思主义理论

一些女性主义者也接受马克思主义的批判理论,因为这些人相信结构性变化一定发生在女性主义的目标被更全面地实现的社会之中。**马克思主义理论(Marxist theory)** 的主要特征是对不平等的经济体系的关注。马克思主义理论探讨了存在于诸如美国、日本和德国这样的资本主义国家中的经济力量。这种理论相信,那些控制了生产工具的人(资产阶级或权力精英)也同时控制和决定着社会的特性。这样的精英圈子在今天的美国社会与在柏拉图和亚里士多德的时代一样都是引人注目的。

在资本主义社会中,首要的经济动机就是获得利润。利润自然是与商品和服务的生产和销售联系在一起的。精英阶层通过不同的方式对工人(无产阶级)的能力进行剥削、支配和压迫而完成了生产并实现了利润。例如,工人被怂恿参加生产,因为这样他们就能赚得工资,从而使得他们能够购买生活必需品(以及其他非生活必需品)。这个生产—赚钱—购买的循环创造了没有尽头而且不断增加的进行劳动的必要性:生产是为了换回工资,工资能够用来购买产品。

这些与我们对说服的研究有什么关系呢?一些关系是非常显而易见的。由于经济力量需要通过政治权力来维护,因而资产阶级必须找到愿意参加政府官员竞选的成员,为他们参加竞选提供金钱资助、志愿者和其他展开政治说服所必需的东西。持马克思主义的批判者关注盈利动机和它所导致的消费循环,是如何通过形式巧妙的说服而嵌入到市民生活中的。有关赚钱的价值的信仰是从童年时代就开始的(例如,将汽水瓶收集起来,之后到杂货店那里换回瓶子的押金)。作为消费者和家庭中的一员,我们应该与推动我们获得物质产品以支持这种文化的说服保持步调一致,而其他对我们更为重要的价值可能就被前者所侵蚀了。在整个成人阶段,我们全力以赴地赚钱(获得一份收入丰厚的工作、攒钱购买房屋、将房屋装修达到某种标准等),而且这些也不断地被媒介所强调。但是,那些掌握权力的人却是主要的经济系统的控制者。劳动者和市民有时也能够通过诸如游行这样的非暴力的反抗来实践他们的说服理论。反抗行为有时也会升级为暴力和强制性行动,而这时就已经超出了说服的范畴。

持马克思主义的批判者也界定了那些宣扬占优势地位的政治和经济意识形态的新闻报道。例如,他们指出,大众媒介将恐怖主义分子描写为亡命之徒,这样就能得出"恐怖主义分子代表着无产阶级,而且恐怖主义仅仅是一个用最极端的方式表达对立的意识形态的战略"这样无懈可击的论点。而且,在当今的电视节目中,越来越难以将新闻与娱乐节目区分开来。马克思主义对大众媒介的批判指出,包含着广而告之成分的新闻节目培育了资本主义,并且为物质至上主义价值观赋予了合法性。媒介通过聚焦于名人从而使消费者相信,这些在财务上大获成功的人士[例如,迈克尔·乔丹(Michael Jordan)①、塞雷纳·威廉姆斯(Serena Williams)②和唐纳德·特朗普(Donald Trump)③]过着最有趣的生活,而这样的成功应该是每个人的目标。但是穷人很少关注这些新闻,尽管这个世界到处充斥着这样的报道。

持马克思主义的批判者也指出,电视节目的制作是由权力精英所控制的,他们确保娱乐节目的内容能够强调占支配地位的意识形态(资本主义的思想)。因而,流行的现实主义问题都是在强调魅力和金钱也就丝毫不令人奇怪了。尽管诸如《60分钟时事杂志》(60 Minutes)这样的以新闻为导向的节目,有时会揭露权力阶层的剥削行为、在全球各地不断蔓延的贫穷现象,但是在我们这个娱乐占有优势地位的文化中,一切负面的东西都被最小化了,因而即便在以新闻为主的节目中上述内容也并不常见。马克思主义批判的作用是揭开控制力量的面具,而且揭露占统治地位的意识形态。对于马克思主义批评者而言,大众媒介在广泛地传播支持现状的有关现实的观点。当然,这些批判也是有可争议之处的;但是仅是引起了我们对于我们作为受众可能面对的说服战略的警惕,它们就已经很有价值了。

激进运动

尽管我们在后面的章节还会继续关注社会运动,但是在这里我们应该提出一个关键问题——从语言对峙到身体对峙是否是合情合理的。身体对抗意味着已经超出了说服的边界,而进入到了强制的范畴中。最近,有一些讨论是有关身体对抗的伦理性的。例如,当一些不严格的政府管理暗中支持了对环境有害的行为的时候,是很难使得大型组织在环境保护方面进行改变的。因而,对于几乎不掌握经济资源和政治影响力的群体而言,暴力和反抗就成为少数用来改变大公司可疑行为的影响途径了。诸如"地球优先!"(Earth First!)这样的激进环保主义群体在树木中钉上长钉,因为他们知道当伐木工人的锯子碰到钉子时,伐木工人就会受到严重的伤害。那些没有遵从有利于环境保护的政策的海产品公司发现,他们的汽车上的制动系统被切断了。极端主义者在韦尔(Vail)的Two Elks Lodge公司纵火,以反对他们认为的这家公司所做出的不环保的举措。

恐吓、骚扰、强制和暴力等行为是否合情合理,这个问题并不容易回答。难以回答这样的问题也折射出蕴含在马丁·路德·金博士和马尔库姆·艾克斯博士(Malcolm X. Dr. King)的哲学思想中的不同之处——前者宣扬非暴力作为改变的手段,而后者

---

① 迈克尔·乔丹(1963—),美国篮球运动员,绰号"飞人"。——译者注
② 塞雷纳·威廉姆斯(1981—),美国女子职业网球运动员。——译者注
③ 唐纳德·特朗普(1946—),美国商人、作家、主持人,曾是美国最著名的房地产商人之一,被称为"地产之王",2017年1月20日正式成为美国第45任总统。——译者注

则鼓励用武装正当防卫和复仇来对抗三K党和其他白人恐怖主义分子。马尔库姆·艾克斯指出,不能再让白人施暴了。当我们想到在重建时期(Reconstruction)①后的几十年里,有超过4000名黑人被处以死刑,我们就很容易理解他的观点了。

回顾和小结

亚里士多德的《修辞术》创造了在几百年里都占主导地位的说服模式,但是另一些出自柏拉图的经典思想的模式以不同的方式看待说服。传统的说服方式有着许多局限性,其中包括往往给人以用操纵的手法进行说服的印象。与经典的路径不同的方法包含了通过探寻以确定参与各方的最佳利益的过程。叙事路径表现了另一种看待世界的方式,即一个清晰简明的故事所具有的说服特性不应该被低估。权力在说服的过程中也扮演着重要的角色。例如,在社会运动中,说服被那些拥有较小权力的人用在游说那些拥有较大权力的人身上。批判理论代表了另一种对于社会中的权力滥用的思考方式。总而言之,后来出现的这些视角所传递的信息都是,在对说服的研究中,应该将更多的注意力放在那些某些群体的利益被拥有更大权力的群体所忽视的情况上。

关键术语

在你读完这一章的时候,你应该能够对以下的术语或概念做出定义、解释,并且举例说明。

细分受众	逻辑性	辩证法	一致性
法庭上的演说	省略三段论法	大写的真实/真实	保真度
展示性演说	演绎推理	认知性的	女性主义批判
议事演说	传统主题	理性世界范式	邀请式修辞
精神气质	比喻	叙事范式	马克思主义理论
感同身受	对话		

道德伦理准则的应用

假设一家大型的烟草公司招聘你去它的广告部门工作。这家公司意识到公众对它的产品的感觉正变得越来越有敌意,因而这家公司希望你设计一个你认为不会突破道德边界并能够有效地宣传烟草产品的大型广告活动,而且与此同时,通过这个活动

---

① 重建时期是在美国南北战争后对南部社会政治经济和社会生活的改造与重建的统称。其历史任务是用政治和立法的手段在南部各州巩固和扩大内战的成果,在南部叛乱各州重新建立忠于联邦的州政权,恢复南部各州同联邦的正常关系,重建并巩固联邦的统一。林肯在1863年12月8日提出《大赦与重建宣言》,标志着重建时期的开始。——译者注

也能够改善与公众的关系。请思考在这章里所提到的哪种观点能够帮助你创造一个符合以上所有标准且合乎道德的宣传攻势。这样的广告宣传活动可行吗？

进一步思考的问题

1. 请比较布什总统和他的前任克林顿总统。在你看来，谁会更多地用到感同身受这种证明类型？逻辑呢？或精神气质呢？
2. 对于问题1的回答在多大程度上依赖于环境和回答者的文化背景？
3. 对于今天的大学生群体这一代人来说，在评判父母的时候，可信性的这三个维度中的哪个维度发挥着最大的作用？面对教授的时候呢？面对上司的时候呢？
4. 瓦尔特·费舍尔的路径与亚里士多德传统中的传播路径最大的分歧是什么？他的路径如何解决了亚里士多德路径中的问题？或是为什么不能够解决？
5. 在分析一个叙述时，是否有比评估一致性和保真性更为重要的？是什么？
6. 激进的环保主义者烧毁了韦尔的 Two Elks Lodge 是否可以看作是说服他人相信——由于滑雪旅游区的建立而导致了环境悲剧——的合理手段？表示反对时采取暴力做法是否合理？为什么？
7. 在美国独立战争中采用暴力手段以挣脱英国人的统治是否是合乎道德的？
8. 你对女性主义的总体印象是什么？在你生活的社会中，女性主义是有益还是有害的事物？在你的经验里，女性的哪些主张总是被忽略？

有关在线活动，请浏览这本书的对应网站：
http://communication.wadsworth.com/larson 11

第四章 以社会科学的方法理解说服

约瑟夫·斯卡德
北伊利诺伊大学

双重过程理论
  精心的可能性模式(ELM)
  启发—系统模式(HSM)
  态度的自动激活
有关说服的变量分析方法
  信源的效果
  消息的效果
  恐惧和驱动力削弱
  社会判断理论
另外一些双重过程模式
  平衡和认知一致理论
  易得性和态度的激活
有关赢得顺从的观点
回顾和小结
关键术语
道德伦理准则的应用
进一步思考的问题

学习目标

在阅读这章之后,你应该能够:
1. 描述社会科学学者在当代研究说服时所使用的主要理论和途径。
2. 比较和对比几种占主导地位的双重过程模式:精心的可能性模式和启发—系统模式。
3. 展示期待—价值理论、合理行为理论和计划的行为理论实现了哪些双重过程模式无法实现的目标?
4. 判断扎荣茨的纯粹接触原理是否指出了主要认知路径的根本性的问题?
5. 解释说服的记忆和说服的态度激活之间的联系。

6. 指出来自早期的耶鲁大学学者的哪些主要观点在今天仍然重要,以及根据晚近的研究,我们的理解发生了什么样的变化?

7. 指出现今使用诉诸恐惧和震惊的说服性宣传活动,并且评估这些方法的优点。

8. 讨论为什么赢得顺从和说服并不是一回事,以及当代有关赢得顺从的研究为施加影响的实践提供了什么样的更有根据的观点?

社会科学开始研究说服,比起在第三章所讨论的说服的基础来说,只是刚刚发生的事情。社会科学学者用现代的实证方法研究说服。**"实证"**（empirical）这个术语是指通过经验或观察来验证知识的活动。有关说服的大部分实证研究使用统计方法对实验结果、关于说服行为的问卷调查或实际行为进行分析。说服研究也越来越多地使用诸如访谈、观察和主题分析这一类的定性方法。

态度和行为的改变是有关说服的实证研究的典型性焦点。就这一章的目标而言,态度是一个人所持有的对于某个物体、行为、人或机构的或是积极或是中立或是消极的态度。这一章使用对于态度改变的最新的理解作为透镜,对从早期逐渐展开的有关说服的社会科学的研究,直至这些研究的最新的实证发展进行调查。这里的目的并不是形成完整的有关说服的实证研究的历史,而是展示在说服学学者早期所研究的问题中,有多少仍然体现在新近的以说服的过程为导向的理论里,以及我们对于此前的发现的理解发生了什么改变。首先,让我们来看看今天的说服研究中的主导框架。

双重过程理论

根据社会心理学家雪莉·切肯和雅科夫·特鲁珀（Shelley Chaiken and Yaacov Trope,1999）的观点,**双重过程理论**（dual-process theories）假设了在做判断和决定时的两种性质不同的信息处理模式。第一种是一个"以低水平的启发努力为基础的快速、联想式的信息处理模式",第二种是一个"以高水平的系统化推理努力为基础的缓慢、按照规则进行的信息处理模式"（第 ix 页）。第二种模式与我们在第三章中所讨论的对说服的传统的理解类似。但是,双重过程理论挑战了我们在第三章所遇到的占主导地位的理性世界范式,该范式假设人们首先会通过细心地思考论点和证据而合理地设置他们的说服方式。而且,他们将说服变为一个更为动态的过程取向。在这里我们仔细思考两个应该得到最大关注的双重过程理论:(1) 精心的可能性模式和(2)启发—系统模式。我们还将探讨经常与双重过程理论的讨论联系在一起的第三个思维过程,即态度的自动激活。

精心的可能性模式（ELM）

我们在第一章里读到,心理学家理查德·佩蒂和约翰·卡西普奥（1986）提出了一个被他们称为**精心的可能性模式**（elaboration likelihood model, ELM）的双重过程理论。精心的可能性模式恢复了研究者对于说服的兴趣。"精心"在精心的可能性模式中,是指我们为做出价值判断而采用的有意识的仔细探查,它既需要处理信息的动机,也需要相应的能力。两位学者将"精心"放在一个闭联体内,它的两个端点代表着信息处理的两种不同的路线。**中心路线(central route)** 构成了闭联体的高端。这个路线的信息处理是"个体仔细和谨慎地思考信息所展示的真实情况的结果"(第3页)。它是一个较为缓慢、深思熟虑、付出了很多努力、运用了系统推理的信息处理模式。当人们使用中心路线的时候,显然他们是有意识地投入思考的。佩蒂和杜安·韦格纳(Petty and D. T. Wegener,1999)主张,不仅有较多数量的思考是属于闭联集的高端的,而且在高端的"精心"也会采用在原始信息之外添加新的东西的思考方式。人们在对能够获得的信息的仔细检审的基础上,尽其所能地做出最有道理的判断。

尽管你拥有超群的处理信息的能力,但是如果你没有对信息进行分析处理的动机的话,这样的能力也只能被浪费。但是,这个动机可能对不同的人以不同的方式发挥着作用。展示相关性和重要性是激发以中心路线处理说服性信息的两个核心要素。换言之,说服者必须能够回答这个问题——为什么我的目标受众应该关注这则消息?除了重要性和相关性之外,佩蒂和卡西普奥认为,还有认知驱动力的另外一个组成部分,即人的基本个性——有的人喜欢思考,而有的人则不是。他们将这样的特性称为**认知需求(need for cognition,NFC)**。它的范围从有的人享受思考这个极端,到有的人希望避免任何认知方面的努力的另一个极端。因而,有的人天生喜爱思考和分析,另一种情况则是有些人不愿意在思考上多花任何一点精力。

在精心的闭联集的低端,人们采用信息处理的**枝节路线(peripheral route)**,这需要少得多的认知努力,而且相比采用中心路线,有时也只需要调查较少的信息。枝节路线可能也依赖于简单的经典的条件作用,或是使用思考上的捷径以及凭感觉的黄金规则。这种路线是说服的环境中的一些简单的暗示所带来的结果,例如,一个像安吉丽娜·朱莉或布拉德·皮特那样有魅力或英俊的信源,强化了他们的动机。

说服性消息持续不断地通过枝节路线轰炸我们,例如将品牌名称呈现在鞋子或衣服上,或是将对赞助商的鸣谢展示在我们所出席的活动中。这些商标的不断被强化往往是在我们没有意识到的情况下发生的;我们就像海绵吸水一样接收着这些信息。我将这种方式称为用于说服的鬼鬼祟祟的路线,因为商标和其他信息会在我们无意识的情况下被存入我们的记忆。在最近的一次说服课程上,我问是否有人看见过两年前的有关竞选的第一条广告。有个学生说,她曾经看到过,但是没有注意过这条广告。我问她,关于这条广告她还能回忆起什么。她回忆出了这条广告中的所有重要的方面,尽管她从来没有认真地思考过这条广告。主动地抵抗这种类型的说服往往是较为困难的,因为这种战术往往并不引人注意,尤其是对于孩子来说。

购买一台计算机是一个复杂的决定。我们可能会比较存储能力、运行速度、软件、保修、服务、尺寸、显示器的类型和其他一些因素——诸如是购买笔记本电脑还是不那么便携的台式电脑。我们的思考过程将包括推理、审查证据、价格比较,以及对我们使用计算机的需求的评估等。因而信息是以中心路线的方式加以处理的。但是,许多人只是没有能力或者没有动机去评估哪一种计算机最符合他们的需求。他们可能会打电话给一位十分了解计算机的朋友或亲戚,告诉他价格区间和他们将主要用计算机做什么,然后请他们推荐一款计算机。对我们信任的人或专家的建议的依赖只需要很少的核心处理。

相反,品牌偏好和我们的习惯会引导我们用枝节路线处理信息。例如,当你在一家快餐店里被问到想喝点什么的时候,你可能会自动地回答"健怡可乐"(Diet Coke)。你并没有仔细权衡所有的选项,甚至没有问都有哪些选择。强烈的品牌偏好降低了采用中心路线处理信息的必要性。

但是,精心的可能性模式对于那些严重地依赖于品牌的人以及那些购买决定完全是以价格为基础的人,并不能够提供多少决策帮助。一箱百事轻怡(Diet Pepsi)的3.99美元的促销价格,可能使得偏爱健怡可乐的人在这个星期里换个牌子。有的人选择某种无糖可乐可能是使用了另一种决策准则,例如"花最少的钱得到尽可能多的量"。有时,诸如严格的预算限制、组织的规章制度或我们的保险计划,都可能影响我们所购买的品牌。

被处理的枝节涵盖了很大范围的行为。例如,语速影响了我们对于个体的理解方式,有证据表明,我们喜欢说话速度和我们自己一样快或快于我们的人。在广告中使用外貌上或社交上有吸引力的人,也反映了诉诸枝节处理路线。有时,诉诸枝节路线能够更有效地吸引我们关注消息,而不是引起我们对它的内容的认知。

互动区域 4.1　品牌的影响力

你在选择品牌或商标的时候,有哪些因素会对你产生影响?请回想一下你在上个月所做出的购买行为或影响了他人的购买行为。你会选择某个特定的品牌,还是符合你的要求的某一类产品?你对以下产品是否会有品牌偏好:牙膏、洗头水、比萨饼、汽车、天然气、计算机、汽水、运动鞋、服装店、汉堡包、薯条、番茄酱?如果你对其中的商品有品牌偏好的话,那么是因为什么原因产生了相应的偏好?

佩蒂和卡西普奥的精心的可能性模式所依据的假设是,人们处理信息的动机是因为他们想要持有正确的态度,或者至少在社会比较和社会规范看来有正确的表现。佩蒂和卡西普奥也相信,有各种各样的因素会对个体态度的方向和数量产生影响,并且会加强或减弱论据的强度。例如,如果一个富有魅力的或者高度可信的信源反对焚烧国旗的行为,那么这个因素可能会增加或减少你对最高法院所做出的"烧毁国旗合法"这一判决的支持。精心的可能性模式还提出,在人们通过中心路线进行仔细的检验时,细枝末节的暗示所产生的影响就较小,反之亦然。而另一种双重过程模式——启发—系统模式与精心的可能性模式的显著差异,正在于它与后者的主张有分歧。

启发—系统模式（HSM）

精心的可能性模式与**启发—系统模式**（heuristic-systematic model，HSM）（Chaiken，Giner-Sorolla and Chen，1996）有一些相似之处。启发—系统模式提出了一个**系统化处理路线**（systematic processing route），它反映了对与判断有关的信息的全面综合的处理方式。这是一个缓慢、高推理努力的过程，与精心的可能性模式中的中心处理路线非常相似。另一个路线是**启发式处理路线**（heuristic processing route），这是一个快速、低处理努力的过程，依赖于判断规则或启发的被激活。所谓的启发是凭经验进行判断，而不是一个非常精确的过程，但是在处理日常情况时却往往是非常有用的；这是一个被用来帮助我们减少做决策所需要的时间的策略。例如，为了计算环绕一圈的路程，我们通常将这个圆圈的直径乘以3，然后得到一个粗略的估计，而不是通过将直径乘以 π 或 3.14159 来得到更为精确的数值。启发—系统模式充分地解释了，人们在努力实现将认知努力最小化和他们的目标得以实现之间的平衡。

我们在日常生活中都会使用启发式路线。当两个人同时到了停止标志下的时候，他们不是通过努力回想在这种情况下的严格的规则以找到正确的方式，在大多数情况下，一个人会向另一个人挥挥手，让他先通过，以避免停下来想太久。有些启发可能恰恰会带来误导，例如有一句俗语说"苔藓只长在树木的北侧"，就并没有反映真实的情况。如果你在森林里迷路了，一个更好的启发是太阳的东升西落，但是即便这一点，当你在阴天或夜晚迷路的时候也无法给你提供帮助。

在启发—系统模式中，系统化处理和启发式处理是各自独立运行的，而且可能同时发生。这可能是精心的可能性模式和启发—系统模式之间最大的不同。在精心的可能性模式中，中心路线和枝节路线之间是逆向的关系，当一方增强时，另一方就减弱。而在启发—系统模式中，我们假设人们能够系统地使用一些证据，并且与此同时，他们也能够启发式地运用另一些信息。例如，你可以使用系统化处理路线，判断你的工作组成员是否清楚地说明了用某种方式完成一个项目，在这个时候，你同时也在通过启发式处理路线，对小组成员的吸引力做出评判。

有关接收到过多的说服性消息所产生的影响，在今天还没有大量的实证研究。但是，显而易见的是，人们以不同的方式回应数量巨大的信息。有些人喜欢只有三个选项的而不是列出十页选择的餐厅菜单。根据精心的可能性模式的观点，个体处理信息的动机是一个关键要素。中心或系统的信息处理路线带来的超负荷将会导致人们转向枝节的或启发式的处理方式。有关构造说服性演示的传统的建议是，推荐使用支撑性的视觉资料以帮助理解。但是，别忘了，这难道不会使得信息更加过剩吗？我们不能简单地做出断言，认为伴随说服性信息使用视觉辅助永远是一个值得推荐的做法。请想一想，在多媒介展示中，可能需要大量的注意力来处理信息，这会分散而不是加强对消息内容的关注（请见互动区域4.2）。在这方面，一些激烈的反应甚至是反对使用PowerPoint，因为观众可能会更多地注意幻灯片上所写的信息，并记录它们，而没有或者无法在同时消化这些信息的含义。可能正是信息过载，是一些学者所发现的视觉提示遮蔽了演讲人所说的内容这个趋势背后的原因。显然,有关对说服性消息的视觉形式的处理、视觉消息增强还是削弱了伴随着它们一起出现的口头或书面说服消息,需要更进一步的研究。越简单可能越好。

互动区域4.2　图片并不一定总能强化消息

传统常识指出一图值千言,但是心理学家库尔特·福瑞和爱丽丝·易格里(Kurt Frey and Alice Eagly,1993)提出证据表明,正是那些说服性消息中的富有活力的元素可能削弱了消息的效力,因为那些活泼的元素导致对消息的关注的降低。在你的经验里,什么时候图片有助于理解,什么时候它们分散了受众对于消息要点的关注?

态度的自动激活

心理学家罗素·法西奥(Russell Fazio,1989)认为,态度会自动激发出来,而不需要深思熟虑。这个观点在说服性消息中有着重要的应用,被用来克服阻力以做出改变。例如,它使我们理解了,为什么改变我们有关癖好、健康行为的态度是那么困难,以及我们为什么会使用刻板印象。

自动激活的观点将大脑看作是存储着大量信息的地方。就像在图书馆里一样,有些信息是容易获得的。大部分信息都通过一些路径与其他信息联系起来,因而获得一则信息可能就会激活与之相连的其他信息。不同的连接在强度上有差别,而且那些经常被用到的连接比起很少被用的,往往在记忆中是更容易找到的,就像我们更容易找到我们经常去的地方一样。

改变我们生活中有问题的某些部分——比如抽烟的习惯——的困难就在于,这往往需要改变许多这样的连接。形成新的习惯意味着在我们的大脑中创造新的路径,从而获得我们了解到的优于原来的态度和行为的新的积极的态度和行为。这并不会在一夜之间发生。理解这个过程,对于抵制那些面向我们自动地触发某些过程的说服尝试非常重要。对于冲动性购买的控制,需要我们了解我们的触发器(请见互动区域4.3)。

互动区域4.3　激活我们的触发器

请思考超市结账的通道和摆在那里的商品。你在结账通道那里会挑选什么东西购买?它们激活了你的哪些触发器?为什么陈列在结账通道上的那些东西使得带着孩子去超市的父母感到受挫?一些商店对于这种营销行为所产生的后果的抱怨做出了什么样的回应?

有关说服的变量分析方法

我们已经讨论了构成当代大量说服研究的总体框架的基本的双重过程模式了,现在我们要回到早期对说服的实证研究,以便确立一些在我们当今的世界中仍然重要的、长期有效的、具体的说服原理。在第二次世界大战期间,心理学家卡尔·霍夫兰(Carl Hovland)设立了调查传播与态度之间关系的研究项目。他的研究工作不断进行,最终发展成为研究范围最广泛的说服研究项目之一,这就是今天的"耶鲁传播和态度改变研究"(Yale Communication and Attitude Change Program)。

霍夫兰通过一系列集中在单一问题上的研究——非常类似于在自然科学中所采用的方法,考察了主要的说服变量(请参见 Hovland,1957);因而,他的研究工作的一个标签就是**变量分析方法(variable-analytic approach)**。耶鲁小组假设,当提供给人们充分的支持改变的强调性证据时,人们将会改变他们的态度。换言之,人们需要动机,去处理那些能够改变他们的既有态度并随后改变他们的行为的信息。

这些研究者强调,说服要经过一系列步骤或阶段,其中第一步是注意。他们认为,那些没有被投以注意力的消息,将不会产生说服作用。这个假设在今天仍然被认为是正确的,因为说服理论是以中心路线或系统式处理路线为基础的,但是较新的双重过程理论提出,细心的关注可能并不是一些处于枝节或启发式路线当中的说服过程的必要条件。在今天的媒介饱和环境中,控制关注这个步骤对于说服者是至关重要的,因为媒介喧嚣已经使消息获得关注变得很困难了,而且甚至阻碍了消息走枝节或启发式路线。

对于耶鲁项目的研究者而言,第二个阶段的理解对说服发挥本质性的作用,因为那些不明白或不理解一则消息的人是无法被其说服的。同样,这个假设在中心的和系统性的路线中仍然是坚实可信的,但是在枝节的或启发式的处理过程中却并一定是必需的。研究指出了**激发效应(priming effect)**,这是指一个暗示被迅速地引入或者甚至只是处于潜意识层次中(低于有意识地感知的层面)的时候,却能够在没有被意识到的情况下,激活了某些态度的形成。接受这个步骤是消息被接受还是被拒绝的关键点,耶鲁项目的研究人员对它研究得最多。与在注意和理解中的情况中一样,对消息的有意识地接受,在中心路线和系统化处理路线中扮演着重要的角色。在新近的双重过程模式的枝节路线或启发式路线中,可能存在着无意识地做出决定的环节。

保留这个阶段对于记住在态度或信仰方面所做出的改变很重要。如果一个说服要求进一步地采取行动以完成行动阶段的话,那么有关态度改变的记忆就很必要。记忆也是当代的双重过程理论的中心路线或系统化路线的实质,但是这些过程通常是在意识之下或者没有大量的认知努力的情况下运行的。行动在耶鲁学者看来,如果是说服要求所需要的话,这是态度或信仰上的改变转化为行为上的改变的环节。这个阶段并不适用于止步于态度改变的说服情况,例如目的在于提升品牌意识的说服。

此外,也存在着其他的阶段模型,但是当代的研究往往都认识到,尽管阶段模型是有助于理解这些过程的解释工具,但是对说服片段的真实的描述应该是更具有循环性的,并且包含着与消息有关的多种多样的偶然情况——毕竟人类的行为并不像耶鲁模型所展示的那样线性化。

互动区域4.4　阶段模型和电视广告

在下一次你看电视的时候,请密切注意这个过程中的每一条广告。这些广告希望你做什么是否是一目了然的?这些广告中的哪些是你会注意的,而哪些你想通过换台略过?考虑到大多数广告都非常短,你认为耶鲁的阶段模式中的各个阶段是否可以解释,这些广告为什么能够对你起到或没有起到说服作用?

信源的效果

耶鲁研究特别关注信源的可靠性或可信性,以及信源对信宿的吸引力。根据今天的双重过程模式的构架,信源的可信性往往是通过枝节路线或启发式路线对态度改变产生影响,但是对某人的可信度进行中心处理,也可能发生在论战突然爆发的时候,这一点正如沃德·丘吉尔(Ward Churchill)最近在科罗拉多州有关"9·11"的公开辩论中所注意到的。

20世纪60年代的研究提出了可信性的几个维度,但是专业性、信用和吸引力等问题却仍然在被广泛地研究着。耶鲁学者展开了对可信性的研究,在这些研究中,同样的信息被归于有着不同名声的说服者。例如,一则消息是关于吸烟和肺癌的,它或是来自大学高年级学生,或是由一位来自卫生局的大夫所说。毫无悬念的是,当受众相信这则消息来自那位医生而不是那个大学生的时候,就发生了更大的态度改变。在这些研究中发现了一个关键点,即如果在听众的记忆里,消息的内容与信息的来源发生了分离的话,那么讲话者的可信性所引起的效果在一段时间后会削弱。这是那些我们只听过一次的消息的特有的问题。

霍夫兰和他的同事将消息和信源的可信性之间逐渐衰败的关系称为**睡眠者效果(sleeper effect)**。如果讲话者的信誉度很高的话,这种效果对于这样的信源是不利的,因为这意味着高度可信性会随着时间而流失。但是,如果讲话者开始时表现为信誉度中等或较低,但他/她提出了非常有力的论证的话,睡眠者效果则对他/她有利,因为人们可能记住强有力的论据,而忘记了可信性因素。尽管有关睡眠者效果的后续研究有时会产生混合的后果,但是总体上来说还是证明了这个效果。G.塔堪·库姆卡莱和多洛雷丝·阿巴瑞辛(G. Tarcan Kumkale and Dolores Albarracin,2004)最近关于睡眠者效果的元分析发现,对于那些一开始面对较低信誉度的信源的人来说,如果消息的论证在开始时被认为是强有力的话,说服效果随着时间的确会提升。所以,多年的研究倾向于支持耶鲁学者最初对睡眠者效果的论述(也请参见 Allen and Stiff, 1998)。与更晚一些的精心的可能性模式的发现一样,即如果说服性消息的接收者有能力和动机仔细地研究消息的话,说服效果就会更强一些。有关听众的动机的问题,也是精心的可能性模式改进了我们对于过去的研究的理解,而没有对原始的概念的根基提出质疑的地方。有关动机是如何发挥作用的,仍然存在着大量的疑问。例如,关于当说服者的可信度非常低或者信息的重要性非常小的时候,信息是否被存储到了记忆中的问题,研究尚无法下结论。

最近的一项有关过去50年里对可信度的研究的评论(请参见 Pornpitakpan, 2004)支持了耶鲁研究的结论,即高可信度信源总体来说比低可信度信源更有说服力。高可信度信源往往增强了高质量证据的影响力。但是,这个评论也注意到在一些情况下出现的高可信度信源的影响力的削弱或倒退。例如,当细心地处理消息的动机比较弱的时候,高可信度信源就显得不那么有效。请注意,接收者的动机再次成为所有的发现中的重要因素。近年来的另外一些思考是从目标受众的立场出发的。高可信度信源可能在提倡从目前所持有的立场上发生本质性的变化时,比只是从当前的立场上发生微小变化的时候,发挥更重要的用处。当使用威胁或表达负面的观点时,高可信度信源也被发现更有说服力。

对于一个群体来说有信誉的信源,可能在另外一个群体那里没有同样的重要性。在一些情形中,专业性是树立可信性的更有效的途径,但是它必须表现得确实无疑,而且没有一点模棱两可。我的一位家人曾经背痛,就从两位在背部手术方面都非常专业的外科大夫那里得到了相互矛盾的建议。在这个案例里,就出现了极强的模糊性,哪一位专家的建议是最好的并不明朗,而且两位医生的建议都被大打折扣。这两位相互冲突的专家互相否定了对方的影响力。人们会转向他们信任的人征求建议。

在对信源的可信性的确定中,另一个重要的因素是信源与我们的相似性。在说服请求中使用相似性通常是诉诸枝节的处理路线,而不是进行清晰详细的关注。许多组织使用视觉诉求以证明其他像他们一样的人是他们的组织的一部分。

在毫无根据的情况下建立信任的一个常见但不合伦理的做法是诉诸相似性,这是通过枝节路线而不是中心路线进行的。当一个人以群体成员的身份出现或要求真实的群体成员帮助的时候,就可能会出现欺诈。这样的战术被称为**相似性骗局(affinity scams)**,这种手法充分利用了其成员有很多相同之处的群体中所存在的信任和友谊。在庞氏骗局(的金字塔)模式中,新的投资者的钱被用于支付给之前的投资者——他们可能从他们的投资上获得了很好的投资回报,而且不经意地使群体潜在的投资者相信这是一桩好买卖。一个骗局从100位得克萨斯老人那里诈骗了250万美元,受骗者被说动将养老储蓄转为有更高的投资回报的保险。来自组织严密的群体或社团的消费者必须尤其小心地对待被推荐的交易,这只是因为人们容易相信社团中的其他参加者。当建议者看上去太慈善或太令人信赖的时候,用中心路线进行更多的检查是值得的。

耶鲁研究也探讨了,是否信源的身高会导致或是更多或是更少的态度改变、说话的速度是否会影响说服的效果，以及眼神交流是否会产生希望得到的效果。身高较高的说服者比起较矮的说服者被认为是更可信和更可靠的。吸引力的标准显然因文化、性别，以及有时因代际而异。基本的假设是，吸引力往往以枝节路线或启发式的路线来处理，但是如果对其有明确的关注的话，也会以中心的路线来处理（请见互动区域4.5）。

互动区域4.5　有关他人的吸引力的公开讨论

问一下你自己，你是否会经常与你的朋友或家人公开讨论别人是否有吸引力。通过对你的朋友之间的私人谈话的分析，你也许会发现吸引力可能超出了人们所愿意承认的那样，它更多地是以中心路线进行处理的。在公开的场合下，存在着哪些讨论他人的魅力时应该遵守的规范？

吸引力不仅是外貌特征。你是否听到有人评价一个人"漂亮，但对我的口味而言难以消受"？对于很多人来说，吸引力包括威望、社会地位和影响力。**佩兹效应（Pelz effect）**指出，人们喜欢与那些拥有权力和很大影响力的人联系在一起，因为这样能够增强他们的自尊和自信。吸引力也描述了某人的社交风格是否是友好的、坦诚的和可接近的。

其他的吸引力要素是什么呢？以犹豫的或是内向的方式传播消息的说服者，往往比那些以流畅和开朗的方式发表他们的演说的人，对态度产生的影响更小。性别也会影响接受情况。尽管结果是形形色色的，但是有吸引力的同性说服者与有魅力的异性说服者相比，前者往往被认为较不可信。

消息的效果

耶鲁研究探讨了消息对说服产生的效果，有些对于研究者来说并不是新发现。

首因—近因效应（primacy-recency effects）。说服研究的最古老的发现之一，是由心理学家隆德（F. H. Lund）在1925年提出来的，指出了证据中的最重要的部分应该被首先加以考虑，我们将它称为**首因效应（primacy effect）**。而**近因效应（recency effect）**是指，在最新被呈现出来的信息中也发现了显著的影响力。但是，究竟首因效应还是近因效应更为有效，引起了极大的关注。霍夫兰（1957）指出，首因—近因问题并不是那么一目了然。他们发现，第一位发言者并不一定比第二位发言者更有优势。但是，负面消息的首先出现对于印象的形成有着重要的作用——克服被首先呈现出来的负面消息是相当困难的。

在预测究竟是首因效应还是近因效应占有优势的问题上，时间框架很重要。看起来，近因效果往往会在较长的时间段中逐渐衰退，而在短期的情况下，可能会显得重要。在精心的可能性模式构架内的研究指出,受众的动机在处理信息和决定首因—近因效应的影响力方面扮演着重要的角色。内容的顺序对于那些带有强烈的动机、以仔细检验的方式处理消息的人来说没有什么影响,而对于那些处理信息的动机较弱的人来说,近因效应显得比首因效应更重要(请参见 Petty, Wegener and Fabrigar, 1997)。请注意,受众的动机在首因—近因效应的讨论中也是一个重要的因素。

消息中的偏向和两面论证(message bias and two-sided argument)。有时说服者必须面对那些持有中立或者与之相反的观点的人。说服者应该呈现议题的一面还是两面?我们将说服的这个层面,即考虑只说议题的一个方面还是涉及所有方面的层面,称作"消息—片面性"(message-sidedness)。霍夫兰(1957)建议,首先向人们介绍他们已经在思考的负面的论据是明智的做法。这样的战术是用先发制人的做法应对听众不喜欢的信息——而说服者预计这些信息是受众可能已经处理过的。在双重过程框架中,使用两面论证的方法将鼓励受众采用中心路线处理信息。请思考美国联合航空公司(United Airline)在应对它的破产申请时开展的广告攻势所应用的策略。这个广告公司试图使受众确信,乘客不必对乘坐联合航空公司的飞机感到害怕,而且指出破产申请将是公司的一个新起点。广告吸引读者采用中心路线而不是枝节路线来处理这些信息。这个广告攻势开诚布公地将久拖未决的公司破产的问题排除了出去。

艾伦(Allen, 1998)对涉及一万多人的 70 项研究进行了关于消息—片面性的元分析。这项分析指出,当两面消息能够驳倒反面的观点时,两面消息就比一面消息更为有效。两面都说的消息所带来的好处还包括以下一些价值,例如这样的消息通过事先告知受众消息中所包含的危险,而给那些信仰系统尚不成熟的人打预防针。这样做很像是赛前动员会,也可能会得到更多的支持和对相反观点更多的反对。但是,仅仅是提及另一面的立场是不够的;说服者还必须能够驳倒那些观点。对于有偏向的信息的处理过程显示,是否有必要使用两面消息,在很大程度上依赖于说服者的目的和动机。

有偏向的信息处理(biased information processing)发生在当决策人偏爱某种观点,并且在这种观点的指导下对世界进行理解的时候。他们并不是对所有的可能性做出客观或公平的思考。例如,一位雇员已经为福特汽车公司工作了 25 年,他/她可能对福特公司非常忠诚,以至于从来没有考虑过购买其竞争对手公司所出产的汽车。另外一个人来自于几代家族成员都是民主党或共和党人的家庭,在他/她评判政治消息时,很可能从这个长久延续的传统所带来的偏向出发。有些有偏向的处理的出现是因为人们在他们的记忆中存储了很多事实和信息,这些信息激活了议题的一个方面而不是其他方面(请参见 Petty and Wegener, 1999)。如果你偏爱苹果电脑,并且多年来一直使用它,你可能对于苹果电脑的了解远多于对它的竞争对手的了解。你很可能能够非常清楚地说出苹果系统的大量特性,以及为什么购买苹果电脑让你感到很放心。而如果你是微软视窗的忠实用户的话,也会出现同样的情况。因而,与产品、服务和机构之间长期存在的联系,会使我们拥有大量的有关它们的信息。当从我们记忆中可以提取的信息的质量是非常不对等的时候,客观的分析处理就不太可能了,除非我们意识到这种错误,并且对其进行纠正。

根据心理学家雪莉·切肯和她的同事(1996)的观点,客观地处理信息和有偏向地处理信息源自不同的动机。启发—系统模式区分了准确动机、防卫动机和印象动机。当目标是提出精确的评估时——诸如从大量的合格的候选人中提出录用建议的时候,两面消息的做法是恰当的。但是,当一个人为某种观点进行辩护,或者试图维护某些重要人物的形象的时候,在这种场合下,单面消息就是最合适的。例如,在人们花了1 000美元买入场券才能参加的政治聚会上,单面消息就是最好的,因为这些人显然不是需要就支持哪个候选人对其进行说服的。类似地,佩蒂和卡西普奥(1979)指出,当正在讨论的议题与消息的目标相关而且人们对此有巨大的兴趣时,往往可能采用有倾向的处理方式;但是如果相关度很高,人们对消息没有太大的兴趣或者对这个题目知之甚少的时候,客观的处理则更有可能。因而,一个在某个公司有着很大的投入的人更可能偏爱这个公司的产品。他们通常并不试图将这个公司的产品与竞争公司的产品进行公平的比较。这种有偏向的处理倾向是很多大公司的董事会成员所面对的极其重要的问题。当说服性消息中包含含糊不清的信息或者质量不一的论证——而不是或者强有力或者不中用的论据——的时候,有偏向的处理也更为常见一些(请参见Petty and Wegener,1999)。

预防接种(inoculation)。预防接种可能是帮助人们抵制说服的最重要的策略了。在说服性的语境中,预防接种是一个实际行动,它预先警告人们注意在未来可能发生的说服努力中的潜在的有害信息。预防接种的典型的做法是预先与人们就观点、实践或行为进行一些讨论或给予他们一些威胁,这些都弱于他们在未来所真正会遇到的。迈克尔·普福(请见Pfau等人,2001)强调了预防接种法的强有力的特性,并且阐释了在不同的情境下实现预防接种的多种多样令人惊叹的方法。越来越多的政治宣传攻势开始使用预防接种,以警告他们的支持者注意对手将他们带往"黑暗的一面"的企图。预防接种法提供了启发式战略,以使人们忽视来自对手的说服企图,而不去对那些信息做细致的处理,这与删掉未读的垃圾邮件有些相似。

情绪的影响和有偏向的处理的影响(the influence of mood and affect on biased processing)。相当常见的是,许多人是在节日的长假中上了他们人生中的第一堂说服学课,他们在那时会问自己,那些努力将人们放置到欢快的情绪中的节日音乐和节日装饰是否是商家有效的销售策略。尽管诸如此类的节日特性为那些因节日装饰而闻名的主要的大城市——例如纽约和芝加哥的购物中心带来了更多的顾客,但是情绪到底对具体的购买产生了哪些影响,却仍然是不明朗的。一项研究对几项情绪调查进行了回顾,并且与心理学家赫伯特·布莱斯和诺尔伯特·施瓦茨(Herbert Bless and

Norbert Schwarz,1999)的信息处理过程不谋而合,这两位心理学学者认为,当人们处于中性或负面的情绪当中时,会对特定的信息给予更为直接的关注。通常,愤怒不会激发客观的信息处理。相反,积极的情绪或欢乐的情绪似乎带来了较马虎的分析,并且更多地依赖于启发式路线或刻板印象。因而,积极和欢快的情绪增加了有偏向的处理的可能性,而不是采用客观的信息处理方式。布莱斯和施瓦茨认为,在信息处理中的这些差异,可能是因为在负面的环境中处理信息的动机得以增强的缘故,因为在那里需要通过系统化的处理来应对问题重重的情境。他们指出,情绪良好的人几乎没有花费精力系统地处理信息的动机,除非其他的目标要求他们这么做。而且,他们还指出,当人们情绪状况良好时,可能会用效率较低的方式处理信息,由此所带来的后果是,他们会运用过去的经验和过去处理问题的方法。但是其他学者,例如心理学家麦凯和沃斯(Mackie and Worth,1989),却主张良好的情绪本身就限制了信息处理能力,因为它在我们有限的处理潜能中激活了大量的积极的要素;因而,这其实是信息处理的容量问题。基本的结论就是,我们在积极的情绪中,会更多地使用启发式路线和刻板印象,而在中性或悲伤的情绪中,会更为仔细地处理特定的信息。但是,也出现了与这些基本结论不符的例外(请参见 DeSteno 等人,2004;Nabi,2002;Mitchell 等人,2001;Petty and Wegener,1999;Pfau 等人,2001;Petty, Wegener and Smith,1995)。

恐惧和驱动力削弱

引发恐惧(fear)也是在说服研究中被广泛研究的一种做法,霍夫兰、贾尼斯(Janis)和凯利(Kelley)在1953年提出,诉诸恐惧会增加说服的可能性,这为相关的研究奠定了基础,他们指出其原因是服从会削弱情绪上的紧张感。驱动—减少模式是**愉快—痛苦原则**(pleasure-pain principle)的一个更为具体的版本,也就是说,人们被有报酬的情境所吸引,并且努力消除不舒服的状况。贾尼斯(1967)对诉诸恐惧的用法和驱动—削弱模式进行了解释:

> 无论何时只要当恐惧或其他不愉快的情绪被强烈地唤起的时候——无论是通过语言警告,还是通过直接地看到危险标志,人们都被激发起来去避开那些痛苦的情绪状况,而且会一直坚持在这个方向上的努力,直到以某种方式回避掉了令人痛苦的情绪。因此,如果外在环境没有发生变化,而使得导致痛苦的线索不能立即消失的话,被情绪所唤醒的人就会努力从这样的情形中逃脱,或是从身体上或是从心理上(第169—177页)。

霍夫兰和他的同事提出,当接收者相信,所面临的威胁能够通过所建议的行为有效地减少的时候,才足以产生驱动,只有在这种情况下诉诸恐惧才是有效的。现在,有关威胁能够被化解的认识被称为**"效力"**(efficacy)。如果负面的结果对于接收者来说并不是实质性的话,那么它的效力可能就是微不足道的。类似地,如果发出威胁或警告的人的可信度比较低的话,那么产生顺从的可能性也比较小。

是否越多地运用恐惧诉求就越好,关于这一点一直存在着争议。在贾尼斯和费什巴赫(Feshbach)的那项一直以来都是最著名的有关诉诸恐惧的研究中,他们研究了在口腔健康问题中的诉诸恐惧。他们发现,过多的恐惧唤起比起中等的恐惧唤起效力要低一些。贾尼斯(1967)将这些效果归纳为倒U形曲线,以此来测量对诉诸恐惧的反应。也就是说,高恐惧水平(倒U形曲线的顶点)会导致防御性回避,但是低恐惧水平又不足以引起态度的改变。因此,贾尼斯主张,中等恐惧水平的使用会带来最佳效果。

但是,诉诸中等水平的恐惧并没有在传播学学者所做的两项元分析中得到证明。保罗·孟果(Paul Mongeau, 1998)回顾了涉及15 000多人的28项诉诸恐惧研究。他发现在诉诸恐惧的使用与态度改变之间存在着显著而且一致性的关联;这就是说,更多的恐惧比较少的恐惧带来更大的效果。基姆·威特和迈克·艾伦(Kim Witte and Mike Allen, 2000)证明了孟果的结论,提出强烈的诉诸恐惧与高效力消息组合在一起会产生最大幅度的态度改变。而他们的结论中最为重要的部分可能是,强烈的恐惧诉求和低效力信息联合在一起会带来**防御性回避(defensive avoidance)**的后果,即人们尽力回避、忽视或最小化那些他们没有办法采取任何措施的问题。这些结果揭示了效力和对实质性恐惧的感知,是恐惧诉求能否获得成功的关键。威特(1992)在她的扩展的平行过程模式(extende parallel process model, EPPM)中,对这些过程给予了清晰的陈述。

威特(1992)的扩展的平行过程模式,是建立在利文撒尔(Leventhal, 1970)的平行回应模式(parallel response model)和罗杰斯(Rogers, 1975)的保护动机理论(protection motivation theory)的发现及其局限性的基础之上的。威特的扩展的平行过程模式提出,恐惧诉求引起了两个过程:对威胁的评估和对感知的应对能力的评估。第一个过程是评价威胁所体现的危险,以及它出现的紧迫程度如何。如果一个公园里随意散步的人看到一条响尾蛇正在前面的小路上爬行,她可能会选择走另一条路,或者走到前面去,用她的手杖将响尾蛇引到别的方向去。这位漫步者的行为消除了实际存在的危险。第二个恐惧控制的过程出现在当威胁被判断为真实存在的,但是应对办法被认为完全有效的时候。例如,在雷电交加的暴风雨中,帆船被大风浪冲击着,但你又无法迅速地返回岸上以躲避翻船的危险,这是一个令人感到恐惧的体验。船上高耸的桅杆最容易遭到风浪的袭击。在你做了你能做的一切去保证船的安全并且尽可能躲避大风浪之后,对付恐惧是所有你能够做的。在危急情况下的无效的恐惧控制,会导致焦虑和紧张的产生。

但是,最近的一项由戴维·罗斯克斯-艾沃德森(David Roskos-Ewoldsen, 2004)和他的研究团队所做的研究,却没有能够证明扩展的平行过程模式以及威特和艾伦(2000)的结论。他们在一个态度易得性的框架(请参见有关Fazio的较早期的讨论,1989)中研究了恐惧诉求,这个框架检验了恐惧诉求是否可以使获得存储在大脑中的信息变得容易。他们研究了有关乳腺癌的能够引发恐惧的消息和宣传乳房自查的作用的消息。他们的研究结果指出,高效力的消息("你能够对问题采取措施")催生了存储在大脑中的有关适应性行为(做检查)的态度的更大的可实现性,但是高恐惧性消息则降低了应对威胁本身的态度的可实现性。换言之,你可能会对有关乳腺癌自查的效果的信息更加关注,并且将注意力放在对乳腺癌本身的关注上,而不是注意更为强烈的恐惧感。这个发现重新引起了有关产生更大的恐惧是否更有利于态度改变的讨论。对此需要更多的研究来确定,这项研究结果是否局限在特定的背景中,还是具有更广泛的普遍性,从而对威特的扩展的平行过程模式提出了挑战。

为什么对恐惧诉求如此关注呢?恐惧诉求是今天消费者遇到的最普遍的说服方法之一。在我所在的大学的一个演讲中,一位来自电信巨头的产品经理承认,他们公司最常用的一个销售技巧就是运用恐惧、不确定性和怀疑(fear, uncertainty, doubt),这被称为 **FUD** 策略(请参见 FUD-counter, 2001)。这个概念最初是由基恩·阿姆达尔(Gene Amdahl)所提出来的,他声称 IBM 公司的销售人员试图向潜在的考虑购买 Amdahl 计算机产品的顾客头脑里逐步灌输恐惧、不确定和怀疑。显而易见的是,恐惧、不确定性和怀疑策略不会在很短的时间内消失,但是使用它们的道德性,尤其是在针对老年人的消息中运用它们的道德性,需要进一步的讨论。

互动区域4.6　对于运用恐吓方法的效果的不同感知

请思考运用诉诸恐惧来减少对非法毒品的使用、酒后驾驶所导致的死亡和艾滋病病毒所带来的感染。有些学校放映了酒后驾车所带来的悲惨后果的录像带。有些学校展示了未采取防护措施的性行为所导致的少女意外怀孕。对于使用恐吓方法的效果有着不同的观点。运用诉诸恐惧的说服是否改变了你的行为或者任何你认识的人的行为?

社会判断理论

《社会判断》(*Social Judgment*)(Sherif and Hovland, 1961)这本书是有关态度和说服的耶鲁研究的最后一卷册,它标志着伴随着霍夫兰的去世,一个时代也随之结束了。**社会判断理论**(**social judgment theory**)聚焦于我们如何形成参照点,谢里夫(Sherif)和霍夫兰将它称作为"锚"。**锚**(**anchor**)是内在的参照点,我们用它与其他人、事物、产品或其他我们所遇到的东西进行比较。在任何时候每个事物都有一个锚。研究比较了消费者原始的锚和后来通过说服性传播所确立的新的锚。

社会判断理论最重要的贡献可能是,锚实际上代表着一定范围内的立场,而不是某个单独的观点。因而,"个体对于社会问题的支持可以被看作是一定序列内的赞成或一定的**接受范围**(**latitude of acceptance**)"(第128—129页)。锚是说服对象所接受的观点的范围,其中包括最赞成的那个。但是,也存在着**反对范围**(**latitude of rejection**),这是指说服对象所反对的观点所构成的一个范围,其中也包括最反对的那个立场。而且,研究指出,自我投入度很高的个体有着很狭窄的接受范围和非常宽广的反对范围,因而高度自我投入的个体改变态度的可能性很小。最可能产生说服的情况,是当消息所倡导的立场处于接受范围的中心位置,或者只与被说服者所持有的立场有很小的距离。说服者的一个较为重要的任务是要确定,不同的群体对于正在谈论的问题是否锚定在坚实的立场上。

另外一些双重过程模式

接下来要讨论的理论和模式是另一些说服路径,它们并不完全符合双重过程框架。有些学者认为,这些模式中的一些模式在特定的情况下比双重过程模式能够更好地改变态度和行为。我们首先从平衡和认知一致理论开始,这些理论在过去的50多年里一直是非常受欢迎的说服路径。

平衡和认知一致理论

平衡和认知一致理论是建立在人们希望减轻不和谐性,因为这让他们感到紧张或不舒服的假设基础上的。社会心理学家马尔文·肖和菲利普·克斯坦佐(Marvin Shaw and Philip Costanzo,1970)将**认知一致理论**(cognitive consistency theories)形容为"是一系列提议,它们建立在这个基本命题基础上,即不一致的认知引起不愉快的心理状态,这使得人们调整行为以实现一致,从而实现心理上的愉悦"(第190页)。这里的一个基本原则是,当人们对生活的态度稳定而且感到满意的时候,使其发生改变是比较困难的。尽管冲动购买和决定也经常发生,但是这可能是其他动机的结果,一些诸如不舒服或一个积极的机会之类的动机,通常是促使人们在感到生活已经很好了的情况下做出重大改变的必要条件。故意地制造紧张、不安或不和谐从而促使改变,会带来道德伦理方面的问题。

的确,研究往往指出,处于变迁之中的人对变化持有更开放的态度。年龄较长的人通常被认为更固守于他们的习惯,而且他们往往不容易做出让步,但是证据通常也指出,那些生活稳定的中年人比年轻人或老年人更不容易改变态度。当然,中年并不一定意味着稳定不变。离婚、健康危机和自然灾害会使任何年龄的人都更容易做出改变,而且这些群体是骗子高手的首要目标。

但是,认知不和谐往往出现在一点都不极端的环境中。例如,当我们生活中的一个重要人物批评了我们,比如说我们长胖了,我们因此受到了双重伤害——一方面是由于他/她的批评,另一方面是因为我们身边的人竟如此不为他人考虑。这可能会引起我们质疑,这个人是否关心我们。这又会使我们质疑是否有人真的爱我们。当我们的生活遇到矛盾时,就会有不同的实现平衡或和谐的途径。

互动区域4.7 通过引入不舒服的感觉以辅助说服策略中的伦理性

许多人都认为我们的文化是极度物质至上主义的,而且制造商渴求值得质疑的价值。在什么情况下以下做法是合乎道德的,即通过在人们的生活中引入痛苦、不适或混乱,从而使得人们发生改变的条件变得成熟?创造对原本不存在的某种需求的感知是否是道德的?电视中的专题广告片对女性臀腿部的脂肪团的关注,是否产生了对在以前根本不是严重问题的事物的焦虑?

平衡理论(balance theory)。弗里茨·海德(Fritz Heider, 1946, 1958)的 **p-o-x 理论(p-o-x theory)**可能已经是古老的了,但是仍然为平衡理论提供了一个简明的解释。这个理论从一开始就被称作 p-o-x 理论,是因为一个人(p:person)面向另一个人(o:another person)和一个客体(x:object)。后来也可以将 x 理解为其他的人。重要的是要认识到,一个人与客体或第三个人相互联系为一个整体或被看作为一个单元。如果两个人相互喜欢,而且两个人都对这个客体(或第三个人)同样持有积极或消极的评价,就会出现平衡。

为了形象地说明这个理论,请思考在图 4.1 中的等边三角形所表现的情境。在这个被高度简化的场景里,假设胡安(Juan)和贾奎塔(Jaquita)非常相爱。他们想将这一关系尽快公开。我们在表示两个人的关系的线条上标上一个"+"号。现在,假设胡安讨厌迪斯尼公园。表示胡安对迪斯尼的不喜欢的态度的线条被标上了一个"-"号。而代表贾奎塔对迪斯尼的喜欢的态度的线条上则有个"+"号。这种情况是不平衡的。如果贾奎塔一直梦想在迪斯尼庆祝他们走到了一起的话,就可能导致紧张。

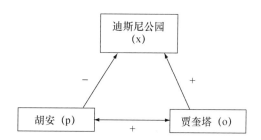

图 4.1 海德的 p-o-x 理论中的一个不平衡的情境

这样的意见分歧是很常见的——你可能经常经历这种一再发生,却从来没有得以最终解决的争论。由此所导致的不舒服,提供了海德在平衡理论的解释中所提到的人类动力学。当紧张感无论是出现在个体之间还是个体内心的时候,人们就会尝试着减弱这种紧张不安。那个不喜欢迪斯尼公园的人可以减弱这个问题的重要性,而只是陪另一个人去好了。这对情侣也可能预见到和他们的伴侣在很长的时间里难以解决这个冲突,这使得他们决定减弱他们之间的关系的价值,并且分手。如果你希望这个故事有一个大团圆的结局,那么,贾奎塔可能对胡安说,他们两个人都一直想去波士顿,并且说服胡安,波士顿是他们公开庆祝两个人作为一对伴侣开始新生活的好地方(请见图 4.2)。

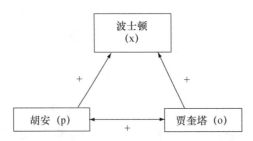

图4.2 海德的 p-o-x 理论中的一个平衡的情境

削弱不和谐理论（dissonance reduction theories）。削弱不和谐理论与平衡理论有很多相似之处。但是，削弱不和谐理论在过去 20 多年的态度改变研究中比平衡理论更为重要。大部分削弱不和谐理论都是建立在社会心理学家利昂·费斯廷格（Leon Festinger，1956）的认知不和谐理论基础之上的——稍后我们将对这个理论进行更细致的探讨。费斯廷格指出，**认知不和谐**（cognitive dissonance）是在我们对于我们的态度、信仰、感觉、环境和行为的各种认知之间的不和谐程度。当我们生活中的任何两个领域不能完全兼容并存的时候，就是不一致的，从而产生了不和谐。我们努力削弱不和谐，因为它令人不愉快。不和谐促使我们改变我们的认知、态度或行为。

我们可能会用其他方式削弱不和谐感，而不是完全改变我们的态度或行为。费斯廷格说，我们寻找新的信息以支持我们最近做出的、显得与过去的习惯不和谐的决定。我们也可能贬低或者削弱某些价值、信念、活动或关系的重要性。有时，我们通过回避让我们感觉不舒服的场景或人来削弱不和谐感。例如，当一对夫妇离婚了，他们所属的社会群体的全体成员往往会疏远夫妇中的某个人，同时保持与另一个人的往来。在这种情况下，不和谐的削弱通常被证明对儿童来说是最困难的，他们并不想改变与父母任何一方的关系。

不和谐的削弱也不是最终的结局，而有可能反复发生。离婚父母之间的合不来，经常会继续在特殊的活动或场合中产生不和谐的情境，特别是在婚礼上。不幸的是，父母之间的削弱不和谐的做法，可能导致孩子无法令其满意地应对他们所面对的不和谐。没有什么说服路径能够应对这种困难的情况，但是暂时的休战能够使一触即发的局面在重要的活动中——例如婚礼或毕业典礼——变得令人轻松一些。

许多对费斯廷格的理论加以完善的版本也陆续出现（请见 Wood 的回顾和评论，2000）。这其中的大部分都认识到在某人当前的境况与其所渴望的状态之间存在着差距。例如，可能存在着不和谐，是因为我们所选择的一个行为将可能带来负面的结果，而即便如此我们还会继续那样做。有些人将它称为"内疚"。另一些人指出，不和谐产生于人们无法按照他们的标准行事（请参见 Stone 等人，1997）。一个更为综合性的假设认为，不和谐出现在当某个行为所产生的结果挑战了行为者对自己的看法时（请参见 Prislin and Pool，1996）。费斯廷格所开发的转换视角的方法，出现在人们为**一个相反态度的立场**（counter-attitudinal position）辩护的时候，也就是说，一个人们本身所反对的立场，会带来人们对于自己所持有的立场的不和谐感，并且会使他们对来自另一方的观点持有更为开放的态度。促使人们进行这一类的视角转换,可能使他们掌握帮助谈判的有益的说服工具,但是很难激励人们诚心诚意地实现视角的转换。

的确有证据支持平衡理论和认知一致理论(请参见 Eagly and Chaiken,1993)。心理学家温迪·伍德(Wendy Wood,2000)总结说,对于认知和谐理论的支持证据还将继续展现出来。这一组理论显然有助于理解说服者是如何尝试着操控人们的。当说服者试图破坏你的信念(例如,通过一则消息说明,比起住在学生宿舍,加入兄弟会很可能导致较低的年级平均成绩),你应该意识到他们正在为你制造不平衡感。他们对你改变你的观点的希望,寄托于你对于心理上的平衡感或舒服感的需求。当然,现代的直销广告利用了我们的众多的不安全感,例如体重超重或体型不好使得我们不受他人的喜欢。依据所提供的那些偏胖或身材走样的人的照片,说服者打击了我们的自我概念,从而使得我们中的许多人产生了不平衡感或心理上的不舒服感。然后,直销广告承诺给予补救办法,提供能够为我们解决这些矛盾的产品。作为消费者,我们应该意识到这些直销广告是如何试图控制我们的心理舒适度的,从而将自己武装起来。

通过震惊策略使人产生混乱感。最近有意识地制造不和谐感的营销策略通常将发布使人们震惊的消息作为从信息饱和的混乱中"脱颖而出"的方法。诸如贝纳通(Benetton)、阿贝克隆比与费奇(Abercrombie & Fitch)以及卡尔文·克莱恩(Calvin Klein,CK)之类的公司,都因为使用这样的策略而遭到了攻击。广告商们和广告攻势的设计者广泛地运用制造震惊的方法,但是对于这些消息的实证研究却并不多。

旨在引起震惊的信息属于目的在于攻击人类的感官或进攻人们的感性这一大类消息中的一部分。当恐惧诉求谋求对未来的负面结果的回避的时候,震惊诉求则是以某种方式袭击感性或有意地攻击我们的说服策略。有些恐惧诉求也沦落到震惊诉求的类别中。震惊的策略通常是通过破坏我们感到恰当的感觉,从而激发不和谐感。善待动物组织(Ethical Treatment of Animals,PETA)常常通过使用震惊策略,引起人们对于滥用动物权利的关注。他们的说服性宣传活动有时采用非常生动的图片,但是有时也会使用直截了当的陈述,指出那些主要的机构是如何践踏有关人类的正直的标准的。例如,在一个大型宣传活动中,他们声称"爱慕斯(IAMS)[①]折磨动物"。尽管对于这些策略的使用充满了争议,善待动物组织还是在使得一些大型公司改变它们值得质疑的饲养动物的行为上获得了一些成功。

在有关这方面的学术研究中,纳比(Nabi,1998)是少数几位认为这样的信息并不首先聚焦在恐惧上的传播学者之一。在她对引发厌恶的消息的研究中,她发现厌恶感带来的影响可能会增强或抑制态度的改变。

尽管一些广告攻势计划通过使人们震惊来促销他们的产品,但是只有有限的实证证据证明了该效果的存在。达尔、弗朗克贝格和曼昌达(Dahl, Frankenberger and Manchanda,2003)注意到,诉诸震惊的策略被广泛地用在公共安全宣传活动中,以提升人们对乳腺癌、艾滋病、家庭暴力、安全带和滥用酒精的意识。他们研究了有关预防

---

① 爱慕斯是宝洁(P&G)旗下的猫粮、狗粮的品牌。——译者注

艾滋病的震惊广告的效果。他们的研究指出,这些广告对受众的侵犯通常意味着违背了"有关体面、良好的品位、审美能力和/或个人的道德标准的规范"(第269页)。他们的研究结果证明,对规范的违反"强化了对震惊广告的广告内容的意识"(第275页)。他们的研究结果也指出,震惊的感觉在人们的记忆中留下的印象,比消息本身和害怕的感觉要深刻。这是因为违反我们所认同的规范会产生不和谐感,而这种感觉会引起我们对犯规行为的关注。

震惊诉求看来的确吸引了较年轻的受众,因为他们往往会破坏传统规范,并且实现个人主义。使用产生不和谐感的策略——例如旨在引起震惊感的消息,由于各种各样的原因,的确可能有助于一则说服性消息赢得关注,并且促使诸如精心地处理消息、记住消息等认知活动的开展,尽管如此,有许多道德伦理问题还是有待解决的。同时,那些通过运用生动形象的图片,将人们从他们对一些重要议题感到舒适的立场驱赶出去的做法,向感到厌恶或反感的人们建议了简单的削弱不和谐的策略——人们会换频道或翻到另一页,我们中的许多人会采取回避不快的做法。

易得性和态度的激活

有关说服研究的最新的进展,是意识到产生说服的地点的重要性,也就是大脑中的精神活动过程。尽管我们很可能在十年后将会看到我们对说服、大脑的运行的理解有了很大的进展,但是可能仍然无法精确地理解说服和大脑的中心区之间的关系。尽管如此,一些研究项目在对与说服相关的过程进行研究时,明确地涉及信息储存在记忆中的重要性、信息如何进入记忆和如何修改记忆中所存储的态度。我们已经探讨过法西奥对态度易得性的线路的研究,但是至少还有两个值得注意的进展,对理解说服是如何进行的非常重要。

纯粹接触和首要的情绪反应(mere exposure and primacy of affect)。心理学家罗伯特·扎荣茨(1968)的**纯粹接触(mere exposure)**的假说非常简单:反复接触一个刺激的结果就是会对这个刺激有更为喜爱的评价。换言之,我们越多地暴露在某个事物面前,我们可能就会更加偏爱它。在一个经典研究中,扎荣茨请参与者说出一组土耳其语的无意义的词语。当以不同的频率读出每个词语的时候,他发现越是被经常读到的词语越会得到令人喜爱的评价。他也报告了在不同的图片中和像汉字的文字中出现的相同的模式。当经过10次左右的接触,好感度会大幅度上升,并且会以比之前较为缓慢的速度一直提升,直到重复25次的时候。另外一些有关纯粹接触的研究提出了一个开始折返减弱的点,在那里更多的重复不会产生收益,而且有时还会随着人们对过度接触的厌倦而出现副作用。

心理学家罗伯特·伯恩斯坦(Robert Bornstein,1989)对200多项研究进行了元分析,从而指出,纯粹接触现象稳定地出现在多种刺激和客体中。而且,伯恩斯坦还发现,当刺激发生在潜意识层面——太快了而无法有意识地感知,纯粹接触效应往往会更加显著。即在这项分析中的一个非常有趣的发现是,在意识水平之下的快速的接触,会比在显意识中感知的刺激产生更大的影响力。尽管对于潜意识广告及其效果存在着大量的怀疑,但是这项研究展示,至少潜意识效果是可能存在的。最近有关最为重要的行为的研究证明,作为对视觉材料的回应的态度改变,是出现在意识认知水平之下的。

纯粹接触就是通过简单的反复而使信息变得很容易被获得,人们对于这一点是没有什么怀疑的,但是对于为什么会发生这种现象,却有很多争议。扎荣茨常常使用纯粹接触的发现来反驳认知的重要性,也就是说,他否认有关一切——尤其是情绪——都是通过分析处理而产生明确的认识开始的观点。相反,他主张,影响并不需要先有认知上的偏向去激活。尽管扎荣茨有关首要的情绪反应的观点在认知心理学占主导地位的环境下并没有得到广泛的认同,但是还是出现了包含着来自这两边的论据的观点。心理学家伊塞克·埃奇森(Icek Ajzen, 2001)所提出的态度的多组成分的观点在从事态度研究的学者那里更受欢迎;也就是说,更多的学者看到了情绪反应和认知两者都在改变态度中扮演着重要的角色。情绪反应可能在形成某些态度上发挥着更为重要的作用,而认知可能在形成另外一些态度上作用更大。一些证据表明,当我们的感情和我们的信念不一致的时候,我们更依赖于我们的感情(请参见 Lavine 等人,1998)。这个证据显然支持了纯粹接触原则,但是当反复的接触可能导致相反的效果时,就会出现明显的例外,就像同一家卫星公司不停地打电话到我的家里,即便我们已经在"全国勿打电话登记名录"上了。

今天的大众媒介往往使用纯粹接触策略。这个策略运用在政治领域尤其值得注意。心理学家约瑟夫·格鲁什、凯文·麦考夫和罗伯特·阿勒因(Joseph Grush, Kevin McKeough and Robert Ahlering, 1978)检验了为政界新人和知名度低的官员所举行的政治宣传攻势。他们发现了在通过更多的宣传花费来提高不出名的候选人的曝光率和赢得选举之间的显著相关关系。尽管这对那些希望选民的投票是基于他们对于各种问题的决策的人来说是令人沮丧的,但是运用包含原声剪辑的短小的广告,对于不为大众所熟悉的候选人是有意义的。

期望—价值模式(expectancy-value models)。由于纯粹接触原理和期望—价值路径在究竟是情绪反应还是认知对于态度的形成更重要方面有着根本性的分歧,因此你可能对于期望—价值模式非常倚重于态度的易得性感到惊讶。伊塞克·埃奇森(2001)是期望—价值模式的主要的支持者,他清楚地指出,"期望—价值模式假设对于一个客体的评估是不由自主地产生的,而没有任何认知上的努力"(第32页)。期望—价值模式所建立的基础是,行为的改变是结合我们身边重要的人的规范的信仰,理性地评价个人的信念和态度的结果。

说服学研究者难以一贯性地找到显著的**态度—行为之间的关系(attitude-behavior relationships)**。这就是说,研究人员经常没有在说服性消息所带来的态度改变和行为改变之间发现相关关系,或者相关关系很小。例如,许多吸烟者报告说,吸烟对他们的健康有害,而且甚至可能使他们死亡,但是,如果你问他们是否打算戒烟,他们可能说不打算或者以后再说。因而,我们对于我们的行为所带来的危险可能持有负面的态度,但是我们对于避免这种危险的解决方案的态度也是负面的,或是中性或是微弱的正面态度,从而使得我们没有计划改变我们的行为。在**合理行动理论(theory of reasoned action,TRA)**中,心理学家马丁·费斯拜恩(Martin Fishbein)和伊塞克·埃奇森(1981)建议,态度被定义得如此宽泛,因而在态度—行为之间的关系上有着互不一致的发现丝毫不令人奇怪(请见图4.3)。相反,他们提出我们的指向改变我们的行为的**行动的意向(behavioral intentions)**是是否确实发生了行为改变的最为重要的预报器。在对于敦促人们的说服尝试的研究中,斯拜恩和埃奇森请人们评估他们真正展开的意图有多强烈,并且请他们指出这样做对他们的重要性如何,而不是请他们泛泛地估计自己的态度转向的可能性。他们批评了过去的态度研究没有做出足够精确的测量,并且测量了错误的预测指标。行动的意向显然是这个研究路径区别于所有其他态度研究的核心特征。合理行动理论中的其他部分也出现在其他的观点中。

正如图4.3中的模式所指出的,行动的意向是两项评估的产物:(1)有关个体对于某个行为的态度和这个态度对他/她的重要性的评估;(2)对于作用于个体的规范性影响和这些影响对于个体的重要性的评估。**规范性影响(normative influence)**是个体有关重要的他人或群体认为应该采取或不采取某种行动的信念。我们通常所称的"同辈压力"就是规范性影响。规范性压力可能只是想去取悦某人。例如,我的家庭中的某个人开始定期用牙线清洁牙齿,是因为她不想让她的牙医再次跟她说,她没有很好地使用牙线。减肥中心(Weight Watchers)也是在它的减肥项目中运用了规范性压力。参加减肥项目的人不希望在每周的体重测量中看到重量上升而不是下降。在许多情形中,会出现不同的影响组合。例如,许多人是因为自己的健康而被激励着去戒烟或者减肥,而也有人是想活得足够长,以便给予他们的孩子提供帮助,并看到他们的孙辈。

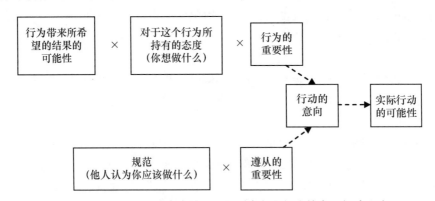

图4.3 费斯拜恩和埃奇森的用于预测意向和行为的合理行动理论

同样的原理往往也可以用于不做出某种行为的打算。因而,在对某个广告或公共关系活动的效果进行检测时,我们应该测量行动的意向,而不是更广泛的态度。这意味着要询问顾客"你打算试用新的品牌吗",而不是"你对新的品牌有哪些正面或负面的感觉"。"是的,我将试用新牌子"的回答,是对实际购买新品牌的象征性承诺。

埃奇森在他的**有计划的行为理论**(theory of planned behavior,TPB)中提出了对合理行动理论的修正(请参见 Ajzen,1991,2001)。他添加了第三个要素——**感知到的对行为的控制**(perceived behavioral control)。原始的合理行动理论只有当个体感知到对他们的行为有强有力的个人控制感的时候,才能做出合理的行动,但是一些研究也清晰地指出,在很多情况下,人们感觉不到控制感。"被感知的控制感"这个因素的加入能够更好地说明,人们是否真的预期如果他们做出努力,就会产生某个特定的结果。因而,如果你虽然努力节食,但是从来不能够控制你对正常的含糖汽水、狂吃滥饮的喜爱,也没有控制在不饿的时候的神经质地进食和对蔬菜的厌恶,那么你可能会拒绝你的医生所给予的减肥建议。

总而言之,合理行动理论和有计划的行为理论都是行为改变的有力的预测器(请参见 Armitage and Christian,2003;Ajzen,2001)。这些理论在卫生保健中有广泛的应用,而且成功地预测了使用避孕套、健康的性行为、对违禁物品的使用和佩戴安全头盔、使用牙线、锻炼身体等方面的情况。在其他的有关说服和态度改变的理论观点中,没有哪一个比这两种期望—价值路径能够更成功地做出预测了。在所有促使行为改变的说服路径中,期望—价值模式展现出在预测行为方面的明显的优势,但是它们远未达到完美。这些方法的完善面临着两个巨大的挑战:(1)一个更好地识别最重要的个人信念并将其具体化的程序;(2)更完善地确定并测量重要的规范化影响的方法。

互动区域4.8 规范性影响和同辈压力的冲击力

在试图降低青春期男孩在交通事故中极高的死亡率的说服性宣传活动中,说服对象经常会用到同辈压力。你是否曾经因为规范性影响或同辈压力,而被说动去做某件你自己不会自愿选择的事情?你是否曾经处于同辈压力下而购买某件衣服?

家庭成员会将哪类规范性压力用在其他家庭成员身上?你什么时候会觉得规范性压力是一个正面的或有用的力量,什么时候会认为它是负面的或起到妨碍作用的力量?你是否曾经使用规范性影响去迫使你自己做某件在事后让你感到很庆幸的事情?

与这些模式有关的是改变行为的**基于规范的路径**(norms-based approach)。许多说服性宣传攻势运用规范来表明,个体将要选择的这个被推荐的行为是大多数人的做法。例如,一个在我们学校开展的与滥用酒精做斗争的宣传活动,展示了大部分学生都没有参与放纵的饮酒。另一个用于我所在的大学的规范性路径,展现了女生的确能够胜任运算,而且确实得到了比她们的男性同学更高的分数。"基于规范的路径"这个标签会产生误导作用,因为具体的事实和信息往往是这一类诉求中的关键成分。

经常会出现对于基于规范的路径是否成功有效的质疑,因为它的效果总是最一般的。而且对于说服活动的效果的评估,成功与否往往是仁者见仁智者见智。诸如目的在于减少过早的性行为的 DARE 计划和以节制为主基调的宣传攻势等活动拥有一批支持者，他们看到了结果，并且从中看到这些活动是成功的，而与此同时，批评人士也看到了同样的数据，从中看到了活动的失败。

有关赢得顺从的观点

赢得顺从（compliance gaining）思考的是一个人如何让他人做某事。它与说服密切相关，但是它们并不是同义词。遗憾的是，很多人认为所有的顺从策略都是说服的子集。当然，赢得顺从的做法也属于产生影响的形式。诸如对某个个体提出要求这样的战术也适用于说服领域，但是其他的策略，例如威胁，有时因为未能尊重接收者的选择的自由，因而比说服更具有强迫性。我们通常在人际互动的环境中研究赢得顺从。杰拉尔德·马维尔和戴维·施密特（Gerald Marwell and David Schmitt，1967）首先关注人们试图赢得他人的顺从的方式，但是实际上传播并不是他们议程中的实质部分（请参见 Dillard，1990，第3—5页）。有意思的是，他们认为，赢得顺从的诉求产生于行为的一个共同的机制，这一点非常像我们在第三章讨论过的亚里士多德的有关传统主题的观点。两位学者创造了16种赢得顺从的战略，并且将它们组合成积极战略群和消极战略群。但是，形成一个详尽无缺的赢得顺从的战略清单是非常困难的。凯勒曼和科勒（Kellermann and Cole，1994）从大量的研究中确定并且详细阐述了60多种赢得顺从的消息类型，但是这个清单还远不够完整（请参见 Kipnis，Schimidt and Wilkinson，1980；Rule，Bisanz and Kohn，1985；Wiseman and Schenk-Hamlin，1981）。

有关赢得顺从的研究的初始阶段，因为缺乏理论基础而广受诟病，但是在这个阶段，两个重要的动态过程被确定下来。第一个动态过程是确定赢得顺从的情境的特性，这在传播学学者杰拉尔德·米勒、富兰克林·博斯特、迈克尔·鲁洛夫和戴维·塞博德（Gerald Miller，Franklin Boster，Michael Roloff and David Seibold，1977）的经典研究中被揭示出来，这些学者也将赢得顺从带到了传播学研究者的视野中。这项研究发现，人们将马维尔和施密特所提出的不同的赢得顺从战略用于不同的人际交往情境中。这意味着，在设计影响性消息的时候，说服者应该问自己"对于这个具体情况需要做出哪些特别的考虑？"。

另一个动态过程是为计划中的目标匹配恰当的手段。传播学学者迈克尔·科迪、丹尼尔·卡纳里和桑迪·史密斯（Michael Cody，Daniel Canary and Sandi Smith，1987）报告了当大学生认为他人有着某些义务的时候，他们使用了不同的策略——例如让房东来修理东西，而不是请朋友帮忙。

大部分一直致力于赢得顺从的研究的学者为他们的研究找到了坚实的理论基础。认识赢得顺从的目标是传播学学者目前所关注的焦点（请参见 Wilson，2002）。对于各种各样的目标加以仔细的思考，是来自最近的研究的最重要的训诫之一。因而，传播者也许应该思考不同层次的战略，而不是设想只有一个是可行的。有些有关策略的思考是在前面的尝试失败之后展开的（请见 Cody，Canary and Smith，1987）。当遇到更多的阻力的时候，赢得顺从的努力似乎会从积极的策略转向较为消极的策略。在这个阶段，很多时候提出简单的、直接的要求是最受欢迎的办法。运用推理进行基本论证是另一个人们所喜爱的方法。但是，情境、目标和力量关系等一切都对最有效的战略选择发挥着重要的作用。

赢得顺从研究的一个局限在于，它通常只关注短期后果，而商业关系往往是长期努力的结果。现在尚未出现一个统一的框架去阐明，是根据消息的形式，还是消息的目标或是接收者所感受到的消息的影响，对赢得顺从的策略进行分类是最恰当的。用于赢得顺从研究的理论上的基础结构正在逐渐形成，尤其是在传播学学者那里。在《追求和抵制顺从》（*Seeking and Resisting Compliance*）一书中，史蒂文·威尔森（Steven Wilson, 2002）关注人们如何产生和抵制赢得顺从的行为，而不只是如何对这样的行为做出回应。在这部著作中，一个重要的新焦点是对一个被称为**"面子威胁"**（face threats）的概念的理解。面子威胁是从根本上攻击接收者的形象。我们需要弄清楚，哪些说服方法确实会把情况弄糟，而不是对其加以改善。有时当我们试图修复关系的时候，我们可能为自己挖了一个比我们在尝试着改善情况之前已经陷进去的更深的大坑。

对于凯西·凯勒曼（Kathy Kellerman, 2004）最近提出的直指目标的赢得顺从的路径的了解，有助于我们理解，赢得顺从的行为更可能威胁到消息接收者的形象。这项对赢得顺从的更为复杂的研究，既包含了对构造消息的人的目标的思考，也考虑到了接收者对于他们的正面身份和形象的维护。在复杂的谈判过程中，观点之间的冲突可能会变得更加激烈，这使得对于各个方面来说，维护正面的形象都是非常重要的。如果被人们看作重要的他人看到自身形象受到威胁的话，会令人感到尴尬，或者有这些重要的人在身边让人们感到不舒服，这些都不是令人满意的情境。此外，大部分参与到谈判中的人都希望能够重新回到谈判桌上，并且能够保全谈判的另一方所表现出来的尊重。因此，不应该将赢得顺从作为竞争性场景来考虑——在那里有人赢也有人输，真正的获胜战略通常提供了更为沉稳的解决方案，这样所有涉及其中的人的形象都得到了巩固而不是破坏。由于会存在着不满意的当事方，因而这样的解决方法往往没有必要反复使用。这些保全脸面的战略往往有助于与重要的他人或在家庭内部建立更加积极的亲密关系。近年来对赢得顺从的强调，与第一章中所提出的共同创造的观点是非常吻合的。

互动区域 4.9　节制路径的有效性

你是否曾经参加过诸如 DARE、基于节欲的性教育项目，或者是"说不"（*Say No*）以及类似的反对毒品、酒精和吸烟的以规范为基础的活动项目？从你的经历来看，这一类的项目是否有效果？在参加这些项目的人当中有多大比例是积极参与的，以使你认为这些活动对他们是有效的？

尽管赢得顺从的战略的接收方会采用反抗策略，但是很少有研究直接探查了在赢得顺从的情境下的权力关系和感知到的控制能力。从说服的角度来看，赢得顺从的另一个困难在于行为上的顺从通常只是体现了默认，而没有形成相互间的理解。例如，除了一家航空公司之外,所有的主要航空公司都在遏制他们在经营上的亏本方面遇到了许多困难。管理层在为公司的生存做斗争,员工则努力保留体面的养老金,并且使得降薪幅度尽可能低于管理层所要求的。尽管达成了大量的一致,但是服从并没有带来积极的工作氛围。代表管理层的谈判者运用了许多拙劣的赢得顺从的策略,例如通过威胁以达成一致。全国曲棍球联盟(National Hockey League)的管理者针对其球员在2004—2005年整个赛季的罢工运动所采取的极端的赢得顺从策略就惨遭失败。

但是,最新的有关赢得顺从的研究,也没有为那些身处困境的人提供指导。关于赢得顺从的研究,聚焦于诸如人们生计窘迫这一类困难经济环境中所采用的策略而带来的长期态度,而不是短期的态度。记住以下这点是非常重要的,即无论产生什么样的争论,争执的各方在谈判结束之后往往不得不继续生活在一起。因此,赢得顺从的尝试所产生的结果可能是达成默许,并实现了当前的目标,但是可能会带来棘手的长期后果,使得长期关系变得不那么愉快和令人满意,注意到这一点也是非常重要的。

互动区域 4.10 　　公平地斗争

当你与像配偶、伴侣或好朋友这一类的重要的他人发生争执的时候,你认为什么样的说服策略是可接受的?你是否对使用不公平的赢得顺从的手段来对付你的人心怀不满?你认为哪些策略是公平的斗争,而哪些是卑劣的?

回顾和小结

精心的可能性模式在过去的20多年里一直是说服研究领域的超级英雄,这一点是无可置疑的。但是,仍然没有哪一个理论能够涉及所有的说服情境。一些综合性的说服方法理论,诸如精心的可能性模式和启发—系统模式,涉及更宏大的(宏观的)议题,而另一些理论,例如目的在于引起恐惧或震惊的路径,则是关于在战术层面的非常具体的(微观的)说服情境的。我们经常需要多种观点去全面地解释一个说服情境的不同部分。这一章的目的之一,就是强调对于某个给定的情境的最合适的说服策略,很大程度上是由受众认真倾听和分析的动机所决定的。如果受众没有在听的话,使用更多的数据和证据可能是无济于事的。因而,在人们认真倾听之前,试图在人们的潜意识层面进行灌输,可能并不能立即导致他们采取行动。我的另一个目标是阐明,许多态度改变和被说服是通过枝节路线或启发式处理而产生的,因而当你作为被说服的消费者时,应该更清醒地意识到,通常会有一些事情在你的意识层次之下发生。很多年前人们就发现了许多可能会导致被说服的因素,而同样非常重要的是,认识到这些发现可能是错误的。尽管研究发现往往能够更为准确地预测说服战略或方法所带来的反应,但是有很多重要的因素,诸如受众倾听的动机和日常事件,都会为每种说服环境带来不可预测性。

第四章 以社会科学的方法理解说服

尽管其他人可能会不同意,但是我要将有关行为改变的最有效的预测器这个荣誉授予马丁·费斯拜恩和伊塞克·埃奇森所提出来的期望—价值理论。没有其他的路径在说服性宣传攻势中得到如此广泛的应用,特别是在与健康相关的领域。有关说服性的情境中的情感的重要性,已经得到了学者们更大的关注,但是仍然需要将它更好地融入主流路径中。这一章所提及的这些理论都是有代表性的,但是并不是对说服文献的完整的思考。我们将在这本书的其他部分继续探寻这些观点。

互动区域 4.11 全国曲棍球联盟在 2004 年罢工中的赢得顺从策略所造成的影响

尽管全国曲棍球联盟的老板和球员最终达成一致,并在 2005 年重新开赛,但是球员对于失去了整个赛季比赛的结果并不满意。联盟的老板已经做到了许多球员所希望的,但是所达成的协议并没有为球员的利益带来什么改变。有什么证据可以说明联盟老板所做出的说服的尝试是成功的,又有什么证据可以指出这些说服努力是不成功的?有什么证据可以证明联盟老板在中断 2004—2005 赛季中采用了强迫的做法,而不是说服的手段?

关键术语

在你读完这一章的时候,你应该能够对以下的术语或概念做出定义、解释,并且举例说明。

实证	睡眠者效果	恐惧、不确定性和怀疑(FUO)	态度—行为之间的关系
双重过程理论	相似性骗局	社会判断理论	合理行动理论(TRA)
精心的可能性模式(ELM)	佩兹效应	锚	行动的意向
中心路线	首因效应	接受范围	规范性影响
认知需求(NFC)	近因效应	反对范围	有计划的行为理论(TPB)
枝节路线	消息—片面性	认知一致理论	感知到的对行为的控制
启发—系统模式(HSM)	有偏向的信息处理	p-o-x 理论	基于规范的路径
系统化处理路线	预防接种	平衡理论	赢得顺从
启发式处理路线	恐惧	认知不和谐	面子威胁
变量分析方法	愉快—痛苦原则	相反态度的立场	
激发效应	效力	纯粹接触	
	防御性回避	期望—价值模式	

道德伦理准则的应用

许多教授有意地引起不和谐的感觉,将它作为促进学习、改变你的态度和提供用不同的方式理解世界的新视角。有时我们在这本书里也会这么做。教授可能会扮演魔鬼的拥护者,而且他/她甚至可能并不真的相信自己所说的那些用来刺激学生的稀奇古怪的事情。教授们是否有道德义务告诉学生,他们在使用这样的方法来激励学生的课堂学习?有些教授通过引入竞争——非常类似于电视节目《实习生》(The Apprentice)中的动力机制,使表现最好的小组得到奖赏,而在课堂上制造矛盾。当愤怒的学生小组冲进教授的办公室,或某个学生因为糟糕的成绩而开始哭泣的时候,这些举措的影响力就非常显而易见了。你赞成这些做法的论点是什么?你攻击这些做法的论点又是什么?当一位教授有意在课堂上制造不和谐时,在什么情况下是不道德的?

进一步思考的问题

1. 当儿童用中心路线处理说服消息到达一定的水平,而使得他们能够做出明智的选择时,由精心的可能性模式所引起的道德问题是决定性的吗?在什么情况下,父母应该允许他们的孩子自己决定购买什么零食、玩具或衣服之类的物品?
2. 请讨论为什么在美国女人和男人中对于阻止堕胎合法化这个议题有着不同的处理方式?
3. 假设已经证明吸引力是说服中一个重要的因素,那么在说服的场合下,人们做什么才能弥补他们不是这个世界上漂亮的人这个欠缺?
4. 请把你自己放在一个青春期孩子的父母这个位置上,而你的孩子刚刚拿到了驾驶执照。你将使用什么样的预防接种的策略,以努力说服你的孩子不要酒后驾驶?
5. 你是否相信基于规范的路径在反对年轻人中的不受欢迎的行为方面能够发挥作用?为什么相信或为什么不相信?
6. 校园中的泊车规定在很多学校往往都是一个敏感话题。通过说服而不是强迫的方法使学生服从停车规定是否现实?也就是说,是否在没有罚款的威胁下,泊车规定也会在校园中得到遵守?在残疾人车位上停车罚款100美元是否能导致更显著的顺从?

有关在线活动,请浏览这本书的对应网站:
http://communication.wadsworth.com/larson 11

第五章 符号的创制、应用和误用

英语语言的力量
语言、修辞术和象征性行为
朗格研究语言应用的路径
普通语义学和语言的应用
伯克研究语言应用的路径
研究语言应用的符号学路径
回顾和小结
关键术语
道德伦理准则的应用
进一步思考的问题

学习目标

在阅读这章之后,你应该能够:
1. 认同是通过语言才使意义重大的人类的发展成为可能。
2. 明确英语语言的一些独一无二的特性。
3. 解释修辞法,并举例。
4. 解释为什么语言是象征性行为。
5. 列举使用和误用语言符号的例子。
6. 讨论朗格有关语言应用的理论。
7. 讨论普通语义学及其理论和目标。
8. 论证一个充满感情色彩的语句如何通过使用语义学家所提出的外延方法来使其变得舒缓?
9. 讨论伯克所提出的有关身份认同、实质等概念,以及语言在引起内疚中所扮演的角色。
10. 解释符号学和它对诸如文本、符码、能指和所指等术语的使用。

作家、语言学专栏作家和批评家理查德·莱德勒(Richard Lederer,1991)观察发现:

> 人类和动物之间的界限——在最原始的、未开化的野蛮人和最高等的猿之间的界限就是语言。语言的诞生是人类的拂晓;我们的起始之地便是言

语。我们生来就被赋予语言,因为在我们没能用语言表达之前,我们尚不成之为人。(言语)告诉我们,我们永远不应该将语言的奇迹看作是理所当然的(第3页)。

纵观历史,人类能够独一无二地创造**符号**(symbol),这使得我们所有的重大的文化方面的进步成为可能。很多事物都是符号,例如字词、图片、艺术作品、音乐等。字典上对于符号的定义是:"通过联系、相似或习惯而代表其他事物的某种事物。"(American Heritage Dictionary,1985)因此,我们的国旗表现或代表着成为美国最初的联邦州的13个殖民地,也象征着现在的50个联邦州。被最广泛地运用的符号类型可能就是语言了。词语代表或表现着事物、想法、感觉等。在口语词语得以开发之前,人们无异于野兽。但是,运用符号进行沟通的能力,使得我们有了完全不同的生活。通过对符号——特别是语言符号的传播力量的运用,部落得以形成。传播使得专业化的分工、对历史的记录成为可能,也使得我们人类开始创造文化。但是,就像被打开的潘多拉(Pandora)盒子,使用视觉和听觉符号进行传播也使人们做出了一些具有破坏性的行为,例如撒谎、欺骗、违背诺言、辱骂、贬低或鼓吹。而且,随着书写能力和印刷术的发展,人们发现承诺、条约、法律合同都既可能被订立,也可以被违反;法律既可以行善,也能够作恶。《词语的事迹》(*Deeds Done in Words*)(Campbell and Jamieson,1990)这本书的标题,就暗示了语言常常可以作为行动的替代品。学者尼尔·波兹曼(1992)认为,语言是"隐形的技术",或者是一种能够"指点我们思考的方向、生成新的想法、尊崇老观念、展露或隐藏事实的"机器(第127页)。语言学家肯尼斯·伯克(Kenneth Burke,1996)说,最好是将人们看作"制造符号、使用符号和误用符号的"生物。

使用符号——无论是词语、图片还是绘画——的能力是说服的核心,因而我们应该对其加以关注。我们已经清楚,说服性消息的接收者必须通过小心谨慎的分析说服所使用或滥用的语言符号和非语言符号,才能得知最根本的说服含义。我们需要对符号究竟是展示了逻辑意义还是情感含义,而且它们是用精心的可能性模式中的中心路线还是枝节路线加以分析提出质询。例如,请试想一则有关某个品牌的啤酒的广告。它可能运用语言、视觉和音乐或诗歌符号。这些符号联合在一起展示了,喝这个牌子的啤酒的人享受着某种生活方式,他们逍遥又自在。

说服者往往使用隐喻[隐喻也是一种符号类型,例如"万宝路男人"(Marlboro Man)]来强调他们的主旨。两本新近出版的有关隐私权的著作——罗伯特·欧·哈若(Robert O'Harrow,2005)的《无处可藏》(*No Place to Hide*)和丹尼尔·索拉夫(Daniel Solove,2005)的《数码人》(*The Digital Person*)——就在它们的标题中运用了比喻。这两个标题暗示了我们所面对的两个危险:私密性的丧失以及正变成单纯的数码或者数字。最近关于比喻的研究显示,对于比喻的使用能够提升说服者的可信性,而且如果比喻的主题在说服消息中——尤其是在开头和结论部分——被反复提及的话,比喻就能够最好地发挥作用(Sopory and Dillard,2002)。

在对说服中的各种各样的比喻和其他符号进行研究时,我们完成了下列事情:
(1) 我们发现了说服者对符号的使用和误用。

(2) 我们发现了说服者在风格上的偏好和他们如何展现他们的动机。

(3) 我们可以对同一信源在未来发出的消息的类型进行预测。

我们可以做出这些推断的一个原因,就是符号的创制是一个高度涉及自我创造性的活动。当我们制造一个符号的时候,我们就拥有了它——它属于我们,而且它泄露了有关我们和我们的动机的大量的信息。同样的事情也发生在当其他人试图说服我们的时候。他们制造符号(通常是语言),结果就是他们"拥有"他们的创造物,而这种所有关系是会透露真相的。批判的接收者需要对语言有所了解,并且知道如何读出反映了说服者动机的线索。现在让我们对我们的语言有更深入一些的了解。

英语语言的力量

莱德勒(1991)也提出了大量的实例以帮助我们避免对英语语言(它是我们所分析的大多数说服消息的普遍共同点)想当然。先请看看以下几点:

(1) 今天全球有大约 3000 种语言,其中只有 10 种语言拥有一亿以上的母语使用者,而英语排名第二,仅次于汉语(第 19—20 页)。

(2) 把英语作为第二语言的使用者已经超过了将其作为母语的使用者(第 20 页)。

(3) 英语是 45 个国家的第一语言(第 20 页)。

(4) 世界上大部分图书、报纸和杂志是英文的,在所有的学术出版物中有 2/3 是用英语写就的,80% 的存储在计算机中的文献是英文的(第 20 页)。

(5) 即便不算俚语、大量的技术和科学术语、新近发明的词语[例如"iPod"(苹果公司音乐播放器)、"BalckBerry"(黑莓)、"rurban"(靠近都市的农村)和"blog"(博客、网志)等],英语也是词汇最丰富的语言之一——在《牛津英语字典》(*Oxford English Dictionary*)中收录了 61.5 万个词。相比之下,法语大约有 10 万个词、俄语大约 13 万以及德语大约 18.5 万(第 24 页)。一方面,英语词汇丰富;而另一方面,英语也是非常精炼的。将马克的四福音书(Mark's Gospel)翻译成英语所需要的音节比翻译成罗曼语系、日耳曼语系或斯拉夫语系的任何语言所用的音节都要少得多(第 29 页)。詹姆士国王(King James)的《圣经》版本只用了大约 8 000 个词,完整的荷马(Homer)的作品大约包含 9 000 个词,而弥尔顿(Milton)的完整作品也就有 10 000 个词语左右。

(6) 英语现在是科技、商业、政治、外交、文学、旅游、流行文化和航空飞行的国际性语言。日本飞行员驾驶着日本航空公司的飞机飞越日本上空的时候必须与日本的飞行调度员用英语沟通,这在全球各地都是同样的情况(第 30 页)。

(7) 英语是一门热情好客的语言——英语中有 70% 的词汇来自其他语言[例如,"boss"(老板)、"kindergarten"(幼儿园)、"polka"(波尔卡舞)、"sauna"(桑拿)、"canoe"(独木舟)、"zebra"(斑马)、"alcohol"(酒精)、"jukebox"(自动点唱机)、"camel"(骆驼)、"tycoon"(台风)、"tundra"(苔原)、"ketchup"(番茄酱)、"pal"(小

子)、"vodka"(伏特加)、"sugar"(糖)、"tattoo"(文身)和"flannel"(法兰绒布)等](第24页)。

（8）非母语使用者报告说,英语是最容易学习的第二语言(第28页)。莱德勒也证实了英语语言在稳定性方面的力量,即它的句法。他请学生排列组合以下五个词："Lithuanian"(立陶宛的)、"five"(五)、"scholars"(学者)、"Shakespearean"(研究莎士比亚作品的)和"old"(年长的),以提出符合语法的组合。学生们毫无悬念地都组成了同样的词组或者将词语按同样的顺序加以排列。试着做这个练习,你会发现,你和你的大多数同学——如果不是所有的话,都组成了这个句子——"five old Lithuanian Shakespearean scholars"(五位年长的立陶宛的研究莎士比亚作品的学者)。几个形容词的排列顺序是从特殊性最强的词开始,一直到最不具有特殊性的形容词。正如除了研究莎士比亚作品的学者,也还有研究其他学科的学者一样,在立陶宛之外的其他国家也有研究莎士比亚作品的学者。我们的语言也非常成熟,而且分为口语和书面形式。例如,请思考下列文字：

InwritingandreadingtheEnglishlanguage,weneedvisualcuestodeciphermessage。

在第一串词语中有两个视觉上的提示——逗号和大写字母E,它们都在喊"这里一个词结束了"。而我们在第二串字符中没有得到这样的帮助。在书面英语中,这些暗示的确发挥了帮助作用,但是在口语英语中,我们缺少视觉线索,而且在试图去理解词语的时候,有时会感到困惑。在英语口语中,我们要努力分辨"no notion"(不是概念)与"known ocean"(有名的大洋),"buys ink"(买墨水)和"buys zinc"(买锌),"meteorologist"(气象学学者)和"meaty urologist"(丰满的泌尿科医师),"cat's skills"(猫的技能),"cats' kills"(猫的猎物)和"Catskills"(卡茨启尔山脉),以及"tax"(税)和"tacks"(大头钉)之间的区别。最后一个例子出自某个学生犯的一个很有幽默感的错误,这位学生写道："The American Revolution came about because the British put tacks in their tea(美国大革命是由于英国人在美国人的茶里放大头钉而引发的)。"因而,作为被说服者,我们需要考虑说服性信息是以书面的形式,还是口头语言,或是视觉符号发送给我们的,因为渠道在我们形成理解和决定做出什么样的反应当中发挥着重要的作用。

互动区域5.1　交互式英语

请浏览网站www.englsihforum.com,从这里找到大量的有助于提高你对英语的使用能力的有意思且有乐趣的方法。这个网站有一项活动是每天展示一条习语。如果你不知道什么是习语,请看这个："As different as chalk from cheese(如同粉笔和奶酪那样天差地别)。"你认为它的意思应该是什么？在这个网站上,还有每日名言和一个你可以在那里留言或收到有关英语使用的消息的聊天组。你可以向来自其他国家的学生出售英语课程。比如,奥曼(Oman)想和你交易阿拉伯语课程。你也可以在那里留下你的学期论文或其他文章,以得到免费的评论。你还可以尝试着解开词谜,并学习新的俚语。这个网站也列出了八个国家中的优秀的英语学校,并为学生提供一些旅行资助。这里甚至还有会读心术的在线巫师。你在这里将对英语有很多的了解,而且你可以像莎士比亚那样创造自己的词汇。

语言、修辞术和象征性行为

雄辩有力的说服看上去总是独一无二而且鲜活生动的。它捕捉住了某个片段,从而深深地打动了我们,而且它甚至可能预言未来。马丁·路德·金在他被刺伤的前夜所做的演讲就具有预言的成分。金说上帝已经允许他"走上山峰之巅"了,他"看到了上帝许给亚伯拉罕的希望之乡(Promised Land)",他怀疑他是否可以和他的追随者一起抵达那里。最后,他总结道:"但是,今晚我很高兴!我不再怕任何人!我的眼睛已经看到来自主(Lord)的光辉!"尽管这些语句并不完全是最初的版本[它们选自《旧约全书》和茱莉亚·沃德·豪(Julia Ward Howe)的《共和国战歌》("Battle Hymn of the Republic")],但金对于这些词语的运用,在他所领导的运动这个背景下,是具有预言性质的。无疑,它们充满感情色彩,而且可能会用精心的可能性模式的枝节路线来处理。

今天,我们发现许多群体在按钮、徽章或保险杠贴纸上以戏剧化的方式使用或者滥用语言符号。请看一些例子:"Think globally; Act Locally"(全球化思考,地方化行动)、"Guns Don't Kill; People Do"(不是枪支杀戮,而是人),或是"Da Bulls"(大公牛)等。另一些人将汽车牌照作为对自己和自己的人生哲学做出象征性宣言的媒介,例如:"IM N RN""REV BOB""COACH""I M SX C""MR X TC""XME OME"或者"TACKY"等。这些消息都象征性地展现了消息的发出者的一些真情实感。研究者指出,展现印有产品品牌或候选人名字的保险杠贴纸或穿上这样的T恤的人,将会购买这些被他们更多地宣传的产品或者为被他们广为传播的候选人投票,而不是那些没有被他们展示标牌的产品或候选人。做出这些象征性的声明,意味着他们已经在他们的心中采取行动了,而且他们的言语会变成行为或者行动的替代品。正如伯克(1966)所观察到的:"语言是象征性的行动",而且我们通常按我们所说的去做。

语言也可能被不当地使用。阿富汗和伊拉克平民在"迅雷行动"(Rolling Thunder)和"永久自由行动"(Enduring Freedom)①(这两个行动的名称都是夸张之词)中的死亡变成了"附带性的损失"(collateral damage),这使得"迅速而准确的军事空袭"(surgical air strikes)所造成的巨大损失听上去显得轻巧无害。市场研究者决定使用例如像"成功的配方"(recipe for success)这样的词语,使那些使用Crisco②的职业女性相

---

① "迅雷行动"和"永久自由行动"都是美军所发动的军事行动。——译者注
② Crisco是宝洁公司在1911年推出的植物性烘焙油。——译者注

信,她们的确是在"烹调",而不只是"用微波炉"解冻并加热餐食的人。而"精打细算的美食家"(Budget Gourmet)这两个词的组合则描述了价格便宜、品质适中,但是没有达到专业美食级别的包装食物。

　　需要对语言进行仔细的分析的另一个原因,是通过语言的特定的听觉和视觉符号,语言告诉我们很多有关说服者的动机的信息,并且透露了大量的其他方面的信息。请思考反对闪米特人(Semitic)的说服者在过去(可能在现在也是如此)所使用的贬低和侮辱性的语言,他们用"害虫"(vermin)、"污泥"(sludge)、"垃圾"(garbage)、"虱子"(lice)、"污物"(sewage)、"昆虫"(insects)和"吸血鬼"(bloodsucker)来指代犹太人和其他少数族裔。最近来自中东的移民大潮招致了恶言恶语,人们用"骑骆驼的"(camel jockey)、"小脑袋"(dot head)、"巴基斯坦佬"(pak head)或"棉签"(Q-tip)①来指涉中东移民,所有这些词都是贬低性或有侮辱色彩的。我们需要记住"种族清洗"仍然在世界上的很多地方发生,而且语言被作为挑唆去人性化和更糟糕的事物的主要武器。在不那么戏剧化的场合中,词语产生了情绪化的回应和对他人的贬低。"女医生"(lady doctor)这个词组暗示着什么?是说女医生没有男医生那样优秀吗?为什么"女人"(lady)这个词传递着那么多的含义,而且会激起情绪性的反应呢?传播学学者丹·哈恩(Dan Hahn,1998)指出了语言是如何将男性描述为性进攻者,而女性只是被追踪骚扰的受害者或者被动的实体。请思考一些有关诱惑的词语是如何变成追踪纠缠的词语的例子,例如男性被形容为"一头真正的野兽"(a real animal),或者无法"不对她下手"(keep his paws off her),而与此同时,女性则"的确是一条鱼"(a real fish)或"确实是一块肉"(a real piece of meat),她们"使人兴奋"(turned on)或"吊人胃口"(cranked)。最近我们开始对体育赛事中对(或者误用)"印第安人"(Native American)的指涉的使用(或误用)变得敏感了——"印第安人"这个词被用来指代"勇士队"(the Braves)、"红人队"(the Redskins)、"酋长队"(the Chiefs)、"伊利诺伊战士队"(the Fighting Illini)和"塞米诺人队"(the Seminoles)。

　　市场营销领域提供了许多例子,体现了通过对语言的选择而表现出来的说服的力量。品牌名称往往展露了生产者对消费者的态度。例如,奥士达公司(Oster Corporation)②出售的是"食物的精巧制作器"(food crafter)而不是"食物切碎机"(food chopper),这就告诉人们,奥士达公司走的是美食家路线(切碎听起来像是在做工,而精巧制作?那是艺术)。吸某种品牌的香烟可能是在发表性别宣言——Eves 和 Virginia 是她抽的,而不是为他准备的。有时,美国制造的汽车的品牌名称意味着奢侈、动力和速度,例如路霸(Roadmaster)、欧陆(Continental)、凯迪拉克的 Coupe de Ville 和帝王(Imperial)。后来进入市场的一些新品牌暗示着技术、速度和经济实惠,例如兔子(Rabbit)、柯尔特(Colt)、福克斯(Fox)、捷达(Jetta)和雷射(Laser)。当婴儿潮的一代开始

---

① Q-tip 是美国一种棉签的品牌,由于它的质量很好,名字也很形象(棉签就像头上有个 Q 字母一样),因而已经成为棉签的代名词,美国人经常用它来挖耳朵。——译者注
② 奥士达公司是美国著名的生产厨房电器的公司。——译者注

人到中年的时候,汽车品牌则使人联想到财富、品质、耐久和长寿,例如斯特林(Sterling)、英菲尼迪(Infiniti)、黑貂(Sable)、探针(Probe)和凯雷德(Escalade)等。

朗格研究语言应用的路径

我们需要识别出对语言符号的正确应用和误用,尤其是当语言被政客、广告商、雇主和其他说服者所使用的时候。研究语言的一个有益的路径,是以哲学家和语言学开创者苏珊娜·K.朗格(Suzanne K. Langer,1951)的研究为基础的。她发现了语言符号的力量,并且与莱德勒和其他学者一样,她也坚信创造符号的能力使人类不同于非人类的生物。语言使我们能够谈论和思考感觉、事件和物体,即便实际的感觉、事件或物体并不在场。朗格将两个概念——**表象(signs)**和**符号(symbols)**——与这种能力联系起来。表象暗示了某个事件、感觉或物体的出现。例如,打雷预示着闪电以及通常会下雨。我的狗在听到打雷声的时候会陷入恐慌,因为在她是一只小狗崽的时候差点被闪电击中,所以她会想办法躲避打雷。如果她能够处理符号,我可能会和她谈论打雷,并且告诉她躲避打雷是没有意义的。而现在只有我的声音里的安慰的语调(另一种表象)能让她安静下来。我们知道当十字路口的交通灯是红色的时候,穿越车流可能是危险的。导盲犬通过看到交通信号灯最上面的灯亮了,而识别红灯,而且它们甚至学会了让它们所引导的人停下来,但是你无法教会它们认识在红灯与"穿过车流"这个词组之间的符号性连接,因为这是一个要复杂得多的联系。正如朗格(1951)所指出的:"符号不是物品的代替物,而是定义物品的概念的媒介。"(第60页)因为我们具有使用符号的能力,因而你和我都明白当看到诸如红色、"危险"这个词或瓶子上的骷髅之类的符号的时候,就意味着有危险。使用符号似乎是人类的基本需求。即便不会写、听和说的人,也会通过视觉标志、手势和其他象征性手段制造符号。有些符号有着被大多数人所认可的通用的含义。朗格称这样的符号是**概念(concepts)**,它与**观念(conceptions)**不同,后者被朗格用来指代任何个人对于概念的具体的理解。所有的人类交流和由此而来的说服都有赖于概念和观念。因此,误解的可能性也就自然而然地出现了。

互动区域5.2　品牌名称:离散的还是直接表现的?

开发品牌名称需要付出比你所想象的更多的努力。生产织物柔顺剂的Snuggle(偎依)公司选用一只泰迪熊作为它的标识并不是偶然。当你在货架上看到Snuggle的产品,你可能不会真的想到抱着一本好书或者端着一杯咖啡舒适地偎依着,但是你可能拿下一瓶放到你的购物车里,而且这样做让你感觉不错。在你看这个品牌、它的标识和它的包装的时候,并没有一连串的字词紧跟着出现。这个品牌的名称是一个表现性的符号。

请在下一次购物的时候观察所看到的品牌。现在,让我们思考一下另外一个品牌名称——TheraFlu,这是一种在睡前作为热饮喝下去的感冒药。没有任何证据表明这个品牌的产品比其他含有类似成分的夜间感冒药更有效。但是,它却威胁着 NyQuil——第一种非处方夜间感冒药——的销售。为什么?可能是因为 TheraFlu(治疗感冒)这个品牌名称直接对产品做出了解释(Feig,1997)。

朗格引入了在对意思进行讨论时所用到的三个术语:含义、外延和内涵。"含义"(signification)是当看到一个标志时同时被想到的事情。因而,瓶子上的骷髅意味着"危险——毒药!"。"外延"(denotation)是指我们所有人对某个概念所共同持有的理解。"内涵"(connotation)指的是对于某个概念,例如"危险",你的或者我的个人的和具有感情色彩的理解。词语的外延可能是字典上的定义,例如将"危险"这个词定义为"有可能受到伤害或者遭受失败"(*American Heritage Dictionary*,1985)。这个词的内涵就是我或者你对"危险"的个人的和个性化的观念。由于我来自明尼苏达州(Minnesota)的背景,我觉得暴风雪是危险的。而来自佛罗里达州(Florida)的人则可能不这么觉得,但是这个人可能对于"飓风"这个词和我有同样的理解。当然,我们现在越来越多地遇到对字词和概念的内涵的理解上的文化差异。

朗格也提出符号或者是"离题的"或者是"直接表现的"。**离散性符号**(discursive symbols)通常由一连串、较小的含义片段构成。在音乐中,这样的符号相当于组成交响曲的乐章。在戏剧中,它可能就是剧情的展开。在我们研究的问题中,离散性符号以语言的形式出现。**直接表现的含义**(presentational meaning)则不同,它直接出现,并且消息必须被作为一个整体来体验,例如,当一个人在看一幅画、一个建筑或一座雕塑的时候,或是在经历一场仪式时。因此,在任何一条广告中有些"含义"是离散性的(例如,口号、节拍规则的广告歌和广告文案),而有些则是直接表现的(版面布局、字体和图片)。同样,在政治性传播攻势中,有些含义是离散性地表达出来的(通过演说、新闻发布会和访谈),而有些是直接传达的(通过候选人的相貌、他或她的"形象",以及广告中的图片和音乐)。

普通语义学和语言的应用

从康特·阿尔弗雷德·科尔兹布斯基(Count Alfred Korzybski)的里程碑式的著作《科学与心智》(*Science and Sanity*)开始,普通语义学学者们开启了对于语言的应用及其含义的细致且系统性的研究。他们希望设计出提升理解人类传播的工具,并且促进细致而准确地使用语言。他们中的大部分人都来自于大学里的英语系或心理学系,尽管科尔兹布斯基最初是一名负责听取特务和双重间谍汇报任务执行情况的军事情报官员。他的理论产生于这样的困难当中,即当这些人传播些什么的时候,如何确定他们要表达的真实的意思是什么。语义学学者希望训练人们能够非常专业地发送和接受词语,从而避免诸如刻板印象——在二战之前的许多国家里刻板印象导致了煽动者的出现和增多——这样的传播陷阱。例如,普通语义学学者认为,人们需要通过学习从而认识到,大部分说服者所提出的诉求都是**地图(maps)**或内心的感知,而不是**领土(territories)**或真实情况。一幅地图是存在于我的或你的头脑中的事物,而领土则是存在于真实的世界当中。例如,你可能对某一个地方、经历或事件有某些印象。这些印象只是一幅地图。那个地方、经历或事件可能与你的地图中的样子毫不相像。随着诸如虚拟现实、互联网游戏、在线约会、家庭购物网络和远程营销这样的互动式媒介的发展,受众面临着地图和领土不断模糊的情况。其结果就是,我们需要比以往更加听从**语义学学者(semanticists)**的建议,因为大部分互动式媒介都是虚拟的。换言之,互动式消息是地图,而不是领土。

再来看看刻板印象。刻板印象通常是不可靠的。在一个班级或一个群体中,没有哪位成员与其他成员是完全相像的。考虑到错误的传播可能是由刻板印象所带来的结果,因而接收者需要遵从科尔兹布斯基的提醒,即"地图不是领土"。换言之,我们有关他人、种族群体和想法的内心的观念,可能与这个人、群体、事件或想法的实际情况相差甚远。科尔兹布斯基和他的同事认识到,在一个事件、物品或经历和任何个人的有关它们的观念之间存在着差异。在科尔兹布斯基及其同事的体系中,"地图"这个词相当于朗格的"观念",而"领土"这个词则等同于"客观实际"或者接近于朗格的"概念"。我们的包含着错误的地图,是通过我们创造出来用来表达各种对象的语言而表达出来的,而且它们也常常以某种方式被错误地传播。对于普通语义学学者而言,真正的问题发生在仿佛地图的确准确地描述了领土,因此人们将地图当成领土而做出行动时。科尔兹布斯基认为,在我们的头脑里存在着上千幅地图,它们呈现着不存在的、不正确的或错误的领土。为了向你自己说明这种思想,请写下一种你没有吃过的食物的名称、一个你从没有去过的地方的地名和你没有体验过的经历的名称。这些词语就被用作那些未知领域的地图。你可能会认为,油炸大脑可能在嘴巴里的感觉是黏滑、糊状的。而实际上,大脑具有炒得很透的鸡蛋的纹理。你的地图里的跳伞运动或作为一名摇滚明星是什么样子的呢?你的地图是怎么描述那些你只通过互联网拜访过的地方的呢?

在大多数情况下,你的地图可能和实际存在的领土有很大的差异。我们头脑中、眼睛中和言语上的地图展现了传播中切实存在的困难,尤其是在说服中。即便只是作为说服者,也必须找到想法的共同基础,在这个基础上他们才有可能说服我们,他们也必须确定存在于我们的脑海中的地图。然后,他们必须要么对那些地图加以利用(利用我们的错误感知得到好处),要么努力使我们更正我们的错误的地图。只有这样,他们才能够说服我们去购买、投票、加入或改变我们的行为。我们包含着错误的地图往往通过语言而被表达出来。

我们创造并且使用语言来进行交流,并且构建我们的地图。我们对这些词语的反应也像是它们是我们所想象的领土的真实的呈现。对于语义学学者而言,**信号反馈(signal response)**相当于无论什么时候,当我的狗体验到了打雷的表象或信号的时候,就会试图躲避闪电。信号反馈是对象征性行为(包括运用语言)的冲动性的反应,而且这些反应的表现方式就像那些行为已经实际发生了。在最近的一个有关信号反应的案例中,一位在华盛顿哥伦比亚特区(Washington D.C.)市议会工作的政府官员,他也是非裔美籍市长的助手,因为使用了"吝啬地"(niggardly)这个词而被逐出了议会。字典对于"吝啬"这个词的定义是"不愿意给予、开销或分享……小气的、不足的或贫乏的"(*American Heritage Dictionary*,1985)。但是,由于这个词听起来与以"N"字母开头的那个表示种族特征的词很相似,因而在市议会成员中引发了信号反馈,即便在给出这个词的定义之后。语义学学者对于信号反馈的力量有着准确的认识(National Public Radio,1999)。

语义学学者希望训练消息的发送者和接收者都能够一直注意到信号和符号之间的区别。语义学学者也试图用具体的术语将含义区分开来。让我们来研究一个相当具有煽动性的句子,然后试着用语义学学者的方法来使它变得平缓一些。假设我对你说"你们这代大学生保守、自私又懒惰"。你的反应可能是消极的,因为所用到的一些词——例如"自私"和"懒惰"的内涵显然是消极的,而"保守"可能也是。语义学学者建议我们使用他们称之为**"延伸策略"**(extensional devices)或是中和或平缓情绪性内涵的方法,这些方法是通过补充词语,从而增加信息,使得我要表达的意思对于你和他人而言都是清晰的。在我的这句话中可以使用的一个延伸策略,是指明我心里所想到的特定的大学生。语义学学者称之为**"标出索引"**(indexing)。在这个例子里,我的陈述将变成诸如"你们这代大学生中,那些让父母为一切买单的人保守、自私又懒惰"。这样可能会让你们中的一些人平静下来,因为你可能认识一些同学让父母支付一切,包括许多你没有的高档品。

但是根据语义学学者的观点,我仍然没有做到我能够达到的清晰程度。他们会进一步催促我使用被称为**"标明日期"**(dating)的延伸策略,或者让你们知道我所评判的大学生所属的年代。使用了标明日期的延伸策略之后,我大致可以这样说:"X代大学生中那些让父母为一切买单的人保守、自私又懒惰。"这样可能让你们中更多的人平静下来了。在这里,还可以是被语义学学者称为**"等等"**(etc.)的延伸策略发挥作用。这个方法意味着,我们永远不可能讲述有关任何一个人、时间、地方或事情的所有的故事。运用这个方法之后,我应该说:"X代大学生中那些让父母为一切买单的人保守、自私又懒惰,此外他们还有别的特性。"现在保守主义、自私自利和懒惰并不是他们仅有的特性了。例如,他们也可能"在环境保护问题上具有社会责任感""为诚实而担忧",或者还有其他许多积极的品性。

最后,语义学学者将建议我们使用被称为**"引号"**(quotation marks)的延伸策略,它是一种标明我正以特定的方式——是我的方式,而不一定是你的方式——使用那些标示词语的方法。例如,我对"自私"一词的使用,可能与学生们不愿意帮助班上的其他同学成功有关。或者它可能与学生不愿意做社区志愿者,或是他们不愿意做任何其他事情有关,但这不一定符合你对"自私"一词的理解。现在我所说的话应该是:"X代大学生中那些让父母为一切买单的人'保守''自私'又'懒惰',此外他们还有别的特性。"现在你可能会探查我所用的情绪性的词语的含义，或者你甚至可能同意我所说的话。

在解码说服的时候，使用延伸策略有助于我们确保我们头脑中的地图更接近于我们所指代的领土。说服者需要设计特定的、具体的延展性信息，尤其是在使用具有感情色彩的词语或者可能存在着很多意思的抽象的词语的时候。更为重要的是，说服者需要考虑，他们是在通过地图还是领土提出诉求。诸如"权力""民主""自由""道德"和"真理"这一类抽象的词语尤其会招致误解。不道德的说服者通常故意使用抽象的或具有感情色彩的语言以实现他们的目的。我们的任务就是要记住地图和领土之间的区别，并且当我们面对符号的时候要使用延伸策略。我们必须记住，接收者也具有"回应能力"。

互动区域5.3　语言和文化多元化

你知道吗，在拉丁美洲只有四个国家的人口数量多于美国的具有拉丁美洲血统的人的数量——后者大约为2 250万？或者，你是否知道，美国的亚裔人口多于柬埔寨、老挝或新加坡的人口？又或者，你知道吗，在这个世纪的某个时候，具有拉丁血统的人的数量将超过非拉丁裔人口数量？这只是尼都·R.奎贝恩（Nido R. Qubein）所列举的大量事实中的几个。奎贝恩是全球知名咨询师、一流演说家、海波特大学（High Point University）的校长，他也是几家财富500强（Fortune 500）公司的董事会成员，并且是一家全国性公共公司——Business Life Inc.的董事长，是Great Harvest Bread Company的首席执行官。他在少年时代来到美国，没有亲戚，不会英语，只有不到50美元。他前往全球各地，敦促他的听众记住"来自不同背景的人们通过文化过滤器发送和接收消息"，因而同样的词语、面部表情和手势，由于人们的文化渊源不同，而具有不同的含义。你可以浏览奎贝恩的主页。在那里你可以听他的演讲，得到他的视频和音频磁带的样品，还可以免费得到他所写的文章。

伯克研究语言应用的路径

可能没有哪一位语言学学者或批评家像肯尼斯·伯克那样在如此广泛的领域中写过如此多的论文，可能也没有哪一位语言学学者或批评家像他一样，对于人类的符号行为有着如此广博的认识。伯克关注被用于说服人们采取行动的语言。伯克（1950）将说服定义为"将语言用作象征性手段，从而通过人类对符号的自然反应而引起合作"（第43页）。主动的合作是通过他所说的**"身份认同"（identification）**而产生的，这个概念类似于我们在第一章中所提到的亚里士多德的"共通点"和我们所说的

"共同创造"。

根据伯克的观点,身份认同的发展是通过对被他称为**本质(sub-stances)**的东西在语言上的共识而实现的。他将这个词分为前缀"*sub*"——意味着"在……之下",和"*stances*"——指代"基础"或"处境"。换言之,身份认同是建立在我们和他人所共享的对自己的信念、评价、体验和看法的基础之上的。伯克指出,这些本质或"处境"出现在我们用来定义事物、人或问题的词语之中。对说服的批判地接收需要尤其注意被说服者用来创造(或破坏)身份认同的词语、形象和比喻。我们的自我概念由各种各样的象征性的和实际的财产所构成,其中包括实体性的事物(着装、汽车、图书)、体验性的事物(工作、活动、娱乐)和哲学性的财富(信仰、态度、价值观)。对他人的身份认同,就是指我们可以象征性地共享这些财富。换言之,我们认同那些清晰地表达了对人生有相似的看法,喜爱同类活动,拥有类似的物质财产、生活方式、信仰、态度的人。如果我们认同说服者,我们自然会愿意相信他们所说的,而且可能遵从他们的建议。因此,说服的任务就是唤起接收者注意说服者与他们分享的那些本质。而接收者的工作则是批判地检查这些本质,看看它们是否真的是共有的价值观和信念,还是只是说服者让它们看上去像是共识。换言之,被说服者需要解码说服者的消息以验证它的真实性,并且确定消息是否反映了说服者的实际的信念和价值观,还是它只是为了实用而编造出来的。

字典上将"本质"定义为:"是事物的必不可少的基本的部分,即是事物的基本要素。"这个定义在涉及身份认同的时候尤其意味深长。我们与他人产生身份认同感,是因为我们共享他们的基本的信仰、价值观、经历等。我像你以及你在一定程度上和我相像,因此,当你试图说服我的时候,我愿意相信你。例如,请来看一看奥斯卡获奖影片《百万美元宝贝》(*Million Dollar Baby*),由克林特·伊斯特伍德(Clint Eastwood)所扮演的经理这个人物,和由摩根·弗里曼(Morgan Freeman)所扮演的教练角色共同拥有着某些经历和价值观。弗里曼凭借这些共有的本质的帮助,说服伊斯特伍德去培养由希拉里·斯旺克(Hillery Swank)所扮演的年轻有抱负的拳击手,并且管理其职业发展。

在伯克看来,大部分说服都试图去描绘我们的"必不可少的基本部分",而且这样的描述总是透露真实的情况。所用的所有词汇都有着情绪基调,而且透露了运用这些词语的人的感情、态度、价值观和判断。仔细检查说服性语言,可以获得有关我们自己和有关想引起我们的兴趣、获得我们的支持和承诺的说服者的信息。伯克也建议,像使用语言这样的象征性活动,不可避免地会引起人们产生负罪感。从最初开始,语言就自动地走向了对使用规范和道德准则的制定。由于我们所有的人时而都会打破那些规则,或者不符合道德标准,因而我们会体会到一定程度的愧疚感。伯克指出,所有的人类文化都展现出用来帮助解释过失的模式,而在我们每个人那里,语言的发展是居于首位的。例如,"幼犬"(puppy)这个词显然并不是一只真正的小狗。能够将事物命名为"什么"的语言也先天地能够带来事物不是"什么"的观点,即**否定(the negative)**。然后,否定带来了一系列"你不应该"的规定,无论是有关超自然现象的、为人父母的、婚礼上的或社会生活中的。不可避免的是，我们无法遵守其中对一些否定的规则，因而再一次体会到羞耻和愧疚感。"不行"是我们在孩童时代首先学到的事物之一，并且我们意识到它意味着我们正在让某人不悦。我们一次又一次地听到"不行、不行、不行"，之后我们自己也开始使用它。它给予我们以力量，并且我们在"可怕的两岁"阶段——实际上，在整个人生当中，都经常在测试这个力量有多大。

第二个会促使愧疚感出现的行为模式是建立在等级原则或"长幼强弱次序"基础上的。这个次序出现在所有的社会和群体中，而且，它或是会导致对他人的嫉妒，或是引向竞争。我们很少（可能永远不能）抵达强弱次序的顶端，而我们也会对此感到愧疚。第三个产生愧疚感的源头是我们生来就有的达到完美的需求。不幸的是，我们都达不到我们的目标，并且感到不足以胜任，因而我们对没有做到最好而感到羞耻。而当我们没有达到自己或他人的期望时，羞耻感会让我们产生罪恶感。我们如何消除愧疚感呢？在大多数宗教中，罪恶感是以象征性的方式被清除的，我们供奉祭献或者致力于在自己创造的苦难中修行，或采用其他的方式。而这些治愈方法也被用在我们的自我说服当中："上帝，我会好起来的，只要我走出了这个困境。"但是，最方便、最灵活、最具有创造力、最有艺术气质，而且最通用的消除愧疚的方法就是凭借语言。我们往往通过谈论内疚感——无论是在祷告中，还是自言自语，或是向顾问或权威人物，或者是向我们所认同的人说起——从而试图消除它。请想一想说服者是多么经常地为我们提供用来消除我们的罪恶感的象征性路径的。感到内疚的父母会带着全家人去迪斯尼乐园度假。不完美的孩子通过使用互联网、将更多的时间用来学习，并且辅修额外的学分，从而在学校里表现得更好。

总而言之，说服通过身份认同发挥作用，因为我们都有共同的本质，也因为我们都体验着愧疚。在处理说服性消息时，我们应该努力认识到，说服者是通过提出所共享的本质——首选的信仰、生活方式和价值观——来创造身份认同的。他们是通过唤起我们内心的，而且是不可避免的不完美或内疚的感情，从而激发我们的。请检查在广告、布道、政治呼吁和其他信息中的语言和图像，思考其中所使用的使你产生身份认同以及不完美、羞耻和愧疚的感觉的策略。

研究语言应用的符号学路径

符号学（semiotics）也思考含义的生成和表达。许多学者都与这门有关含义的"科学"联系在一起，这其中就包括翁贝托·艾柯（Umberto Eco）。符号学学者将语言学的工具广泛地运用在各种各样的文本中。几乎任何事物都可能是一个拥有着一个或多个意思的文本——符号学学者谈论着某位医生的办公室、一餐饭、一个电视节目、一场马戏表演，或是其他的任何语言符号或非语言符号的活动的含义。根据符号学理论，所有的文本通过**表象**（signs）或**能指**（signifiers）来表达含义。在一家餐馆里的一个信号物①可能是迎宾女招待的在场或缺席。它意味着我们或者等待着被引导到我们的座位上，或者在没有迎宾女招待的情况下，自己去找位置。**所指(signifieds)** 是能指所指涉的事物(事件、规则等)。这些能指与其他的能指在意味深长且深奥微妙的，而不是明显的关系或构成文本的"语言"或"代码"的符号系统中发生互动。

这些代码可以从一个文本中推导出来。例如，你可以将你的教室当作一个有着自己的能指和所指的文本，这些能指和所指有些是语言的、有些是视觉的、有些是逻辑的，还有些是情绪性的。这个房间通常有一个制度性的"含义"，是通过墙壁、照明、黑板等事物的类型表现出来的。黑板和石灰墙意味着这个建筑是过去建成的。而绿色或白色的写字板、焦渣石墙壁则表示这是一个较新的建筑。学生课桌的类型(是否有扶手)、教室里的布置(例如，桌子是一排排摆放还是分组摆放的)和有形物品(是幻灯机还是投影仪)都是能指，它们告诉我们在走入这个"文本"时应该期待些什么。可能在墙壁上有一只挂钟，这意味着在这里时间是重要的，而且这只钟可能是学生可以看到的或者只是某个面对房间的后方的人(通常是老师)才能看到的。

请思考镶嵌在不同的文本中的代码。例如，一个简单的代码就是在老式牛仔电影里分别用黑色和白色的帽子来指代好人和坏人。在一部电影中，日历被一页一页地吹落了，意味着时间的流逝。用马克杯喝咖啡与用一次性塑料杯子或者精致的瓷器喝咖啡所表达的含义有什么不同？每种类型的杯子都是一个能指，而且每个喝咖啡的人也都有意或无意地传播着不同的信息，然而在这里不必牵扯词语。

在用符号学方法研究含义时，我们试图从几个角度解读每则消息：(1)说出来的和没有说出来的词语；(2)说话所在的语境或者所谈论的背景；(3)消息中的其他能指，例如图像、颜色、声调、陈设等。的确，符号学学者对任何传播活动的探寻，都好像它是一个被接收者阅读或分析的文本。据《华盛顿邮报》(*Washington Post*)的科特·苏普利(Curt Suplee,1987)所称，越来越多的市场营销和广告研究是用某种符号学的方法来展开的。他引用了广告和设计界名人乔治·路易斯(George Lois)的话："当广告是了不起的广而告之的时候，它紧紧把握住了我们所共有的体验中的奇妙之处、迹象和象征，并且几乎逐条逐项地变成了产品的优点……了不起的广告所带来的结果就是，食物吃起来味道更好、衣服更加合身舒适、汽车驾驶起来更加流畅。符号学的材料变成了广告的不可思议的魔力。"(第3页)

符号学也能够帮助我们了解说服者来自何处，以及他或她的议程将是什么。下面这封信是寄给我们系主任的，其符号学含义是什么？

> 亲爱的琼斯教授：
> 　　我对如何决定一个人可以免修演讲课程的指导原则非常感兴趣。有人建议我从你们那里得到"专业的"咨询，我真心希望你不会因为我热切地提出这个要求而感到不悦。我之所以做出这个审问的基础是，因为我是一个擅于演讲的人，而且有可以证明它的荣誉。但是，今年秋天难度更大的课程使

---

① 即能指。——译者注

我疲于应付,至少它们同时出现在我所学的美术(Fine Arts)和语言学(Languages)两个专业中。当我自己已经在演讲课程的表演舞台上脱颖而出的时候,就会觉得深陷在没有结果的演讲课程中进行徒劳无益的练习是很荒唐的。我在中学的精英"高级"演讲课程中得到的成绩是"A"。我因为在公开的"现实环境"中——这个平台不同于大学中的伪造的现实主义——发表具有爆发力的演讲和娴熟地使用语言而引人注目。此外,这里还有年龄这个小问题,今年秋天我就要22岁了。我比普通的大学新生大四岁。我担心如果我只和一堆青少年待在一起的话,我会在无聊中耗尽我的精力。你一定会向我建议一些更可以接受的替代方案吧?

  谨上

  此外,请不要将这个"询问"误解为是一名傲慢的学生的企图——她如此沉迷于严肃的智力追求,从而认为"演讲"课程毫无意义而且很累赘。

如果一名大学生的确需要学习有关传播的知识的话,这个个案就是很好的佐证。另外,关于这封信的作者,在这里所使用的语言告诉了你些什么?在她用到非常关键的词的时候,可能是为了表明不确定性,她将不知是否恰当的措辞放在了引号中,这表明她对这些词有自己特殊的意思。她也用斜体来表明,这个词是有特殊的意思,而且很重要。她也误用了一些词语。例如,她说,她在做出一个"审问"(inquisition),实际上她的意思是一个"询问"(inquiry)。审问是特别法庭为禁止宗教中的异端邪说而进行的。她说她有"可以证明它的荣誉"(substantiating merit),而她的意思可能是她有"坚实有力的理由"(substantial reasons)可以免修这门课程。这些和其他的能指叠加在一起,构成了这封信的符号学含义,凭借这些含义这封信的作者没有把握,但希望能够给收信人留下印象。

回顾和小结

  现在,你可能已经更深刻地认识到人类对符号的制造、使用和误用了,也更深入地领会了语言作为一种说服工具的力量,特别是英语。你可能意识到,当你批判性地分析说服性消息中所使用的词语时,有多少含义是你无法发现的。解码离散性的和直接表现的说服、探明哪些含义被用来形成了身份认同的状态、确定地图和领土之间的差异,以及了解用于各种类型的文本中的大量的代码,都是需要时间和努力的。为了成为一名负责任的说服对象,你需要帮助你处理针对你的大量的说服性消息的工具。第六章将聚焦于一些这样的工具。

关键术语

在你读完这一章的时候,你应该能够对以下的术语或概念做出定义、解释,并且举例说明。

符号	离散性符号	延伸策略	本质
概念	直接表现的含义	标出索引	否定
观念	地图	标明日期	符号学
含义	领土	等等	表象
外延	语义学学者	引号	能指
内涵	信号反馈	身份认同	所指

道德伦理准则的应用

情况是这样的:一位口译译员在法庭正式开庭前几分钟到达现场。他想与不会说英语的被告人谈谈,以确定被告人可以接受西班牙语代替英语。被告人告诉口译译员,西班牙语是他的第二语言(他的第一语言是一种土语),但是他能听懂译员的话,而且用西班牙语出庭是可以接受的。这位口译译员有三种选择:(1) 告诉法官这个情况以及西班牙语翻译对于被告人来说是可以接受的。(2) 什么都不说,并且将英语翻译成西班牙语,因为被告人已经告诉他西班牙语没问题。(3) 告知被告人的律师,请他决定怎么处理。对于你而言,哪个选项最道德?这位口译译员是否有道德义务告知法官?他有道德义务说些什么吗?

进一步思考的问题

1. 为什么符号催生了如此强有力的人类活动?请举几个有关符号如何创造了人们的高度参与的例子。符号是符合逻辑的,还是感性的?它们是用中心路线还是枝节路线来处理的?
2. 伯克所说的"符号误用"是什么意思?请举有关符号误用的例子。
3. 英语为什么如此强有力?
4. 为什么红色的停止灯对于导盲犬来说是表象?它的"意思"与"红色的停止灯"或"穿过车流危险"这些词语的含义有什么不同?
5. 苏珊娜·朗格所说的符号是"定义物品的概念的媒介"是什么意思?
6. 含义、外延和内涵之间的区别是什么?
7. 直接表现的符号与离散性符号之间的区别是什么?
8. 根据普通语义学学者的观点,地图和领土的区别是什么?请举出一个有关你的食物地图的例子、一个有关地理地图的例子和一个有关你的体验地图的例子。

9. 比尔·克林顿对(与莫妮卡·莱温斯基的)"性关系"的解释是否是对语言的合乎道德的运用？为什么？或为什么不是？
10. 什么是信号反馈？请举几个例子。
11. 什么是普通语义学学者所推荐的延伸策略？这些策略可以实现什么目标？请举例。
12. 肯尼斯·伯克对"身份认同"的理解是什么？对"本质""需要等级秩序""愧疚"的理解呢？这些概念如何解释了为什么语言在说服和日常生活中是如此重要？
13. 能指和所指之间的区别是什么？什么是代码？请举出来自体育、政治和/或广告领域的简单的代码的例子。
14. 广告主利用愧疚感促使我们去购买合乎道德吗？为什么是或为什么不是？请举一些例子。

有关在线活动，请浏览这本书的对应网站：
http://communication.wadsworth.com/larson 11

第六章 用于分析语言和其他说服性符号的工具

功能维度：词语做了些什么？
语义维度：词语有什么含义？
主题维度：词语表达了什么感觉？
象征性表达的力量
分析说服性符号的工具
  用于功能维度的工具
  用于语义维度的工具
  用于主题维度的工具
注意倾听语言中暗藏的线索
回顾和小结
关键术语
道德伦理准则的应用
进一步思考的问题

学习目标

在阅读这章之后，你应该能够：

1. 定义这一章所关注的语言的三个维度，并且为每个维度举出一个你发现或者发明的例子。
2. 讨论说服中象征性表达的能力。
3. 请举出用于分析语言的各个维度的工具的例子。
4. 解释"五个一组"，并且举出每个术语在当代说服中的例子。
5. 举例说明在当代说服中的上帝、魔鬼和神赐的术语。
6. 举例说明在当代说服中所使用的典型的比喻。
7. 解释实用主义风格和统一风格之间的差别，并从当代说服中找到两者的例子。
8. 解释符号学，并且讨论文本和代码是如何运作的。

现在你对符号的创制、使用和误用有了一些了解，并且认识到语言（尤其是英语）的力量，现在让我们来探讨一些既可以用来分析语言说服符号，也可以分析非语言说服符号的方法。这些分析帮助我们拒绝误导、谬误或欺骗性的消息。我们提到过一些最新的例子,例如在社会保障制度(Social Security)中有分歧的"官方的"立场、在伊拉克不存在的"大规模杀伤武器"(W. M. D.)[①],以及那些在他们的公司破产的过程中大发其财的首席执行官的谎言。所有这些都运用了说服性语言,而且在未来我们还将面对更多的实例,因而接收者需要了解语言的应用,以及如何发现欺骗性的说服。

图6.1中的立方体展示了语言的大量维度中的三个维度。它们是:(1) **语义维度(semantic dimension)**(词语所表达的意思);(2) **功能维度(functional dimension)**(词语能完成的任务,例如命名);(3) **主题维度(thematic dimension)**[词语所表达的感觉和它的韵味,诸如"swoosh"("哗哗作响")]。随着我们对这些维度的思考,你将发现,对于一些工具的探讨有益于对各个维度的分析以及案例分析。请注意,这个立方体包括大量更小的立方体,每个小立方体都代表一个词或者一系列词,它有着自己特有的语义、功能和主题维度。现在让我们来探讨一则广告的文案:"Sudden Tan from Coppertone Tans on Touch for a Tan That Lasts for Days(水宝宝防晒霜的Sudden Tan一涂就变成了可以保持好多天的古铜色)。"在功能维度中,词语"Sudden Tan"确定了一个产品的名称,而在语义维度,它有更多的暗示。"sudden"(迅速的)这个词形容了几乎即刻就变成古铜色(tan),而且,这个产品的确是通过涂抹将皮肤染成"古铜色"(tan)。这则广告的大标题——"有一分钟时间吗?拥有古铜色",叠印在一位很有魅力的金发女郎的使用前—使用后的照片上,后一种照片上的她想来是被染成了古铜色。在主题层面,这些词语做得甚至更多。"sudden"这个词听起来和感觉起来都像"sun"(太阳)这个词,因而这个品牌的名字听起来就像"suntan"(晒黑)这个词。

请思考以下这些使用主题性语言的例子:

- The "Kero-Sun" heater burns kerosene and warms your house like the sun. (Kero-Sun牌暖气燃烧煤油,像太阳一样温暖你的房子。)
- Have a "Soup-erb Supper" with a package of Hamburger Helper's beef-vegetable soup. (用一包Hamburger Helper's牛肉蔬菜汤料就可以吃一餐"Soup-erb Supper"了。)
- Try My Mom's Meatloaf mix—Meat Loaf that Tastes Like Home. (尝尝My Mom's Meatloaf配料吧,它使肉面包的味道和家里自制的一样。)
- Presto named its popcorn popper "The Big Poppa", which sounds like popcorn being popped. (Presto给它的爆米花机起名为"The Big Poppa",听起来像爆米花发出的嘭嘭声。)

---

① weapons of mass destruction。——译者注

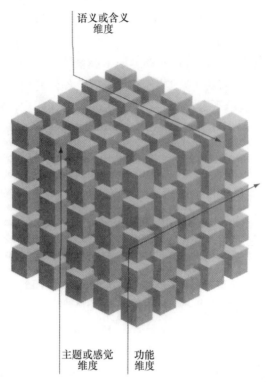

图 6.1 这幅图展示了语言的大量维度中的三个维度,这些维度在说服对象解读说服者的消息时发挥作用。

功能维度:词语做了些什么?

词语可以做很多事情。它们可以激发行动、确定原因和后果,还可以归咎责任。在一场审判中,当一位堕胎医生和一位曾经流过产的女性受到过失杀人指控时,语言以不同的方式发挥着作用。被告提到在怀孕的早期曾经试图流产胎儿时说:"在两次不成功的尝试后……"而公诉人使用了主动语态动词和人称代词——"他们尝试了两次……他们失败了",从而将过失归于那位流产的女性以及医生。在一种情形下,语言具有减弱谴责的功能,而在另一种情况下,语言则聚焦于指责。功能维度在直接转移我们的焦点方面有着强大的潜力(Andrews,1984)。以界定功能为例,它能够为说服性诉求"构建"或设置视角。正如传播学学者丹·哈恩(1998)所观察到的,"定义就像盲人摸象一样:他们将注意力放在某些方面,而与此同时使我们无视其他方面"(第53页)。例如,请想一想对某一个国家的贸易隔离——不允许船只驶入或驶出这个国家的港口。你也可以将这样的行为称为"实行封锁",而这个词令人想到了战争行为。现在,这种行为被称为"制裁"。这正是美国所做的事情——宣布美国公司与伊朗、伊拉克和朝鲜进行贸易往来是非法的,这些国家被描绘为"邪恶轴心"组成部分、在全球有着险恶的企图。"制裁"这个词的选择至少发挥着三个功能。首先,这个词暗示美国不一定有兴趣对这三个国家发动完全的战争(尽管我们最终入侵了伊拉克)。其次,它为这三个国家的百姓要忍受由此而来的艰难困苦给予了正当的理由。最后,它污蔑这些国家在世界共同体中是"不合法的"。在另一个例子里,哈恩指出与"中产阶级"这个标签联系在一起的含义。对一些人而言,这个术语意味着那些年收入在17 000—64 000美元的人(第61—64页)。而对另外一些人来说,这个概念表示一种生活方式——有一栋房子、两辆新款汽车,并且是当地的基督教青年会(YMCA)的成员。因而,说服性语言的一个重要的维度,就是词语所履行的功能、任务或职责。

传播学学者罗伯特·希尔迪尼(Robert Cialdini,2001)发现,有些语言可以用来抵消我们个人的不安全感或较低的自我价值感。他指出"动不动就提几个名人以抬高自己的人"就是个典型的例子(第173页);提及名人以抬高自己的人因为认识一些重要的人物,从而提升了他们自己的自尊。有时,词语会制造恐惧。请看以下有关销售技巧的说教中画着下划线的词语,它们起到了逐渐向小商户灌输恐惧的作用。

> 我们已经和这个地区的商人讨论过了,他们告诉我们他们害怕三件事情。这个地区发展得太快了,以至于他们担心将会错过新近搬到这个区域的人。研究显示,这个国家在任何时候都有20%的人在迁居,而他们首先为竞争得到这些人而焦虑。其次,当他们听说那些已经在这个地区住了好几年的人,居然不知道他们的商店开在哪里的时候,他们都愁白了头发。最后,他们害怕他们的忠实客户因为价格或其他什么原因,而会转到竞争对手那里。

这些下面画线的词语的作用,在于引起店主对于可能发生在他们现有和潜在的客户基础上的事情的担忧。这些词语导致了此前已有的想法和害怕,在人们设想未来时发挥了作用。这样,这些商户就共同协力创造了产生亏损的可能性。在另一个卓有成效的例子中,一则"喝牛奶吗?"的广告声称,"每五个骨质疏松患者中有一位是男性。好在脱脂牛奶能够为骨头提供足够的钙以避免骨质疏松"。这些词语在男性读者中制造了恐惧,使得他们将利用新的知识来改变自己的行为。所以,指出潜在的问题将带来与读者之间的互动,并且导致恐惧和采取行动的动机的产生——在这个案例中就是多喝牛奶。

希尔迪尼(2001)确定了语言在除了形成恐惧之外的其他几种功能。它们包括产生顺从和盲目地服从权威等功能(第182页)。希尔迪尼说,对于头衔的使用也能发挥展示权威的作用(第188页)。今天,我们雇用了一位"行政助理",而不是一位"秘书",这个新名称起到了树立雇员的自尊的作用。希尔迪尼所定义的另一个功能,是语言所具有的创造"稀缺效果"的功能(第205页)。请看一下这些词语:"如果供应跟得上,就能保持这个合理价格",或是:"现在就行动吧!这个价位上的产品只剩几件了"。这些句子起到使说服对象相信产品供不应求的作用。它们创造了"紧迫感",并且这种展望促使人们采取行动。

语义维度：词语有什么含义？

语义维度解释了语言被赋予的各种各样的微妙的变化。例如，在上文所讨论的堕胎案中，被告一方赢得了在起诉中不允许使用"男婴"和"人"这样的概念，而只可以使用"胎儿"这个词的规定。我们对于"胎儿"这个词的反应与"婴儿"是大不相同的。显然，选择具有恰当的语义含义的词语，对于以互动方式共同创造说服的意思至关重要。

对词语的选择也表达了信源的潜在意图。因而，毫无疑问，批评人士在使用诸如"可疑的商业活动"和"内部交易"这一类词语时，所表达的意思完全不同于使用像"贪污"公司的养老基金、"破坏员工的保障体系""财务欺诈"和"公司用血腥的手段榨取"这样的语言时的含义。在对比尔·克林顿的弹劾审判中，就产生了许多小心翼翼地选择措辞的例子，诸如"做伪证""蓄意的道德败坏"和"不忠的"等词语被用来描述克林顿。这些词语促成了某种共同创造的说服性含义的形成。例如，受众可能从这些词语中，将克林顿确认为撒谎成性的人，他甚至不尊重他所担任的这个重要的职位和他曾做出的任职宣誓（Democracy Project, 1999）。

现在，让我们转向语言的主题维度，以便探寻词语如何表达感觉，有时甚至是通过五种感觉官能中的一种加以表现。

主题维度：词语表达了什么感觉？

除了功能维度和语义维度之外，有些词语还具有感觉、韵味或主题。你几乎可以有形地感知它们。象声词听起来就如同它所表达的意思。例如，请倾听"嘘"（shush）、"嗖嗖"（whir）、"沙沙"（rustle）、"嗡嗡"（buzz）、"哼"（hum）、"叮"（ding）或"轰隆隆"（boom）所带来的感觉。有些较不显著地反映主题的词语依赖于**半谐音（assonance）**，或对于元音或元音声响的复奏，例如"the low moans of our own soldiers rolled across the battlefield like the groans of the doomed"（我们自己的士兵所发出的低声抱怨像死亡的哀号一样蔓延到整个战场）。**头韵（alliteration）**与半谐音类似，只是它依赖于对辅音的重复，就像"Smoke Satin Cigarettes—Sense Their Silky Smoothness"（抽 Satin 香烟，感觉丝般光滑）。无论是半谐音还是头韵，都是广告文案作者喜欢使用的工具。听到和重复它们都很有趣。有时，比喻产生了某种韵味或主题。例如，使用强有力的暗喻创造了主旨性的含义或韵味。根据传播学者迈克尔·奥斯本（Michael Osborn, 1967）的观点，二战时期英国首相温斯顿·丘吉尔运用了典型的（世界通用的）对"光明"的隐喻来描述英国军队和市民，而用"黑暗"来指代敌人。在二战时期的一次演讲中，他说：

如果我们都站起来反对他(希特勒),整个欧洲可能会获得解放,世界人民将会走向广袤而洒满阳光的高地。但是,如果我们失败了,那么整个世界,包括美国,也包括所有我们知道的、所牵挂的地方,都将掉到新的黑暗时代的更加邪恶的无底深渊,而且在错误有害的知识的指引下,新的黑暗时代可能会无比漫长……那么,晚安——睡个好觉以为清晨积蓄力量。因为早晨将会到来。它将明朗地照耀在勇敢和真理之上,慈祥地照耀在所有的曾经受苦的人们身上,光荣地照耀在英雄的墓地之上。就这样,晨曦将要发出光芒(第115—126 页)。

典型的比喻常常将某些普通的物质或事件比作光明和黑暗、出生仪式和成人典礼,并且经常与宗教的或世俗的事务联系在一起。有些人们耳熟能详的比喻提及了水、火和鲜血等物质。乔治·W.布什总统反复使用有关火的比喻来描述在中东和世界上其他"需要煽起"自由"火焰"的地方的民主的兴起。反对入侵伊拉克的人宣称,将"鲜血"从美国人手上"洗掉"需要很长的时间。所以,比喻性的语言能够运载大量的说服性货物。

通过对传播性消息的功能、语义和主题维度加以仔细思考,我们锻炼了作为说服对象的回应能力。即便我们对消息的理解与说服者的理解不相符,我们应用在说服性消息上的分析过程,也能够帮助我们确保对说服性消息做出负责任的接收。

象征性表达的力量

象征性表达对情感和/或理解产生影响,而且有时它还具有实实在在的有形效果。例如,一些人们使用或对其做出回应的符号类型会影响人们的健康。使用诸如"I can't stomach it"(我不能容忍它)、"I'm fed up"(我受够了)或"It's been eating away at me now for a year"(一年来,我已经被消耗得筋疲力尽了)这样的说法的人,比其他人更容易患胃溃疡(*Chicago Daily News*,1972)。像生日这样的具有象征意义的日子具有戏剧化的效果。在养老院,在生日之后两个月之内去世的人多于在生日之前两个月内离开人间的人(Lewis and Lewis,1972)。托马斯·杰斐逊(Thomas Jefferson)和约翰·亚当斯(John Adams)都在 7 月 4 日美国国庆日去世,这个日子对于他们两个人来说具有非同一般的重要性(Koenig,1972)。有些人在他们所挚爱的人去世后不久也离开了人世,而且有时是死于同样的疾病。象征性的感同身受的疼痛可能变成真实的疼痛(Koenig,1972)。根据赛格(Seigel,1989)的观点,我们对自己所说的话也可能能够治愈疾病,甚至可以止住大出血。

伯克(1960)提出了一个论点,即言语是象征性的行为,因而这可能能够解释为什么语言几乎具有神奇的可能性。我们知道,语言在大部分宗教信仰中都居于中心地位[例如,请参见《约翰福音》第一章第一节(John 1:1),以及在《创世纪》中,上帝与每一个被创造出来的生灵说话],并且如果不是所有的宗教也是大部分宗教,通常都有专门的圣礼上(例如,在婚礼或葬礼上)所规定的措辞。用语言表达在法律事务中也非常重要(例如,被告人必须招认"有罪"或申辩"无罪",除非被告是智障人士,而且裁决和宣判也必须用语言表达出来)。

符号不仅深深地影响着个人,而且它们发挥着将一个社会或文化凝聚在一起的心理黏合剂的作用。神圣之环代表着地球上的一年四季和天气所来自的四个方向,它在传统上一直是拉科塔印第安人(Lakota Indians)重要的人生隐喻。穿过皮鞭的圆环象征着神圣的生命之树和人生的重要关头。一位名为黑麋鹿(Black Elk)的拉科塔圣徒(1971)解释了这个圆环对于他的民众的象征力量:

> 你已经注意到一个印第安人所做的任何事情都是一个循环,而这是因为世界的力量往往循环往复地发挥作用。在古老的岁月里,我们都还是强壮且快乐的人,我们所获得的所有的力量都来自民族的神圣之环,只要这个圆环没有被断开,人们就一直是蓬勃向上的……世界的力量所做的所有的事情,都是以循环的形式完成的……即便是季节在它们的变化过程中也形成了循环,而且总是会再一次回到它们所在之地。人类的生命也是从童年到童年的循环,因而所有的一切都在力量的运行当中。我们的建议就是像鸟巢那样形成圆形,民族之环对于我们而言,意味着许多鸟巢中的一个窠臼,在那里印第安部族的大神(Great Spirit)抚育着我们的孩子(第134页)。

黑麋鹿相信他的部落在被迫离开传统的围成圆形的圆锥帐篷而搬入方形的保留地的房子时,已经失去了部落的所有的"力量"或"良药"了。

有哪些符号在我们的生活中发挥着文化的黏合剂作用呢?是旗帜、宪法、家园、竞争,还是体育运动?哪些是团结我们的多样的文化组成部分的符号呢?哪些符号是中国传统上用来作为文化黏合剂的?对智慧和年龄的指涉,经常出现在中国从古至今的文学作品里。象征印度的传统精华的符号是什么?东欧呢?广告中所使用的语言是能够找到我们文化的中心象征的恰当的地方。大部分广告承诺给消费者带来利益,详尽地描述这些好处、提供证据,然后号召采取行动。利益一定是反映了我们的愿望和需要的。详细的说明和证明可能反映了我们对知识的渴求。而且,我们是一个以行动为基础的社会,这一点我们将在对文化承诺的讨论中看到。

简明扼要地说,广告和标语"蒸馏"或简化了复杂的观念。对含义的提炼叫作**"提喻"(synecdoche)**,政客们经常使用这种方法。他们清楚精炼的词语和短语通常成为晚间新闻的组成部分,因而可以作为不用付费的广告发挥作用。这样的词语也暗示着说服者和说服对象之间基本的共同特性。在《新闻周刊》(Newsweek)的一则广告中,美国退休人员协会(AARP)[①]使用了这样一条标语——"别让我们的孩子被账单黏住!"(Let's Not Stick Our Kids with the Bill!),来提出他们对改变社会保险体系提案的反对。这条短语团结了这个组织的成员和非成员共同反对所提议的改革。请思考美

---

① American Association of Retired Persons。——译者注

国退休人员协会在标语中所使用的"黏住"(stick)一词象征了哪些价值观?

政治方面的修辞也体现了我们的文化价值观。政治人物所用到的两个重要的词语是"自由"(freedom)和"平等"(equality)。正如专栏作家戴维·布罗德(David Broder,1984)所指出的:"词语是重要的象征……'自由'和'平等'定义了美国式民主(American Democracy)的一对路标。"(第41页)这些词语具有激发爱国主义情感的主题性特征。但是,它们并不是对所有的人都具有相同的重要性。如同布罗德所注意到的:"社会主义者给两个词的排序都很靠前,具有法西斯倾向的人对这两个词的排位很靠后,而共产主义者对'自由'的排名靠前,但是'平等'的位次靠后。"(第41页)

语言符号中的引人注目的力量栖居于它们的功能、语义和主题维度中。不仅词语确实表露了动机,而且它们也影响着我们的自我形象并且表达着文化观念。接下来让我们对分析说服中的语言的这几个维度的工具进行考察。

互动区域6.1 访问 Mediamatic. Net

请浏览网站www.mediamatic.net,在那里你会发现大量的例子关于我们的新兴数字化世界如何既改变了语言中的说服性符号,又改变了其他形式的符号,从而产生了交互式电影、虚拟现实、太空演讲图解、以扫描二维码的方式交流、视频邮件和语言中其他大量的使人着迷的事物。请参观 Mediamatic 超市,并且学会如何得到一件 Mediamatic 的 T 恤。

分析说服性符号的工具

开始关注语言符号和非语言符号的这三个维度有助于我们成为说服的负责任的接收者。我们可以通过使用各种各样的分析说服的工具,以使我们能够用具有批判能力的眼睛和耳朵关注语言符号的更为特殊的侧面。

用于功能维度的工具

用于分析说服中的语言符号的功能维度的两个工具,分别是语言批评家理查德·韦弗(Richard Weaver)的语法分类(特别是考虑到句子和词语的类型)和句子中的词语顺序或句法所产生的影响。

韦弗的语法分类。语言学学者和开拓先锋理查德·韦弗(1953)建议,某个个体所偏爱的句型提供了有关这个人的世界观的线索(这个人运用信息和得出结论的方式)。韦弗探讨了有些说服者偏爱简单句、有些是复合句,而有的则喜欢复杂的句式等多种情况。

简单句(simple sentences)表达了单一而完整的想法或要点,并且必须包含一个主语或名词、一个动作或动词和一个宾语("他击球")。偏爱简单句的说服者并不将世界看作是一个非常复杂的世界。这样的人"把世界当作是各种事情所组成的合成物……(而且)力图将某些事情表现为是从整齐划一或平淡无奇的背景中脱颖而出的"(第120页)。简单句用动词和宾语衬托主语。在简单句中有清晰的前景和背景,并且这样的句式强调原因和结果。

复合句(compound sentences)包含两个或者更多的简单句,这些简单句通过诸如"和"或"但是"这样的连词被连接在一起。韦弗发现,复合句要么将事物之间设置为平衡状态("他跑起来,而且他跑得飞快"),要么为对立状态("他跑着,但是她在走着")。复合句表达着或者已经被解决或者尚未解决的张力。根据韦弗的观点,复合句"展示了世界应有的完全性和对称性"(第127页)。使用复合句的说服者将世界看作或是对立关系的或是相似关系的。当你遇到复合句的时候,请努力确定句子中的张力和对称(或所缺乏的对称)。

复杂句(complex sentences)也包含两个或多个不同的组成部分,但是并不是所有的组成部分都可以独立成为一个完整的简单句或复合句。对句子中的有些要素的完全理解依赖于对句子中的另一些元素的解释。有一次,当马克·吐温谈到选择字词的问题时,他用到了一个复杂句:"无论什么时候,只要当我们在一本书或一张报纸上突然看到一个非常恰当的词语的时候,所产生的结果不仅会在身体上得到激发,也会在精神上经历和过电一般的刺激。"(Lederer,1991,第128页)吐温的句子的前半部分("只要当……时候")是不能独立成章的,它依赖于句子的后半部分("所产生的结果……刺激"),而后半部分是可以独立出来的。复杂句描述了一个同时包含着各种各样的原因和后果——从属的或独立的、完整的或不完全的——的盘根错节的世界。韦弗(1953)指出,复杂句"是深思熟虑的头脑所采用的说话方式",它努力"表现某种等级次序"(第121页)。使用复杂句的说服者通常表述基本原则和关系,在那里主句比从句要重要得多,就像一位前奥运会运动员以下的描述:

> 而在从1980年到1991年参加了代表美国的五个奥运会田径队之后,我的确可以感觉到下一梯队的奥运会运动员正在做什么……如果你足够幸运进入这个梯队的话,就可以从这里参加非凡独特、扣人心弦的奥运竞赛(Lewis,1999,第56页)。

韦弗(1953)也对词语的类型做了一些观察。例如,人们对**名词**(nouns)(名词被定义为人物、地点或事物的名称)做出反应。名词"表达着已经完成的完整的事物,而不是……正在进行之中、它的存在也不依赖于其他事物"(第128页)。说服者所使用的名词能够透露有关他/她对事物的感知的线索。当说服者通过直呼其名而将人物降低到事物或物品的层面时,他们这样做的理由是将人当作客体来对待,而不是主体或人类。

根据韦弗的观点,**形容词**(adjectives)的功能是对名词加以补充,使得其具体独特。字典将形容词定义为"通过限定、描述或指出特性……从而对名词加以修饰的词语"(American Heritage Dictionary, 1985)。例如,"安装有亚拉巴马州车牌的蓝色福特混合动力汽车"就限定、描述和具体化了我们所提到的汽车。在韦弗看来,形容词是"回避问题的",并且因此展现出不确定性。如果你必须修饰一个名词,那么说明你从根本上对它是不确定的。对韦弗而言,唯一确定的形容词是辩证性的(好与坏、热与冷、光明与黑暗)。对说服者所使用的形容词进行检查,能够发现他/她的不确定性,以及他们将哪些事物看作是对立的。

在韦弗看来,**副词**(adverbs)是用以评判的词语。字典对副词的定义是"修饰动词、形容词或其他副词的词语"(American Heritage Dictionary, 1985)。副词表现了一个集体判断,这个评判有助于我们同意说服者所认为的我们的信念。例如,诸如"一定""确实"和"可能"这样的副词暗示着赞同。当说服者说"我们所有的人的确都清楚这是顺理成章的结果"时,他们暗含着受众同意他们的说法的意思。这样的副词促进了交互式的共同创造。

语构。在使用词语的类型和句型来分析说服者的信息之外,我们也可以看一看所使用的句法。**语构**(syntax)被定义为"在句子或短语中词序所构成的模式或结构"。一个句子如何才能产生说服效果?词语的顺序能够或是引起或是分散读者/听众的注意力。请思考以下两个句子的不同之处:

- 在引爆恐怖分子的总部之前,我们确认了目标是正确的。
- 我们确认了目标是正确的,在引爆恐怖分子的总部之前。

在第一个句子中,从属元素出现在句子的开头("在……之前"),并且引起读者/听众对采取行动之前所需要的条件的注意。而句子的独立部分表达了这个句子的要点。在第二个句子中,行为先出现,这个主句将读者/听众的注意力放在表明行动的正当性上。

有些说服者将感性或使人惊讶的词语放在一句之首,以减少后面的部分所产生的影响。受众因为陈述的情感性而将注意力聚焦在证据上。例如,演说者可以说:"没有什么比这些人更伪君子的了——他们是白天反对拿动物做实验而晚上回到家后又以牛肉、猪肉或鸡肉为晚餐的动物权利鼓吹者!"读者/听众事先已经知道了有关伪君子的陈述,因而他们关注支撑这个说法的原因是什么。这句话富有戏剧性,并且产生了一个谜——我们会问自己:"什么人是更大的伪君子。"

硬币的另一面是演说者通过将这个声明隐藏到句子的结尾而转移受众对证据的关注。这会使受众好奇,所有这些证据会导向何方。演说者说:"反对在实验室里使用小白鼠做研究,而回到家里时又吃牛肉、猪肉或鸡肉的动物权利提倡者,是我们这个国家所不需要的伪君子!"这句话的戏剧性被减弱了,证据的力量也变小了,因为受众好奇演说者的目的地在哪里。

传播学学者豪斯曼(L. H. Hosman, 2002)注意到,语言会对说服过程中的三个元素中的任何一个产生各种各样的影响:"演说者的判断、对消息的理解和记忆,以及对于消息的态度"(第372页),而这些作用对于消息的处理过程至关重要。当然,这将我们带回到了精心的可能性模式，以及有关可以相互匹敌的感性诉求（枝节路线）和理性诉求（中心路线）的效果的古老的争论。豪斯曼也指出，主动句的句子结构在印刷媒介的广告中，比被动句更能够对可感知到的信任性、清晰性、感染力和吸引力产生影响。"句子的语法构造或叙事结构的特性会产生重要的说服性的效果。"（第374页）句式结构和措辞选择能够透露出说服者的动机，而且可以作为用于精心的可能性模式中的信息处理渠道的指示器。

用于语义维度的工具

功能维度传递着重要的语言含义和非语言含义，与此同时，共同创造互动式含义的语义维度，也在大部分消息中传送着大量的说服性内容。

运用模糊性的策略。有些人认为，说服者故意地以暧昧不清的方式传播是不道德的，但是说服者恰恰非常频繁地这样做。他们试着含糊其辞、模棱两可，并且大而化之，从而留出尽可能广泛的共同基础、身份认同和对含义的共同创造。他们希望每位接收者都为具体的词语和符号填充进去他/她自己的个人含义或联系。这个策略带来了数量最多的解读方式，并且因此为说服者所宣传的品牌、候选人或事业带来了最大的潜在的受众群体。它也取悦尽可能多的人、冒犯尽可能少的人。接收者需要确定故意的模棱两可，并且分析缺乏清晰性的原因是什么。

说服者使用一些方法来创造策略性的含糊不清。其中之一就是选择能够以多种（通常是相互矛盾的）方式被加以理解的词语。一位政客可能支持"纳税和在培养我们的年轻人方面花费的责任心"。那些认为教师的报酬偏低的人可能将这句话当作对增加教育资金的呼吁来听。而那些持有相反观点的人，则很容易将这种说服理解为教育支出应该被削减。这里增加了模糊性的关键词——"责任心"（responsibility）。演讲者或撰稿人并没有说他/她喜爱的原因。另一个模棱两可的词是"天文数字的"（astronomical），例如"在伊拉克的战争所牵扯的预算是天文数字"。这到底意味着上百万美元，还是上亿，或是几百亿？处于不同位置的人，会得出不同的结论。另一种产生策略性的含糊不清的方式，是使用诸如"关于这个主题的著名权威似乎一致同意……"这一类的短语，它们看上去为说服者提供了支持和可信性。传播学学者艾森贝格（E. M. Eisenberg，1984）认为，运用模糊性的策略有助于在诸如任务宣言这样的事务上得到支持，并且与此同时，使得个体按照说服者所希望的那样去理解这些陈述。

在一些文化中，模糊不清被认为是令人不快的。听众想要"直入主题"，不要继续浪费时间。而另一些文化（例如日本文化）中的说服对象，看重在开始谈生意之前，间接地谈论相关事务，并且建立起良好的关系。也有人希望对事情深思熟虑，而且从几个不同的角度来看待问题。

当说服者将词语或短语以出人意表的方式并列或组合起来的时候，会以一个新的视角呈现相关问题，从而也产生了模糊性。例如，"重生"（born again）这个词语对于很多人来说是具有说服力的。它意味着这个人先前的宗教信仰是薄弱的，而其宗教信仰的改变导致了这个人在精神层面的再生。有些重生的说客为他们自己贴上了"道德多数派"(Moral Majority)的标签,从而创造了具有说服力的有意的暧昧不清。这个术语是模棱两可的,因为说客这个群体不是多数人群,而是少数群体,但是当这些媒介上的传教士创造了政治学学者丹·尼莫和詹姆斯·康姆布斯(Dan Nimmo and James Combs,1984)所谓的"电子教堂"(the Electronic Church)的时候,这个群体创造了极大的说服性感染力。另一个高度模糊的概念是"道德沦丧"(Moral Decay)。这个词让我们想到了没有任何人会喜欢的"蛀牙"(tooth decay)。

我们如何与模糊的语言做斗争呢?语义学家建议通过运用延伸策略,而加强模糊概念的特征性、进行具体的详细描述,从而澄清含义。语义学家建议我们通过深度挖掘文本中各种各样的语言和非语言代码和能指,从而探寻说服性"文本"中的意思。这样做有助于我们确定被"所指"的真正的事物是什么。广告人运用符号学来设计全球市场营销和广告战略(Domzal and Kernan,1993)。对说服性符号的外延和内涵的考察,也有助于我们研究语言的语义维度。其他的一些工具也是运用在语言的语义维度上的。在涉及语言的语义维度的用途较大的工具中的一种,是肯尼斯·伯克所提出的戏剧式路径。

伯克的戏剧主义。除了我们在第一章和第五章所讨论的他的观点之外,伯克也为学习说服学的学生提供了一则分析语言的语义维度的理论和一个工具。他称他的理论为**"戏剧主义"(dramatism)**,而他的分析工具则被他称为**"五位一体"(pentad)**。

戏剧主义主张人们用来解释各种各样情形的基本模式是叙事性的故事或戏剧。伯克(1960)将戏剧看作能够描述和分析种类繁多的人类符号行为——例如运用语言——的"语言的哲学"。他聚焦于对行动(有动机的)和运动(没有动机的)的区分。基本的身体功能,例如出汗或消化,是没有动机的非符号性行为。行动需要动机和象征性地使用语言的能力。我们产生行动,而对语言的使用则是象征性行动的一种类型,它是有动机的。伯克认为,我们根据词语的戏剧性的潜力来选择语言,而且不同的个体会发现,在戏剧中的某些特定的元素比其他元素更有说服力。

伯克的戏剧五位一体模式,如同它的名字所暗示的,包含着五个核心要素:场景、行为、行动者、方法和目的(请见图6.2)。**场景(scene)**包含着物理地点、情境、时间、社会位置、场合和其他元素。场景可以是例如"2008大型宣传活动"(Campaign 2008)或"美国总统办公室"(the Oval Office),也可以是一个网页,或是"奥普拉·温弗瑞脱口秀节目"(*The Oprah Winfrey Show*)。以场景为导向的人觉得场景对行动而言应该是一个"合适的容器",并且相信场景中的改变将会带来其他变化——例如,在北极国家野生动物保护区(Arctic National Wildlife Reserve)采掘石油就会引起生态变化,可能会导致灾难性的变化。他们也相信,如果同性恋者被允许参军的话,歧视将会减少。克林顿和莱温斯基的丑闻之所以令人厌恶,是因为美国总统办公室是这个行动的容器——这并不是性嬉戏的合适的场合。林肯纪念馆对于马丁·路德·金而言是发表《我有一个梦想》的演说的"恰当的"场所。那里的环境有助于演讲被记住。

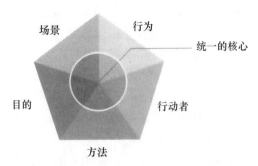

图6.2 戏剧主义的五个要素相互之间发挥着根本性的影响,每个要素来源于一个共同的、统一的核心,即戏剧本身。

行动(act) 是指任何有动机或者有目的的行为。在说服性消息中,动词是行动的最佳指标。总而言之,动词被定义为描述行动或行为的词语,因而对动词的观察是开始将"行动"这个概念应用于你的分析的最好的地方。人们所采用的词语和所做出的行为,以及它们与场景的适合度,从根本上对结果产生着影响。

行动者(agent) 是伯克用来指代在场景中采取行动的人或人群的术语。他们是行动者或者使得事情发生的角色[如警官、贪污的政客、恐怖分子、霍华德·斯特恩(Howard Stern)①,等等]。诸如憎恨、冲动、贪婪或嫉妒等因素有时会激发行动者。国家和组织[例如,联合国(UN)的维护和平的军队、枪支协会(N. R. A.)或主张人工流产为合法的群体]也可以是行动者。以行动者为导向的说服者相信,强有力、忠诚且目标明确的个体决定着重要事件,甚至是历史的结果。而且,在另一方面,他们也认为轻率的、惯于欺骗的或不诚实的行动者则会导致恶劣的后果。

方法(agency) 是说服者用于实现他们目标的工具、途径或手段。现在有些汽车公司致力于将燃料电池和氢能源作为减轻我们对化石燃料的依赖性的方法。莎士比亚笔下的哈姆雷特(Hamlet)以剧中剧的表演为方法来查明他的叔叔的罪恶。CK以身体尚未发育成熟的裸体女性为方法,来吸引人们对"激情之夜"男士香水(Obsession Night for Men)的关注。Wheaties②将著名运动员的照片印在它的产品包装上,以宣传它的"冠军的早餐"这一品牌。传播策略也可以作为手段发挥作用(例如强调自身的优势或对方的劣势)。

目标(purpose) 是某位行动者在所给定的场景下使用某种特定的方法的原因。说服者真正的意图可能或多或少都是显见的。美国军队的一句旧的征兵口号是"尽你所能"(Be All That You Can Be),这句口号暗示了应征入伍的目的是提升你的能力,以最大化你的潜能。新的口号是"参加一个人的军队"(Join the Army of One),这意味着参军的不同于以前的目的:你能够形成个人的特色,并且拓展你的技能。当美国向印度尼西亚派遣救助灾难性的大海啸受害者的支援部队人数远少于比美国小得多的国家所派出的数量时,国内和国外的批评者都将美国的这个行动理解为与其说是帮助

---

① 霍华德·斯特恩(1954—),美国编剧、导演、制片人及演员。——译者注
② 美国知名麦片品牌。——译者注

他人的手段,不如说是一种省钱的方法。

这五个元素能够有助于在人际关系中发展某种说服策略。例如,如果你想约人去看摇滚演出,你可以强调那里的场景,描述演出场地、人群、音响、服装、灯光和色彩等。另一个替代策略是聚焦于行动,描述不同类型的音乐和表演者与观众之间的互动。你也可以选择关注行动者,描绘音乐人、他们的名望和他们的外表。如果你选择以方法为号召物,你可以谈论新的数字声音系统、所使用的独特的乐器以及特殊的效果。最后,你可以通过告诉你想与之约会的人"的确非常'酷',你不该错过这场演出,而且你还可能遇到一些有趣的人",而用目的做号召。

在任何给定的情境中,五位一体中的所有元素都同时不同程度地运转着。伯克将这五个要素结对,或者以"比值"的方式进行比较,从而确定某位说服者的"核心"要素是什么。例如,场景可以依次与其他要素一一进行比较,这样我们就可以在排除的过程中确定哪个要素是最重要的了。举例来说,如果场景代替了行动、行动者和方法,但是没有取代目的,那么我们就可以指出目的很可能是这位说服者的关键要素。但是,目的也必须与行动、行动者和方法进行比较,看看它是否可以代替五位一体中的其他概念。

在这种比较中,存在着 10 种可能的比值或者 10 对概念。例如,在《哈姆雷特》中,戏剧性的紧张产生于场景——行动的对比,这种对比来源于这样的事实,即哈姆雷特的母亲在为哈姆雷特的父亲——神秘地去世的国王——守丧期间(场景的一部分)嫁给了(行动)他的叔父。哈姆雷特的叔父继承了王位,并且在葬礼(也是场景的一部分)之后不到一个月就与哈姆雷特的母亲结婚了。显然,在这里场景被行动玷污了。被这种失调干扰得心神不宁的哈姆雷特咒骂他的母亲:"她结婚了!哦,以最邪恶的速度,如此娴熟地火速开始了乱伦关系!"之后,哈姆雷特问霍雷肖(Horatio),他是去参加葬礼还是婚礼,并且用这些尖锐的词语表达了他的愤怒:"这是一举两得的办法,霍雷肖!葬礼中剩下来的残羹冷炙,正好宴请婚礼上的宾客。"

场景也可以与五位一体中的其他要素发生互动。在场景——行动者的对比中,平衡或不平衡都再一次预示了潜在的说服力或高度的戏剧性——喜剧性、悲剧性或传奇性。在希区柯克(Hitchcock)的经典影片《精神病患者》(*Psycho*)中,当安东尼·帕金斯(Anthony Perkins)告诉珍妮特·李(Janet Leigh)他在汽车旅馆的办公室里"填满"了动物标本的时候,观众看到了场景——行动者之间的不平衡。之后,我们看到帕金斯通过某个标本的眼睛上的一个秘密的窥视孔偷窥李。这不是一个正常的汽车旅馆的主人应有的行为。这让观者感到不安。这种不安暗示着危险存在的极大的可能性。当我们听到帕金斯和他的"母亲"(他也将她"填满"了)就这个汽车旅馆附近的维多利亚时代的房子发生争执的时候,这种由场景——行动者之间的失衡所引起的紧张进一步加强了。我们想要劝告李去别家汽车旅馆或者至少"锁上厕所门"。希区柯克在这部影片的其他部分也继续运用场景——行动者之间的张力,从而使得观众一直提心吊胆。

五位一体的各个要素的十对组合中的任何一组(例如,行动—目标、行动—方法、场景—目标、场景—方法等)都可以被用来检验发现说服者的核心概念或要素。伯克认为,说服的核心要素浸润在生活中的方方面面——家园、家庭、工作、政治选择和人生哲学。通过对说服者的核心概念或要素的界定,能够让我们认识到说服行为的动机或者缘由,从而帮助我们预测将要出现的说服诉求。在你面对说服行为时,请尽量聆听其中所使用的关键概念。

用于主题维度的工具

我们已经认识到语言的主题维度是特定的词语或一组词语的一种特性,它赋予词语某种质地或者"感觉"。词语的确拥有多种多样的语义含义和语构功能,而另一方面,它们最重要的说服性层面,是它们能够为说服活动设定情绪、感觉、基调或主题的能力。例如,亚伯拉罕·林肯(Abraham Lincoln)用下列语句为他的著名的葛底斯堡演说(Gettysburg Address)①设定了主题:"八十七年(fourscore and seven years)前,我们的先辈在这片大陆上创建了一个以自由为立国之本的、致力于实现每个人都生而平等的主张的新国家。"而如果林肯的演说词是这样的——"87(eighty-seven)年前,《独立宣言》(Declaration of Independence)的签署者开始创建一个被设计为能够保障我们的自由和平等的新国家",那将无法令人心情澎湃。这两个句子有着同样的语义层面和功能层面的含义,但是在它们的质地方面,两者有着显著的差别。

我们也注意到,辅音(头韵)或元音(半谐音)的重复也传递着主题层面的含义。例如,为 Satin 香烟所做的广告采用了头韵,从而为这个品牌创造了主题层面的意义——"Smooth. Silky. Satin. Cigarettes."(光滑、顺滑、Satin、香烟)或请想一想凌志牌汽车(Lexus)的广告语:"The Relentless Pursuit of Perfection(对完美的执着追求)。"这句话听起来一气呵成。

有时,排比句句式结构也传达着某种主题维度的含义。例如,请思考一下,在一则向登广告的商家宣传音乐电视频道(MTV)的广告中,通过排比句而表达出来的严肃的主题。广告文案是印在一幅照片上的,照片上有一名20多岁的男子坐在舒适的椅子上,手上拿着遥控器,文案写道:

> 如果这个小伙子不知道你,那么你完蛋了。他是意见领袖。他看音乐电视频道。也就是说,他知道的事情很多,绝不限于应该购买哪些 CD、应该看哪些电影。他知道应该穿什么样的衣服,而且应该用哪种信用卡去购买。他不是一个人。他领导着一大群人。他吃什么,他的朋友就吃什么。他穿什么,他们就穿什么。他喜欢什么,他们就喜欢什么。那么,他从未听说过的……好……你明白了吧。音乐电视频道,的的确确是影响音乐电视一代的好办法(*Advertising Age*,1993,第 S-3 页)。

主题维度的含义也可以产生于对比喻或拟声法的运用。让我们现在转向其他几

---

① 葛底斯堡演说是 1863 年 11 月 19 日美国总统林肯在葛底斯堡举行的国家公墓献礼上所做的简短的演说。——译者注

个在说服消息中发现主题性含义的工具。其中包括：找到隐喻性的主题；指出对表达感觉的语言的使用；寻找上帝、魔鬼和神赐的术语；确定实用主义风格和统一风格；以及运用符号学来确定非语言符号或非语言性"能指"的主题性含义。

隐喻的风格(Metaphorical Style)。说服者通过反复使用特定的音调、修辞格和象征，来诱导说服对象形成某种情绪。近年来有关隐喻的效果的研究表明，使用比喻能够提高说服者的可信度，因为它们使说服者显得更活泼有趣。这种效果在信源只使用了一个比喻，而不是多个比喻时，尤为明显(Sopory and Dillard, 2002)。丹·哈恩(1998)使用了另一个经典的比喻，即将水作为危险的象征。请注意下列用下划线所强调的水的象征的积极或消极的一面：

> 根据<u>雾霭一般模糊</u>的想法，潮流是<u>逆自由而动的</u>，而我们<u>正沉入集体主义的泥沼之中</u>。因而，除了那些说<u>不要无风生浪</u>的小人之外，我们现在所发起的运动将使<u>潮流再一次奔向自由的事业</u>。<u>过去的那些将被淹没</u>，而我们将<u>行进在民主海洋的高速路上</u>，在那里自由将伴随着<u>繁荣昌盛的大潮</u>而来(第115页)。

哈恩提醒我们，当我们以水做比喻时还有另一个联想。水是生命的供给物，而且是产生生命的基础元素(第115页)。其他的一些经典的比喻包括，用风指代风暴、血指代血缘关系、火车头是经济的代表，而拳击赛场或赛马比赛则是任何人生竞赛或奋斗的替代者。道路和地图也用来象征计划(例如，中东地区的"走向和平的路标")。

隐喻也有助于**构建(framing)**议题或主题，从而给予受众某种看待事物的方式。例如，请设想一位说服者试图告诉受众有关非洲地区的艾滋病危机，在那里大部分孩子正由祖父母所抚养，因为他们的父母过早地死去了。一个有效的比喻可能以战争做比方，说服者可以说："现在，我们正在战役的开始阶段，正和过去战斗中的那些有经验的老兵一起战斗到底。仅凭一个制胜武器，战争是不会结束的。"听众因而明白，与这种疾病的战斗应该是长期的、不会真的奇迹般地结束。

表达感觉的语言(sensory language)。法庭传播专家斯蒂芬妮·L.斯旺森(Stephanie L. Swanson, 1981)主张，最令人印象深刻的律师依赖于与五种感觉——视觉、听觉、触觉、嗅觉和味觉——中的一种或者多种感觉相关的词语。她推测，评审团会对他们所偏爱的某种感觉渠道的信息做出回应。说服者如何使用这些偏好呢？假设一位律师请三位目击证人描述一场交通事故的现场。偏重于听觉渠道的证人可能会这样说："我正走在奥克大街(Oak Street)上，突然听到了急刹车的声音，之后就是玻璃和金属的可怕的撞击声，还有人们的尖叫声。"而喜爱视觉渠道的证人可能说："我看到一辆蓝色的宝马(Beamer)从拐弯处开过来，快得好像只有一侧的两个轮子着地。然后，宝马车司机踩了急刹车，车像是倒向一侧向我滑了过来。接着我看到它的前端把一辆小型吉优(Geo)撞得乱七八糟。"偏爱动觉渠道的感性证人则可能说："我有种感觉会有事情发生，而当事故发生的时候，我觉得很害怕也很无助，当汽车撞得像一堆皱巴巴的纸片时，我吓坏了。"斯旺森建议律师"仔细倾听你的当事人所使用的表达感觉的语言……努力做出某些回应,即将它与其他人的表达感觉的语言联系起来"(第211页)。她建议律师在选择陪审团成员的过程中,注意每个人所使用的词语的类型,然后"使你的语言适应你的听众的最重要的感觉渠道。你可以为重视视觉的人'画'一幅画;而为偏爱听觉的人'将证词谱成乐曲';对于优先运用动觉的人,可以'触及其内心'。使用表达感觉的语言,使得陪审团感觉你的陈词直接面向他们个人"(第211页)。对于表达感觉的语言的使用就像运用了互动式媒介,而且这可以增加共同创造意义的机会。

因此,通过试图确定说服者如何使用语言的主题层面,我们可以发现在说服中所使用的表达感觉的语言。

上帝、魔鬼和神赐的术语。说服中另一种主题性或质地性的风格元素,是对家族系列术语的开发。说服者愿意将世界分成细小的类属以刺激共同创造意义。理查德·韦弗(1953)认为这些类别中的一个是由**上帝术语**(**god term**)和**魔鬼术语**(**evil term**)所组成的。尽管术语或标签只构成了主张的一部分,但是它们往往与其他词语或标签联系起来,共同构造成一条消息或说服性论点。韦弗将"上帝术语"定义为是一种"所有其他的表达都位居其次的"措辞,是用来表现"统治和权力的"说法,"它对其他力量不如它的表达方式产生影响"(第211页)。韦弗将上帝术语看作无可置疑的词语(或短语),需要的只是奉献和遵从。他将三个概念作为上帝术语的例子:"进步"(progress)、"事实"(fact)和"科学"(science)。"进步"仍然有说服力,但是会受到负面的联想——例如"污染"——的拖累。科学近年来也失去了一些可信性,这是与诸如"原子能"或"基因工程"的负面联系所致。

魔鬼术语正好相反。它们是"令人反感的词语",并且表达了负面的价值。正如韦弗所说:"它们促生了一种奇怪的排斥的力量。"(第210—215页)今天的上帝术语和魔鬼术语包括"环境"(the environment)、"绿色"(green)、"家庭"(the family)、"安全"(security)、"恐怖主义"(terrorism)、"赤字开支"(deficit spending)、"政治正确"(politically correct)、"科技"(technology)、"应声虫"(ditto heads)、"网上冲浪"(surfing the Web)和"预算结余"(budget surplus)。上帝术语和魔鬼术语根据文化的不同会有所不同。例如,西方文化为"宽恕"这个概念赋予了相当重要的价值,认为这是对做了错事的人的正确的回应。其他文化中认为"宽恕"是一个魔鬼术语,认为只有胆小鬼为了避免做错事的人"复仇",才会运用这个上帝术语。诸如此类的上帝术语和魔鬼术语,提醒你注意针对你的潜在的说服诉求,或者你也可以选择它们用于你的说服。

随着我们在21世纪里的继续前进,不断地涌现出了新的上帝术语和魔鬼术语。有些最近刚刚出现的上帝术语包括"家庭/家庭价值"(family/family value)、"低脂"(low fat)、"法治"(rule of law)、"绿色交通工具"(green vehicles)、"空中安全"(air security)、"经济担保"(financial security)、"教育"(education)、"阶段性退休"(phased retirement)、"减轻体重"(weight loss)、"营养"(nutrition)、"燃料电池"(fuel cell)和"混合动力汽车"(hybrid car)。当你在广告或政治性、意识形态的声明中研究词语或术语的主题维度时,请尝试着找到其他上帝术语和魔鬼术语。

韦弗指出,某些负面的概念的内涵有时会被藏起来,而使得这些词语变成中性的甚至是正面的。例如,"wasted"或"getting wasted"这种说法。在20世纪70年代使用这种说法是用来指代杀死越共(Viet Cong)或其他被看作敌人的人。后来,它用来指代喝醉了或者"醉酒的"。今天,"wasted"又重新回到它最初的表示"浪费"的含义上来了,并且用来指代诸如公司的信誉、资源或信用被挥霍了这一类问题。

韦弗将**神赐的术语**(charismatic terms)形容为"具有不可思议的潜力的概念,它的指代物几乎不可能被发现。这些术语的意思似乎是令人费解的,除非我们接受它们的内容超凡脱俗这个假设,它们才可能有某些含义"(第48页)。韦弗举的例子是"自由"(freedom)和"民主"(democracy),这些词语都没有明确具体的指代,但是看上去依然对美国的外交政策有着巨大的影响潜力,而且是美国外交政策中的上帝术语。

"预算结余"和"煽动自由的火焰"(fanning the flames of freedom)这样的术语最近也变得富有魅力了,而且大部分人都一致认为,在经历了几十年的"预算赤字"(budget deficits)(是一个魔鬼术语)之后,"预算结余"是令人满意的。几乎每个人都赞同"拯救公共福利计划"(saving Social Security)的明智性。另一个候选的神赐的术语是"循环利用"(recycling)。随着人们越来越意识到自然资源的退化,循环利用这个概念被用在许多事物上,例如纸张、塑料、铝、玻璃。"爱国主义者"(patriot)和"爱国的"(patriotic)这些概念近来也成为神赐的术语,但是在越南战争期间它们是邪恶的词语。

实用主义风格和统一风格。说服者往往倾向于使用实用主义的或统一的风格中的一种。**实用主义风格的**(pragmatic)说服者希望说服中立的或持反对态度的听众。他们打算改变说服对象的想法,而不是强化他们现有的信念。当政客在新闻发布会上讲话而不是鼓舞他们的支持者的时候,往往优先选择实用主义风格。**统一风格的**(unifying)说服者使用完全不同的风格,因为他们想要激励那些已经同意他们将要说的话的人;他们只是强化已有的信念,从而激发热情、奉献和支持。因而,当拉什·林博(Rush Limbaugh)、霍华德·斯特恩、比尔·奥赖利(Bill O'Reilly)和其他人分别向电视观众和广播听众发表演说的时候,都运用了统一风格的演说者的策略,因为他们的受众已经相信他们了。实用主义风格的说服者所面对的问题很清楚,即他们必须首先改变受众的想法,才能对行动有所期待。统一风格的说服者可能比实用主义风格的说服者要理想化得多,而且可以使用更为感性的、较少客观性的声明和证据。

这两种风格策略在极端情况下有什么特征呢?统一风格的说服者聚焦于当事物是完美的或者当事物变得完美的时候的"彼时彼地"——聚焦于过去或未来。因为听众填补了空白,因而选择使用抽象语言对于统一风格的说服者来说能够很好地发挥效用;这种风格的说服者的语言往往是诗意的、富有感情色彩的,而且充满了能够激发受众的想象的意象化的描述。在这里几乎不存在智力上的刺激或对逻辑检验的要求,而是涌现了大量的情绪化或激动人心的事物。统一风格的说服者对于受众而言是宣传者,他们为受众提供消息的要旨而不是细节。受众与统一风格的说服者一起参与了对消息的共同创造。事实上,受众有时通过大声呼喊对统一风格的说服者的支持或是通过重复强调他们的主题词——例如"权力"或"阿门,兄弟们"或"实事求是地说",从而实现了积极的参与。

实用主义风格的说服者因为需要赢得受众,因而避免使用抽象的目标。他们使用具体的词语,将焦点放在事实和无可争议的事物而不是想象上。他们避免用"彼时彼地"这样的概念对理性的情境进行描述。相反,他们将注意力集中在"此时此地"的最迫近的问题的现实层面,也就是看上去真实的而非理想化的事物。实用风格的说服者将他们的消息定位于现在,而不是将来,并且倾向于关注事实和数据,而不是想象。他们的消息是经过精心的可能性模式中的信息处理的中心路线的,而不是枝节路线,后者可能适用于统一风格的说服活动。请看一下一位实用主义风格的说服者描述跳伞运动所用的下列语句:

> 当我站在飞行中的飞机的门前,我要自己决定是否跳伞。如果风向、云层或其他任何条件都不理想的话,我就可以选择坐回到机舱内——我在某些情形下曾经这么做过。如果我选择不跳的话,无论是飞行员,还是跳伞区操作员都不会强迫我跳下去。一旦跳伞者离开了飞机,就没有回头路了。每个人都只剩下打开降落伞……而后安全降落的职责了……跳伞不是可以预先编好程的、带有模拟危险的、令人兴奋的狂欢节的游乐设施……尽管今天的美国社会的潮流就是找到另外一个人将你所犯下的错误归咎于他/她,但是这并不适用于跳伞活动。否则的话,就可以将责任推诿到完全是因为向你做报告的人对这项运动的错误理解上了(Kallend,2002,第8页)。

这里的语言具体而且平实,所指涉的对象就在此时此地,而且说服者试图改变受众的想法,而不是统一他们的思想。对实用主义风格和统一风格的选择,有赖于受众的需求和情形的要求,而不是演说者的需要。

符号学和能指(semiotics and signifiers)。我们在前文中已经谈到符号学是研究含义的一种方式。符号学方面最重要的当代理论家是翁贝托·艾柯。他提出产生"含义"的过程(或赋予某个"符号"意思的过程)包括四个元素:(1)在世界上存在的物体或状态;(2)可以代表这些物体或状态的符号;(3)在符号中进行选择的规则,或者可以运用的响应指令;(4)一组关联规则,我们可以在传播时,用它编码和解码符号,进行交流和理解。

最后这个特性与我们这门课程的目标有着最为直接的联系,即对各种各样的**编码**(**codes**)或说服者所使用的一系列规则,以及说服对象在共同创造过程中对这些编码和规则的理解加以研究。我们知道,当舞台监督调暗灯光并且告诉我们关闭手机和通信设备的时候,演出就要开始了;这就是一个有关编码的例子。我们通过"赞同"说服者所使用的代码,而参与到我们自己对自己的说服活动中去。我们在不断地努力发现和揭开这些编码的过程中,将会成为有批判力的消费者。

互动区域 6.2　符号学和马戏表演文化

符号学家保罗·别萨克(Paul Buissac,1976)在他对马戏艺术进行符号学分析的过程中,提供了一些很有意思的有关编码的例子,展现了马戏团表演中,可以被世界各地"不同年龄的孩子"理解的简单易懂的编码的理念:

> 马戏团演出中的野兽、钢丝和高空秋千表演从来都不是孤立的……它们总是由小丑表演、小动物表演、魔术表演等穿插其中而被贯穿起来。如果某一个冒险的表演被取消了,那么演出的整体顺序都需要重新调整,以符合观众的期待、调节紧张氛围,并且实现传递世界是时而严肃、时而轻快的需要……挑战死亡的表演也有一套编码——通常是由五个步骤排列而成。首先,是由马戏团领班(这是一个上帝一般的形象,他/她不仅能够控制危险,而且可以控制马戏团中的混乱)介绍这个节目。这个介绍伴随着相应的音乐、灯光和炫酷而大胆的服装,随后就是"热身",在这个环节要进行预选赛:打扮得像大型狩猎猎人的驯兽师让所有的野兽都各就各位;高空秋千表演者和他的美丽的助手轻快地摇荡了起来,并且将吊板停在半空中;走钢丝表演者轻松地在钢丝上跳舞。之后,主要的考验或把戏开始了:老虎与狮子共舞、两个秋千的切换、走钢丝表演者戴上了眼罩。在提供了这些考验之后,马戏团表演者就开始尝试"更为壮丽"或"挑战死亡"的考验。这往往伴随着马戏团领班要求绝对的安静,而且具有讽刺意味的是,乐队用令人神经麻木的喧闹的鼓声打破了这份寂静。之后,绝技登场了:野兽驯服师将自己的头伸进狮子的嘴里;高空秋千表演者用他的牙齿抓起一对漂亮的助手,以展示他的令人不可思议的力量;被蒙住眼睛的钢丝表演者让一个人站在他的肩膀上,然后倒着在钢丝上骑自行车。常常都会出现千钧一发的一刻:一只难以驾驭的老虎试着干扰"脑袋伸进嘴里"的把戏、差一点没有抓住高空秋千、在钢丝上的踉跄,等等。一旦通过了光荣壮丽的测试,马戏团领班就会号召观众用热烈的掌声欢送演员退场,演员又会随着观众的掌声和呼声返回舞台谢幕。这个序列就是我们都明白其中含义的"编码"(未标页码)。

设想马戏团帐篷着火了。对于马戏团领班来说,什么样的代码适合用来减少恐慌?

注意倾听语言中暗藏的线索

说服的对象在处理和回应说服性信息时,有必要保持警惕。在保持警觉的过程中,说服对象可以做的重要事情之一,就是将他们的耳朵转向说服性消息中的语言,以发现各种各样的有关风格和动机的线索。使用本章里的一些工具会有助于此。运用在本章的最后和其他章节里的学习问题也会有所帮助。至少有三个具体的策略可以使你对说服者的风格更为留意，并且有助于你"解码"说服者：

（1）扮演说服者的角色。假设你就是说服者。现在组织你想要表达的说服消息。例如，如果你想促成篮球运动员得到高工资，那么为不太热心的人——他们或是中立的，或者有些反对——构建一则实用性消息。你会提到大部分运动员的职业生涯的短暂性吗？总之，他们在一生中所获得的总收入是相当低的。你可以将球员和演员进行比较，后者每年也可以赚到几百万美元，但只工作相当少的时间。如果你的听众是运动员联盟的成员，你就可以忽略数据，而是用包含感情且抽象的语言去激励他们——创造俱乐部老板是用尽运动员一生中最好时光的富有的吸血鬼的形象，使用"彼时彼地"的语言，并且指出这个群体的新目标或者过去所受到的老板的剥削。

（2）用不同的方式重申说服性信息。问自己"我还可以用哪些方式表达这些？"并且尽力确定不同的表达方式怎样改变了消息的含义和效果。请尝试运用伯克的五位一体模式中的某些部分。以下面这句金万利甜酒（Grand Marnier Liqueur）的广告语为例："世界上还有些地方在晚餐后不提供金万利甜酒。"这句话出现在一张以荒凉的岛屿为背景的照片上。这句广告语的以行动者为中心的版本表达了这样的意思——"有品位的人都享用金万利甜酒"。以目标为导向的版本读上去就是："想要结束会议吗？端上金万利甜酒吧。"以方法为导向的版本在说："金万利甜酒，三重秘密配方。"以行动为导向的消息通过"行动起来吧——提供金万利甜酒"的表达强调了动作。

（3）注意叙述中用语的特征。请不要允许自己因为任何说服性建议而进行冲动性购物。相反，应该养成审视每一种消息的体裁的习惯。分析广告牌上的信息、电视中的广告、你的父母试图说服你时所使用的语言、产品包装上的用语，或者是你与朋友、对手或是销售人员讨论时所用的话语。开始尝试不仅倾听消息中的观点，而且仔细听取用词的策略——对于那些观点的包装。关注那些给你带来有趣消遣的消息的特征，这有助于你开发出识别文体上的暗示的能力。

互动区域 6.3　多样化和符号学

符号学和文化多样化目前是一个特别热门的话题，当你把这些关键词输入到任何一个搜索引擎中，会跳出许多网页来。你可以选取这些网页中提供的一些链接，并且发现有许多事物都可以用符号学来解释。你也可以在任何一个搜索引擎中输入"semiotics"（符号学）和"cultural studies"（文化研究），从而发现更多的内容。

传播学学者阿萨·伯格（Asa Berger，2005）提出了用于符号学分析的方法，他还提供了一个相当简单的检查清单。首先，他建议我们将针对我们的说服看作是将要去解读的"文本"，然后开始寻找线索。伯格给出了一系列在尝试解读说服性文本时所应该提出的问题：

1. 分隔出并且分析文本中重要的符号。
   (1) 重要的符号是什么?
   (2) 它们指代什么?
   (3) 是否存在着一个将它们统一起来的体系?
   (4) 可以发现哪些编码(例如,身份象征、颜色或音乐)?
   (5) 它们是如何被表现或隐藏起来的?
2. 确定文本的核心结构、题目或模式。
   (1) 有哪些相对的力量?
   (2) 哪些力量是相互联合的?
   (3) 相对或联合的力量是否具有心理学上或社会学上的含义?是什么含义?
3. 确定文本的叙述结构。(也就是说,如果有一个被讲述的"故事",那么它的元素是什么?)
   (1) 对一系列活动的排序对文本的含义产生了什么影响?如果排序发生变化,文本的含义会有什么改变?
   (2) 是否存在着任何"公式化的"文本形态(例如,努力工作带来成功、正义得以伸张,或者诚实得到褒奖)?
4. 确定所使用的媒介是否对文本产生了影响,以及是哪些影响?
   (1) 如何使用镜头、拍摄的角度、图片编辑、图片处理等手法?
   (2) 如何运用照明、色彩、音乐、声音、特效等手法?
   (3) 纸张的质量、字形、图片、颜色等发挥了哪些作用?
   (4) 演讲者的语言、手势和面部表情对含义产生了哪些影响?
5. 详细分析符号学理论的运用如何改变了文本的原始含义。

回顾和小结

说服的负责任的接收者关系到说服者所选择的语言。他们通过审视说服者所选用的词语的语义内涵而具有一定的洞察力。他们评判词语的顺序或者语构,以及演说的各个部分出现的频次。对于说服者用语的模糊性程度,可以通过伯克所提出的戏剧主义的分析得到展露。说服者所选择的主题和比喻往往透露了他们的动机。说服对象也需要审视说服者所使用的上帝术语、魔鬼术语和神赐的术语,以及对于实用主义风格或者是统一风格的选择。最后,请尝试运用符号学方法对说服性信息加以阐释。所有这些批判性的方法都会随着角色扮演,重申和增强对共同创造的演说、电视广告、电影、政治口号、社会运动和包装设计中所使用的词语、风格和观点的认识而得以改善。

关键术语

在你读完这一章的时候,你应该能够对以下的术语或概念做出定义、解释,并且举例说明。

语义维度	复杂句	行动	魔鬼术语
功能维度	名词	行动者	神赐的术语
主题维度	形容词	方法	实用主义风格
半谐音	副词	目标	统一风格
头韵	语构	隐喻的风格	符号学
提喻	戏剧主义	构建	编码
简单句	五位一体	表达感觉的语言	
复合句	场景	上帝术语	

道德伦理准则的应用

请思考第二章中理查德·L.约翰森对道德标准的描述,你认为使用模棱两可的策略是合乎道德的吗?或是不道德的,或是需要根据说服者的目的以及最后的结构而定?要是模棱两可的语言说服你去做出一个不明智的购买决定,你对此又会怎么看?如果政府报告在情报资源方面含糊不清,其目的在于保护他们的资源或者保护国家的安全,那么你的看法是什么?如果对于某种疾病可能的征兆所做的乐观但不全面的检查,能让患者抱有希望,你怎么看?

什么样的道德标准应该用于对模糊性策略的使用中?论证你所提议的道德标准,并且将它们应用在前文所提到的案例中,以证明它们是否适用。你所提议的道德标准是否存在着一些弱点,有哪些不足?

进一步思考的问题

1. 请抄写下来某首流行歌曲的歌词。现在请根据这一章所展现的功能工具对它们进行分析。是否存在着对某类词语、某种句式结构的偏爱?所表达的消息是模糊的还是具体的?请解释。
2. 请描述几种语义工具。你认为美国总统的演说的五位一体模式是什么?你的老师的呢?
3. 请描述用来对语言进行主题分析或者文本分析的工具,并且运用它们分析最近的某一个竞选宣传活动中的说服行为。这些分析为你提供了有关候选人的哪些信息?请尝试着对最近的某项大型商业活动做同样的分析。
4. 上帝术语是如何在你的父母的说服中发挥作用的?魔鬼术语呢?请建构你父母用上帝术语所表达的他们的某个要求。上帝术语是如何激励使用由www.livehunt.com 所出售的互动媒介的用户的?

5. 统一风格的说服者与实用主义风格的说服者有什么区别？请在你的同学中、过去的说服活动中、你所在的团体中对某些议题的支持者或反对者中，找出这两种风格的说服者。这两种风格存在着哪些差异？哪种风格看上去更可能或更不可能传递不符合道德的说服诉求？请描述语义学和符号学之间的差别。哪一个看上去更客观一些？两种方法在什么情况下使用是恰当的？你是否会使用语义学和符号学去分析并且生成说服性消息？如果是，你将如何做？
6. 文本和符号的区别是什么？能指和所指的区别是什么？
7. 如果语言是被用于交流的媒介，请描述它的互动性。当通过交互性媒介传播的时候，如何使用语言？请描述在不同的亚文化中象征性语言的文化差异。

有关在线活动，请浏览这本书的对应网站：
http://communication.wadsworth.com/larson 11

第 二 部 分

确定产生说服力的首要前提条件

在所有对说服符号进行过程分析的工具中,都隐含着古代哲学家亚里士多德的省略三段论法以及精神气质、感同身受和逻辑性的三合奏。省略三段论法在第二部分被用作分析性象征或组织性工具。第二部分对在三段论中发挥作用的首要前提的类型进行研究。我们将首要前提定义为,那些使大部分受众相信的前提条件,以及那些使受众能够被说服从而采取行动或做出改变的前提条件。

第一种类型的首要前提条件是在第七章中进行研究的。它被称作过程性(或心理的和情绪性的)前提条件。过程性的前提依赖于几乎在所有的说服对象那里都在发挥作用的心理因素。说服者将他们的产品、候选人或观点与这些过程性前提条件联系起来,而后者正是被用作三段式论证的首要前提条件,从而产生广泛的感染力。就精心的可能性模式而言,大部分过程性或情绪性前提条件是被用枝节的信息处理路线来分析的。

第八章展示了第二种类型的首要前提条件,即所谓的逻辑性或内容性前提条件。它们的说服力在于受众对真理或论证的正确性的信服,它们是被用精心的可能性模式中的中心路线加以处理的。你可能注意到了,过程性前提条件和内容性前提条件之间有相当大的相似性。但过程性前提条件依赖于心理或情感需求,而内容性前提条件则是以逻辑或理性的模式为基础。我们从幼年时期就开始学习这些推理模式,而且它们在我们的一生中将不断得以强化。例如,假设我们告诉两岁的孩子,如果他们继续哭下去的话,那么就不能接着玩某个玩具,或者不能继续看电视了。在这里我们正在使用"如果……那么"的推理形式,也就是说某种行为会带来某种结果的理性模式。

第九章考察了文化前提条件,它们依赖于我们的社会所教授给我们的行为模式或信仰模式。它们类似于受众的信念或信仰之类的事物。例如,美国人学会了,当他们遇到问题时,必须寻找相应的解决办法——可能通过建立一个任务小组或是吞下一片药片。这似乎是如此理所当然,因而当我们发现来自某些其他文化的人面对问题,更愿意轻易地束手就擒的时候,我们会目瞪口呆。解决问题对于我们而言是通过文化传播的模式。在了解这种特点的情况下,说服者就会激励我们采取他们所描绘的行动作为解决方式。聪明的说服者能够制造难题,然后向我们兜售解决方案。文化前提条件包括神话和我们社会所珍视的价值。文化前提可能是通过精心的可能性模式中的枝节的路线来处理的。

第十章探索了非语言符号的前提条件,它们有时比深奥微妙的语言符号更具潜力。通常,非语言符号的前提条件决定着说服的最终的成功或失败。这些前提条件往往是通过精心的可能性模式的枝节路线,几乎在无意识的状态中被处理的,而且由于接收者的文化或亚文化的不同,对它们的理解也有非常大的差异。

在你阅读第二部分的时候,请注意你是在探索你和受众所共同拥有的首要前提条件。定义这些首要前提条件的类型,既有助于你成为一名更为成熟的说服者,更为重要的是,也使你成为一个更有才智的、更具有批判能力的说服对象。

第七章　心理的或过程性前提条件：激励和情绪工具

需求：第一个过程性前提
  帕卡德的"不可抗拒的需求"
  马斯洛的需求层次理论
  对需求的过程性前提的运用

情绪：第二个过程性前提
  恐惧
  内疚
  愤怒
  自豪
  幸福和快乐

态度：第三个过程性前提
  态度、信仰和主张
  态度的功能
  态度和意向
  态度和人际传播/说服
  态度和信息处理

一致性：第四个过程性前提
  认知不和谐理论
  不和谐的源头
  和谐的源头

回顾和小结

关键术语

道德伦理准则的应用

进一步思考的问题

学习目标

在阅读这章之后，你应该能够：

1. 定义、解释并举例说明帕卡德的隐藏的需求。请举出当前的一些例子。

2. 定义、解释并举例说明法伊格的敏感问题。它们在你的生活中是如何发挥作用的？

3. 定义、解释并举例说明一些积极的情绪和一些消极的情绪。哪些对你最有影响力？

4. 解释态度、主张、行为意向和行为之间的区别。

5. 解释并举例说明马斯洛的需求等级的各个层次。你认识的人当中有谁看似达到了自我实现的层次？

6. 解释并举例说明认知不和谐。它们会出现在你的生活中的什么地方？

7. 讨论诉诸说服对象的情绪、需求和态度的说服的道德性。

本章将考察通常被称作情绪诉求或意愿诉求的相关事物。我们将要研究四种类型的情感诉求：

1. 诉诸深层次的或物理上或心理上的需求；
2. 诉诸积极的和消极的情绪；
3. 诉诸态度和主张；
4. 诉诸平衡或和谐的心理状态以及不平衡和不和谐的心理状态。

一些说服学研究者对逻辑诉求和情感诉求做出了区分，他们指出这两种诉求处于一个闭联集的两个相反的端点上，而且相对"较好的"诉求是逻辑性的。这种解释假定了说服性诉求一定是逻辑诉求或情感诉求两者中的一种，这两种诉求是分开、独立运作的。我们很容易看到，在一些关键语句、统计数据、说服者的特性或其他因素的作用下，无论是"理性的"还是"感性的"说服都会立即产生作用。尽管有些说服会以这种方式带来效果，但是更为常见的情况是，说服的效果需要假以时日才能显现出来。

我们已经了解到说服效果部分依赖于自我说服，通常自我说服是逐渐或一点一滴地发生的。某一种"感性"诉求可能是用来抓住接收者的注意力的。而一系列的"逻辑性的"论据则可能强化了第一个诉求，并且导向最终的决定或行为。例如，有一个名为"美国志愿者"（Volunteers in America）的组织请你将你的汽车捐献给他们，因为卖掉这辆汽车的收入能够帮助他们将被遗弃和被虐待的儿童安置到安全的抚养机构。这个诉求是感性的还是逻辑性的？没错，它同时具备这两方面的元素。情感诉求是有关帮助孩子在一个良好的环境中得到更好的照顾的。帮助他人会让我们中的大多数人对自己感觉良好。另一方面，这里也有捐赠汽车的理性原因。例如，因为捐赠，你可以得到减税的待遇（可能是你需要的事物），而且你甚至不用将汽车给他们开过去，或者维修汽车使之运转正常——因为这个组织有48小时内的免费提取的服务，而且他们在出售之前会对汽车进行维修。真正的问题不是这个诉求究竟是理性的还是感性的，而是你究竟是以中心路线还是枝节路线处理这则消息。在这个案例中，枝节路线处理的是"感觉良好"的部分，而中心路线处理的则是减税、48小时提取和维修，感性部分和理性部分分别被用两种路线进行处理。

在这一章里，我们将考察一些感性诉求或利用心理或情感过程的前提条件，它们是用精心的可能性模式中的枝节路线加以处理的。这些诉求是以人类的需求、情绪、态度和我们因自己所做的决定而感觉到的精神舒适状况为依据的。我们将这些诉求称作**"过程性或感性前提条件"**（process or emotional premises）或诉求，是因为它们针对大多数人都拥有的心理和情绪过程。当我们把它们称为前提的时候，意味着我们是指它们在省略三段论法中的运用。当我们把它们指代为诉求的时候，则意味着我们正在谈论它们是如何在政治或广告世界中运作的。将前提条件和诉求看作近似的同义词也可以。这两者都是针对我们的心理过程而不是我们的逻辑或推理过程的说服的子类型。例如，我们中的大多数人都会有基于恐惧的情绪，它会导致心理紧张。因而，说服者就致力于生成我们对自己的面容的担忧情绪，而后向我们提供可以减轻那些害怕和紧张的产品。请想一想李施德林（Listerine）漱口水。一开始，它被用作强有力的外科手术消毒剂、地板清洁剂和治疗淋病的药剂。直到20世纪20年代，它才成为治疗口臭（halitosis）——一个指代难闻的气味的含糊晦涩的词语——的药物（Leavitt and Dubner，2005）。早期的一则广告的大标题是"有口臭吗？李施德林漱口水让你的呼吸像甜蜜的吻"。心理诉求或过程性前提被应用在商业、市场营销、广告、促销、政治、人际传播和意识形态方面的说服中。当我们出于品牌忠诚、品牌名称、难忘的广告语、迷人的广告歌或甚至是因为包装而购买某个产品的时候，过程性或感性前提条件就在发挥作用。你是否能够想起来在第五章提到的有关偎依牌织物柔顺剂的例子。这个品牌名称让人们不由自主想要拥抱，而它的毛绒泰迪熊的标识也同样如此。过程性前提条件也在更为严肃的场景——例如，颁布国家安全法律、竞选人呼吁监狱改革、广告主尽力说服你做出购买一辆新车或房子的重大决定——当中，发挥着作用。感性前提条件还出现在日常的邻里、配偶、父母与子女、兄弟姐妹、情人、老板与员工之间的人际说服中。

需求：第一个过程性前提

我们每个人都有自己的一系列需求。有些需求是至关重要的——当我们缺乏诸如食物、水、服装和居所的时候，我们无法生存。另外一些不那么重要——没有它们，我们也可以活下去。而且，并不是每个人的需求都有着同样的优先次序。不同的文化根源会对我们的需求的等级次序产生影响，但是，我们大多数人的需求与其他许多人的需求是类似的，因而，各种激励原理可以用于广泛的人群。许多诉求聚焦于被满足之后就会给我们带来幸福安康的总体感觉的需求之上（例如，事业成功、受人喜爱或者拥有宗教信仰）。如果这些需求或者一些替代性的需求没有得到满足，我们就会感到沮丧、焦虑、害怕，甚至愤怒，并且导致紧张。我们从人们所表现出来的应该是满意的和幸福的行为模式中推断出这些需求。由于人们应该是关注成功与否的，因而我们很快就可以推测出人们对于诸如捷豹汽车（Jaguar）、夏日度假别墅或一幢大房子等有形象征的需求。

在今天这个迅速变化的世界中的说服，往往集中于传播或销售象征性途径，以满足人们的心理或情感需求。有些产品,例如自我提升课程,的确能够有助于个人在其上司那里留下更好的印象,但是人们所购买、投票或支持的对象却往往没有这样的直接的效果。人们开着宝马车,并且享受着他们所认为的从其他驾车者那里得到的羡慕的眼神。我们对于某位候选人的支持,可能与我们对他人的赞赏的需求,或是与我们的自尊的需求有关,因为这位候选人的支持者是我们的朋友或邻居,而他们欣赏我们的支持。而且,由于我们支持了这位优秀的候选人,可能"起了重要作用",这会使我们感觉良好。

如果说服者以需求这个过程性前提为基础,错误地分析了受众的需求或情绪,那么说服活动有时就会产生事与愿违的结果。例如,一位广告主猜想旅行者需要结实的箱子,于是制作了一则昂贵的电视广告片,在这则广告中行李箱在搬运上飞机的时候被野蛮装卸,而后在飞行的过程中又从飞机上掉了出来,从3万英尺①的高空垂直落下,落地的时候撞到了一些石块,又被反弹到了空中。最后,当行李箱被打开的时候,摄像机的镜头展示了里面的东西毫发无损。这则广告貌似具有说服力。但是,在它播出后,这款箱子的销量直线下降。为什么呢?焦点小组访谈指出,大部分人都会担心他们乘坐的飞机会失事,同时他们非常讨厌他们的行李能够保存下来而他们却不能生还的想法。这种恐惧情绪和厌恶情绪如同愤怒、妒忌、憎恨、快乐或爱恋的情绪一样,发挥了强有力的激励器的作用。

为了探寻为什么消费者会做出某些反应,建立在社会学和对市场营销的研究基础之上的而不是基于我们传统的政治、意识形态或雄辩传统的**动机研究(motivation research)**,在第二次世界大战之后迅速发展起来了。在作家、广告学学者万斯·帕卡德(Vance Packard,1964)最畅销的著作《隐秘的说服者》(*The Hidden Persuaders*)中,帕卡德指出,在美国的几百家大型广告公司中,大部分公司都运用心理分析的动机研究去揭示深层次的心理需求和回应。其他说服者,例如公共关系执行者和基金募集人,也借助心理学理论,以发现说服对象的动机、情绪或需求,而后他们将产品、候选人和事业与那些动机和需求紧密地联系起来。帕卡德指出大量的动机研究:

> 都在试图了解哪些动机或者**隐藏的需求(hidden needs)**影响着人们的选择过程。这些研究使用可以抵达潜意识思想层面的工具,因为人们的偏好基本上是由那些个体通常意识不到的因素所决定的。在大多数购买的情形中,消费者都是情绪化且难以抑制地、无意识地对他们下意识地与产品联系在一起的映像做出反应(第5页)。

一位专家曾经说过:"化妆品制造商并不是在卖绵羊油,他们所出售的是希望……我们不再购买橙子,我们买的是活力。我们买的不只是一辆汽车,我们所购买的是威望。"(第5页)帕卡德指出,动机研究者对人们有三个假设:(1)在他们采购的时候,他们并不总是清楚他们想要什么;(2)你不能信赖他们所说的他们喜欢什么或

---

① 1英尺≈30.48厘米。——译者注

者不喜欢什么;(3) 在他们采购、投票或者加入到某个团体中的时候,通常并不会理性行事。

动机研究反映了心理学中的象征主义的传统,而不是实验主义的传统。广告和市场营销研究者通过焦点小组访谈,使消费者描述他们与某些品牌和广告联系在一起的恐惧、喜悦或想象。另一些研究者请人们对句子做完形填空,或者说出看到某些品牌使他们联想到的词语。这样的趋势仍在继续,而且最近有关消费者行为的研究证明了帕卡德所提出的许多观点。我们也仍然在进行这一类动机研究,但是现在所使用的工具更加成熟——将文化多元化纳入考虑,并且通过使用交互式媒介而使受众参与进来。纽约大学的尼尔·波兹曼教授(Freedman,1988)在很久以前就观察发现:"广告主……孤注一掷地要使你与他们保持一致,因而(正)尝试着某些新伎俩。许多广告都在潜意识层面有更大的影响。"(第 5 页)

广告公司经常招募心理学家和神经生理学家,以求产生所渴望的效果(Freedman, 1988)。例如,阿姆赫斯特公司(Amherst Incorporated)开发了一种名为"动机和态度素描"(Motivation and Attitude Profile,MAP)的研究工具,并将它用于推销商品、服务和政客。阿姆赫斯特公司极具创造力的总裁是这样描述动机和态度素描工具背后的理念的:"人们受到他们的情绪的驱动,而与事实或逻辑无关。渐渐地,你所按下的唯一的按钮是一个情绪化的按钮。你发现人们的需求是什么,并且知道如何对那些需求做出反应。"(Booth,1999,第 32 页)从哈根达斯冰激凌到大众汽车,再到人寿保险,各种各样的产品都依赖于消费心理学,所谓消费心理学是一种研究工具,它确定了购买行为背后的心理原因。无论是我们所谓的动机研究、生活方式研究,还是隐藏的说服者或是消费心理学,都可以归于相同的基本理念,即发现隐藏的或者明确的需求,并且开发相应的产品和广告来满足那些需求。

帕卡德的"不可抗拒的需求"

研究需求性前提条件的一种路径,是帕卡德的**"不可抗拒的需求"**(**compelling needs**),这是帕卡德在对动机研究时代中迅速发展的广告业的观察中发现的。帕卡德认为,这些需求是如此强大,因而迫使人们去购买。他定义了八种不可抗拒的需求,广告主利用这些需求来推销产品。在今天,我们也仍然能看到它们被广泛使用,尽管远比帕卡德所描述的要成熟得多。市场营销人员在广告中承诺,他们所推销的产品或服务,将为这些非常强烈的需求提供切实的或象征意义上的满足。

市场营销顾问巴里·法伊格(Barry Feig,1997)指出,广告主寻找**敏感问题**(**hot buttons**),从而刺激人们,并且促成购买行为。法伊格将敏感问题定义为,导致接收者从情感上与某个产品密切联系在一起而不是对这个产品的实际情况做出理性回应的诉求。例如,他声称,购买新汽车往往是试驾和新车所散发的气息所带来的结果。购买者感性地与新汽车所带来的感觉和气味联系起来了,并且将诸如性能等其他因素放在一边不加考虑。有些聪明的说服者发现了一种包装方式,即通过喷雾剂的容器散发出好闻的气味,通过这种方式,使得二手汽车的销售更为有效。法伊格在 20 世纪 90

年代出版的著作也证实了帕卡德所提出的隐秘的需求,此外,他还发现了帕卡德所没有注意到的其他需求。

互动区域7.1　消费者直觉——进入你的头脑

　　一个总部在芝加哥的在全国运营的市场营销公司Claritas,运用消费心理学和生活方式数据开发了PRIZM系统。PRIZM系统是一种市场营销工具,它定义了全美国的60多种细分市场,并且用反映了每个细分市场的消费者的内在心理需求的名称为这些市场命名。例如,有一个细分市场叫作"皮卡和机枪架"(Pickups and Gun Racks)。这个细分市场中的人往往生活在自己搭建的或可移动的房屋里,他们消费大量的没有品牌或者超市自产品牌的甜汽水。如果他们购买女式内衣裤,往往是好莱坞的佛莱德瑞克(Frederick's of Hollywood)牌的。他们最经常的金融交易就是购买彩票。他们显然与那些属于"城市和礼服"(Town and Gowns)(你可能恰好生活在那里)这一细分市场的人有着不同的需求,同样,后者的需求也不同于那些属于"红领、白领和蓝领"(Red, White and Blue Collar)市场的人们的需求。对于"城市和礼服"细分市场中的人而言,最频繁的金融交易是使用自动提款机。如果他们购买女式内衣裤,则往往是在百货商店或者去维多利亚的秘密(Victoria's Secret)等专卖店,而且他们大多居住在独栋建筑、公寓、宿舍、大学生联谊会或女生联谊会的房子里。PRIZM系统在许多开拓消费者的营销公司中都是一个被广泛使用的工具。

　　你是否认为市场营销人员对我们了解得过多了?这当中有多少信息是来自政府公开的数据?有多少是我们自己透露的?如果你想有更多的了解,请访问www.claritas.com,并且观看解释市场细分体系的视频以及浏览这个公司网站的其他部分。

　　对于情绪安全感的需求。 帕卡德所提出的第一个不可抗拒的需求,就是对**情绪安全感**(emotional security)的要求,所谓情绪上的不安,被定义为对于未来的担心的感觉,以及对于我们个人的幸福和安全的不确定的感觉。当我们的生活变得不可预测的时候,这种感觉就会出现,因而我们会努力地以象征性的方式消除这些感觉。帕卡德将对情绪安全感的需求归因于美国经济大萧条(Great Depression)。随着第二次世界大战的到来,人们拼命渴望避免失业、入不敷出等所带来的不安全感,因而人们去找工作、节俭度日,并且购买家用冰箱来存储食物以应对不确定的未来。这种需求在今天仍然在发挥作用,只是出于不同的原因。恐怖主义似乎没有停止的趋势,而且的确不可预测。如雨后春笋般地发展着的身份盗用令每个人都感到不安。艾滋病威胁着非洲大陆和其他地区的经济前途,危险的污染每时每刻都在败坏着我们的环境。世界经济似乎处于一种可疑的平衡状态中。如果石油价格继续飙升的话,股票市场可能会崩溃,那么就会带来另一次大萧条。随着并购、裁员和外包的发展,现在很多人担忧他们的职位安全,而识字率从早期的超过90%的高点已经下降到不足70%了,这使得许多人难以找到除了烙牛肉饼之外的其他工作。

因此,我们寻求替代性的安全象征就不足为奇了。除腋臭剂向我们承诺安全可信的社会关系。自我发展课程保证了更稳固的职业安全。退休养老计划提供了经济上的安全。这些产品和服务发挥着在前面的章节中所提到的三段论中的小前提的作用,而首要的大前提则是"安全才好"的信念。即便在人际关系中,对于安全的需求也促使人们寻求承诺。首先,"同居生活"是一种无拘束的生活方式,但是现在被一些人质疑,因为没有承诺就没有安全感。作家斯蒂芬妮·斯塔尔(Stephanie Staal,2001)指出,那些在婚前同居的伴侣的离婚率,比没有婚前同居的人要高50%。我们所有的人都面对着不可测的变化,而这些使得我们很容易受到承诺了某些安全象征的说服的影响,例如收益良好的投资计划、成为某个受尊重的社会群体中的一员、来自安保系统的安全、拥有武器,或者是由可信和值得依赖的关系所带来的人际间的信任。法伊格(1997)认为这种对安全感的需求是一个具有广泛普遍性的敏感问题,他将之称作"对控制性的渴望"。对安全感或控制性的需求因文化不同而有不同。例如,在有些亚文化中,获得今天的满足要优先于事关明天的安全感。

对于价值保证的需求。我们生活在一个充满着激烈竞争且没有人情味的世界里,在这样的世界里,我们感觉自己似乎仅是一名无足轻重的小卒。帕卡德注意到人们需要感觉到自己所做的是有价值的——无论是在工厂里、书桌前、教室中,或是在日间护理中心。家庭主妇、蓝领工人、经理人和所有其他人,都需要感受到他们正完成着某些有价值的事情,并且得到他人的欣赏。帕卡德将这种需求称为**价值保证(reassurance of worth)**,它可以被定义为我们得到他人重视时而产生的一种感觉。这种需求构成了许多说服性诉求的基础,例如从承诺使我们成为更好的父母、配偶或朋友的广告,到号召成为一项有益的事业的志愿者的招募。一项研究请管理者和员工列出能带来工作满足感的10个要素。管理者将工资、额外福利和工作环境列为最重要的,而员工则将这些要素放在10个要素中最不重要的位置。他们将"对所完成的工作的赞赏"列在最前面,紧随其后的是"我的上司听我说话",以及"一同工作的同事"。法伊格(1997)通过指出"消费者需要对他们自己有良好的感觉,并且要去实现他们的自我形象,这些是人类的基本需求",而证实了对于价值保证的需求的存在。

社会学家罗伯特·贝拉(Robert Bellah,1985)和他的同事在上百次访谈的基础上得出结论——大部分当代美国人认为自己处于对物质产品、声望、权力和影响力的竞争当中。他们将自己与他人区分开来,并且在物质产品中发现自我价值。伦理学家凯瑟琳·西伯利(Kathleen Sibley,1997)注意到,当雇员们了解到公司监控员工电子邮件的做法后,他们当中的许多人会产生不信任的感觉。

当我们感觉到作为个体越来越不重要的时候,我们就成为很容易受到承诺价值保证的说服的影响目标了。价值保证也有它自己的文化含义。西夫曼和凯奴克(Schiffman and Kanuk,1997)观察发现,亚裔美国人有着强烈的品牌忠实度,特别是当某个品牌让人们知道它对顾客的欢迎以及它会通过提供客户卡、优质的服务等表示对顾客惠顾的感谢的时候。其他种族的亚文化看重讨价还价,也有的文化认为质量比价格更重要。

对于自我满意的需求。帕卡德发现，许多顾客不仅需要保证他们的基本价值，他们也需要**自我满意**（ego gratification）。帕卡德将自我满意定义为，对于自我重要性的感觉和感觉到自我的存在。

对于自我满意的需求的满足来自多种渠道——朋友、同事、邻居、父母、群体、机构和我们自己。法伊格（1997）将这种需求称为"我比你好"的敏感问题，并且强调顾客通过展示他们所拥有之物，从而构建他们的自尊，满足这种需求。说服者通常以一些其成员有时会感到遭到冷落的群体为目标——例如教师、警察、消防员、邮递员或社会工作者。在"9·11"事件之后，媒介将这些群体带到他们应该得到的公众的注意力下。他们从电视、报纸和新闻期刊的大篇幅报道中获得了自我满意。这些群体现在也得到了偿还贷款的特殊的利率、帮助他们购买房屋的担保，以及其他的展现了国家对于他们所做的公共服务的感谢的优惠。说服者常常通过人际传播的方式唤起自我感知，从而针对边缘群体的自尊需求推销产品、观念和候选人。

例如，重视家庭的价值。从20世纪60年代到80年代末期，传统的家庭一直是落伍的。团体生活和同居生活是时尚的。那些仍然忠于传统家庭的理想模式的人有种似乎被排斥在外的感觉。而从90年代到现在，说服性的"赞成传统家庭模式"的诉求，相继出现在总统竞选宣传、宗教界的呼吁、公共关系和对承诺能够重新带来家庭价值的产品的营销中。法伊格（1997）将它称作"家庭价值"敏感问题，并且指出，市场营销人士兜售着一种和我们所有人的愿望一致的家庭的愿景。

政客们也知晓如何触碰到相应的潜在投票者群体的自尊心。一位共和党女性州长候选人在两类完全不同的受众身上，都采用了满足自尊的办法。她乘坐豪华轿车、穿着保守的裙子套装、戴着丝巾参加了共和党的女性午餐会，吃的午饭是鸡肉沙拉。之后，她换上了黑色皮夹克、靴子、手套和长裤，并且驾驶哈雷（Harley）摩托车来到了附近大学中的青年共和党俱乐部。在这两个活动中，她都受到了热烈的欢迎（National Public Radio，2002）。

对于创造性表达方式的需求。在我们现今的技术官僚政治中，几乎没有产品可以被认为是唯一的手工艺品。但是这种情况并不是由来已久的。例如，直到工业革命（Industrial Revolution）之前，诸如家具木工这样的手工艺人从头到尾地制作一件家具——它是他们的独一无二的产品。在铁匠、木匠、银匠和其他工匠那里都是如此。他们所有人都能够因他们的产品而感到骄傲。但是，在今天却往往不再是这样了，这就是为什么我们感受到了对**创造性表达方式**（creative outlets）的需要。帕卡德看到，这种需求可以通过进行替代性的有创意的活动——它们能够代替先前由个人所制造的作品——而得到满足。人们在很多方面都感觉到越来越没有创造性，因而他们需要找到表达他们自己的独特创意的途径。帕卡德指出，说服者通过促销与爱好、手工艺和社交行为有关的产品和品牌，从而直指这种对于创造性表达方式的需求。

今天，有一半以上的人在服务业和信息业工作，在这些领域，大部分重要的产品都是非物质化的，并且并不是真正具有创造性。不再存在真正的创造，更多的工作是通过诸如机器人这样的科技产物来完成的。但是，人们仍然需要展示他们的创造性——

这种需求被法伊格(1997)定义为"发现所带来的兴奋"的敏感问题,因而人们致力于园艺、烹饪美食、家居布置、收藏和修复古董、艺术品或音乐作品等。

对于爱的对象的需求。帕卡德注意到,那些孩子已经长大成人的人,往往感觉到对于**爱的对象(love objects)**的需要。这些"空巢老人"在他们最小的孩子离开家去上大学、工作或结婚后,感觉孤独和不被需要。空巢老人通过不同的方式来满足他们对于爱的对象的需求,例如做义工,将更多的时间用于工作或兴趣爱好,或是成为热心的老大哥、老大姐,或是抚育第三代。说服者也用各种各样的方式来以这些空巢老人为目标。例如,许多年长者将宠物作为爱的对象的替代者。他们悉心照料、娇惯甚至打扮他们的宠物。宠物食品生产业用"美食"产品线瞄准这些将优质肉(Premium Cuts)、软食(Tender Vittles)、牛肉汁(Beef'n Gravy)、惊喜金枪鱼(Tuna Surprise)或鸡的盛宴(Chicken Spectacular)买回家的人。这些食品听上去,甚至看上去都像是人类可能消费的物品。法伊格(1997)将这种需求称为"重新升值"的敏感问题,而且他预计,随着婴儿潮代进入退休和空巢阶段,试图满足这种需求的产品将大幅度增多。

对于有势力或强有力的感觉的需求。比起其他文化中的成员来说,大部分美国人都更多地以各种象征性的形式,追求权势的象征或者一种**有势力或者强有力的感觉(sense of power or strength)**。帕卡德将这种需求定义为对扩展个体被感知的权力或力量而不是真正的权力或力量的要求。汽车或舷外马达越大越好。雪地机动车、装甲运输车、水上摩托艇和哈雷摩托车都因为它们给予了使用者以力量感而被销售出去。无论是一个双扳机的链锯的品牌,还是悍马(Hummer)商标,增强了的力量感才是核心议题。史丹利工具(Stanley Tools)出售"重型"工具,而不是显得娘娘腔的"轻型"锤子和扳手。类似地,美国人似乎更愿意选举那些做有男子汉气概的事情的政治家。事实上,参加总统竞选的所有重要的候选人,都必须用某种方式展示他们是身强力壮的。而且,随着男性步入中年,他们经常要参加像蹦极或健美运动这样的有男子汉气概的活动。

对于根脉的需求。现代社会的一个重要特性就是移动性。当个体被某家大公司雇用后,他们可能就必须在他们的职业生涯中搬几次家,而且大部分人在他们的一生里可能会有三段或者更多的职业经历。在大学毕业后的十年里,普通毕业生要搬迁十几次,而且通常至少有一次是跨州的。由此带来的结果就是,大部分人都感觉到**对于根脉的需求(need for roots)**——无论是象征意义上的,还是实际的。对于根脉的需求被定义为思乡的感觉,或者是对以家庭为中心的活动的渴望。当个体离开家乡之后,特别是当有较远的距离的时候,他们会随身携带家乡的一些东西。其中之一就是品牌忠诚,这在18岁到24岁之间得到最强有力的发展。刚刚毕业的大学生有着最高程度的品牌忠诚度,我所在的大学签署了一个协议,同意百事公司在校园里有独享的"传布权利"(pouring rights)。只有诸如百事激浪(Mountain Dew)、立顿冰茶(Lipton Iced Tea)或水果国度(Fruitopia)之类的百事公司产品,才能在校园里贩卖或提供。所有用来为品牌服务的材料(杯子、吸管、餐巾纸等)都必须在上面印有百事的标识。百事公司为这个权利向学校提供了超过800万美元的奖学金,它清楚品牌忠诚将因此得到发展。

对于根脉的需求和品牌忠诚的感觉,也有助于解释基于原有的和熟悉的品牌基础上的产品线延伸或新产品的开发。当我们购买桂格燕麦片(Quaker Oats Squares)的时候,会比购买其他品牌的燕麦片更有在家的感觉,因为桂格先生(Quaker Man)的熟悉、友好而且老派的面孔,承诺着"诚实的味道来自老实的面孔"。他象征着我们的传统,满足我们对于"老派的"丰盛早餐的需要和我们对于根脉的需求。品牌名称的美好之处,就在于它们是便于携带的——我们可以把它们带到任何地方的新家里。莱恩家具公司(Lane Furniture Company)通过为新婚夫妇提供莱恩公司的香柏木箱,而使得他们在结婚的时候能够"把家乡的一部分随身带走",从而诉诸对于根脉的需求和与家乡的情感联系。我们已经注意到,政客正呼吁人们珍视家庭。移动性和生活的碎片化不断加强的趋势似乎还将继续。其结果就是,对于根脉的需求成为一个重要的动机,因而广告主、政客和意识形态倡导者将继续在他们面向我们的说服性呼吁中利用这种需求。法伊格(1997)将这种需求等同于他的"家庭价值"敏感议题,并且指出"与家人相处的珍贵时间对于美国人仍然是最为重要的"。西夫曼和凯奴克观察发现,在一些亚文化(例如亚裔美国人和生活在美国的拉丁美洲人)中,对家庭和根脉的需求会延续好几代。就这一点而言,《纽约时报》注意到,出现了一种家庭中几代人一起驾车旅行的趋势。

对于永生的需求。我们当中没有人相信自己会永生。但是,对于衰老和死亡的恐惧显然推动着健康生活工业的发展,这个领域宣传着诸如优质营养、减压、锻炼和健康的生活方式之类的事物。帕卡德指出,对于永生的需求,产生于保持对家庭成员的生活的影响力的需要。赚钱养家者被说服相信,通过购买人寿保险,而使得他/她在去世之后仍然能够继续保证财务上的安全,为他/她的孩子提供上大学的费用——尽管他/她已经不在身边了,并且他/她以这种方式获得了永生。

其他产品也是类似地利用了对死亡的恐惧。例如,普若米斯(Promise)人造奶油将有助于你更长久地保持健康,因为"普若米斯将吃得正确放在中心位置"。而妮维雅(Nivea)的 Visage 面霜每天只需花费几美分,就能使你的皮肤"更加紧致、健康和年轻"。正如我们在前文中所引用的广告管理者的发现,我们不是在购买绵羊油,我们买的是希望——对于稍微多一些的不朽的希望。对于永生的需求,似乎在我们现代的技术官僚体制中特别重要。被频繁谈论的中年危机就是一个例子。中年危机发生在当人们意识到"时间大步向前",而且他们很可能已经走过了他们人生的中点,或者他们正面对着人生中的一些重大的事情,例如父母的去世时。因此,他们离了婚、辞掉或者丢掉了工作、买了一辆跑车、与年龄只有他们一半的人私奔,以及开着运动款汽车飙车,这一切似乎都在强调他们的青春仍然坚不可摧。他们希望再次年轻,或者至少能够享受一些随着时间的推移他们所失去的体验。因而,他们经常投入诸如跳伞这一类的危险活动。

还存在着大量其他的诸如此类的说服诉求,因为它们与对于永生的渴望紧密地联系在一起(Lafavore,1995)。法伊格(1997)将这种需求称为"自我滋养和保持永恒和不朽的能力"的敏感问题,并且指出,年长的人更愿意花钱在那些让他们对自己感觉更为良好的东西上。

现在我们转向可能是最著名的有关人类的需求的模式。这个模式首次提出是在50多年前,而现在它依旧运转良好。

马斯洛的需求层次理论

亚伯拉罕·马斯洛(Abraham Maslow,1954)是一位著名的心理学家,也是这个学科领域的开创者,多年以前他提出了一个用来研究人们的需求的简单的出发点。他的关于人类需求的力量的理论,被许多人认为对于今天的说服活动的重要性,与他首次提出这些理论时是一样的。加利福尼亚州的管理顾问南茜·奥斯丁(Nancy Austin,2002)认为,尽管马斯洛的理论已经年过半百了,但是"对于希望提高业绩的当代经理人来说,仍然是非常有活力的"。《培训》(Training)杂志的资深编辑罗伯特·泽姆克(Robert Zemke,1998)指出:"具有讽刺意味的是,这位50年代的、毫无商业头脑的心理学家,却在管理心理学的发展和现代经理人的思想中发挥着核心作用。"1998年,马斯洛的女儿出版了他的著作的修订版,标题为《马斯洛论管理》(Maslow on Management),这本书得到了热烈的评论(Rowan,1998)。西夫曼和凯奴克(1997)说,尽管已经过了很长的时间,但是"马斯洛的需求层次仍然是理解消费者动机的卓有成效的工具,而且可以方便地用于市场营销战略中"(第100页)。法伊格(1997)的一些敏感问题与马斯洛的需求层次是一致的。尽管马斯洛的理论已如陈年老酒,但是它仍然给予我们很多教导。

马斯洛推测,人们有着不同类型的需求,这些需求会出现、减弱,而后还会再次出现。在他的需求层次理论中,处于等级较低的层次上的需求是最强烈的需求,而较高层次上的需求则较弱(请见图7.1)。马斯洛并不认为较高级的需求优于较低级的需求,而是较高层次的需求在较低层次的需求得到满足之前不太可能出现。这个金字塔的基座代表了普遍通用的需要或者信念——它们是被所有人所共同拥有的。随着我们在金字塔上向上移动,我们发现那些需求或者信念——对于它们,并不是全体人类都有一致的看法,而是不同的个体对于它们有着不同程度的重视。

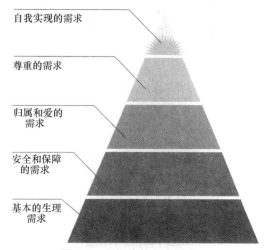

图7.1　马斯洛的需求层次

由此所带来的结果就是,在马斯洛的需求层次中存在着向上的动力,这意味着,当一个强有力的需求得到满足后,下一个不那么有力的需求就会出现。马斯洛将这种向上的动力机制称为**"优势力量"（prepotency）**。换言之，较弱的需求（例如对于自尊的需求）只有在较强的需求（例如对于食物和居所的需求）得到满足之后，才可能出现。因而，请不要在一个严重缺水的人喝到水之前，去尝试说服他/她打扮得体。解渴的需要是优势性的，在它被满足之前，我们会忽视其他需求。随着时间的推移，之前的需求又会再次出现。例如，对于食物或者水的需要会出现，然后在我们吃喝之后会消退，但是在以后的时间里，它们又会再次出现。

基本需求。马斯洛需求金字塔的最底层，包含着我们所拥有的最强烈的需要，即我们的**基本需求（basic needs）**，马斯洛将它定义为我们用来维持生命所需要的生理方面的东西，例如，畅通的空气、食物、水、房屋、睡眠等。在这些需求得到满足之前，我们通常不会关注更高一级的需求。但是，基本需求能够刺激行动。例如，一个非常饥饿的人会被激励着去做各种从盗窃到吃昆虫等非常规的事情以争取获得食物。我们也知道，对于空气的需要能够使人因为恐慌而被淹死，而且可能不仅落水者自己会被淹死，也可能将救他们的人拖下水并使其溺亡。

安全需求。马斯洛金字塔的第二层是**对于安全的需求（need for security）**，马斯洛将它定义为继续用以满足生命的基本需要的能力。我们可以以几种不同的方式了解这些需求。如果我们害怕丢掉我们的工作，就说明我们有强烈地保证收入安全的需求，并且我们会努力找到更有保障的工作，或者我们会为困难时期存钱。即便我们拥有工作保障，但我们可能由于周围不断上升的犯罪率，而仍然对我们个人安全的保障状况感到不安。我们可能会通过在床头柜里放上枪支，或者搬迁到有门卫的小区等极端的做法来防止犯罪行为。即便我们在所居住的社区里感觉安全，但是我们仍然可能因为世界政治而没有安全感。我们害怕，我们的国家会受到恐怖分子的攻击，恐怖分子可能很快就能得到核武器或者生物化学武器。或者，我们担心我们国家的领导人正在考虑对一些国家采取不明智的军事行动。那些没有接受过高科技培训的人在计算机时代有着落伍并且被职场淘汰的现实担忧。政治分析家认为最近的一些选举的结果，与人们对于经济发展的停滞的担心有关。在人际交往领域，我们有对于"社交安全"的需求，或者需要不断地得到他人的尊重。换言之，当各种威胁到我们安全的危险显现出来的时候，对于安全感的需要就出现并且一再出现了。

今天，不安全感与变化一样，都是生活中难以预测的事物。在每十种将由未来的大学毕业生所完成的工作中，就有八种在今天甚至是还不存在的。由于变化的速度和步伐都在不断地加快，因而你几乎无法为未来做准备。现有的计算机技术不到一年就会变得过时。没有人能够跟踪有关职场、健康、通讯以及一系列的个人和社会领域中的所有新的（而且往往也是重要的）信息。这种需求类似于法伊格（1997）的"对控制性的渴望"的敏感问题。法伊格指出，这种需求可以用来解释居家微型企业，因为这样你就可以成为自己的老板，而且可以避免被解雇。

归属或从属的需求。一旦我们的安全需求得到满足，我们就开始意识到金字塔第三层上的需求了——**归属或从属的需求（belongingness or affiliation needs）**，这种需求被定义为对与他人交往或者在某个群体中得到身份认同的需要。我们有许多选择可以用来满足我们对于联系的需要。通常,个体会不局限于家庭和职场,而成为他们想归属于其中的某些群体的成员,例如服务团体、信仰群体、家长与教师协会(PTA)、保龄球社团或是高尔夫俱乐部以及健康协会等。一般来说,我们会限制自己所加入的群体的数量,而且我们只是在一些团体中是活跃的成员。法伊格(1997)将"对于归属的需求"定义为他的另一个敏感问题,并且指出"美国人是世界上'最爱加入'的人",他建议对这个说法有所怀疑的人去检查他们钱包里的会员卡(第29页)。

归属或从属的需求的另一面是趋于孤立的趋势。一些人和组织对于人们趋向于作茧自缚或者将自己与外界隔离的做法感到担心。罗伯特·普特南(Robert Putnam)在他的文章《独自玩保龄球》("Bowling Alone",1995)和他随后出版的著作《独自打保龄:美国社区的衰落与复兴》(*Being Alone: The Collapse and Revival of American Community*,2000)中,观察到越来越多的人加入到了被他称为"支票本"的群体中,例如公民公用事业委员会(Citizen's Utility Board)、赛拉俱乐部(Sierra Club)或是美国退休人士联合会(American Association of Retired Persons)。加入这些群体只需要你签一张支票,因为这些群体如果有聚会的话也是非常稀有的。成员身份在诸如狮子社团(Lions)、麋鹿会(Elks)和大角麋俱乐部(Moose Clubs)、市民性的和兄弟会之类的群体中表现出令人沮丧的一面,而且越来越少的人在联合会中打保龄球了,而是倾向于"自己玩保龄球"。

正如生理需求和安全需求一样,归属的需求往往也与其他需求发生互动,并且会在我们的生活中反复出现。而如何满足我们的归属的需求,在我们人生的不同时点有着不同的方式,而且归属的需求可能随着时间的推移也在不断地变化着。当我们读大学的时候,属于兄弟联谊会或女生联谊会可能是非常重要的,但是,在毕业之后,这种从属的要求就会淡化,并且被与工作有关的关系或者其他社会活动所取代。当我们有了家庭之后,另一些从属需要可能对我们来说有了更大的重要性,而我们会加入社区团体、某个教会或者其他的宗教组织。在这种背景下,一个新现象是像加利福尼亚州的纽波特海滩的海员教堂(Mariners Church of Newport Beach)这样的"超级教堂"。这个教堂为多种类型的细分市场提供不同的项目,包括创伤心理治疗、X一代(Gen X)的活动,以及诸如12步康复法、离婚动力学、如何做青少年的父母之类的各种主题的研讨会,所有活动都提供卡布奇诺咖啡和小点心。归属的需求将一直伴随着我们,因为人类生来就是社会性生物。

爱和尊重的需求。一旦我们满足了我们的从属或归属的需求,我们就感觉到了马斯洛模式的第四个层次上的需求的出现,马斯洛称之为**"爱和尊重的需求"(love and esteem needs)**,它可以被定义为,被我们所从属的群体——我们的家庭、同事群体、朋友、教会会众和邻里——的其他成员重视的需要。一旦我们成为一个群体中的一部分,我们就希望感受到这个群体既将我们看作一个成员,也看作一个个体。当我们的家庭理解我们并且对我们所做的事情表示赞赏,我们就会感到幸福。在简·方达(Jane Fonda,2005)最近出版的著作《英伦四月天》(*My Life So Far*)中,方达引用了奥普拉·温弗瑞所提出的"请求病"(Please Disease)来命名这种需求,并且将它描述为一种伴随一生的且无止境的渴望——我们渴望做出能够取悦我们的父母并且为我们带来爱或尊重的事情。也就是说,当我们发现我们被自己的家庭所需要、关爱和尊重时,我们对于尊重的需求并没有减弱,相反,它的焦点发生了变化,我们现在又希望感觉到被我们的同事、上司和朋友所需要。

在某些时间里,尊重似乎来自目的在于展示的炫耀性消费。在另外一些时候(例如战争期间),炫耀性消费会与没有爱国之心联系起来。而且,重要的事件和人生经历会改变人们满足尊重需求的方式。例如,近年的政治、金融和宗教领域的丑闻,已经动摇了人们对传统机构和它们的领导者展示尊重能力的信心。不正直的首席执行官会尊重他的员工和股东吗?西夫曼和凯奴克(1997)注意到,亚裔美国人的亚文化很大程度上受到尊重需求的激励,因而他们是努力奋斗者,尤其是在教育方面。人们意识到在社区中工作有助于他们满足自己的尊重需求。事实上,"社区"已经成为一种上帝术语。

自我实现的需求。马斯洛将**自我实现的需求(self-actualization needs)** 放在他的需求金字塔的最顶端(因而也暗示着它们很少出现)。他将自我实现定义为个体的全部潜力或者能力的完全发挥。首先,马斯洛认为,个体只有在所有自我实现以下的四个层次的需求得到满足之后,才可能发挥他们的潜力。因而,对于年轻人来说开始考虑自我实现是比较困难的,就像如果个体在没有归属于某个能够带来爱和尊重的群体之前,是难以满足爱或归属的需要的。但是,事实上,自我实现是每个人人生中的一个不可缺少的部分。法伊格(1997)为这种需求贴上"做到最好的渴望"的敏感问题的标签,他还列举了一些例子,其中包括当我们还是孩子的时候,从学校把带着金色星号的奖状带回家时的骄傲之情,这些都是自我实现的证明。

马斯洛后来认为,自我实现是出现在他所谓的人生中的"巅峰体验"当中的。这些事件使得个体能够欣赏并且了解他们自己,或者经历到一些他们在之前只能梦想的事情。因而,那些在荒野中探险、学会依靠自己,并且不惧怕孤独的人,享受到了巅峰的或者自我实现的体验。当人们在高中或大学毕业后开始他们的第一份工作,并且发现他们拥有所有有价值的能力的时候,他们可能会体会到一定程度的自我实现。文化趋势也会影响我们通过何种方式努力满足我们的自我实现需求。社会批评家杰克逊·李尔斯(T. J. Jackson Lears,1983)注意到,随着美国从生产文化变为消费文化,我们确定自己的身份和潜力的源头的方式也发生了变化;也就是说,随着离开安全的农场生活搬迁到动荡的城市独居,我们经历了传统价值的丢失和我们的生活方式的混乱的变化。李尔斯指出,由此带来的结果就是对于"有益于健康的民族精神"或者使我们能够与自己轻松相处的身份的追索,因为这些允许我们去实现自我。这种有益于健康的民族精神在很大程度上带来了内在的和谐、减少了空虚的感觉,而且寄希望于通过消费模式得以自我实现。

当你置身于各种各样的说服性活动中,无论是在公共场所还是在人际层面,都尝试运用马斯洛的模式分析它们。看一看它们是否聚焦于人们所感觉到的需求,并且是否激励人们采取行动。你可能想试验用马斯洛模式中的一些层次说服他人。如果你的说服对象看上去没有被安全诉求所激励,你可以尝试诉诸基本需求或归属需求。

对需求的过程性前提的运用

在我们对第一个过程性前提——它在省略三段论法中可以被用作实现说服的跳板——进行探寻的过程中,人类的需求展现了我们容易受到说服攻击的一个领域。无论我们用帕卡德的不可抗拒的需求,还是用马斯洛的需求层次、法伊格的敏感问题,或者是其他模式对这些需求进行定义,我们都体验到了可强烈感知的需求,它们必须得到某种方式的满足。说服者经常将不重要的前提条件与这些强有力的需求联系在一起,从而通过使受众得出结论,而完成三段论式的论证。作为被说服者,我们必须认识到,说服者的要求产生于对我们自身的需要的洞察。而作为说服者,我们应该考察我们打算去影响的人们当下的需要。如果我们这样做,我们就更可能会获得成功,而且通过给予我们的说服对象一个满足他们的需求的途径,而为他们效劳。

但是,重要的是,在诉诸受众的需求的时候,应该合乎道德规范。作为被说服者,我们应该提出这样的问题:"这个针对我的需求的诉求是否是道德的",从而实践我们的回应能力,而另一方面,当我们扮演的是说服者的角色时,我们也应该提出同样的问题。无论是作为说服者,还是被说服者,一种训练自己从批判性的视角评价说服中的诉求的方法是:从帕卡德、马斯洛、法伊格或其他需求模式的角度,重申诸如电视广告或政治呼吁之类的说服性信息。心理或生理的需求作为说服的基础的大前提条件,是强大的激发因素。

互动区域7.2　互动营销和人类的需求

请访问www. everybodysinteractive.com,并且研究市场营销专家是如何通过交互式媒介深入挖掘人类的需求的。你在这个网站找到的网页将向你展示市场营销人员如何使用交互式媒介唤起人类的需求和情感。请仔细研究不同的内容,包括沃特森传播集团(Watson Communication Group)如何为不同的客户——例如,李维斯牛仔裤、微软、美容牙医、护肤专家等,设计和执行广告战略。你将会看到人们的需求和情感是如何被各种各样的说服者加以开发利用的。

情绪:第二个过程性前提

另一种心理的或过程性前提条件与我们的情绪有关。诉诸我们的情绪,是包括需求在内的四种过程性前提条件的第二种。

在讨论的过程中,当有人说"你对此过于情绪化了"的时候,是什么意思?它可能意味着,人们注意到了你的行为上的物理变化。可能你的声音在音色或音量上发生了变化、你的脸红了、你开始出现了紧张性抽搐,或者你的眼睛表露出了愤怒。或者这可能是他们对你开始像法庭上的律师那样喋喋不休地说出大量的数据这样的事实所做出的反应。博切斯(Borchers,2005)指出,这两种有关情绪化表现的解释,体现了情绪的生理维度和认知维度。在生理维度,你会感觉到你的身体在对环境做出反应时所发生的变化。你感觉到你的声音在音色上的变化、你的脸变红了,而且你的面部表情也发生了变化。在情绪的认知维度上所产生的变化不是物理反应,而是在你如何看待某个人、问题或情况的方式上产生了认知性的改变。认知性的变化往往通过语言表达出来。我们可能生来就将情绪的生理维度与我们的大脑连接起来了。但是,我们必须学习情绪的认知维度以及如何表达我们所感受到的情绪。我们从经验、父母、权威人物、朋友或我们在电影、电视或其他地方所观察的角色典范那里学习这些。无论生理维度还是认知维度,都会因文化的不同而有差异(Porter and Samovar,1998),特别是当我们公开表现自己的情绪时。我们可以在不同民族的刻板印象中看到这种差异,例如情绪化、手势丰富的意大利人,或者权威驱动型的德国人。你会了解到英国人非常讲礼貌,即便在表达愤怒的时候,而其他民族的人可能完全是粗鲁的。

无论是生理维度还是认知维度,我们都是在探讨用来理解和影响我们的感觉和信念的模式。纳比(2002)主张情绪有五个基本组成部分:(1)对情况的认知性评估,即我们对情况的认识和思考;(2)生理唤起,或身体机能的变化,例如肾上腺激素的飙升;(3)动作表达,或者我们对情形所做的有形的动作;(4)动机性意向或意愿,或者是我们准备做什么、打算怎么做,以及为什么;(5)主观的感觉状态,例如你感觉到幸福或者失望(第290页)。当你感觉到愤怒的情绪时,你或者从经验中或者更有可能是从你的父母或权威人物那里学到要"隐忍不发"或者"默数到10"。现在让我们来考察一些大部分人都会以某些方式感觉到或反映出来的情绪,并且了解一下说服者是如何利用它们推动我们采取行动的。

恐惧

恐惧是我们所体验到的最熟悉的情绪之一。最初,当你做了某件错事并且激怒某个人的时候,你学会了感到害怕。随着时间的推移,你认识到其他的情绪和事件也可能导致负面的结果,因而你会对许多事情感到恐惧——例如,疾病、受伤、失去财富或个人的难堪等。纳比(2002)指出,恐惧包括对我们身体自我或心理自我的、超出我们控制的威胁,它会改变我们的态度(第291—292页)。

诉诸恐惧的情绪是在说服研究中被最广泛研究的一个议题,但是研究的结果往往是相互矛盾的。有时,恐惧诉求发挥着强大的作用,但是在另一些时候,它却事与愿违,尤其是当它过于强烈而让人难以容忍或过于简单而使人无法相信的时候。政界人士在一波又一波的宣传攻势中,会将恐惧诉求用在消极的电视广告上,2008年的总统大选可能也会如此。在2004年的总统大选活动中,布什总统暗示,把票投给他的对手可能会导致失去国家安全。恐惧诉求在市场营销传播中也很常见。例如，保险业告诉我们经济损失是可怕的。我们被告知，我们需要给所有事物上保险——从洪水到身份盗窃，从对长期医疗护理的需要到诸如 2005 年的卡特琳娜飓风（Hurricane Katrina）这样的全国性灾难，后者使得新奥尔良基本上无法居住，并且导致了数十亿的保险赔偿。有关个人仪表的广告强调名望损失可能会来自不够洁白的牙齿、腋下的气味或糟糕的服装品位。而事业关联说服则经常在宣传攻势中使用恐惧诉求，以倡导家庭价值、安全的性关系和国家安全。对于恐惧诉求最常见的用法是，说服者首先必须说服我们危险具有较大的可能性，之后才能向我们提供避免这些危险的方法（通常是某种产品或做法），然后向我们展示所提议的解决方案是有效的。作为恐惧诉求的接收者，你需要仔细检查威胁的可能性、为回避危险而采用所建议的行为的困难程度，以及有关这些行为将能够预防问题的出现的证据。

内疚

正像我们在别的地方所观察到的，内疚在说服他人去投票、购买、捐献或加入的活动中是一种强有力的激励因素。内疚通常来自对于我们破坏了某种规矩或者行为规范的意识，但是可以通过赎罪或惩罚来减轻内疚。博切斯（2005）将"内疚"定义为"一种当秩序被破坏时产生的不舒服的心理感觉"（第 195 页）。内疚经常出现在某些人际交流的场合中——当我们错误地对待了我们的父母、孩子、配偶、朋友或者社区成员的时候，我们必须纠正错误。例如，政客声称我们对教育的资助不够，因而许多贫穷的孩子被抛在了后边，注定失败。我们会通过在全国范围内进行能力测试、取消教师终身雇佣制的做法，并且积极参与我们的孩子的学习活动，以弥补上述过失。如果我们错过了一个约会，我们会送一束花或者"对不起"卡片给对方。如果我们进行了不安全的性活动，因而可能给我们的伴侣带来危险时，我们会尽快采取补救措施。对于父母而言，防止青少年使用毒品的最好的方法是，询问他们去哪儿、和谁在一起、什么时候回家、是否有成年人在场等。这些建议是一项由无毒品的美国父母协会（Partnership for a Drug Free American）所赞助的大型宣传活动的一部分。它的口号是："父母们：反对毒品。"

纳比（2002）注意到，内疚的原因因为宗教和文化的不同而有很大的差异。在有些文化中，丢脸是一个人所能做的最糟糕的事情。而在另一些文化中，侮辱自己的长辈则是最大的罪过。接收者应该认识到，引起他们内疚情绪的诉求是什么，从而决定他们需要做什么以减轻自己内疚的感觉。

愤怒

当事情不如我们所愿的时候，我们常常会感到生气。当我们遇到阻碍我们实现自己目标的障碍或者伤害我们自己或是所爱的人的时候，我们会变得沮丧，而且我们想把那些给我们制造困难的人打一顿。愤怒也是非常有力的。纳比（2002）指出，由于愤怒能够生成高水平的能量，因而有时它能导致建设性地解决问题，并且常常促成对

想一想，你的孩子在一生中可以有什么样的发展。现在思考一下，大麻将如何阻碍他们的发展。

有可信的证据表明，今天的大麻的威力平均是20年前的两倍。它所含有的四氢大麻酚（THC）是过去的两倍，那是一种损害大脑的化学物质。大麻将会把你在你的孩子身上寄托的希望和梦想变成令人绝望的噩梦。

它的影响从把学校生活搞得一团糟开始。经常吸食大麻的儿童会出现被心理学家称之为"多动症"的病症，具体说来就是：

- 精力和活力下降；
- 注意力持续的时间缩短；
- 缺乏判断力；
- 容易分神；
- 缺乏与他人交往和建立联系的能力。

大麻所带来的麻烦远不止在学校表现不好。不过好消息是，父母吸食大麻的孩子卷入毒品的可能性要低很多。

因此，为你的孩子立下些规矩。而且越快越好，因为今天青少年第一次尝试大麻的平均年龄是14岁以下。了解更多详情，请致电1-800-788-2800，或者访问主页。

父母们：
反对毒品
Theantidrug.com

全国毒品控制政策办公室/无毒品美国父母协会

图7.2 在这则广告中，无毒品美国父母协会以避免将来的内疚为诉求来进行说服。

消息的细致分析（第293页）。"他说我幼稚是什么意思？"你对于自己被评判为幼稚会感到生气，但是你可能因此会尽力分析这种指责的实际含义，而这种做法就是对你的愤怒的建设性的运用。

我们可以从政治说服和事业关联说服以及某些类型的市场营销及广告中看到诉诸愤怒的诉求。在"9·11"事件之后，有相当多的人感到非常害怕和愤怒，这足以使他们在2003年支持布什总统对伊拉克发动战争的呼吁。这场军事行动的正当理由是伊拉克导致了"9·11"那场灾难，因为它庇护了恐怖分子，因而我们希望给予反击以解决问题。作为事后诸葛亮，我们也许应该作为批判性的受众对于当时的情况和事实做更为审慎细致的分析。"反击"无论在人力还是经济方面都是花费巨大的，并且并没有带来对恐怖分子的有效的打击。事实上，反击行为可能导致在伊拉克和其他地区的自杀式爆炸的数量的增多，并且可能使得恐怖组织征募更多的新成员。在20世纪90年代末，雇员、股东和退休人员都对首席执行官掠夺公司资源和退休基金的行为感到愤怒。他们中的一些人一直致力于推动证券交易管理委员会（Securities and Exchange Commission）的改革，并且获得了成功。他们通过诉诸那些被不择手段的首席执行官所欺骗的人的愤怒，而运用事业关联说服来争取支持者和赞助者。在我所在的州，一个名为"公民公用事业委员会"的组织，在公用事业的价格任意上涨的时候，通过唤起那些消费者的愤怒之情，从而不断地获得捐款。在人际交往的层面上，有些人对于他们自己的外貌感到生气，哪怕是由于他们自己的原因造成的。一个叫"胖子"（Fatties）的组织将食品生产企业告上了法庭，因为这些企业没有提供食品成分的相关信息——那些超重的人可能会因为这些信息而避免食用相应的食品。近年来，我们会看到一些中年人去矫形牙医那里用牙套箍住自己不整齐的牙齿。他们可能会对他们的父母感到生气,因为后者没有早些关注这个问题,而现在他们甘于为改善自己的形象而付出代价。说服者可以唤起的其他的负面情绪包括妒忌、憎恨和厌恶(Nabi,2002)。

自豪

说服者会以更为积极的音符唤起说服对象的自豪之情,从而推动法规的颁布、产品的销售,以及促使其加入某个组织或进行捐赠。自豪的感觉往往包括因为我们生活中的正面的结果而得到好评。因此,人们愿意展现自己的成就,并且会宣扬自己所做的好事。但是,有时这种情绪会引起那些没有达到这样成就的人的不满,因而说服者应该谨慎地使用自豪诉求。而且文化上的差异也会对自豪之情产生影响。纳比(2002)写到,相较于更为个体主义的文化(例如美国文化)而言,集体主义文化(例如中国文化)"会更多地对以自豪之情为基础的诉求做出反响"(第296页)。

我们可以在许多说服性场合中发现自豪诉求。政界人士宣传他们的行政管理或项目实施中的业绩。事业关联的自豪诉求的目的,就在于使得政治领域的赞助者对自己为一个有益的事业的捐助而感到骄傲。当然,许多产品也会承诺,当消费者使用某个品牌时,他们的外貌将会有所改善,由此使得消费者感到骄傲。例如,露得清洁肤粉底(Neutrogena Skin Clearing Tint)在广告中采取了自豪诉求——敦促消费者"对化妆的问题重新考虑……现在,别再遮掩了,让容貌焕然一新吧!"这则广告通过运用"皮肤医生的推荐"这样的词语以及同时使用了两位应该是使用了这个产品因而没有粉刺和雀斑的女性的照片,从而给予这个品牌以可信性。

幸福和快乐

幸福和快乐看起来很相近。幸福是一种心情,而快乐是指对某些事件的积极的情绪反应。在我们的说服研究中,它们是同义词。幸福的人积极面对他们的未来,他们自信、愿意分享、可信,而且他们应该对他人充满了吸引力(Nabi,2002)。我们都能想到一些广告主运用幸福诉求的例子——他们将对他们的品牌的使用与令人幸福的结果和心满意足的消费者联系在一起。雅诗兰黛欢沁之花(Estee Lauder's Pleasures)和欢沁男士香水(Pleasures for Men)在《时尚》杂志(Cosmopolitan)2005年5月刊中刊登了三页折叠式插页广告。在广告中除了品牌名称之外没有任何文案,而是展现了九张图片,其中有七张是以年轻的家庭成员为中心的,另外两张分别是盛开的樱花和一只小狗。这些图片所蕴含的结论是:对于消费者而言,"使用这个品牌,将像这些家伙一样幸福"。政客们承诺如果我们赞同他们的经济、环境和教育政策,将会拥有更美好、更幸福、充满共享和值得期待的生活。事业关联广告通常暗含着对某个事业——例如救助儿童——的支持将给参与者或捐助者带来幸福、自尊和愉快的感觉,而不是因忽略了这些问题而导致的内疚之情。纳比(2002)还提到,诉诸幸福的广告往往运用幽默,因为幽默能够分散受众的注意力,并且让他们发笑(第296页)。说服者可以唤起的其他的正面情绪包括欣慰、希望、同情等。

态度:第三个过程性前提

在第四章中,我们看到了研究者如何使用各种理论对态度加以解释。这些理论的一个一致性的要素是,态度能够而且的确作为说服三段论中的不言自明的大前提。我们也注意到,态度发挥着引导行为的作用,因而持有某种态度或某些态度,会使得我们为采取相应的行动做好准备。尽管态度有时是行为的最佳预测器,但是,有时却无法发挥这样的作用。心理学家马丁·费斯拜恩和伊塞克·埃奇森(1975)认为,对行为更准确的预测器是他们所提出的所谓的"行为意向"(intention to behave)。当一个人告诉你他/她打算怎么做的时候,这个人很可能就会那么做。通过声明他们的意向,人们已经象征性地采取行动了。

心理学家爱丽丝·H.伊格尔和雪莉·契肯(Alice H. Egley and Shelley Chaiken, 1993)将态度定义为"在用某种喜爱或不喜爱的程度评判某个特定事物的过程中所表现出来的心理倾向"(第1页)。这里的重要词语是"倾向",两位心理学家认为它的意思是"一种至少持续短暂时间的内在的状态"(第2页)。由于态度是内在的(存在于我们的大脑之中),因而我们必须用"评价性的反应"将它表现出来。评价性的反应的例子,包括对于"赞同或者反对、偏爱或者讨厌、喜欢或者不喜欢、接近或者回避、吸引或者背离等相似的反应"的展现。

消费者行为的研究者认定态度能够发挥社交性功能。例如,他们询问,是否家人、朋友、权威人物或名人会影响我们对于某个品牌、候选人或意识形态的态度。他们由此得出结论,社会生活中的重要人物的确影响着我们的态度(Schiffman and Kanuk, 1997),而且研究者们指出,大众媒介也展现出了与消费者态度的形成之间的高度相关性(第260—262页)。

广告学学者沙威特(S. Shavitt, 1990)指出,态度同时发挥着社交性和实用性的功能。在有关受众对于广告的反应的研究中,他发现,广告中态度的社交性功能体现为告诉我们,人们通常对于广告有什么样的反应,而且哪些类型的诉求更可能促使人们采取相应的行动。例如,一则广告可能声称,有鉴别力的人更偏爱高纤维食品,而不是高脂肪食品,因而低脂的阿特金斯减肥餐(Atkins' Diets)只能暂时减轻体重。如果我们想要成为有鉴别力而且更为苗条的人,我们就应该将饮食习惯调整得与那些有鉴赏力且苗条的人一样。

态度的实用主义功能强调了产品的特征和益处。一则广告可能表明本田普锐斯(Honda Prius)[①]每加仑汽油可以行驶60英里[②],并且在电动模式下特别安静。在这里有两个实用的元素在发挥作用:运费和安静。它们也适用于精心的可能性模式。例

[①] 原文如此,而普锐斯应该是丰田(Toyota)旗下的产品。——译者注
[②] 1英里≈1.61千米。——译者注

如,心理学家德·波诺和哈尼什(K. G. De Bono and R. Harnish,1988)、佩蒂和韦格纳(R. E. Petty and D. T. Wegener,1998)以及其他学者都发现,对于那些自我监控程度高的个体(那些往往能够注意到自己为什么对某则广告做出回应的人)而言,一个有吸引力的说服信源通常能够触发对消息的精细处理过程。而对于那些自我监控程度低的个体(那些很少意识到自己正对某则广告做出反应的人)来说,只有当由一名专家而不是一个富有吸引力的信源表达这则信息时,精细的处理方式才更可能被采用。如果你是一个高度自我监控的人,你不会只是因为某位名人推荐了某个产品,就贸然地接受,那样会使你看上去有些冲动。相反,你会认真地采用中心处理信息路线仔细研究这个产品。低度自我监控的人更为尊重来自专家的意见,而不是名人的建议,他们通过依赖专家的推荐而使自己避免显得愚蠢。

我们经常在说服者所希望的行为或所倡导的产品、观念、候选人、信念中发现态度客体。例如,近年来,美国人开始在旗帜、汽车保险杠的贴纸、场地指示牌和其他徽章上印有诸如"让我们团结起来"(United We Stand)或"这些色彩不会消退"(These Colors Won't Run)之类的标语。这些口号是对强调爱国主义价值的政治宣传的回应。这些态度客体发挥着社交性的功能,因为他们表达了人们的态度,因而促成了与那些有着同样感受的人的结盟或是身份认同,并且有助于培养人际关系和影响力。旗帜、保险杠贴纸或指示牌上的态度客体,部分发挥着呼吁的作用,而如果我们希望从中找到身份认同,我们就会如法炮制。我们也可以观察到这些现象,例如,如果我们想与强权外交政策的爱国主义保持距离,我们就不会采取他们所希望的行为,而且甚至不会在我们的院子里贴上"滚出伊拉克"(Get Out of Iraq)这样的标语。这样减少了与那些超级爱国主义分子建立人际关系的可能性。

诸如此类的态度发挥着重要的社交性功能,它们或是促进或是阻碍社会关系的结成。纳尔逊(Nelson,2001)注意到,态度在组织(特别是商业组织)中的社会性功能能够导致组织的形成或者解体。而根据施拉德(D. C. Schrader,1999)的观点,态度在人际影响中的社交性功能,很大程度上取决于诉求目标的复杂性。换言之,如果说服者的建议过于复杂,我们就会将他/她影响我们的企图判定为不可行、与能力不匹配或不恰当的。因此,态度的社交性功能经常影响着说服的效果。

态度、信仰和主张

洛奇赤(Rokeach,1968)认为个体所持信念强度的变异范围是从对于权威的简朴而强烈的到非强烈的。这些信念聚合在一起形成了两大类态度:(1)对于客体或议题的态度;(2)对于局面的态度。两者都会导致我们采取行动,但是当它们之间相互冲突时,也会使我们感到迷惑。例如,当家长们反对一位患有艾滋病的学生出现在他们子女所就读的学校时,针对客体(受感染的学生)的态度和针对局面(我自己的孩子被感染的可能性)的态度或可能相互冲突,或可能达成一致。当这两种态度相互矛盾时,父母们会同情那个不幸的学生,但是他们不想让自己的孩子被传染。

主张（opinions） 与信念相似，但是更容易发生变化，正如民意测验所显示的，主张可以在一夜之间发生变化。我们对于政客在竞选中说了什么以及在他当选后会做什么有自己的看法。但是这些看法是会改变的，特别是当这位政界人士犯了大错、在某个议题上失去了国会的支持或是错误地赞助了某个贪污腐败的朋友的时候。通常，这位政客的错误导致了较低的选民支持率，并且有时会在投票选举或民意调查中体现出来。但是，主张是易变且不可预测的。例如，在弹劾比尔·克林顿案的审议过程中，他在民意调查中的支持率却恰恰达到了历史最高值——虽然发生了肮脏的性丑闻。为什么会是这样的情况？洛奇赤的理论有助于解释这个难解之谜。人们对于克林顿的露水情缘持有非常负面的态度（针对客体的态度）。但是，他们对于其他问题——例如经济、低失业率、预算剩余和蒸蒸日上的证券市场却有着非常正面的感觉（对于局面的态度）。他们的主张与他们对于性丑闻和经济情况的感觉相互冲突，而后者胜出了。类似的情形也发生在乔治·W.布什总统的将个人投资账户变为社会保险体系的一部分的计划上。当他在超过半数的州对这个变化进行了大规模的宣传后，他在这个议题上的民意支持率直线下落。

社会心理学家津巴多（P. Zimbardo，1976，1991）和他的同事指出，态度是"对属于某种类型的相当多的评估性反馈做出一些普遍而且一致性的影响的精神上的意愿或是内在的倾向"（第20页）。一个以首字母缩略词达格玛模（DAGMAR）而闻名的广告学研究流派建议，广告公司应该事先制定广告的目标以使广告更容易达到相应的效果（Colley，1961）。换言之，树立对某个品牌的积极的态度而不是立即的购买行为，可以作为广告的目标。其中的理念就是，如果消费者对于某个产品的印象不断改善，那么他们在将来的某个时候可能就会购买这个产品。因而，如果营销者能够改变消费者的态度，购买行为终归会伴随其后。遗憾的是，这种态度—行为的连接有时并不稳定，某些干扰变量——例如一天当中的某个时段、销售人员的魅力、商店中的陈列、价格或背景音乐——可能也会影响购买行为。即便在排除了这些原因的试验中，态度与行为也并不一直相互关联。

态度的功能

态度具有几种功能。例如，它们具有认知或者理解的功能；态度并不是我们与生俱来的，对此我们必须学习。想一下我们对环境应具有责任感的态度吧。它们是如何形成的？可能是，我们首先了解到空气和水的污染状况，以及因此所带来的危害。然后，我们知道了循环利用和这样做可以解决什么问题。接下来，我们认识到，濒临灭绝的物种可能是对最终会发生在人类身上的灾难的预警。只有在认识到所有这些事情之后，我们才最终形成了具有环境保护责任感的总体态度。与之类似的是，有些广告也是通过教授来进行说服的。一家互助基金公司宣传它是"免佣金的"，并且进一步解释这意味着消费者在做投资的时候不必支付手续费。说服对象认识到这个公司的价值，并且形成对它的正面的态度，于是决定通过这家公司进行投资。同样的学习过程也发生在政治传播或者事业关联的大型宣传活动中。例如，由于美国畸形儿基金会

(March of Dimes)不再资助脊髓灰质炎(这种疾病几乎被根除了)的研究,它必须告诉潜在的捐助人,现在它正在支持有关早产的研究,而早产是婴儿死亡率的决定性原因。受众因此了解了这个组织和它的目标,形成了对它的态度并决定是否做出捐赠。

态度也影响着我们的情绪和感情,用专业术语来表达就是,态度具有表达情感的功能(affective function)或情感效果。例如,我们关于开发氢燃料的态度,影响着我们对于能源的新来源的感觉。如果我们将氢能源和氢弹等同起来,那么我们就会感到害怕,并且可能积极地反对它的生产。有些广告直指情感或情绪层面。例如,《黑道家族》(The Sopranos)极大地影响着观众对于黑社会人物的态度和情感。克里斯·西伊(Chris Seay)是一个基督教教会的负责人,当他从教会事物中脱身而冲回家来看充满着裸体和亵渎神灵的语言的《黑道家族》第四季时,非常担心他的妻子的反应。他最终说服妻子,这个电视剧是有关"忠诚、宽恕和家庭价值"的。这些冠冕堂皇的说服使他摆脱了自己在感情上的进退两难的窘境(Pinsky,2002)。

最后,态度在帮助我们准备好采取某种行动方面具有行为功能。因为我们对于空气污染和水污染持有某种态度,所以我们会选择循环利用、不会购买耗油量大的设备,或者只是使用能进行生物降解的洗涤剂。态度的行为功能影响着我们对某个问题采取什么样的行动。有些广告的目的在于改变态度以促使行为的改变。广告的两个目的分别是为商家带来交易或者使得消费者尝试某个品牌。广告主提供了巨大的折扣或者诸如名人来访等特别活动来促成交易。他们可能会送给消费者免费的试用品,或者具有吸引力的购买折扣。很少有人会拒绝免费或者较为便宜的东西,因而他们会试用一下相应的品牌。营销者的希望是,人们走进商店将促成冲动性购买,或者是满意于某个品牌的表现将带来品牌忠诚和未来的购买行为。

态度和意向

正如我们之前已经指出的,费斯拜恩和埃奇森(1975)为有关态度和行为的改变的研究增添了"行为意向"(behavioral intention)这个概念。在态度和行为的改变中,会出现一系列相当具有连续性的结果。态度改变通常发生在人们说出自己打算做什么之前。正如前文所指出的,当人们明确地说出他们将要做什么的时候,他们已经象征性地做出了行动。当人们剪下或留下一张打折券的时候,他/她已经以非语言符号的形式"购买"了这个品牌的产品。类似地,当某人在汽车的保险杠上张贴了喜爱某位候选人的贴纸时,就表明他将在选举日为这位候选人投票。基于这些认识,政界人士更愿意敦促人们展示保险杠贴纸、徽章和院子里的指示牌,以保证他们的投票,而不是去说服其他那些还在犹豫不决的人。

态度和人际传播/说服

态度改变还有着另外几个维度,并且会带来令人费解的行为。其中一个维度是态度改变在多大程度上是被用作人际传播或说服,或是两者的工具的。换言之,态度的表达究竟是否更多地被用来使得我们在与他人相处时处于一个舒适的位置,而不是对我们最终的行为产生作用？态度研究的批判者艾泽（R. J. Eiser, 1987）是这样表述这个问题的："许多有关态度的理论的一个主要的缺点在于，它们对于个人的、内心的因素过于强调，却相对忽视了获得和表达某种态度所在的社会和传播背景。"（第2页）换句话说，我们公开地表达某种态度是为了与他人和谐相处并得到认同。

态度和信息处理

精心的可能性模式是一个贯穿本书分析的基本模式，这个模式所关注的人类信息处理方式也与行为意向有关。我们不可能在不考虑受众是如何处理那些说服性信息的情况下，对态度和行为做出分析。分析中要提出的第一个问题，就是受众是否实际上理解了那些信息。在中心路径的情况下，他们通常的确理解了那些信息，并且甚至可能对它们加以研究。而在枝节路线的情况下，他们有可能没有理解信息。例如，"免去零头"的折扣券，作为一则说服性信息，与我们头脑中的几个记忆网络——例如我们是否已经用过这个品牌、使用的频率如何以及这个折扣券是否足够有价值——联系在了一起，以资判断是否要将这个折扣券撕下来。枝节路线可能会促使直接的行动。例如，如果在折扣券周围有打着小孔的折线，那么人们可能会撕下更多的折扣券，而如果在这个折线旁边还画着一把小剪刀，那么被撕下的折扣券甚至还会多一些。在决定是否要撕下折扣券的时候，还会有各种各样的问题被加以考虑。例如，拉美裔美国人倾向于不撕下折扣券，因为他们会联想到政府发放给低收入者的食物券，而后者在他们的亚文化中代表着一种糟糕的社会特征。因而，如果广告主面对的是拉美裔美国人，就不应该使用折扣券，而是应该强调产品的保修服务或质量。

对于信息是如何存储到我们的长期记忆（long-term memory, LTM）中的研究，是相对晚近的事情了，大部分研究者都同意，信息通常存储在大脑的网络系统中，而且是以关键词、符号和关系的形式储存的。一个有助于长期记忆的组织良好的方法是使某人的说服具有片段性特征。这可能是因为叙事或故事的形式是强有力的。例如，我们都有约会要迟到却发现自己被卡在一个路上开车最慢的司机后面——他/她错过了所有的绿灯——的经历。请设想一则宣传盐酸苯海拉明制剂（Compoz）的电视广告，这是一种不在药店直接销售的、用于镇定神经的药物。刚才的那个片段可以作为这则广告的脚本。这则广告中的主角意识到自己快要错过与一个医生的见面了。我们看到他/她冲到自己的车旁、上了汽车、快速启动，却开在了一辆行动迟缓的车后面。主人公神色紧张地不断看表，并且与那个慢腾腾的司机开始了无声的"交谈"。主人公的路怒症几乎要发作了，但是他/她吃了一片盐酸苯海拉明制剂。广告以行动缓慢的司机在下一个路口拐弯和产品的宣传口号"遇到伤脑筋的情况就试试盐酸苯海拉明制剂吧"作为结尾。在精心的可能性模式的行动阶段（投票、购买、加入或捐赠），关键的片段被从长期记忆中提取出来，并且为说服对象提供了采取行动的充足的"理由"。

自从精心的可能性模式被提出以来，它就推动了对多种多样的尝试理解说服过程的研究。学者布斯-巴特菲尔德和韦尔伯恩（S. Booth-Butterfield and J. Welbourne, 2002）指出，这个模式"是将文本的信源、消息、信宿和说服效果加以整合的工具，也是成功地开展在这个领域中的新研究的踏板"(第155页)。尽管人们希望有"正确的"态度,但是他们对于议题的精心处理程度却是因个体和情况的不同而不同,不过他们的行为有清晰的模型可遵循:

(1)有许多变量影响着态度改变,这些变量可以作为说服性论据、枝节性线索,或是态度性立场。

(2)当精心处理的动机或者能力变弱时,枝节线索会变得更为重要,而且承担着说服的重任。例如,当人们对多样化的隐含之意不感兴趣的时候,就将依赖于刻板印象。

(3)相反,当某种主张精心处理的动机或能力增强时,枝节线索就失去了影响力。例如,即便我们的新上司的种族与我们不同,我们也会降低刻板印象的价值。

(4)说服者通过鼓励或者阻碍消费者仔细考察其论据或声明来对消费者的动机加以影响。例如,说服者说:"离4月15日只有一周了,赶紧研究新的税法吧",而不是说:"根据你的收入水平,你应该使用简短的1040EZ报税表格并且在线申报。"

(5)通过中心路线处理的议题和论点比较牢固,将预示着的确会采取相应的行动,并且对于竞争性的说服有抵抗力。运用过程前提的说服更可能遵循枝节路线,而使用经过推理的前提的说服则可能通过中心路线加以处理。佩蒂和卡西普奥(1986)在图7.3中描述了各种可能性和路线。

请注意,精心的可能性模式中的各种可能性,都是以你处理某条说服性消息的动机为基础的。你必须想要对某种产品、某位候选人或某项事业加以研究,而精心处理过程是捷径。如果说服对象被激发对某个产品、诉求或声明进行分析,他们也必须具备相应的处理能力。因此,态度改变的性质依赖于信息处理所遵循的路线。如果采用的是枝节路线,那么态度改变将是微弱、短暂的,而且产生行动的可能性较小。如果采用的是中心处理路线,态度改变将是有力、长期的,并且很可能导致行动。

每种路线都有其优点和缺点。大部分学者都赞同,态度有时会带来行动,也就是说,说服能够改变态度,并且伴随着态度的改变会出现所建议的行动。所有这些,对于生活在这个关心多元化和道德性的世界上的作为说服对象的我们意味着什么?我们如何能够发现说服者对于多元化的受众的意图和观念?对态度保持关注有助于我们准确地确定受访者对于我们或者他人的打算是什么。确定说服者所假定的我们的态度,使得我们成为具有批判能力的受众,而且我们因此能够判定说服企图是合乎道德的还是不道德的。我们也会认识到自己的态度,由此带来的结果就是,我们可以预料说服者将如何利用我们的态度,使得我们遵从他们的建议。大部分情况都包含着几种态度,这使得这些态度之间形成一致性成为必要。

一致性:第四个过程性前提

我们在第四章中谈到了平衡理论。它假定,当这个世界与我们的认知或我们对它的预言保持一致(或它按照我们的认知和预言运作)的时候,我们就会感觉舒适。

当情况不是这样的时候,我们就会努力去要么改变自己,要么改变我们对于事件的理解,从而带来平衡状态。说服者提供了恢复平衡和心理上的舒适状态的工具(往往是某个产品、服务或者行动)。例如,如果你想改变人们对于卫生保健部门的态度,那么你就会试图在卫生保健部门的用户那里造成不平衡。你可能会说:"在健康维护组织(Health Maintenance Organization, HMO)那里,你找不到最好的外科医生。"

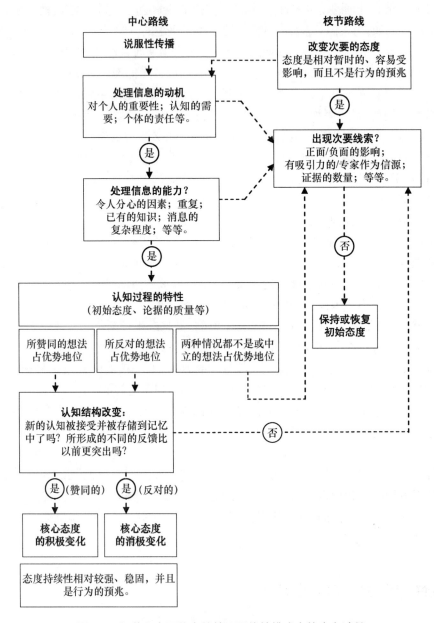

图 7.3　佩蒂和卡西普奥的精心可能性模式中的决定过程

我们所有人都努力实现心理上的平衡状态,因而作为接收者,我们需要确定是什么使我们陷入不平衡或者不一致的状态当中,这使得我们容易受到说服的影响。如果心理平衡是我们的目标,我们需要感到舒适,并且寻求能够强化已有态度的说服。正如艾泽(1987)所指出的,确定"已有的参照框架"是预测态度改变的关键要素。一旦我们确定了接收者目前的参照框架,我们就能够生成某种不一致,从而造成心理上的不安,这会导致态度的改变。

互动区域7.3　十种透镜和多元化频道

马克·A.威廉姆斯(Mark A. Williams)是一位作家,也是"多元化频道"(The Diversity Channel)(这是一家提供多种培训的公司)的创办者,他在他的著作《十种透镜:多元文化世界中的生活和工作指南》(*The Ten Lenses: Your Guide to Living and Working in a Multicultural World*, 2001)中,探讨了人类的情绪在不同的组织和机制中的变化。他描述和解释了十种"透镜"或认知过滤器,我们中的大部分人都是通过它们来看待我们这个多样化的世界的。这里存在着主张社会同化者(Assimilationist),他们认为所有族裔的人都应该像普通的美国人那样行事,也存在着文化中心主义者(Cultural Centrists),他们认为我们不应该损害其他族裔的多元化。精英管理阶层的成员(Meritocrats)相信,如果你工作的足够卖力,就会通过自己的脚步引领自己向上,最终无论你来自什么种族、民族或其他的多元化的背景,你都会实现你的目标。而受害者/照管者(Victim/Caretakers)相信,偏见将永远限制来自不同出身的人。色盲者(Colorblind)信奉忽略文化差异,并且不去寻找那些与主流不同的个体的真正的价值。杰出者(Elitists)相信超越各种各样的他人是他们的宿命和权利。整合主义者(Integrationists)认为将不同的人在工作中和其他任何地方都融合起来,是打破偏见和刻板印象的最好办法。多元文化主义者(Multiculturalists)希望为我们的多样化而庆祝,我们越是多元化,对每个人就越有好处。分离论者(Seclusionists)希望将他们自己和他们的家人与来自不同文化的人隔离开来,以作为对自己和家人的保护。**超越论者**(Transcendentists)相信各种种族、性别和民族性都反映了我们是团结一致的人类。你适合哪一种?

请设想这些透镜是如何应用于人类的需求、情绪和态度之中的。你如何看待其他种族、国家、性别、性取向或民族的人?如果你希望进一步研究威廉姆斯的著作,请拿起他的书,深入了解他的十种透镜的研究。

认知不和谐理论

平衡理论的一个问题,在于它没有涉及对两个人或者两种情况的差异程度的判断。相反,它考察了存在于人物或情况的比较中的差异的类别——正面的或负面的。换言之,这个理论说明了两种评判之间的定性差别,但是它并不分析定量差异。这一点看上去像是一个小问题,但是在个体或所争论的话题——例如堕胎、校园中的祷告或爱国主义者——的概念之间可能存在着重大差异,而这些差异,对于确定人们之间或者他们在某个议题上的立场之间有多大的差别非常重要。里昂·费斯廷格（Leon Festinger, 1962）的认知不和谐理论涉及在人与人和观念之间的定量与定性的差别。

与平衡理论不同,**认知不和谐理论（ cognitive dissonance theory ）** 预测,当我们体验到心理紧张或者不和谐的时候,我们会通过某种方式试图削弱这种紧张感,而不是完全消除紧张感。紧张感的削弱有着定量的维度。我们可以对我们的态度做或是少许或是适量或是许多的改变,或者根本不加改变。紧张是由于产生于我们内心信仰体系的不和谐所造成的,而平衡理论更多地以逻辑上的不一致性为基础。费斯廷格将"不和谐"定义为一种在经历对世界的两个不相称或相反的认识时所产生的感觉。与平衡理论一样,存在着事物之间相互匹配或者协调的情况,也存在着不匹配、不协调的情况。在费斯廷格看来,不和谐的对立面或者"和谐",存在于当两条信息的确相互协调,并且因此相互强调的时候。有的人通过使自己的信念更接近于他人的,从而改变不和谐的认知。另一些人对问题做出辩解或者采取对信息来源不信任的态度。还有一些人通过选择性的理解、选择性记忆或者选择性暴露——他们选择不接收或不去理解不和谐的内容——来削弱不和谐的感觉,因而他们忘记或者选择不去暴露在冲突的信息中。

近年来,不和谐理论被用来解释有着多个伴侣的性活跃个体所具有的新的不安感。我们大部分人都知道,感染艾滋病病毒的主要原因是不安全的性活动、吸毒者之间使用同一个针头,以及有时来自输血或是意外地接触到艾滋病病毒携带者的血液。性生活活跃的人群在想到他们自己的性活动时,需要做什么才能削弱他们的不安感或不和谐的感觉呢？他们可以：

（1）削弱他们对于避孕套是最有效的控制生育的工具的观念的价值,并且使用避孕套。

（2）贬低有关艾滋病的信息,告诉自己这只是用来减少年轻人的乱交的一种恐吓策略。

（3）选择性地理解信息,并且选择相信他们的性伴侣没有感染艾滋病病毒。

（4）通过选择性的记忆过程而努力忘记有关艾滋病的信息。

（5）通过相信人类即将获得治疗艾滋病的方法,从而试图对这个问题做出辩解。

（6）成为独身者或者拥有少数几个性伴侣。

（7）采取不止一种上述的做法。

尽管费斯廷格主要是对"不和谐"这个概念进行分析,但是看上去我们显然是在寻求它的对立面——和谐,以强化我们现有的态度。我们只听取我们所选择的候选人的讲话,而避免去听他们的竞争对手的讲话。保守党人阅读保守党派的报纸,自由党人阅读自由党派的报纸。我们寻找能够证实我们的立场并且能强化我们信念的信息。有些行动可以以某种方式建立和谐感。因而,我们可以：

（1）重新重视我们的初始信念,使得它更坚定。

（2）通过给予信息来源超过其应得的信任,从而重新重视它。

（3）将信息理解为比其实际更强有力。

（4）记住信息中较为积极的部分,并且强调它们。

（5）选择更具有支持性的信息。

（6）采取上述的几种做法。

创造和谐感能够加强和强化态度、增加可信度,并且可能促使采取行动。说服者可能像运用不和谐感一样频繁地利用和谐感。他们常常希望强化人们的观点、态度、信念或行为。

在许多案例中,不和谐理论过于简化了人们的处境。近年来,传播学、心理学和社会学领域的学者考察了影响不和谐感的多种其他因素。伍德(W. Wood, 2000)指出,社会因素在削弱不和谐感方面发挥着作用。人们希望与重要的参照群体保持协调,并且通过做出规范行为来实现这一点。被说服者的内在状态对于说服的效果的决定作用,与信源设计生产不和谐感或和谐感的信息的能力是不相上下的。

不和谐的源头

是什么引起了你的不平衡或不和谐的感觉？有的因素只对你有效,而许多因素在很多人那里都会发挥相似的作用。有很多普遍性的因素对于说服者来说是有益的,因为这些因素是三段论中潜在的大前提。下面对一些通用因素进行描述。

群体声望的丧失。这是指一个受尊敬的参照群体、职业或者组织中的成员的自豪感,在恶劣的情况下被削弱了,并且不再受到高度的尊重。例如,玛莎·斯图尔特深受许多人的尊敬,这些人从她那里获得身份认同,因为他们认为属于她所在的阶层和较高的审美品位。人们希望努力赶上她,尝试她的菜谱,在花园里种上她所种的花。她的一位粉丝说过:"我们在咖啡桌上放着一本玛莎·斯图尔特的《生活》(*Living*)杂志。它是起居室里最漂亮的东西。"另一位粉丝说:"我们想要一些反映了她的品位和天赋的东西——一把在'玛莎聊天'(Marthaspeak)中用的小茶匙。"(Rowell, 2002,第16页)在斯图尔特经历了财政丑闻和几年的监狱时光之后,她的光芒黯淡了许多。一位前粉丝观察发现:"在她的杂志中甚至没有任何东西暗示她的美好之处了。"(Rowell, 2002,第16页)但是,最终,玛莎重新赢回了她之前的一些光芒。群体声望的丧失对于小群体和大群体——无论是兄弟会还是姐妹会,或是像律师这样的整个行业,以及诸如东海岸之类的国家中的一个区域,都有着类似的影响。

经济损失。当我们感觉到我们的经济价值可能会减少的时候,我们就体验着不和谐。我们以多种方式应对丢掉工作所带来的显著的不和谐感。在互联网泡沫破裂后,许多被解雇的人选择了提前退休,也有人重返校园,或者是接受了比之前低很多的薪水,还有人开始自己经商。

个人声誉的丧失。推广增发剂或减肥计划的广告,都在外表所导致的个人声誉的丧失上做文章。对于工作中的一则广告置之不理,也会导致个人声誉的损失。其他与失去个人声誉有关的担忧包括失去青春、失去健康,以及失去自信。

未来的不确定性。无论是当我们搬家、转学、接受了一个新工作,还是与配偶或重要的他人分手的时候,我们都会感觉不舒服,因为我们不再能够预见可能的结果。承诺保护我们不受某些负面的情况(疾病、失业、经济困难)干扰的产品,就是将对未来的不确定性作为"圈套"来说服我们的。

和谐的源头

在硬币的另一面,有些诉求给予了接收者一种和谐感,并且强化了已有的信念、态度或行为,从而对接收者产生作用。

安全的保障。今天,警察局、飞机场、法院、学校和其他公共建筑都由金属探测器以及甚至是武装的守卫来加以保护。我们希望在公共场所感到安全,而这些保护措施为我们提供了安全感。关于职位安全的承诺对于选择职业的人来说是有力的说服,而个人退休账户(IRA)[①]和自由职业者退休账户(Keogh)提供了退休金保障。

可预测性的展现。当世界以可预测的方式运转时,我们就会产生和谐感。制造商通过提供保证或担保而使可预测性诉求变得可信。而且,每个人都愿意知道工作、家庭和社区等领域的未来是怎样的。

赞赏的作用。奖赏或积极的强化提升了和谐感和相应行为将被重复的可能性。说服者通常使用正面的和赞扬性的陈述来强化行为。戴尔·卡耐基(Dale Carnegie, 1952)在他的畅销书《如何赢得朋友和影响他人》(*How to Win Friends and Influence People*)中建议读者:"努力找出他人的优点……而人们会珍爱你的语言、把它们当作宝贝,并且会在一生中反复重复它们。"(第38页)卡耐基着力于让他的受众对他们自己感觉良好。这对说服和影响他人而言,仍然是一条好的建议。成功的管理者似乎都擅长给予他人赞赏而不是批评。

回顾和小结

我们研究了不同类型的不言自明且被广泛认同的能够用于说服式三段论中的大前提。其中一类大前提是过程性或感性前提条件,它们诉诸我们的需求、情绪、态度和我们每个人每天都会产生的不和谐及和谐的心理过程。我们可以在马斯洛的需求层次、帕卡德的不可抗拒的人类需求和法伊格的敏感问题中,看到需求和愿望是如何运转的。尽管其中的一些模式是在很久之前被提出的,但是它们仍然具有适用性,因为它们表现出了许多活力。

第二类过程性前提条件涉及我们的情绪。说服者以我们的情绪状态为目标,使得

---

① Individual Retirement Account。——译者注

我们经历诸如恐惧、内疚和愤怒之类的情绪,或者是唤起较为积极的情绪,例如幸福、愉悦或自豪。

第三类过程性前提与态度、信念和主张有关。如果说服者改变了我们对于燃料效能的态度,他们就能使我们倾向于购买节能型汽车、取暖器、热水器等。如果说服者希望我们继续给某个党派投票,他们就会强化我们对这个党派既有的观念和态度。这两种说服都既可以用于对客体和议题的态度,也可以用于对局面的态度。对于说服者而言,强化或改变我们的行为意向是非常重要的。正如精心的可能性模式中所描述的那样,态度会对重大的或不那么重大的购买、投票、加入或捐赠决定产生影响。

第四类过程性前提是人类对于心理上的和谐的需求,我们从中找寻一个可以证实我们的预言的世界,在那里我们所喜爱的人赞同我们的所作所为。如果我们感到平衡感缺失,或者不和谐,我们会通过减轻心理上的紧张,从而积极地探寻将我们的世界带到和谐一致的状态的途径。如果我们感觉到了平衡和和谐的存在,我们会体验到安定的感觉,而且容易被激发以此前的方式行动。如果说服者想要改变我们的行为,他们就会试图创造不和谐感;而如果他们打算保持我们的行为,他们就会创造和谐感。过程性前提,对于我们说服他人的方式和我们如何被他人说服,都发挥着重要的作用。

关键术语

在你读完这一章的时候,你应该能够对以下的术语或概念做出定义、解释,并且举例说明。

过程性或感性前提条件	价值保证	优势力量	态度
动机研究	自我满意	基本需求	主张
隐藏的需求	创造性表达方式	安全需求	行为意向
不可抗拒的需求	爱的对象	归属或从属的需求	一致性
敏感问题	有势力或者强有力的感觉	爱和尊重的需求	认知不和谐理论
情绪安全感	对于根脉的需求	自我实现的需求	

道德伦理准则的应用

这是在一所州立大学的考试周。一位传播学教授收到了他所教授的一名学生的电子邮件,在邮件中,这名学生表达了对期末考试不及格的担心。之前的两次测验太难了,因而她只能得到"D"这样的低分数,而且由于期末考试要更难,她可能会不及格。她告诉这位教授,她已经处于查看期的状态了,而如果她这次不及格的话,就会被开除。她的父母已经给她下了最后通牒:"要么结束查看期,要么在剩下两年的学业里自己养活自己!"这位教授很偶然地在图书馆遇到了这名学生,并且告诉她,他不会迎合那些不用功学习的学生的要求,并且责备她还发来了邮件。她否认曾经发送过邮件,而且说她怀疑有人盗用了她的密码并发送伪造的信件来使她难堪。这位教授说服大学电子邮件系统的管理人员去追踪邮件的来源,发现这封邮件的确不是发自那位学生的电脑,而是由这个班级的一位男性助教发来的。这位教授怀疑这名助教想利用邮件对女学生进行性骚扰。在这里涉及情绪问题。这名助教是否使用了恐惧诉求?这位教授的怀疑是否合乎道德?教授应该做什么?

进一步思考的问题

1. 什么是过程性前提?请解释。
2. 态度和需求之间的区别是什么?请举例说明。
3. 当马斯洛将他的需求层次称为"优势力量"时,是什么意思?
4. 帕卡德所描述的哪种需求实际上是与自我或个人最相关的?
5. 请举出一个有关对情绪安全感的需求的例子。
6. 请举出一个有关广告主利用对自我满意的需求的例子。
7. 请举出一个有关对强有力的感觉的需求的例子。
8. 当说服者提醒我们失业或身份被盗用的可能的时候,他们利用了哪些情绪?
9. 当说服者告诉我们汽车修理店欺骗了我们的时候,他们利用了哪些情绪?
10. 态度的三个功能是什么?
11. 态度和主张之间的区别是什么?
12. 行为和行为意向之间的区别是什么?
13. 根据精心的可能性模式,当人们购买冰激凌的时候,采用的是哪种决策路径?
14. 根据精心的可能性模式,当受众没有积极性投票时,将发生什么?
15. 根据精心的可能性模式,如果受众无法呼应的话,决定将如何做出?
16. 请运用图 7.3 所描述的精心的可能性模式,解释当下某个议题的信息流动情况。
17. 产生不和谐感的源头是什么?
18. 产生和谐感的源头是什么?
19. 当使用过程性或感性诉求时,我们应该遵循哪些道德准则?

有关在线活动,请浏览这本书的对应网站:

http://communication.wadsworth.com/larson 11

第八章　说服的内容性或逻辑性前提条件

什么是证明？
证据的类型
　　直接的经验
　　戏剧性的或间接体验的经验
　　理性分析的证据
推理的类型
　　从原因到结果的推理
　　从结果到原因的推理
　　始于现象的推理
　　从准则到应用的推理
　　借助类比或对比的推理
　　演绎推理
　　归纳推理
对推理形式和证据的误用
　　统计数据
　　证词
说服中的常见谬误
　　在此之后发生，所以因为"此"谬误
　　诉诸个人谬误
　　诉诸众人谬误
　　中项不周延谬误
　　假想的对手谬误
　　其他常见的谬误
逻辑三段论
　　条件三段论
　　选言三段论
　　直言三段论
图尔明公式
　　基本要素
　　证明性要素
　　对证据的证明

回顾和小结
关键术语
道德伦理准则的应用
进一步思考的问题

学习目标

在阅读这章之后,你应该能够:
1. 举出有关以理性而非感性诉求为基础的广告或演说的例子。
2. 找出所讨论的各种类型的证据的普通的例子。
3. 解释两种类型的类比推理的差异,并且说明什么时候使用它们是恰当的。
4. 找出有关三种三段论的普通的例子,并且向同学们说明它们。
5. 解释图尔明模式中的三个主要元素和三个证明要素。
6. 找出诸如《时代》或《新闻周刊》之类的周刊中广告、社论和致编辑的信中的逻辑谬误的例子。
7. 找出诸如《国家询问者》(The National Enquirer)——我们国家发行量最大的"报纸"——之类的八卦期刊中的逻辑谬误。
8. 解释不同类型的推理(例如,始于现象的推理)。

第七章考察了以心理过程或情感为基础的前提条件。另一种经常被用于三段论的前提条件,是以人们的逻辑或理性思考的能力为基础的。精心的可能性模式指出,这种类型的说服采用的是中心的信息处理路线,需要大量的分析和智力活动。基于逻辑和分析能力的前提条件被称为**内容性前提条件**(content premises),因为它不像过程性前提条件那样,依赖心理过程和/或情感。许多内容性前提——例如原因带来结果,被大部分受众认为是有效且正确的,因而说服者可以将它们用作三段论的大前提。一些说服学者将这些前提条件称为**"论据"**(arguments)或"主张",而市场营销人员将它们称作"提议"。事实上,论辩学研究者朗斯福德教授和鲁斯科维奇(Lunsford and Ruszkiewicz,2004)教授提出,任何事物都是一个论据,包括有污迹的玻璃窗、总统的印章以及保险杠贴纸。亚里士多德将"论据"定义为通过证明而得到支持的陈述。字典对它的定义是"一个在其中表达了对某个要点的分歧的论述"(American Heritage Dictionary,1985)。大部分学者都一致认为,论据中包含着有争议的主张,它应该是存疑的,并且需要证据支持(Lunsford and Ruszkiewicz,2004,第125页)。他们举例说明,论据寻求对真相的探索以赢得说服力,因而说服者想方设法运用已知的真理来促使他人采取行动。无论是什么标签——前提条件、论据、主张、提议或断言,这一章所考察的是利用说服对象的逻辑、推理、理性和智力能力的说服。

例如,假设我想要说服你支持大麻合法化。你认为支持这个想法的合理而充足的理由是什么?对于一些人来说,对于这样的政策没有任何合理的理由(更不用说充足的理由了),因而这些人是不可能被说服的。对于另一些人来说,这项政策似乎是通情达理的,因而对于他们你也不必去说服。但是,对于那些既不同意也不反对的人——犹豫未决的受众成员你将怎么办呢？在选择立场之前,他们需要更多的信息、证据、论述和讨论。换言之,他们需要合理而且充足的理由以赞同你的主张。你可以告诉他们,大麻合法化将会大大降低在荷兰使用更强烈且更容易上瘾的毒品的比例。你可以谈论,像从香烟上征税一样,政府收取大麻税将产生收入。而且,你可以指出诸如此类的政策,将消除毒品交易中的犯罪成分。这些论据、主张或建议的成败,依赖于受众已有的观念。他们已经相信税收收入是必要的,而且任何行为中的犯罪因素都是不受欢迎的。那些被广泛赞同的观念,将成为说服三段论中的大前提或小前提。

我们都见识并且学习过逻辑模型。例如,我们中的大部分人都相信,原因带来结果。当某些事情发生时,另外一些事情不可避免地跟随而来。问题的出现有其缘故,而这些原因的消失则解决了这些问题。这个合理且明智的推理模式被称为**"原因—结果推理"**(cause-effect reasoning)。哈格林和克拉克(Huglen and Clark,2004)将它定义为"通过将某些原因和结果联系起来,来证明它们的存在"(第23页)。这是讲得通的,如果没有得到结果,显然是因为不存在相应的原因,反之亦然。这两者共同存在。例如,一支棒球队的投球手在集中训练中受了很多伤。这个原因的一个符合逻辑的后果就是,这支球队将以糟糕的成绩结束这个赛季,而无须说服任何人相信伤病导致失败。你只需要列出各种伤病,之后原因—后果假设就已经在受众的大脑中发挥作用了。正如这个例子所展示的,原因—结果模式是说服三段论中的一个潜在的首要前提条件。政界人士和政府官员、法官、商人和广告主都在运用原因—结果推理。内容性前提条件具有说服力,在于它们是以被广为赞同的逻辑推理模式为基础的。这一章的目的是确定一些这样的模式。对这些模式的认识,将使你成为更有批判能力的接收者。

什么是证明?

一般来说,内容性或逻辑性前提条件包括两个要素——证明和推理。**证明**(proof)被定义为,通过推理将足够的证据联系起来,从而使得典型的受众采纳或相信说服者的建议。被证明对于大学生联谊会成员来说是重要的事情,并不表明对于大学中的管理人员同样重要。例如,一个主张指出,对伊拉克开战的合理性在于伊拉克拥有化学、生物和核武器,而这些会威胁那个地区的稳定性。证明这个主张需要哪些证据？对于一些人来说,被猜测是武器存放基地的卫星照片就是充分的证据。对于另一些人来说,必须有实实在在的证据——他们要看到真实存在的武器。还有人需要看到实际存在的武器和伊拉克将使用它们的证据。这个例子告诉我们,"证明"因人而异。证明也因情况的不同而不同。例如,有些经济学家声称,削减国家预算赤字(原因)将刺激经济增长(结果)。他们的证据令一些人信服,但是另外一些人不相信。当经济在削减赤字之后有所改善的时候,许多之前持怀疑态度的人会相信上述观点。这些人比最初的相信者需要更多的证据,而经济形势提供了相应的证据。另一些经济学家断言,削减房地产遗产税、股票分红税和资本盈利税将推动经济增长,并且因此降低我们的预算赤字。这些税种被取消了(原因),但是增长并没有随之而来(结果)。

大部分当代学者都认为证明包括两个方面:**推理(reasoning) 和证据(evidence)**。推理的辞典定义是"将理由特别用于形成结论、推断或判断"。证据被定义为"某个结论或判断可能以之为基础的数据;构成证明的某些事物"(*American Heritage Dictionary*,1985)。通过将这两个要素恰当地组合起来,可以使被说服者接受或者相信说服者所倡导的一些改变。有几种方式可以对证据和推理进行研究。首先,通过考察说服者的操作方式,我们可以支持他们的动机,并且发现他们的意图。例如,假设我打算说服你相信,在一个男人和一个女人之间的一个未经请求的唇吻并不是性骚扰。朗斯福德和鲁斯科维奇建议在这里要提出四个问题:(1) 是否发生了某事? (2) 它的本质是什么? (3) 它的特点是什么? (4) 应该采取什么行动? 在这个案例里,存在着一个吻在唇上的亲吻,目击者看到了它,而那位女性拒绝这个吻。通常,不想要的在唇上的亲吻被认为是骚扰。在这个案例中对于第三个问题——它的特点是什么——的回答提供了证明:两位当事人的年龄都是六岁。"大部分人都不会认为六岁的人会犯性方面的错误。"(第16—17页)

另一种考察证据和推理的方法,是调查证据与针对正确性的推论或结论之间有什么样的具体关系。在电子媒介、现代广告和当代宣传出现之前,受众曾经习惯于接收非常具体而且可供验证的证据。例如,如果某人提供证词证明某事,那么这里的关键是告诉受众,为什么这个人有资格提供证词。受众也会对类比之类的证据感到怀疑。但是,今天,我们会接受职业运动员的证词——当他们为某个投资计划背书时,尽管他们根本不具备作为金融专家的资格。而且,我们经常将类比作为证据,动感的汽车轮胎被描绘为像老虎的爪子一样紧紧地抓地。

另外一些类型的前提条件和证据,通过中心的信息处理渠道来说服我们。政客们为我们提供支持某项政策的证据,而父母们说出他们所认为的在结婚前不要与异性生活在一起的合理的理由。这些例子所隐含的模式就是,足够的推理证据能够实现证明。

证据的类型

证据的说服力会根据运用它们的语境的不同而发生变化。在某些情境下,数据将发挥强有力的作用;在另外一些情况下,形象化的证据具有说服力;而在某些情境中,他人的转述或复述产生了使人信服的力量。经验性证据的依据是假定人们会研究间接获得的信息并对此做出反应,这就是为什么有关他人经历的故事会如此有说服力。广告制作者既使用来自普通人的证明,也运用来自名人的褒奖而为产品代言,这种做法背后的假设是,消费者会在他人转述的过程中吸收这些经验,并且购买广告所推荐的产品。也可以用合乎逻辑的证明方式来说服我们。对辛普森(O. J. Simpson)的审问就是这方面的一个例证——当无法提供有关这名嫌疑犯的充分的证据时,其辩护律师便有理有据地指出:"如果没有恰如其分的证据,那么就应该宣判无罪。"(Lunsford and Ruszkiewicz,第102页)

但是,即便当我们没有从他人的经历中学到什么,或者对此摇摆不定的时候,我们自己的经验往往也足以让我们发生改变。拉科塔人(Lakota)充分意识到了这一点。当一个拉科塔幼儿蹒跚地靠近篝火的时候,没有人像我们在我们的文化中所做的那样——大喊着"烫!走开,小孩!烫"并将孩子从火焰边拉开。相反,他们看着那个幼儿非常接近篝火,甚至允许这个孩子把手伸向火焰并且去摸炙热的煤炭,而使自己被轻微地灼伤。然后,他们会迅速地把这个幼儿拉到一边,帮其处理被烫到的地方。这样的经历会说服这个孩子小心不要被火烧伤。或者,假设一位教授向你解释了她的电视制作课程的严格的出勤规定,但是你对此半信半疑,结果最终考试没有通过,不得不重修。下一个学期,你不得不在这门课的第一次课程中听同样的出勤规定。而且如果你的经历对你有说服效果的话,你不会再缺席这门课了。

可以将证据分为三种宽泛的类型:(1) **直接的经验(direct experience)**;(2) **戏剧性的或间接体验的经验(dramatic or vicarious experience)**;(3) **理性分析的证据(rational processed evidence)**。前两类往往是通过精心的可能性模式中的枝节路线进行处理,不经过大量的思考和筹划,而第三类证据往往是遵循中心的信息处理路线的。直接的经验展示了行为产生结果的首要前提。戏剧性证据是以人类所具有的用叙事或故事形式构建我们的生活的倾向为基础的。理性证据则依赖于我们先天具有的通过逻辑和证据进行推理的能力。在前面的章节里,我们已经看到一些学者令人信服地展现了戏剧性证据的案例。例如,伯克(1985)讨论了戏剧性或叙事性证据的效力。现在让我们更深入地对这三种宽泛的证据类型进行考察。

直接的经验

大部分有多个子女的家长都会提到,他们的某一个孩子总是不得不通过自己的经验而辛苦地认识到"行为带来后果"这个道理。我们中的大部分人只是经过一些体验后,就会认识到这个原理的威力,但是也有一些人似乎总是不能掌握这一点。我们每个人可能都经历过交通事故,其后果是我们学会了先打电话给警察,然后才是家人和保险公司这样的顺序。我们可能也认识到,即便一个很小的事故,处理起来也需要大量的时间、文书工作和精力。你可能会确定你的生活中某些体验为直接的经验,它们对你而言是强有力的证据。

戏剧性的或间接体验的经验

我们中的所有人也会通过听说他人的经历而学到点什么或是因此被说服,这就是间接体验到的经验。间接的经验有不同的类型,其中很大一部分具有戏剧性的特点。

叙事(narratives)。使用戏剧性的证据的一个有效的方式是通过叙事。人们总是会被故事——包括口口相传的神话、传奇和民谣——所吸引。文学带来了其他类型的叙事(戏剧、诗歌、长篇和短篇小说)。技术也为我们带来了另外一些类型的叙述,例如电影、动画、视频游戏、纪录片、脱口秀和体育赛事播报——所有这一切都是建立在讲故事这个根基之上的。戏剧性的证据将我们带入间接性的体验,从而试图说服我们采取某些行动。这种类型的证据,依赖于人类将自己投射到说服者所描绘的情境中并且共同创造证明的能力。其结果是强有力而且长期有效的。

在学者、心理治疗专家 M. 斯科特·派克(M. Scott Peck,1983)的著作《邪恶心理学:真实面对谎言的本质》(*People of the Lie: The Hope for Healing Human Evil*)中,记录了"鲍比和他的父母的案例"。叙述是从鲍比开始的:他由于抑郁而在前一天晚上住进了医院的急诊室。同意他住院的医生写道:

> 鲍比的哥哥斯图尔特(Stuart),16岁,在去年夏天用他的0.22口径的来福枪枪击自己头部自杀。鲍比一开始似乎能够妥善地面对他的哥哥的死亡。但是,从9月份开学以来,他的学习成绩就开始下降。他曾经是一个成绩为"B"的学生,但是现在所有的课程都不及格。从感恩节开始,他陷入了明显的抑郁。他的父母对此显得非常担忧,努力与他交谈,但是他变得越来越不愿意交流,特别是在圣诞节之后。尽管没有任何明显的反社会行为,但是昨天鲍比独自偷了一辆汽车,并且撞烂了它(他之前从没有开过车),之后被警察逮捕……由于他还未成年,因而他被交由父母监管,而他的父母被建议立即对鲍比进行心理诊断(第48页)。

派克继续观察发现,尽管鲍比在外表上与一般的15岁的孩子没有什么区别,但是他一直盯着地板看,并且不断地抓手背上的几处小伤口。当派克问鲍比,在医院是否会感到紧张时,后者没有做出回答——"鲍比确实在抓他的伤口。他对自己的身体的伤害,让我觉得有些害怕。"(第48页)。在让鲍比确信医院是一个安全的地方之后,派克试图将鲍比带入谈话,但是似乎根本不起作用。派克得到的是"无回应。除了他可能更用力地去抓他的小臂上的伤口"。鲍比承认他偷车对他的父母造成了伤害;他说,他知道他伤害他们是因为他们对他大喊大叫。当问到他们对他喊了些什么的时候,鲍比回答说"我不知道"。"鲍比开始狂躁地抓他的伤口……我觉得我最好将我的问题转向更为中立的主题"(第50页)。他们谈到了家里的宠物——一只德国牧羊犬,这只狗由鲍比照料,但他不和它一起玩耍,因为这是他父亲的狗。之后,派克谈到了圣诞节,问鲍比都得到了什么礼物。

> 鲍比:没什么特别的。
> 派克:你的父母一定给你送了什么吧。
> 　　他们送给你什么礼物了?
> 鲍比:一把枪。
> 派克:一把枪?

鲍比：是的。
派克：什么样的枪？
鲍比：一只0.22。
派克：口径0.22的手枪？
鲍比：不是，是口径0.22的来福枪。
派克：我知道，你的哥哥是用口径0.22的来福枪自杀的。
鲍比：是的。
派克：这是你要求的圣诞礼物吗？
鲍比：不是。
派克：你要的是什么？
鲍比：网球球拍。
派克：但是你得到的却是枪？
鲍比：是的。
派克：你怎么看你得到了和你哥哥所拥有的同种类型的枪？
鲍比：不是同种类型的枪。
派克：（我开始感觉好一些了。也可能刚才我只是有些困惑。）对不起，我以为它们是同一种枪。
鲍比：它们不是同一种枪，是同一把枪。
派克：你的意思是那就是你哥哥的枪？（现在我特别想回家。）你的意思是，你父母将你哥哥的枪作为圣诞礼物送给你——就是他用来自杀的那杆枪？
鲍比：是的。
派克：你得到你哥哥的枪作为圣诞礼物，你怎么想的？
鲍比：我不清楚。
派克：（我后悔提出了这个问题——他怎么会知道？他怎么能回答这样的问题？）不，我不期望你会知道（第52页）。

之后，派克与鲍比的父母一起讨论治疗措施。但是，他们似乎无法意识到，他们将其兄长自杀的武器送给儿子究竟传递了什么信息。直到他被送到一个他喜爱的姨妈家一起生活之前，鲍比一直在接受心理治疗。

当我初次读到这个戏剧性的案例、得知圣诞礼物是什么的时候，我的确倒吸一口凉气，得知那是同一支枪的时候，我完全惊呆了。当我在课堂上朗读这段对话的时候，我也听到从教室各处发出的惊叹声。尽管这个故事情绪化的色彩很浓，但是我们很难说它是"不合逻辑的"。事实上，从这个故事中，似乎可以完全合乎逻辑地得出"这对父母的行为是有害的，甚至是邪恶的"这样的结论。如果证据足够戏剧性或感性化，那么说服对象不会再提出更多的要求。

许多伟大的传道者、演说家和政治家也都是了不起的讲故事的人。他们使用叙述抓住听众的注意力，然后将他们带入主题。叙事的效果通过其他证据得以加强，而且更多的叙事将进一步保持听众的兴趣。这样才有机会使你听到娴熟地运用叙事技巧的演说或布道。这一类演说似乎最具有影响力,而且可能被最长久地记住。正如一位教过我的教授曾经说过的:"叙事将比任何其他类型的证据携带更多的说服性成分。"

证词(testimony)。某个曾经看到、听到或者经历过某些事件的人的证词也具有说服力。说服者可以高声读出目击者的陈述,或者只是复述他们的个人经历。如果话题是有关失业的,那么说服对象可能在听了那些失去了工作的人的话之后发生改变。在失业机构排队时的丢脸的感觉、接受政府的食品补助的尴尬的感受,以及失业者的其他经历,都可能具有巨大的说服力量。

作为接收者,当我们直接听到证词时,我们间接地体验到了证人所经历的事情。尽管证人的证词是有说服力的,但是研究表明,它们往往是不可信的,甚至是错误的(Loftus,1980)。我们在许多案例中都发现,人们会因为目击证人的证词而受到错误的引导(Loftus,1984)。

作为证词的接收者,我们需要仔细地检查用来说服我们的证词。我们需要询问诸如此类的问题:证人是在某个立场上看待所主张的事物吗?证人可能在证词上出错吗?证人是否因为偏见而使其证词不可靠?证人是否会出于某种动机而发表证词?证人会因为发表证词而获得报酬吗?证人是否能从得到证明中有所收益?

轶闻趣事(anecdotes)。轶闻趣事是简短的叙事,它迅速地——往往只是通过一两句话——指出要点。例如,有一则轶事是讲一个乐观主义者在被要求描述他的人生哲学时说:"这很简单。我很留恋未来。"轶事通常有趣而且经常是假定性的,因此他们与真实的证词完全不同。与证词不同,轶闻趣事的关键是,我们不会将它们看作是真实的。相反,我们倾向于将它们看作是说服中的感叹。请回想一下有关亚伯拉罕·林肯被问到他为什么原谅背弃者的那则轶事,他风趣地回答说"我认为,他在地上比潜伏在地下对我们更有好处"(Moore,1909)。

参与和示范(participation and demonstration)。说服者还可以通过其他的一些方式将证据戏剧化。例如,在有关禁烟的演说中,视听资料能够展现癌变的肺部组织。吸烟者参加到这个展示中:他们可以将香烟的烟雾吐向一张干净的白色纸巾,然后观察残留在那上面的尼古丁。有时候,说服者通过使用视觉辅助来展示问题和解决方案,从而将要点剧本化。示范构成了电视上的大部分直接营销活动的核心,并且在那里也运用了参与环节——反复催促观众拨打1—800号码的电话下订单。观众看到了低脂肪的烤肉、有质量保障的鲈鱼诱饵,或是身材健美的人使用的博飞哑铃(Bowflex),并且想象着自己使用这些产品会是什么样。

理性分析的证据

并不是所有的证据都是戏剧性的。有时候证据通过非戏剧化的、理性导向的方式诉诸我们的逻辑化的处理过程。例如,报纸社论经常运用诉诸读者的理性处理方式的证据,其他的一些说服性信息——例如广告,也是如此。

诉诸逻辑程序依赖于诸如"过去是未来的指南"或"成本小于收益"这一类的推理模式。此外,还有什么推理模式被说服者经常使用呢?

推理的类型

请回想一下我们将证明定义为"通过推理将足够的证据联系起来,从而使得有受众采纳或相信说服者的建议"。现在我们来探索理性说服过程的第二个步骤:将各项证据联系起来用于推理。

有些推理模式似乎已经深深地扎根于我们的文化当中了。当人们背离了被广为接受的逻辑推理的深层结构的时候,他们往往被贴上"依据本能的"或"荒诞错误的"标签。有时,人们会背离理性的深层结构,并且将它用来迎合结果。有时这些滥用会使潜在的说服者听上去像个精神错乱的疯子。有一封写给当地报纸的读者来信,讨论了应该将令人讨厌的鹿移出当地的公园(Scott,1989)。写信的人指出,将这些鹿从其他的公园赶走时曾经花了多少钱、猎手为枪支弹药纳了多少税,以及有一家公园是如何通过允许在公园里狩猎而减少了驱逐费用,诸如此类。看起来,他要通过**从结果到原因的推理(effect-to-cause reasoning)** 开始归纳论证,他首先会列举一系列后果,之后他会确定其原因,并将之作为结论。我们可以预料到,他打算做出诸如"因而,猎手是积极有效的人物,应该感谢他们捕猎恼人的鹿群"之类的断言。但是,这位作者到底得出什么结论了呢?请看他的信上是怎么说的:

> 如果你是一只动物的话,你是更愿意自由自在地生活十年,尽管最终你会慢慢死去,还是愿意生活在栅栏中,每天睡在自己的粪便上?我想大部分美国人都想要自由。这也是上帝所需要的方式。这就是为什么上帝说,成为一个猎人是件好事。对于基督耶稣而言,要生机勃勃、健康地活着,但是小鹿斑比(Bambi)则从没有这样想(页码不明)。

这个结论简直荒诞。它似乎与证据没有关系。

请记住我们是在寻找令人满意的前提条件,这些逻辑模式是用来作为三段论中的大前提的。这正是深深根植于我们的文化当中的对逻辑的偏好发挥作用的方式。那些通过合理和充足的证据证明的并且恰如其分地呈现我们的证据,让我们感觉到它们是合乎逻辑的,因而我们相信它们,并且以其为行动的基础。费斯拜恩和埃奇森(1975,1980)的理性行动理论,就是属于这一类的根深蒂固的逻辑结构。这则理论指出,行为是行动意向的结果,而行动意向则是人们对于某些他们所看重的问题和社会规范的态度所带来的后果。例如,如果我们试图说服人们停止购买运动型多用途汽车(SUV),并且请他们考虑选择某种新型混合动力汽车,我们会将混合动力汽车在里程数上的突出表现,与大部分运动型多用途汽车的糟糕表现进行比较,指出四轮驱动其实对于大多数人来说都不是必需的,并且会引用这样的数据——"批评人士指出,

95%的运动型多用途汽车从来没有被用于越野"(Lunsford and Ruszkiewicz,第28页)——来加以证明。这可能会改变人们对于运动型多用途汽车的态度。然后,我们可以指出混合动力汽车的车主往往是意见领袖、通常受过良好的教育、有较好的工作、收入更高,并且更具有社会意识。根据理性行动理论,如果我们的受众认为这些特点是值得学习模仿的,他们就会改变对运动型多用途汽车的态度,并且受众对于混合动力汽车车主的尊重,将会带来他们考虑购买混合动力汽车而不是运动型多用途汽车的行动意向。但是,传播学学者萨顿(S. Sutton,1998)指出,意向是需要经过一段时间才能实现改变的,而且具有暂时性的特征。有些学者发现,行为意向的预测能力要么较弱,要么甚至是随着时间的推移向相反方向发展。现在让我们来看看传统的推理形式。

从原因到结果的推理

我们已经看到,从原因到结果的推理(cause-to-effect reasoning)在我们的文化中非常强大;甚至我们的语言也是以此为基础的。例如,我们很少说,"这个球被扔了出去,之后窗户破了"。相反,我们会将原因放在前面,让它"产生了"结果。我们会说:"约翰尼(Johnny)把球扔了出去,打破了窗户。"这个主动式句子告诉我们是约翰尼导致球在空中飞行,并且带来了打破窗户的结果。这句话给了我们更多的信息——它告诉我们谁做了什么。

说服者经常运用从原因到结果的推理来确定导致某种结果的事件、趋势或事实。他们告诉我们,如果某个原因出现的话,那么我们可以期待特定的结果会随之出现。如果结果不好,而我们希望对此做些什么的话,我们常常会努力去除原因。例如,如果你对大蒜过敏,并且吃了含有大蒜成分的食物,我们可以预测你将会有过敏反应。或者,如果你信用卡负债过多,你就应该只留一张信用卡,而去掉所有其他的。这个论点推测,砍掉所有的信用卡(原因),只留下一张,将减轻你的负债(结果)。这两个例子都很好地说明了,为什么从原因到结果的推理具有如此强大的说服力。

有三种由原因进行推理的类型:(1)原因是确定的,你要找出其结果;(2)结果是确定的,你试图倒推出它的原因;以及(3)一系列原因—结果关系导致了最终的结果(Lunsford and Ruszkiewicz,第207页)。广告经常使用第一种策略,例如有一则推销消除脂肪团的复合剂的广告就是采用了这个策略。它确定了原因——虚弱的皮肤支撑系统,以及令人讨厌的结果——脂肪团。经常使用相应的产品能够强化皮肤支撑系统,因而就能够消除原因及其结果。在第二种策略中,结果被确定下来。我们看到了结果——全球气候变暖,并且试图确定其可能的原因,例如煤炭燃烧而排放出来的二氧化碳。或者以食物中毒为例。吃过自助午餐后出现食物中毒的人,被发现是那些吃了放有蛋黄酱的菜肴的人。于是,结论是?他们生病可能是因为*沙门氏菌*(*Salmonella*),这是由于没有正确地冷藏蛋黄酱而导致的食物中毒。在第三种策略中,我们追踪一系列原因—结果关系,例如说服者指出,发电站排放的二氧化硫引起了酸雨,后者又对植物产生破坏作用。那么,结论呢?单一的原因可能造成几个结果。酸雨也会杀死浮游生物,它们是鱼和虾、蟹等甲壳纲动物的食物,酸雨还会使得土地酸性过强而成为不毛之地。在法庭审问中,确定犯罪动机有时可以被看作对原因的确定。小偷需要钱去做手术,因此他抢了商店(Huglen and Clark,2004)。

互动区域 8.1　漫游仙境中的交互式推理

刘易斯·卡罗尔(Lewis Carroll)虽然因其创作的儿童故事——例如《爱丽丝镜中世界奇遇记》(*Through the Looking Glass*)和《爱丽丝漫游仙境记》(*Alice in Wonderland*),以及他的诗作——如《伽卜沃奇》(*Jabberwocky*)而赫赫有名,但是,很少有人知道,他是一名逻辑学家,他在他的虚构的作品中大量运用了逻辑、推理和谬误等元素。一个有关不合逻辑的推理的著名的例子,就是红心女王(Queen of Hearts)坚持在陪审团做出裁决之前——而不是之后——对爱丽丝进行宣判。而柴郡(Cheshire)猫的故事则是完全不同的例子。

传播学学者希区柯克(C. Hitchcock,2001)对从原因到结果的推理做了少许的改变。他认为,至少存在着两种类型的结果:成分结果和实际结果。**实际结果(net effect)** 是累积性的,是大量的成分结果所带来的后果。**成分结果(component effect)** 与某个原因相连,但是可能并不是实际结果的唯一原因。换言之,最初的成分结果对总体结果的产生发挥了一定的作用,但是此外可能还有其他原因。例如,全球气候变暖除了因为煤炭燃烧排放的二氧化碳之外还有其他原因,它也是由冰箱和空调所释放的氟利昂气体造成的。而这类推理模式通常是用精心的可能性模式中的中心路线来处理的。

从结果到原因的推理

另一种类型的推理形式不如前一种那么常用(而且有时是无效的),它就是所谓的从结果到原因的推理。例如,可以通过这种方式来确定食物中毒的原因。在另一个例子中,许多交通事故被归因于在驾驶的过程中接打手机。在这里可能存在着中介原因,即驾驶者在与谁交谈以及谈论的是什么。我们可以猜测,进一步的研究可能会指出,这类事故中的很大一部分,是由于驾驶者在开车的过程中与他们的配偶为家务事争吵。那么,究竟接打手机是事故的原因,还是对家庭问题的争论成为中介的原因?

始于现象的推理(reasoning from symptoms)

说服者有时会确定一系列现象或迹象,然后试图从中得出某些结论。例如,政客通过引证而指出,现在的情况比他们的政敌开始执政时要差很多。失业率上升,同时股票和债券市场遭到重创。最近的民意调查显示,人们已经不相信自己具有掌握自身命运的能力了。这样做的目的,就是寄希望于选民将这些问题归咎于目前的当权者。

许多广告也向受众展示了一组现象,从而暗示这些都是受众实际或可能面对的问题:失去工作、无法支付账单、面临无法赎回抵押品的风险。因而它们需要与哈维金融咨询公司(Harvey's Financial Advisor)联系。人际说服也常常是从现象出发进行推理,特别是当要推卸责任的时候。

从准则到应用的推理(criteria-to-application reasoning)

有时说服者会确立一系列购买产品、为候选人投票或支持某项事业的标准,然后会提供符合这些标准的产品、候选人或事业。例如,信用卡公司为你提供某种产品的时候,在你的头脑中可能已经有了一些标准,信用卡必须符合这些标准,你才可能接受。相应的标准可能包括:必须没有年费、余额结转免费、先期利率为零、之后的利率适中、最初的零利率至少持续一年,而且信用卡公司应该为任何航空公司的常客提供返点并加上其他旅行服务的折扣。除非这张信用卡能够符合你的这些要求,否则你会拒绝它。想一想,那些因为翘课或缺勤而不及格的学生,是否最后不得不重修相应的课程并且保持最佳的出勤情况,从而得到一个及格的成绩?你可以通过从准则到应用的推论来说服他。

借助类比或对比的推理(reasoning from analogy or by comparison)

有时说服者会使用象征性的或真实的类比进行逻辑推理,从而得出某些结论。在这种推理形式中,说服者分析、描述某个问题,并且将这个问题与一个与之类似的或象征性的例子加以对比,从而进行类推。在对伊拉克战争进行真实事例的类比中,反对战争的人将这场战争与越南战争相提并论,因为在这两个例子中,我们都与和我们的文化完全不同的贫穷的民众打仗,而且这两个地区的地形都不适合使用传统的作战方式。由此得出的结论是我们不应该攻打伊拉克。在象征性类比中,对比是通过使用明喻或隐喻的演讲式的描述进行的。请思考以下这个形象的类比:"战争就像一场竞争双方势均力敌却没有裁判的拳击比赛。几乎没有谁能够一拳将对方击倒在地。你要在一轮又一轮中不断地一拳一拳地重击对手,直到他倒地不起,然后由他的经纪人宣布他被打败了。"

我们也经常在广告中看到通过对比进行论证——与竞争产品比较价格、效果、安全性等。例如,轻啤酒市场的激烈竞争就是建立在以对比进行推论的基础上的,某一品牌通过比较指出比其他品牌所含热量更低而且口味更好。同样的事情也发生在有关低焦油、低尼古丁香烟的广告中。劲量电池运用对比指出,这个品牌的电池能够使用更长的时间,例如与金霸王电池(Duracell)相比。

演绎推理

使用逻辑的一个常见的形式是**演绎推理(deductive reasoning)**,这是从一般到具体的推理过程。例如,在一个立法机关中,某位说服者可能会支持某项提案或动议,对此他可能会说"我们急需摆在我们面前的这项法律,因为它能防止国家预算陷入赤字。"之类的话,然后再对具体情况进行分析。一则社论可能从"西卡莫(Sycamore)必须使学校的公债表决获得通过,以保留该学校的课外体育、音乐、艺术、报纸和戏剧项目"开始,然后再继续描述细节。演绎推理路径的一个问题在于,当接收者对于说服者的总体论点持否定态度的时候,可能对此很快就会失去兴趣,从而对于直至议题核心的具体细节不再关注。

归纳推理

归纳推理(inductive reasoning)是在得出一般性的结论之前,将所有具体的细节全部搬上台面。例如,在学校债券的例子中,说服者可能以这样的方式开始:

> 你们中的许多人都知道,仅是运行体育项目就需要六万多美元。将要募集的债券中,有12 000多美元将用于旅行、入门课程和制服。当我得知仅是春季音乐会的版权费用就超过2 000美元的时候,我非常吃惊。我们不断地削减再削减费用,直到减无可减。上一次募集是在14年前,而从那之后,通货膨胀导致物价上涨了200%多。除非我们通过债券募集投票,否则的话,这个教区将直接砍去这些有价值的课外项目。

随着这些具体的证据被展示出来,一般性的结论也就合乎逻辑地从中推导出来了。

对推理形式和证据的误用

当然,在理性说服中很容易出现对证据或推理形式或对两者的有意或无意的误用。现在让我们看一些对推理形式和证据的误用的例子,借此可以探明误用会在什么地方发生。

统计数据

理性说服的一个中流砥柱是使用**统计数据**(statistics)。我们倾向于相信统计数据,而不对它们有任何质疑。但是当面对统计数据类证据时,我们应该问几个问题。首先,"从中获得统计数据的样本是否具有代表性?"。换言之,所选择的样本是否会以某种方式导致结果有偏差?或者,样本是否是更大的总体的可信的代表?我们可能会希望知道样本是如何被选出的。可能是研究者从电话本中抽取姓名。但是,并不是每个人都会将自己的电话号码登记在电话本上,有的人会有几个电话号码,而那些只使用移动电话的人的姓名不会出现在电话本上。有可能研究者是在校园的购物中心遇到被调查者的,然后在那里对他们进行调查。但是同样的,购物中心的消费者可能并不能代表一般人群。调查者也可能是在学生会前拦住被调查者的。我们在上午对他们进行访问,与我们在晚上——大多数学生都在学习的时间里对他们进行访问是否会有不同的调查结果？我们应该对说服者所使用的任何统计数据的证据提出诸如此类的问题。另外一种对统计数据证据的误用,是将某种单独的情况看作是所有事实的代表。因此,当我们听说某个特别富有的人不纳税后,我们就认为其他巨富也不上税。另一种由于有偏差的抽样而带来的对于统计数据的误用,是当总体中不具有代表性的部分被选作样本的时候。从《新闻周刊》的订户中所抽取的样本的回答,将完全不同于《园艺学》(*Horticulture*)或《有机花园》(*The Organic Gardener*)的订户样本的反应。

展示的模式也可能错误地呈现统计数据。例如,图8.1展示了同性恋在总人口中的比例。阴影部分表示至少有过一次同性恋行为的人,无阴影部分表示异性恋群体的比例。这张图指出同性恋人群至少占总人口的50%以上,而实际上研究所得出的数据要比这个数据小得多——大约2%(Guttmacher,1993)。显然,这张图在视觉上错误地呈现了实际情况,并且歪曲了统计数据的含义。这张图没有能够提供有关每个部分的样本的规模的信息。

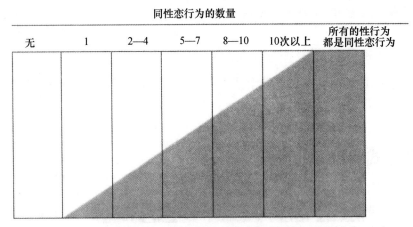

图8.1 这张图显示一半以上的人是同性恋,而实际的统计数据要比这个值低得多,因而这张图是误导性的。

证词

使用证词所遇到的一个问题是,人们的证明可能不能提供准确的信息。而且,措辞上的看似微不足道的变化,也可能引导人们做出某种特定的回答。在大部分情况下,我们没有机会去对作证的人进行交叉检验。相反,当我们看到或者听到某人为一个产品、候选人或组织代言的时候,我们不得不立即决定这个人是否有资格给出相应的证明。当证明是被用于说服的时候,我们应该询问这个给予证明的人是否是这个主题的权威,如果是,他或她的可信度如何？这个人是否离他或她所看到的、用来作证的证据足够近？这个人所给出的证明是否可能是有偏差的,如果是,偏差是在何处产生？例如,在芝加哥,一位小提琴家最近从METRA市郊火车集团得到近3 000万美元的赔偿。她在乘坐火车时,价值50万美元的小提琴被车门夹住了。为了拽出小提琴,她的一条腿被扯断了。她在法庭上通过提供"极其详细的证词"进行作证——"……她痛苦地向陪审员回忆了1995年的那个冬日,当她被夹在市郊通勤列车两扇门之间并且被拖行了360多英尺,直到跌落在车轮下的情景"(Deardorf and Finan,1999,第1页)。她的证词会有偏误吗?这些证词在多大程度上引起了人们的同情心,并且因此增加了赔偿金的额度呢?当你处在那样的情境中,你能记住多少细节呢?她是否也应该对使自己处于危险中负部分责任呢?当这样的证明被用来做证据的时候,就应该提出诸如此类的问题。

作为说服对象,我们需要警惕地观察证明被歪曲或误用的方式。我们知道,在许多情况下,证明是在赞助方付钱给提供证词的人的情况下被做出的。因此,当下一次你看到一名运动员为某个产品代言的时候,不要猜想他或她每天都会使用这个产品。从法律的角度上来看,他们只要曾经试用过这个产品就可以了。所以我们应该努力确定这个人对于这个产品的权威程度。

说服中的常见谬误

《韦氏字典》(Webster's Collegiate Dictionary)将**谬误(fallacy)**定义为"一种欺骗性的外表……是不正确或错误的观点……是一个使用了错误或无效的推论却通常看似正确的论点"。这个定义中的最后部分引起了我们的注意,即建立在无效推理基础上的令人信服的论点或假设。因而,我们应该记住,逻辑性谬误不一定是错误的,但是它的推导过程却是不能成立的。尽管事实上人们早已在几个世纪前就确定了这些谬误,但是它们仍然在广告、政治说服、人际说服和其他领域中时不时地冒出来。简而言之,我们几乎每天都会遇到一些常见的谬误。

在此之后发生,所以因为"此"谬误

在此之后发生,所以因为"此"谬误(post hoc, ergo porpter hoc)通常被称作**"事后"谬误(the "post hoc" fallacy)**,这个来自拉丁语的概念的含义是"在此之后发生,所以因为'此'"。正如这个翻译所展示的,由于某个事件发生在另一个后面,因而第一个事件就被假设为是第二个事件的原因。我们经常在广告世界中掉到这样的谬误中。在服用了这种减肥药之后,简减轻了40磅。但是可能她同时也有更多的运动。普通民众可能认为学校缺钱的原因是校长和学校董事会将八年前募集来的所有的钱用于不必要的细枝末节,但是事实可能并不一定如此。

诉诸个人谬误

拉丁术语**"诉诸个人"(ad hominem)**意思是"针对某个人",是指对于某个个体而不是针对在相应问题上的她或他的位置或立场的攻击。其目的是引导受众只是因为表达相反观点的人的奇怪的特性或其他的缺点而做出某些行为。这个策略并没有被广泛地用在广告中,因为是产品而不是人物是被传播的对象。但是,这在意识形态说

服领域——例如政治领域——却被经常使用。无论什么时候,当攻击是针对某个人的特点而不是针对他或她在相应问题上的立场的时候,就应该警惕可能诉诸个人的谬误正在发挥作用。如果说服者没有什么其他有力的论据,那么他们常常会采取攻击对手的人格特征的做法。

诉诸众人谬误

正如这个名称所指出的,**诉诸众人(ad populum)**谬误是以当时发生在大众身上的事情为基础的。它是针对众人的。历史上,有很多有关诉诸众人的论点的例子,有些事关重要、有些很悲惨、有些很琐碎。例如,请思考一些很流行的概念——它们恰恰就是运用了诉诸众人的逻辑,例如禁酒令、婴儿潮、摇滚,以及20世纪50年代的郊区化浪潮等。在时尚界和流行文化当中,也广泛地运用诉诸众人的诉求,例如,将棒球帽反过来戴或者在身上打洞。"随大流"的鼓动使得我们将诉诸众人谬误付诸行动。

中项不周延谬误

中项不周延(undistributed middle)谬误可以被定义为"由于某个个体、群体或思想与另外一个个体、群体或思想有一些共同的层面或特点,因而推论他们在其他所有的侧面或特性上都是相同的。"这种谬误经常出现在例如所谓"联想出来的过错"现象中。"古特·马洛依(Gut Malloy)是Tappa Kanna Bru兄弟会的成员,这个兄弟会的男孩都是酒鬼,因而他也是酒鬼。"常识告诉我们这里缺了些什么。这个谬误的核心在于"这个兄弟会的男孩都是酒鬼",它暗示兄弟会所有成员除了具有是这个群体的成员这个共同特征外,所有其他特征也相同。换言之,这个论点认为,酗酒这个特征是被兄弟会全体成员所共同拥有的,尽管有的成员是适度饮酒者,而有的成员甚至根本不喝酒(Jensen,1981)。

当然,这个例子无关紧要,而说服者会使用中项不周延谬误来使观点发生动摇,并且导致行为发生重大改变。例如,由于有些人在学校食堂工作,因而许多批评者就认为这些人应该赞成食堂的所有决定。这是最近出现在一个小镇的报纸上的例子:

> 请仔细想想这些事实:日本人几乎不吃油腻的食物,他们患心脏病的人数比英国人或美国人少很多。另一方面,法国人摄入的油脂很多,但患心脏病的人数也比英国人或美国人少很多。意大利人喝大量的葡萄酒,患心脏病的人数却也比英国人或美国人少很多。因而,你可以随心所欲地吃吃喝喝。你是因为说英语才如此倒霉("Consider the Facts",2002,第10页)。

这个谬误可以构成对我们使用任意某种品牌的呼吁、建议的基础,就像其他使用这个牌子的产品的人一样。

假想的对手谬误

假想的对手谬误(straw man fallacy)建立一个脆弱或"假想的对手"的很容易被

驳倒的实例。说服者将这个实例作为争论中的另一方的立场的代表,然后运用核心证据经过推理打败他们这个"假冒的"案例,同时也打败对手。这种策略在政治说服里被到处使用。例如,候选人 A 可以首先指出候选人 B 的观点是"应该将国防支出主要放在常规武器上"。这是一个很容易被驳倒的立场。然后,候选人 A 立即通过呈现令人印象深刻的、相反的数据和案例,指出这个假想的立场是完全错误的。在广告领域,我们经常会看到、读到或听说假想的对手的例子。一个恰当的例子是,一位播报者说出诸如"有人认为猎豹牌(Chevy)皮卡不能运载着道奇(Dodge)皮卡爬陡峭的山路"这类的话,然后,在这则广告中,我们看到了猎豹牌皮卡后面运载着道奇皮卡爬上了那个山坡。当然,如果猎豹汽车不能完成这个任务,那么他们也就不会播放这则广告了。

大部分比较广告都是建立在假想的对手谬误基础之上的。例如,在宣传可乐和汉堡包的广告中,对手往往被树立为一个等待着被广告商的品牌战胜的稻草人。假想的对手谬误也常常出现在意识形态的争论中。反对堕胎的支持者经常辩论道,堕胎是不人道的生育控制方式,因而应该被宣布为不合法。但是,支持母亲有选择权的一方却从来没有建议将堕胎作为生育控制的一种手段,这种说法只是很容易被主张生命第一的一方驳倒的一个假想出来的论点。

其他常见的谬误

其他类型的错误推理使用一部分或被歪曲的事实(例如只讲故事的一个方面或者省略上下文)。其他的谬误包括用玩笑或幽默代替论据(例如将与己方竞争的候选人描述为"慢步舞官僚")、使用偏见或刻板印象、诉诸传统、回避问题或规避主题("全国医疗保健就是社会主义"),使用不合逻辑的推论(不是合乎逻辑地推导出来的某种想法)或制造虚假的进退两难困境("要么是不合法的赤字支出,要么就宣布国家破产")(Kahane,1992;Thompson,1971)。

逻辑三段论

符合逻辑的论证的一种形式可以追溯到古希腊的所谓三段论。**三段论演绎推理(syllogism)** 是由三个部分组成的推理形式:大前提、小前提和结论。演绎推理是通过前提进行说服的典型,并且可以分为三种类型:条件三段论、选言三段论和直言三段论。

条件三段论

条件三段论(conditional syllogism) 被定义为运用"如果/那么"进行推理的论证形式。与其他的三段论演绎推理一样,条件三段论也有大前提、小前提和结论。大前提陈述了被认为是存在于这个世界的并且能够被受众所接受的一种合乎逻辑的关系。小前提表明了这种关系中的某一个要素的存在,结论则是借由这个关系和在这个关系中存在的某个元素推导出来的。以下是一个经典形式的条件三段论：

>　　如果美国政府不能够通过现有的法律控制恐怖主义,那么我们就需要制定新的、足够强硬的法律以制止恐怖主义(大前提)。世界贸易中心被炸毁和"9·11"事件都是政府无法通过现存的法律控制恐怖主义的证明(小前提)。因此,我们需要向政府提供更为强硬的法律以制止恐怖主义(结论)。

　　大前提中的第一个元素,或"如果"部分,被称作前件,第二个元素被称为后件或结论。我们在小前提中通过援引"9·11"袭击而证明了前件,因而我们能够得出结论,即更为强硬的法律是必要的。

　　请注意三段论演绎推理是有效的,但是前提条件并不一定都是真的。**有效性(validity)**是指三段论是否能够遵从推理的一般规则,而不是指前提是正确还是错误的。证明条件三段论的某个部分的另一种有效的途径,是否定大前提中所指出的要素的存在。继续使用上文的例子,我们可以说,"自从'9·11'之后,在美国就不再有重大的恐怖事件(小前提)。因而,不需要新的法律(结论)"。

　　广告商经常通过使用错误的前提而得出完全合理的结论。一个很有说服力的例子就是Trilene牌钓鱼线的包装上的一段话:"如果你想创造世界纪录,那么你就应该立即使用测试强度磅表格中收录的某一款钓鱼线。"你可以在句子里探测出"如果……那么……"的形式。我们所有人都知道使用恰当的钓鱼线——如Trilene——并不能保证人们能钓到创世界纪录的大鱼,但是受众往往将它作为合理的说服接受下来,然后购买了这个品牌的钓鱼线。

　　在条件三段论中,存在着两种得出结论的方式。第一种方式是,我们能够肯定大前提的"如果"部分,并且接受大前提中的"那么"部分。例如,如果我们能够断言一个前提中的第一个部分("如果你想……"),我们就能够证实有关使用Trilene钓鱼线的第二部分。另一个有效的组合从陈述与一个首次提出的前提条件的第一部分有关的某些事物开始。例如,我们可以说"较小的鱼更好吃",然后拒绝有关使用Trilene钓鱼线的建议。一个与第二种方式有关的,但不成立的推理过程是否定前件,而后得出其后件也被否定的结论。在Trilene钓鱼线的例子中,我们可能会说,"你不想要一条巨大的鱼",从而得出结论,因此你不应该使用Trilene钓鱼线。这个谬误非常明显,因为你可能会因为其他的原因想要使用Trilene钓鱼线,比如可能因为它的质量保证。在一个类似,但无效的推理中,例如,在恐怖主义的例子中,我们通过指出"我们没有给予美国政府足够强硬的新力量"而否定了小前提中的后件,然后得出结论:"因此,美国政府将无法控制恐怖主义。"这个谬误不如刚才那个例子那么显而易见,但是仍然存在,即缺乏强硬的法律并不一定意味着没有能力控制恐怖主义。在这里再一次可能存在着其他介入因素。尽管三段论的这种形式是不成立的,但是它经常被用在广告中。例如,某一段恋情因为使用了某种漱口水或洗发液而得以"挽救"。要小心这样的陷阱。说服者通过使用一个合乎逻辑的有效的三段论来掩饰错误的前提。因而,你要思考前提条件是否正确、真实,并且思考论证是否成立。条件三段论与之前所描述的从原因到结果的关联类似。

选言三段论

选言三段论(disjunctive sylogism)使用"要么/要么"的格式。请看一下选言三段论的大前提:"我们要么削减赤字,要么增加税收。"常常与大前提一起出现的是小前提中的一些证明或证据,并且从而得出结论。例如,学校董事会威胁说:"我们要么表决通过增加财产税,要么你们就会失去所有的课外活动。"选民将通过投票提供这个三段论推理演绎的小前提。如果他们投票同意增加税收,董事会就会否定取消课外活动的必要性。第二个有效的结论是如果选民投票反对增加税收,那么董事会就会取消课外活动。

如果问题非常清晰的话,那么这种推理方式很有效。但是,只有在很少的情形下具有清晰的"要么/要么"一分为二的状况,甚至在诸如2005年的特丽·夏沃(Terry Scheivo)这样极端的案例中都不是如此。夏沃几年来一直处于昏迷不醒的状态,她的丈夫想要拔掉为她供给食物和水的管子,但是她的父母反对这么做,因此双方打起了官司。最终,美国国会通过投票表决支持这个案例中的生命权利。在这个案例中,选言三段论牵扯到这样一个中心议题——"要么她活着,要么她死去"。而真正的问题在于"她是否可能苏醒"。这个论点也可以作为选言三段论推理的典型案例,即"或者她将康复,或者她不会康复",但是有关这个问题的争议并不会如上一个问题那样过激。严格的"要么/要么"逻辑无法顾及其他的信仰体系或者某种情形下的两种选项之外的可能性。因而要仔细检验以"要么/要么"模式为框架的说服,探寻是否还存在着用选言三段论演绎推理无法处理的其他的选项或者信念体系。

互动区域8.2 文化变迁的逻辑

史蒂芬·达尔(Stephan Dahl,2000)在他的著作《传播和文化变迁:文化多元化、全球化和文化融合》(Communication and Cultural Transformation:Cultural Diversity, Globalization and Cultural Convergence)中,区分了"高阶文化"(例如歌剧、交响乐、艺术展、话剧等)和大众文化或流行文化[音乐电视(MTV)、体育赛事、报纸等],后者出现于19世纪中期。达尔主张,流行文化是真正受到多元化问题影响的文化。他列举了包括社会群体、语言、非言语传播、价值、对于时间和空间的概念、知觉和民族性等造成多样性的要素。例如,他指出在西方文化中,时间被感知为线性的,而在东方文化中,时间被认为具有循环往复的特性。或者以我们文化中的"OK"这个非语言符号来说,它是用大拇指和食指组成的字母O的形状来表示。在其他文化或亚文化中,这个符号却有性方面的含义。看待时间和空间的不同方式在说服中会产生什么样的不同的含义?不同的手势呢?你在日常生活中还会看到哪些多样化所带来的结果?

直言三段论

直言三段论(categorical syllogism)处理事件的部分与整体或集合与子集之间的关系,在这当中大前提和小前提两者都是两个范畴之一的成员或非成员。结论是从两个前提的组合中得出的新的发现或结果,下面这个例子就是一个经典的直言三段论演绎推理:

> 所有的人都属于终会死亡的生物(大前提)。苏格拉底属于人类(小前提)。因而,苏格拉底是会死亡的生物(结论)。

尽管这个例子经常被用来解释直言三段论,不过你却没有很多的机会去运用这种演绎推理。但是,你会经常在不同类型的说服中看到、读到或听到这种推理的形式。举例来说,美国海军(U.S. Marines)的征兵口号是:"我们在寻找优秀的人。"其中隐含着这样的直言三段论:所有的美国海军都属于优秀的人这个类别(大前提)。你是一个优秀的人(小前提)。因而,你应该成为一名海军(结论)。

因为你是某个类属中的成员,因而可以推想你一定或者应该是另一个类属的成员。IBM公司在两页的公共关系广告中运用了这个技巧。广告上展示了两个婴儿的屁股,一个穿着粉色的裤子,一个是蓝色的,然后问"猜一猜谁长大后会成为工程师?"这个问题暗含着文化中的性别刻板印象:女性不擅长数学和自然科学。而成为工程师与一个隐含前提条件有关,这就是"那些得到支持从而在数学和自然科学上表现突出的人,有可能成为工程师"(大前提)。下一步是"男性被鼓励在数学和自然科学领域取得好成绩"(小前提)。因而,我们可以指出"男性可能成为工程师"(结论)。在另一个层面上,这则广告通过指出"好的公司鼓励女性表现优秀"(大前提)、"IBM公司鼓励女性表现优秀"(小前提),"因而IBM是一家好公司"(结论),从而成为一则有效的公共关系广告。尽管第一个三段论演绎推理是成立的(而且可能也是真实的),但是第二个三段论却是无效的。IBM公司通过使用成立的三段论的假象,指出好的公司鼓励女性表现优秀,但是仅仅这么做并不足以保证一家公司是"好的"。另一个有关文化偏见的例子请见互动区域8.2,那里指出非语言符号模式和对待时间及空间的不同方式,都是会出现在三段论中的文化刻板印象的一部分。

图尔明公式

我们中的大部分人都没有遇见过直接体现三段论的说服。相反,三段论演绎推理经常是说服性论证的潜在的结构。英国哲学家史蒂芬·图尔明(Stephen Toulmin, 1964)开发了一个用来确定我们在日常生活中所遇到的理性说服的类型的模式。根据图尔明的观点,任何指向我们的逻辑推理过程的论证,都可以分为三个基本的部分:断言、资料和依据。

基本要素

断言（claim）是说服者希望被人们所相信、采纳或遵从的主张。断言往往需要**资料**（data）的支持,这是模式的第二个部分,仅仅是证据。资料给予说服对象遵从断言所给予的建议的理由。而**依据**（warrant）则是资料能够支持断言的理由;它解释了两者之间的关系。当我们检验所面对的说服时,这三个元素就会清晰起来。如果有理由相信说服对象将会照单全收说服中的断言,那么说服者就没有必要再继续游说下去了。但是,如果说服者预料说服对象怀疑断言,那么资料就必须被呈现出来。如果资料被接受了或者被直接反驳了,那么在这里也没有继续下去的必要了。但是,如果说服者预感被怀疑的断言现在得到了资料的证实,那么就有必要展现能够解释为什么这些资料可以支持断言的依据。在这个模式里,逻辑性的论证从断言转移到资料,再到依据,并且会产生三种类型的反应（同意、反对和不确定）。这个模式几乎出现在所有日常生活中对各种观点的理性论证、说服过程中。图 8.2 中的主张是美国必须成为"世界警察",在那里展示了如何通过**图尔明体系**（Toulmin System）进行论证。接下来我们将追踪图表中所展示的论证的每个步骤。

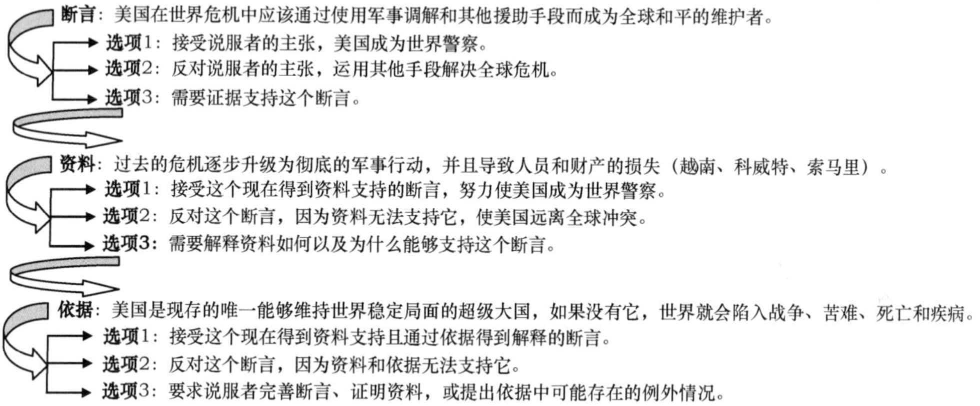

断言：美国在世界危机中应该通过使用军事调解和其他援助手段而成为全球和平的维护者。
- 选项1：接受说服者的主张,美国成为世界警察。
- 选项2：反对说服者的主张,运用其他手段解决全球危机。
- 选项3：需要证据支持这个断言。

资料：过去的危机逐步升级为彻底的军事行动,并且导致人员和财产的损失（越南、科威特、索马里）。
- 选项1：接受这个现在得到资料支持的断言,努力使美国成为世界警察。
- 选项2：反对这个断言,因为资料无法支持它,使美国远离全球冲突。
- 选项3：需要解释资料如何以及为什么能够支持这个断言。

依据：美国是现存的唯一能够维持世界稳定局面的超级大国,如果没有它,世界就会陷入战争、苦难、死亡和疾病。
- 选项1：接受这个现在得到资料支持且通过依据得到解释的断言。
- 选项2：反对这个断言,因为资料和依据无法支持它。
- 选项3：要求说服者完善断言、证明资料,或提出依据中可能存在的例外情况。

图 8.2　图尔明所提出的论证中的基本要素——以美国调解世界危机为例

证明性要素

图尔明体系包含着大量的次级概念。例如,一个断言可以通过**修饰语**（qualifier）——通常是一个简单的词语或短语,例如"在大部分情况下"或"可能"或"有可能是"——被加以修正,由此承认这个断言并不一定是普遍有效的或者对其进行了限定。在我们的世界警察的例子中,说服者可以将其断言修改为"在大部分情况下,美国应该成为世界危机中的国际性的和平维护者"。修饰语限制了断言,使得这句话得以成立,而不是一个简单的"要么/要么"的论证。

这个模式中的另一个辅助性的术语是**保留**（reservation）,它被定义为有关依据在什么条件下才成立的陈述。保留的典型用词诸如"除非"或"只有当存在着信任这些的理由时"。在世界警察的例子中,依据应该这样表述:"除了革命这种情况之外,美国应该是唯一具有建立和维护世界稳定局面的超级大国。"而当依据被这样陈述——"除非美国不是唯一具有建立和维护世界稳定局面的超级大国……"——的时候,另一个保留通过"除了"这个词表现出来。

无论是说服者还是说服对象,通常都忽视了通过使用保留指出在什么情形下断言不应该被接受。他们假设双方都是站在同样的起点上、从同样的参考框架出发的。我们必须从同一个起点开始,或者做出(像保留一样的)限定,从而使得在任何说服过程中真正的前进成为可能。保留与修饰语结合在一起,使得说服具有了极强的灵活性,因为两者都促进了对话;两者都为说服对象提供了反对或同意说服中的部分内容而不是全部内容的机会。

广告商往往会明智地运用修饰语。例如,凯斯特(Cascade)洗碗机用洗涤剂的广告中用的词不是"不留污渍"(spotless),而是"几乎不留污渍"(virtually spotless)。到底什么叫"'几乎'不留污渍",谁能说得清楚呢?是留有一处污渍、三处污渍,还是留有十二处污渍?因而,我们应该意识到两个与修饰语和保留相关联的问题:(1)当不注意它们时,我们会被锁定在某个行动或信念中;(2)使用模糊不清的修饰语会使说服者逃避对产品、行动、人或观念的任何承诺。在给予了更多细节的情况下,尽管说服者可能仍然会将修饰语朝向有利于自己的一方理解,但是却变得较为困难了。

图尔明体系中最后一个用来展现论证策略的要素,是对依据的**证实(backing)**,在这里相应的信息被用来确立推理或者资料与断言之间的联系的可信性。

现在我们可以看到说服的策略并不只是应用简单的三段论。相反,对于说服者所提出的主张,说服对象可以做出三种反应:(1)完全接受;(2)完全反对;或者(3)要求提供证明。之后,说服者可以提供资料,说服对象也可以接受、反对或者质疑。如果说服对象需要更多的证据,那么说服者最终应该提供依据或理由,满足证明的要求。如果有足够的时间,还有三个元素会加入到说服诉求中:修饰语、保留和证实。重要的是,被说服者面对说服的时候,应保持警醒、批判性并且有条不紊。图尔明的体系为我们提供了有效地处理多种类型的说服的工具。

对证据的证明

最近,雷诺兹夫妇(Reynolds and Reynolds,2002)提出了我们在运用证据时应该知道的一些事实:

(1)证明是一个认知性的过程。换言之,人们必须用精心的可能性模式的中心路线处理证据。

(2)证据在说服对象眼中必须是合理的。换言之,说服对象应该将证据看作是可靠、高质量和没有偏向的。

(3)证据由受众进行评估。对证据的评估带来了对整体消息的评估,并且也带来了接受消息后的信念改变。然后,这些信念改变将带来某些行动。

总体来看,当能够促进受众参与到证明的过程中时,证明可能是最有效的。之前,我们指出了,当说服者向受众呈现戏剧化的场景或情形并且引导受众移情的时候,说服者使用情感导向的证据是最有效的。受众通过运用他们的想象力,共同创造了证据——他们将证据纳入他们自己的参考框架。在使用理性导向的证据的时候,高效的说服者提出主张,并且尽可能展示资料支持这些主张。他们希望,依据、理由能够由受众提供,而当受众成员开始共同创造证明的时候,即便他们没有提供他们自己的理由,他们仍然参与到自己的说服之中。最后,有效的说服者对证据加以强调——无论是作为叙事的一部分,还是以某种类推的形式。

回顾和小结

与过程前提或情绪性前提一样,内容前提或逻辑前提并不依赖于说服者的内部状态。相反,它们更多的是以对于某些标准或规则的普遍赞同为基础的。证据往往要么具有戏剧化导向的特性,要么是理性导向的,或者是经验性/参与性的。戏剧化证据的使用者通过创造戏剧化的情景并且邀请受众加入到这个剧情当中,从而引导说服对象得出"合乎逻辑的"结论。因此,说服对象向自己"证明"了前提条件的有效性。理性导向证据的使用者通过向他们的说服对象展示一系列指出某个特定的主张或内容前提的资料,从而引导后者得出"合乎逻辑的"结论。说服对象以依据的形式提供了资料和断言之间的联系。而经验性或参与性的证据被证明是最有说服效力的,这是因为说服对象个人参与到证明的过程中。这三类证据都依赖于说服对象那一方的自我说服。无论证据是理性的、戏剧化的,还是经验性/参与性的,说服对象都以某种方式参与到对他们自己的说服当中。当我们致力于自我说服的时候,即便它与我们自己的信念相反,参与的效果也是强有力的。

传统的三段论演绎推理通常形成了论证或内容前提条件的骨干结构。在这个结构中,论证策略或具体的论证或是前提条件都体现为资料所支持的断言。断言和资料通过依据联系在一起。

最后,在说服者可以使用的不同类型的证据中,有些似乎比另外一些更为重要。可能最为重要的是那些支持这三种重要的关系的证据:原因与结果、现象和类比。能够为说服对象提供观点的证据,可能比不能够提供观点的证据更有说服力。我们关注了两种特别有效的提供观点的方法:使用类比,它能够提供比较性的视角;以及使用叙事,它在戏剧化的参考框架当中也具有同样的提供观点的能力。在某种意义上,两者也都是"艺术性的",而不是单纯地展现信息,相反,两者用戏剧化的或者形象化的形式描述证据。总体来看,我们在使用经验——无论是真实的,还是通过他人间接体验的,或者是想象出来的——时,说服最有效果。成功的说服者努力根据说服对象的经验,形成内容性前提条件,包括这些前提条件之间的关系、断言、资料和依据。如果说服者邀请说服对象参加到结论的推导过程中,后者将参与对他们自己的说服过程。

关键术语

在你读完这一章的时候,你应该能够对以下的术语或概念做出定义、解释,并且举例说明。

内容性前提条件	参与和示范	演绎推理	选言三段论
论据	从结果到原因的推理	归纳推理	直言三段论
原因—结果推理		统计数据	断言
证明	从原因到结果的推理	谬误	资料
推理		"事后"谬误	依据
证据	实际结果	诉诸个人	图尔明体系
直接的经验	成分结果	诉诸众人	修饰语
戏剧性的或间接体验的经验	始于现象的推理	中项不周延	保留
	从准则到应用的推理	假想的对手谬误	证实
理性分析的证据		三段论演绎推理	
叙事	从类比或通过对比的推理	条件三段论	
		有效性	

道德伦理准则的应用

在做决定的过程中有两种逻辑对立的情况:(1)利益相冲突;(2)利益相兼容。在利益冲突的情况下,某个处于能够获得内部信息的位置上的人可能会对决定产生影响,从而使之符合他/她的个人利益,例如在大部分的公司丑闻的例子中。如果存在着利益兼容,拥有内部位置和信息的人会做出对他们自己以及与他们利益一致的其他人都有利的决定。例如,一家公司遇到了产品问题,从而可能导致裁员。这家公司的首席执行官决定请效率专家来分析解决问题。他们对公司的情况进行了分析,削减了成本,使得公司重新盈利,并且也消除了裁员的可能。可以将这两种逻辑对立的选项运用到以下案例中:一位大型汽车制造公司的首席执行官发现汽油的价格正在加速度增长,因此会导致运动型多用途汽车的销量的下降。这位管理者有几种选择:第一个选项是,刺激购买运动型多用途汽车(例如,"现在你可以用内部员工的折扣价格购买运动型多用途汽车")。另一个选项是开发混合动力汽车,这会带来汽车价格的提高,因为为此需要研发费用。还有一个选择是"做假账",以此大大提高股票价格,然后这位首席执行官就可以在高点卖掉股票获得盈利。那么这位首席执行官会选择哪种选项呢?

进一步思考的问题

1. 这一章讨论了哪三种三段论演绎推理？请分别举出在广告、政治演讲和其他说服中的这三种三段论演绎推理的例子。
2. 请定义证明。在你看来，充分的证明由哪些部分构成？证明的构成是否随着议题的变化而变化？如果是，以什么方式？
3. 请分析某一篇针对某个具体议题的杂志评论，并且尽力确定其中所提供的资料。在那里运用了哪些类型的证据？它们是戏剧性的吗？如果是，是以什么方式达成戏剧性的？如果不是，它们有说服力吗？为什么有或者为什么没有？在对这个议题的讨论当中隐含着哪种类型的三段论演绎推理结构？
4. 理性导向的证据和情感导向的证据的区别是什么？请举例，并说明两者的差异。
5. 请从你的经历中举例说明观点、态度、信念和价值观是如何影响行为的。列举以上几方面没有对行为产生影响的例子。为什么会有这样的差异？
6. 为什么"鲍比和他的父母的案例"很有说服力？其中的逻辑是什么？这个例子是否以非逻辑的方式证明了派克所要指出的论点？
7. 象征性类比和字面意义的类比的区别是什么？当人们将一场政治竞选与赛马相比较的时候，使用的是哪种形式的类比？
8. 误用统计数据有哪几种形式？请举例。
9. 证词被误用的形式有哪些？请举例。
10. 什么是事后谬误？请举例。
11. 什么是诉诸个人谬误？请举例。
12. 最近的选举中是怎样运用诉诸个人谬误的？
13. 在广告中有哪些最新的诉诸众人的谬误？
14. 中项不周延谬误是怎样形成的？请举例。
15. 假想的敌人的谬误是怎样运行的？请举例。
16. 什么是虚假的进退两难困境？它是怎样运作的？请举例。
17. 如何运用精心的可能性模式解释内容性前提和过程前提之间的区别？

有关在线活动，请浏览这本书的对应网站：

http://communication.wadsworth.com/larson 11

第九章 说服中的文化前提条件

文化模式
文化的想象和神话
  普通人的智慧
  成功的可能
  救世主的降临
  阴谋的存在
  挑战的价值
  永恒的回归
瑞奇的文化寓言
  门口的暴徒
  大获成功的个体
  乐善好施的社群
  顶层的腐败
男性的男人和女性的女人
想象作为文化前提条件
  专业性
  信用或诚实
  活力
美国的价值体系
  清教徒和开拓者的道德准则
  个体的价值
  成就和成功
  变化和进步
  道德平等
  努力和乐观主义
  效率、实用性和务实主义
回顾和小结
关键术语
道德伦理准则的应用
进一步思考的问题

学习目标

在阅读这章之后,你应该能够:

1. 定义并且解释什么是文化模式。
2. 认识到你是如何受到文化训练和社会压力的影响的。
3. 从说服性消息中发现普通人的智慧、成功的可能、救世主的降临、阴谋的存在、挑战的价值和永恒的回归等文化方面的神话。
4. 确定、解释在广告、社论或政治演讲中的瑞奇的文化寓言,并且举例。
5. 确定诉诸男性的男人和女性的女人的神话的消息。
6. 讨论作为文化方面的前提条件的想象和感召力,并且解释它们的三个中心元素。
7. 定义雷丁和斯蒂尔所提出的美国核心价值观,并且为每种价值观举出当下的例子。

我们所有的人都是我们自己所在的文化的囚徒,并且作为一个结果,我们往往忽视那些影响我们、借此使我们被说服的行为模式。任何见识过另一种文化(甚至是相似的或相关联的文化)的人,都会立即意识到我们的行为模式和外来的文化的行为模式之间的显著差别。不仅是价值观、语言和风俗习惯不同,还有许许多多细小的地方也是有差异的。例如在英国,公共汽车的乘客有序地排队上车。而在美国,乘客则通常围在汽车门口。在美国,滑雪者排成一排等着轮到自己上滑雪升降机,但是在法国,当地人会走到其他滑雪者前面,站在等候队伍的最前面。在另一个文化差异更为显著的例子中,我们可以看到,世界上有 1/3 的人用刀、叉子和勺子吃饭,另外 1/3 用筷子吃饭,而剩下的人用他们的手指吃饭。

在 20 世纪 90 年代,我参观过东欧几个前社会主义国家,很快就理解了强势货币和弱势货币之间的巨大差异。强势货币具有真实的价值,而弱势货币则被大大地高估,因此人们不想接受后者。我在布拉格住的酒店拒绝接受弱势的捷克斯洛伐克货币,而更愿意接受诸如美元或德国马克这类坚挺的货币。这样的情况持续了很多年,而且在捷克斯洛伐克,在黑市中买卖货币已经成为一种文化习惯,尽管在那里 50 多年前就规定了用高于官方公布的汇率兑换货币是违法的。有人告诉我,在捷克斯洛伐克最理想的兑换汇率是与牧师换汇的汇率。而这在美国人身上是不会发生的事情。

在那个时期的东欧国家,大部分人都会带一个网兜,以备他们发现任何可以买得到的东西时使用。事实上,形容这样的购物袋有一个俚语——"偶然事件"(perhaps)。那个时候的人们购买某样东西并不是因为他们需要它,而是因为它是可以买得到的。通常商店的货架上几乎是空的,因此所带来的结果就是囤积成了普遍现象,而这种想法几乎不会出现在美国人的脑子里。

尽管任何一种文化的许多方面都是相对永久的,但是文化仍然不断地发生着变化。例如,在美国或其他地方,不同民族的人群和少数族裔的不断的迁入,会以各种各样的方式反映出来,因而到处都体现着多样化和多元文化主义。比如说,我们的超市的货架总是满满的,这会让来自东欧的外国人大吃一惊。另外,你经常会发现有很多外国菜的原料在十年前还是买不到的。不断增强的多元化正改变着我们的购物选择。许多学校求助于翻译或口译人员,以帮助他们与刚刚来到他们学校的学生的移民家长进行沟通。在这样琐碎的事情中,我们能够看到美国文化的持续变化。

文化模式

文化模式(cultural patterns) 被定义为"社会中广为传播的价值观、信念、惯例、行为模式,以及一个社会的所有的其他产物和思想模式"(*American Heritage Dictionary*,1985)。这些通过我们的语言、我们所听到的神话和童话故事、我们对周围的人的行为的观察而从幼年开始就逐渐灌输给我们了。它们变成了文化模式,或是代表了某种文化的行为、信念和价值观。英国乘客有序地排队等候公共汽车或地铁,而我们则是围在车门旁边。在日本,专职的"打包工"往地铁车厢里塞入尽可能多的人。大部分来自美国的人觉得这是不能接受的。文化训练或模式化,是我们在前面的章节里所讨论的被广泛接受的一些前提的基础。

互动区域9.1　鹿之民

请思考下列这个有关文化模式的例子。假设你是一个部落的成员,你们唯一的食物来源是北美驯鹿。当这种动物在秋天开始迁往南方的时候,这个部落会杀死足够多的驯鹿以储藏直到第二年春天的食物,而到第二年春天驯鹿会迁徙回北方,继续为这个部落提供食物。这个部落的习惯是杀死驯鹿,并且存储一到两周的时间。你可能刚刚结束秋天的猎捕,却发现将会遇到在第二年春天驯鹿迁徙回北方之前没有足够的驯鹿可以捕杀的严冬。如果没有充足的蛋白质和脂肪供给,死亡是不可避免的。你参加了部落首领召集的长老会议,该会议请人们关注这个危机并且提供建议和想法。你将怎么做?这些年来,我的说服学课堂上的学生,通过头脑风暴想出了解决这个问题的各种方案,并且大致按照以下顺序提出了各种建议:

- 追踪驯鹿,以捕杀更多,这样就能够增加供给量。
- 寻找其他的食物供应——我们可以吃浆果、鱼或鸟。
- 让一个年轻、健康的团体出去寻求帮助。
- 限量供给食物,使得食物能吃更长的时间。
- 吃驯鹿的各个部分:鹿皮、鹿角等所有部分,以增加供给。
- 送一些人去其他食物更为丰富的地方,这样就能够减少这里对食物的需求。
- 杀掉部落里的一些人,以减少需求。

- 杀掉大部分没有用的人:首先是老人,然后是病残的人,接下来是幼儿,以减少需求。
- 开始同类相食,让我们吃掉那些被我们杀死的人。

最实用的解决方案最先出现,之后想法变得越来越孤注一掷。事实上,这个部落什么都没做。他们按照一贯的速度吃掉食物,尽管知道这样做的话食物不够供应整个冬天。然后,他们坐下来,等待死亡。他们接受了这种情况,而美国人则会努力为所有的问题找寻解决方案,即便有些问题是无法解决的。在使用这个案例的这些年里,没有一个学生建议什么都不做。你认为解决问题的导向是有益的吗?为什么是或为什么不是?

我们所接受的文化偏好、神话和价值观都可以作为省略三段论法的大前提。建立在文化方面的前提条件基础上的说服不容易被意识到,而且通常是通过精心的可能性模式中的枝节的信息处理路线进行消化。因此,我们往往对基于我们的文化训练的各种刺激做出下意识的反应。罗伯特·希尔迪尼(2001)将这种反应称为"固定的行为模式或快捷方式",它是自动且即发的。希尔迪尼观察到,"你和我都生存于极度复杂的环境中,这个环境是这个星球上最频繁地发生快速变动的错综复杂的复合体。为了应对这样的环境,我们需要走捷径……当充斥在我们生活中的刺激变得越来越盘根错节和变化多端的时候,我们就会更加依赖于我们的快捷方式来处理所有这些"(第7页)。而文化模式和文化前提条件正是这一类说服我们的捷径。

对于大部分美国人来说,另一种文化模式是对个人主义的重视。我们喜欢通过自助提升自我的想法。罗伯特·贝拉(Robert Bellah,1985)和他的同事在《内心的习惯:美国人生活中的个人主义和责任》(*Habits of the Heart: Individualism and Commitment in American Life*)一书中指出了这种个人主义的另一面。贝拉和他的同事对200多位处于人生不同阶段的美国人进行了深度访谈,将美国人的核心价值观和信仰描述为"内心的习惯"。这当中的核心是对个人的重视。贝拉和他的合作者指出:

> 我们的书中所思考的中心问题是被托克维尔(Tocqueville)所描述的作为崇拜和焦虑的混合体的美国式个人主义。对于我们而言,与托克维尔想的一样,是个人主义而不是平等势不可当地行进在我们的历史中。我们担心这种个人主义可能会发展为像癌症那样无法抑制(第viii页)。

他们所说的"像癌症那样"是指个人主义变成了我主义,即只强调个人,而不是社群,因而让人们只关注自己,忘记了其他人。许多其他的观察者回应了这个题目。请回想一下对于太少的驯鹿的困境,排在前面的学生的反应是积极的而且是行动导向的,这反映了美国人的个人主义价值观的优秀的一面。中间的回答更多地反映了社群和合作的意识,但是最后三个答案折射出美国式个人主义的恶劣或癌症一般的一面。我们如何确定文化价值观的模式呢?它们从何而来?说服者如何运用它们?

为了了解这些前提条件如何从总体上与说服产生联系,我们首先来看一看我们是如何获得它们的——通过文化方面的培训和社会压力。然后,我们来分析两种类型的文化方面的前提条件:(1) **文化的想象和神话**(cultural images and myths),这是指展示了社会价值观的或是真实存在或是想象出来的叙事;和(2) 我们的价值体系,它可以被定义为信仰和价值观的层级网络,代表着某种文化。应该牢记,价值观是一种观念,我们用它评价人们的行为或动机是否良好或者可取。例如,美国人的价值观包括诚实、公正、美丽、高效、安全和进步。由于我们的价值体系是发挥说服的杠杆作用的主要源泉,因而你可能对探索说服者如何将他们的目的和论证与这些价值观联系起来感兴趣。文化训练形成了我们的价值观的核心,然后它们又成为我们管理自我的规则。说服者使用并信任这些前提条件,而且期待着他们的受众也是如此。

文化的想象和神话

每种文化都有自己的神话故事和英雄人物——其所作所为被相应的文化看作有价值的,许多这样的神话故事都是从其他文化——特别是从欧洲文化中采借而来的。一个古代的例子就是,希腊社会在几个世纪之前就形成了一系列关于骄傲的罪恶的神话故事。我们也有类似的信念。你清楚,极度骄傲的学生不会被选作团队首领。较为谦逊的人会被选出来。美国文化和社会中暗含着哪些神话、传奇或想象呢,说服者是如何运用它们的呢?这些想象是否会发生变化?如果是,如何变化?它们现在是否正在被改变着?如果是,那么是如何被改变的?刻板印象和谚语都是文化中的神话的指示器。现在让我们来了解其中的一些。

普通人的智慧

具有突出的说服力的美国的口头传说中的一个传奇是**普通人的智慧**(the wisdom of the rustic)。无论对手多么狡猾,最终来自偏僻的山区的男主人公或女主人公的朴素的常识性智慧都会获得胜利。大量的民间传说都是以这样的质朴形象为基础的,例如丹尼尔·布恩(Daniel Boone)的传说,以及亚伯拉罕·林肯的大量关于他出身贫寒、没有受过正规的教育的故事。我们认为贫寒的出身是有益的,而且我们相信,艰难困苦能够让特别是没有受过任何正规教育的人变得睿智和务实。因此,纵观美国历史,政治家都强调他们出身低下。例如,罗纳德·里根(Ronald Reagan)强调他是伊利诺伊州迪克森(Dixon)的寒门之子,比尔·克林顿让众人皆知他出生于阿肯色州的霍普(Hope)的下层家庭。两位布什总统从来没有强调过他们的特权阶层的出身。如果政治家无法声称出身卑微,他们还可以找到其他的替代品,通常是经历坎坷,或者是有过作为战俘的遭遇,要么就是身有残疾。对产品的市场营销也经常让一名普通人作为代言人。例如,威尔弗雷德·布里姆利(Wilfred Brimley)就是作为一个普通人,为质量上乘的老式桂格燕麦做代言人,包装上微笑的桂格人强化了这个形象。

正如我们看重单纯的、具有常识的普通人，我们的文化倾向于轻视知识阶层或受过良好的教育的人。说服者经常利用我们对于普通人智慧的信奉的相反的一面：知识分子成为玩笑的矛头，而普通人最终战胜了那些聪明人。

成功的可能

成功的可能(possibility of success)的神话，在霍雷肖·阿尔杰(Horatio Alger)的许多小说中随处可见，他是19世纪一位专门为少年写作的作家。这些小说中的主人公一成不变的都是年轻的男子，他们通过艰辛的劳动、忠诚、诚实和守法的行为以及对未来充满信心，从而获得成功。他们甚至可能上升到顶层，并且拥有自己的公司，有一个漂亮的妻子，过着上等的生活，而且能够帮助他人。成功的可能的神话对移民、穷人和被压迫者具有感召力。这些人将这些故事讲给他们的孩子听，告诫他们要努力工作，以获得成功。这样的神话也被泛化，将女性和少数族裔包含进来，也对新移民群体有吸引力。新移民群体，特别是来自于第三世界国家的移民，通常为了省钱而拥挤在狭小的住房中，或者为了他们自己而经商，他们中的所有人都为提高家庭的生活水平而忙碌。可能获得成功的神话，在今天与移民主要来自欧洲的那个时代一样栩栩如生。另外，以下是托克维尔所看到的成功的可能的神话：

> 所有的美国人都不缺乏向上发展的热切的渴望……所有的人都一直在追求财富、权力和名望……使民主社会中的人们不再关注那些高不可攀的雄心壮志的不是他们缺乏财富，而是他们为了提升自己每天都要努力工作所催生的强大动力……在这些人的孩子身上也可以观察到这些现象……他们的父母是卑微的；他们成长在这样的感觉和想法中，而这些在他们后来的人生中是难以磨灭的……(第156—158页)

如果你的祖父母或他们的父母是移民来到美国的，你可能在这段描写中看到了你的祖父母。你也可能在其中看到你自己。

因而，我们容易接受承诺成功的可能性的说服。这就是为什么你决定读大学。在这里被营销的产品和服务向整个家庭做出许诺。政客向那些支持用常规的方法解决问题的选民许下光明的未来。成功的可能的神话故事，也许引导许多投资者在20世纪90年代末期购买互联网股票。总之，那时似乎所有的人都在上网，市场不再如同往昔。当网络公司泡沫在2002年破裂后，成功的可能的神话也在一段时间内烟消云散。但是，无论彩票销售或减肥俱乐部是否使用了金字塔营销模式，作为诱饵的胡萝卜都是一样的——尝试，然后你会成功。

救世主的降临

与成功的可能的神话相关联的文化神话是**救世主的降临**(coming of Messiah)。无论什么时候，当灾难降临我们的社会或我们的社会已经陷入一堆麻烦——经济的、宗教的、政治的，或我们陷入极度不确定和悲观主义的周期，或事情变得混乱、令人困惑和恐惧的时候,我们都会相信总会有什么人或什么事物来解救我们。我们希望有某个展现了可信性、能够翻天覆地地改变事情的伟大的领袖,把我们从混乱和危险中拯救出来。许多往昔的领袖人物担当了这个角色。例如,亚伯拉罕·林肯从默默无闻中脱颖而出拯救了合众国。富兰克林·罗斯福的出现引导美国走出了大萧条并且迎来了第二次世界大战的胜利。罗纳德·里根带领我们摆脱了18%的利率和令人难以置信的通货膨胀。而乔治·W.布什被描述为能够帮助我们赢得针对恐怖主义的战争。毫无疑问,未来会为我们带来其他的问题,但是你可以放心,会有某个人以救世主的面目出现。我们容易接受什么样的以救世主自居的人物呢?首先,正如之前所指出的,我们是行动导向的,我们希望我们的救世主是实干家。其次,我们希望他们的解决办法是简单而且实用的。

阴谋的存在(The Presence of Conspiracy)

另一个文化前提是这样的信念:当我们面对巨大的、几乎将人压垮的难题时,唯一可信的解释,就是它的后面一定有一个强大的群体。这个模式被称为**偏执狂风格(paranoid style)**,它被定义为:将那些在其他方面无法说明的进退两难的困境解释为是个阴谋(Hofstadter,1963)。最有说服力的例子可能是有关肯尼迪被暗杀事件的各种各样的阴谋论。许多其他的阴谋论点也反复出现在各个历史时期,例如有关共济会(Masons)和圣殿骑士(Knights Templar)的阴谋论,它们为最近的小说和电影《达·芬奇密码》(*The DaVinci Code*)或教皇阴谋论(Papal Conspiracy)提供了凭证。最近,阴谋论的观点被用来解释俄克拉荷马州的爆炸案,以及我们这个时代的恐怖主义。有的人认为民兵组织将很快密谋推翻政府,也有一些人感到政府已经被国际上的阴谋家所控制。许多人相信在基地组织(Al Qaeda)和像伊朗、朝鲜这样的国家之中,存在着一个反对美国的阴谋集团。有关恐怖主义的阴谋论显而易见地促使布什政府在没有得到授权的情况下非法监听打给美国民众的电话,即便得到这样的授权是理所当然的事。这又导致有关政府无视宪法所规定的权利的阴谋理论。

在说服性沟通中,如果霍夫施塔特(Hofstadter)是对的,我们将会听到被用作对问题的解释的阴谋论,在这种情况下,有三个因素会对受众成员发挥作用:

(1)他们失去了一些重要的东西,例如权利、财产或特权。
(2)他们感到了将会失去权利或财产的危险,或者他们已经失去了一些。
(3)他们认为自己对于预防损失是无能为力的。

我们常常会看到有关阴谋论的信念如何上升为对救世主的信仰。只有救世主才能够打败邪恶的阴谋者,并且拯救我们。这个神话的一个危险在于它会引起民众的歇斯底里,并且使得有超凡魅力的领袖脱颖而出,后者看上去是英雄,但也可能恰恰相反。

挑战的价值

有关**挑战的价值(the value of challenge)**的神话相当简单,与部落中对于力量和个性的考验相似。它意味着,某种智慧只能通过严酷的考验才能获得,而且某些人会仪式或进阶过程能赋予我们力量、特性和知识。你可能正好刚通过了诸如大学入学考试这样的考验。人们说，上大学与其说是为了某种工作接受培训，不如说是对耐久力的考验。毕业的时候，你要展示出来你能够面对挑战，并且能够处理它。你变得成熟了，而且你也学会了如何学习。职业训练是排在这些之后的。新兵训练营是另一个对克服困难、迎接挑战的价值的信仰。野外拓展训练（Outward Bound）项目就是建立在挑战的价值的神话基础之上的。它声称，大部分问题儿童如果完成了翻山越野、在科罗拉多河谷（Colorado River）的橡皮艇漂流，或在野外的独木舟之旅，就能够恢复良好的行为举止。就连美国企业界也相信这种观念，并且经常派它们的管理人员参加这一类的拓展训练，以促进他们的发展并且形成团结一致的团体。

政治领域的说服者经常会告诉选民，在他们当选的过程中所面对的戏剧化的挑战。例如，约翰·肯尼迪说，随着他的当选，火炬将传递给新的一代，并且火炬的光芒将"照亮整个世界"。乔治·W. 布什承诺，将要赢得对恐怖主义的战争，并且将安全交还给美国。产品也经常通过向消费者提出挑战以引起后者的注意。"按时使用Soloflex机器，将会在30天里减掉20磅"，以及"每月只有一个星期六上课，就能得到奥利弗学院（Olivet College）的MBA"。两者都是建立在对挑战的重视的基础之上的。

挑战的价值首先意味着，苦难应该是有益的，或者如果没有痛苦将不会有任何成就。其次，这个神话指出苦难带来了成熟、谦虚和智慧。个体在他们遇到挑战并且战胜它们的时候，就能够学习和成长。最后，所有伟大的领袖都是因为他们经历了考验、在挑战中胜出，才成为了不起的人的。因此，挫折和失败都只是考验，它帮助你为未来做好准备。当你开始将针对你的说服进行分类的时候，你会发现挑战的价值被最频繁地使用，无论是在有关产品、候选人还是在意识形态的说服中。

永恒的回归

法国历史学教授麦西亚·伊利亚德（Mercia Eliade, 1971）发现一个历史性的神话不仅一直出现在西方文化中，而且出现在其他文化当中。他将这种神话称为**"永恒的回归的神话"（the myth of the eternal return）**，并将其定义为对于具体的历史事件或者真实发生的事情的拒绝，并且伴随着对周期性地回归到"万物初始的神话的时间、'伟大的时代'"的渴望，以及这样的时刻的重演。美国文化信奉这样的神话，可能是因为我们的起源就在近代。美国被认为是"第二个伊甸园（Eden）"，这是一个完全没有那些使自身目标变得混乱的历史包袱而能够重新开始的机会。许多过去的和当代的移民都想要这样的重新开始的机会。

根据永恒的回归这个神话，存在着一个事物是完美而和谐、大事件按照人们的意图发展和产生影响的时间。创世时间通常与特定的地理中心联系在一起，事物应该在那里起源。在美国，这个中心可能是费城，大陆会议在那里签署了《独立宣言》，费城自由钟也坐落在那里。另一个有象征意义的中心是华盛顿哥伦比亚特区，我们国家的重要的历史文件都珍藏在那里的国家档案馆（National Archives）中。在创造新天地的过程中，有伟大的英雄[例如乔治·华盛顿（George Washington）、本杰明·富兰克林

(Benjamin Franklin)、保罗·里维尔(Paul Revere)、约翰·汉考克(John Hancock)等],也有反面人物[例如乔治国王(King George)、殖民统治者、英国红衣军(Redcoats)和英国保守党(Tories)等]。在遭受了侮辱之后,这些英雄做出了一些至关重要的丰功伟绩,从而力挽狂澜,并且将他们和人们从原来的奴役中解放出来,允许他们开创"伟大的时代"。波士顿倾茶事件就是一个广为人知的例子。

在这个神话中有一种观念,即社会迷失了它原始的起源,如果我们要摆脱从那个时候发展出来的腐败和混乱的话,就必须重新找回社会的源头。为了做到这一点,我们往往以仪式的形式重演原先的伟业,并通常使万物开始的中心保持原样。周期性地回到我们的信仰起源的时空,能够为我们重新确立价值观,并且对文化做出补救。仪式将我们凝固在神话般的时间中,这样的时间能够改变我们。正如伊利亚德所指出的:"时间和空间一样,都既不是均匀的,也不是连续的。一方面,存在着宗教时间的区间,这是节日时间;另一方面,存在着世俗的时间、日常的时间间隔。"(Beane and Doty,1975,第33页)我们相信并且谈论着两种类型的时间的循环性的特质。例如,当我们说"善有善报恶有恶报"的时候,我们的意思是"它还将回来困扰你"或"种瓜得瓜种豆得豆",或是"历史总是在重复自己"。我们敬畏诸如历史性的节日这样的宗教时间,像感恩节(Thanksgiving)或逾越节(Passover)这样的仪式化的餐食,例如就职演说、就职宣誓或总统的国情咨文(the State of Union Address)这样的国家性的仪式。

互动区域9.2 反对毒品运动中的互动项目

请访问www.mediacampaign.org/,你将发现由全国青少年反毒品媒体宣传活动(National Youth Anti-drug Media Campaign)所赞助的多媒体项目。在那里,你可以找到多于35条的电视广告、55条广播广告、80条平面印刷广告、25条旗帜广告,还有一些屏幕保护程序,所有这些都是针对多元化的受众和各种族裔群体的,而且使用了几种语言。此外,你可以发现有关毒品、它们的短期及长期的影响等方面的各种新闻故事和资讯类短文,也可以看到这个活动的合作伙伴是国家橄榄球联盟(NFL)和其他运动组织,还有其他更多的信息。通过研究这个活动的各个层面,你将了解到,文化价值是如何以多种方式被加以运用的。

商业广告的说服者意识到神圣的宗教时间的重要性。他们会在历史性的节日中安排特别的销售活动,例如在华盛顿生日那天的"短斧日特卖"(Hatchet Days Sale),在七月四日的"独立日特卖"(Independence Day Sale),近年来还有在一月中旬的"超级碗特卖"(Super Bowl Sale)。每隔四年,奥林匹克运动会都会提供大量的有关庆祝神圣的时间的例子。与此同时,我们轻视那些在世俗时间中无所事事、只是在打发时间或像个"沙发土豆"般度日的人。不景气出现在世俗时间里,就像运动队丢掉了整个赛季。政客们很娴熟地激励我们回到早先的时候,以重新建立和更新自我。这些不仅明确地出现在他们的演说里,而且他们的就职典礼本身也是重建性的行为,在那里政客们会承诺为我们找回纯洁无瑕的过去。

在意识形态的宣传攻势和大型运动中,回归和重建主题也是经久不衰的。马丁·路德·金在他的《我有一个梦想》的演讲中运用了这个主题。我们在主张生命权利、反对堕胎的运动中,在涉及世俗时间时也听到了这个神话的旋律。一位主张生命权利的领导人说:"人们用回顾纳粹德国的方式追忆这个重要的历史时刻。他们会说'感谢上天,幸亏那时还有一些心智健全的人'。"("America's Abortion Dilemma",1985,第21页)这个世俗的时间得到了一位"道德多数"运动团体的领导人的回应,他在谈到堕胎时说"这种犯罪行为……将我们带回了石器时代"(第22页)。

就连在产品广告中,我们也能够发现诉诸新纪元或回归和重建的神话。日本电气株式会社(NEC Corporation)声称:"新兴的信息时代建立在计算机业和通信业相互融合的基础之上……你应该会得到更多的享受。日本电气株式会社将要这么做。"梅赛德斯-奔驰提醒我们:"今年,与99年前一样,梅赛德斯-奔驰汽车与世界上其他的汽车都不同。"永恒的回归的神话是一个能用于各种场合的强有力的工具。它反映在接下来要阐述的一系列文化方面的神话或寓言中。

瑞奇的文化寓言

罗伯特·瑞奇(Robert Reich)在他的著作《新美国神话》(*Tales of New America*)中,讲到未来出现的混乱是多种原因造成的:技术的高速发展、整个世界都对财富有了更高的期望、关于我们作为一个国家将前往何处的困惑。瑞奇和他的哈佛同事确定了他们所谓的美国的"文化寓言"。这些寓言:

> 通过比喻传递了关于如何生活和为什么生活的道理。使用比喻可能是人类的基本的、普遍的特征。作为一个物种,人类偶尔拥有理性、在内心深处十分情绪化且不断地寻求意义。在美国,大众神话的载体包括著名人物的传记、畅销小说、电影和音乐、有关那些做了了不起的事情的人物的封面报道。它们紧扣我们的政治理解。它们的力量在于产生意义、带来团结和共同经历的能力。尽管这些寓言的语言都是稀奇古怪的,但是它们的教导都是真实正确的。

瑞奇的著作回应了在我们这项说服研究的早期阶段所强调的重点:人类着迷于戏剧的力量,并且受到它的驱使。

瑞奇的寓言通过下面这个叫乔治的人——他是移民的孩子、经过努力的工作为家庭提供了优越的生活条件——的故事展现出来。他在学校学习很好,并且每天工作很长时间,为家里带来了很好的收入。他擅长体育运动,但是没有太多的时间参与。他从来不打架,但是有一次他站出来制止了小镇上的流氓、银行家的儿子——阿尔伯特·韦德（Albert Wade）欺负班上最小的那个同学。他让阿尔伯特先出拳，之后仅用一拳猛击就打倒了后者。乔治奔赴欧洲参加了第二次世界大战，单枪匹马地摧毁了隐匿的机枪射击点而拯救了他的班，但是他很谦虚，没有佩戴和展示因为英勇而获得的勋章。在战争结束后，他回到了家乡，和儿时喜欢的女孩结婚，并且建立了成功的建筑企业。他将他的业余时间用在慈善事业上，生活得非常简朴。乔治一直专注于自己的生活，直到他过去惩罚的人——阿尔伯特·韦德继承了他父亲的银行，开始挥霍储户的存款，将它们不正当地借贷给他的狐朋狗友，并且通过行贿当上了市长。唯一能够站出来拆穿这场卖官鬻爵的阴谋的人就是乔治。同时，韦德拒绝贷款给乔治所建造的房屋。在一个重要的市镇会议上，韦德所贿赂的一位市议会议员在乔治的谴责的目光下，最终败下阵来，把韦德的劣迹全部交代出来，使其锒铛入狱。而乔治此后也回归了他简朴的生活。按照瑞奇的观点，这就是典型的美国的道德观点的展示。

这个短小的故事以多种多样的版本被一遍遍地讲述，其中包括霍雷·阿尔杰的小说、美国名人的传记等。这个故事中包含着在一代代间流传的瑞奇的基本的文化寓言。在你阅读这些寓言时，请寻找它们与文化神话之间的相似之处。

门口的暴徒

这个寓言的基本寓意是：当今的世界危机四伏、问题重重，而美国人要为一种美好的、富有道德感的、富足的生活而拼搏；他们单枪匹马，是这个世界上最后的，也是最好的希望。这个寓言创造了"我对他们"这样的思路或思维定式。**门口的暴徒（mob at the gate）** 可能是偷运毒品的人、非法移民、恐怖分子，或者可能是环境污染源、民兵组织的行动、能够提供比美国公司的报价低得多的产品的外国劳工或苦役。这些暴徒也可能是贪婪的公司管理者，他们通过内部交易、低得离谱的工资或津贴，完完全全地欺诈、剥削工人。暴徒还可能是世俗社会的人道主义者、少数民族和不实际的社会改良家。那些自视为英雄的人在一些问题上看不起门口的暴徒，比如与外国的竞争等，但是在另外一些问题上，他们又认为这些暴徒有某些可取之处，当然不是全部。

瑞奇（1987）引用了几个对美国非常重要的说服性事件，它们都是建立在门口的暴徒的寓言基础之上的。其中一个是"烂苹果"比喻。有些腐败的领导人或国家会被形容为"坏了一箩筐苹果的烂苹果"。在美国社会高层的烂苹果，将会毁掉对一个国家健康和不断增长的经济至关重要的信任和信心。我们也可以看到这个神话被用在乔治·W.布什所说的"无赖国家"上，这些国家组成了一个容忍、支持甚至训练恐怖分子的"邪恶轴心"。请注意所使用的语言是如何为我们构造议题的。"无赖"国家不按照布什根据美国的行事方式所定义的"规则"行事，而且"邪恶轴心"让人们想起第二次世界大战时期的德国、意大利和日本，因而将它们与那些法西斯专制政权等同起来。

广告主将这个寓言作为宣传的基础。千百万的细菌正等着感染你，但是如果你使用李施德林漱口水，你就能一举将它们击败。大量的蚊子将要毁掉你的野餐，除非你足够警惕，事先在露营地喷上雷达牌（Raid）长效防蚊虫喷雾剂。暴徒神话当然也被用于意识形态的宣传攻势之中。例如,世俗人道主义者被认为败坏了美国的道德品质,因而绝对关键的是加入重生组织(Born Again Group)。自然,政客也通过各种各样的方式运用这个形象:暴徒可能是竞争党派、无家可归者或者以收定支的政客。不用担心,会有"正面人物"来拯救这一切的。

大获成功的个体

大获成功的个体(triumphant individual)寓言中的主体是出身卑微的人,他们工作努力,敢于冒险,忠于自己,并且最终实现或者是甚至超越了获得名望、荣誉和经济方面的成功的目标。这是靠自己的努力而获得成功的男人或女人的故事,他们展现了努力工作、决心以及勇敢地面对问题和生机勃勃的作风能够带来什么。通常,这样的个体是独行者(甚至有时是一个标新立异的人),他们打算挑战当权者,并且努力用很少的资金去做些什么。

一个当代的例子是微软的创始人比尔·盖茨,现在他是一位著名的慈善家。另一个典范则是斯蒂夫·乔布斯,他创办了苹果帝国,并且从车库里开始他的事业。无论是盖茨还是乔布斯都自力更生、工作努力,并且相信自己。另一个较为久远的例子是李·艾柯卡(Lee Iacocca),这位福特公司的特立独行者克服逆境、抵制办公室政治,并且最终说服公司推出了历史上最为成功的产品——福特野马汽车(Mustang)。他接手了濒临破产的克莱斯勒汽车公司(Chrysler Corporation),并且使公司起死回生,提前偿还了政府提供的12亿美元的拯救性贷款;研发出前轮驱动型汽车、小型货车、司机及乘客安全气囊、顾客回扣、七万公里保修,以及折叠敞篷车。

大获成功的个体的寓言与其他一些文化神话——例如普通人的智慧,弹奏着同样的和弦。我们经常可以在各种各样的说服领域中看见这样的成功人士。在政治领域,白手起家的男人或女人是你愿意将赌注投在上面的人。他们拥有极大的勇气,并且相信自己,由此带来的结果,就是他们能够在选举之日脱颖而出。一个很有代表性的例子就是约翰·麦凯恩(John McCain)议员,在越南战争中,他在战俘营饱受折磨,最终他回到了他的家乡亚利桑那州,在那里获得了成功,并且当选为参议员。一些人认为他可能会参加2008年的总统大选。那些愿意冒险尝试新技术的公司,也是某种类型的大获成功的个体。

乐善好施的社群

乐善好施的社群(the benevolent community)神话或寓言反映了人们的根本美德,以及他们在其他人需要时给予帮助的意愿。一则有关米勒(Miller)啤酒的广告就描述了这个神话。一个威斯康星的小镇遭受了飓风的袭击,一些房屋、商业设施和附近的农场被摧毁。社区周围的人组织起来,并且在两周之内几乎重建起所有被损毁的东西。当然,在辛苦地工作了一天,砌墙和架设椽子之后,他们也会一起坐下来畅饮赞助商所提供的产品。在毁灭性的洪水和风暴肆虐期间,学生、邻居和其他志愿者填放沙袋、招募援助,并且帮助受灾人。遭受飓风蹂躏的海湾地区的联邦州,收到了数十亿的来自"乐善好施的社群"的普通民众的捐款。尽管最近发生的事情摧毁了我们对许多大公司的首席执行官的信任,但是美国公司在各种各样的灾难之后,会通过广而告之它们向受灾的人捐赠的钱款和产品,来改善它们的形象,因此这些公司也成了乐善好施的社群。美国海军陆战队通过每年在节假日前后举行的"给孩子们送玩具"(Toys for Tots)的大型活动,而成为乐善好施的社群的一部分。我们发现这个文化寓言反复出现在美国历史的各项抗争运动中,例如废除黑奴制度、争取妇女的选举权、公民权利运动、过去和当今的反战运动,以及反对人工流产合法化游行和主张人工流产合法化运动等。正如瑞奇所指出的,"这个故事歌颂了美国的市政改善、慈善和地方自我宣传的传统"(第10页)。说服者将继续把这些教义运用在营销产品、推荐候选人和宣传意识形态上。

顶层的腐败

顶层的腐败(rot at the top) 寓言或神话具有阴谋论的侧面,涉及大量诸如腐败、缺乏道德或伦理、堕落、贪婪和位高权重者的恶毒等子话题。与阴谋论神话所表现的一样,这个寓言似乎遵循着一个被瑞奇称为"正义爆发的周期"的循环模式。一开始,我们信任精英,但是后来,我们发现他们缺乏诚信或善意,因而最后我们将他们赶下台或"将这些无赖赶走"。瑞奇在美国开国元勋对于乔治国王和他的殖民政府滥用权力的敏感性中找到了这个神话。那些用金钱或通过施以恩惠买得官职,或是被权力所腐化的精英阶层的滥用权力一直都是存在的。

历史上有大量的而且种类繁多的顶层的腐败,但是瑞奇认为这个神话通常针对一两个主要的目标:政治领域的腐败或经济上的剥削。在政治方面的案例,我们可以从20世纪20年代的蒂波特山油田丑闻(Teapot Dome)、70年代的水门事件(Watergate)、80年代的伊朗军售案(Iran-Contra)、90年代的性丑闻,以及最近的美国公司的财政丑闻中找到。我们经常会听说大型商业企业盘剥普通老百姓,而且我们现在仍然可以看到通过"股市豺狼"或"公司梭鱼"而进行的内部交易这一类的华尔街丑闻。所有这些都是顶层的腐败的例子。这个神话的寓意很简单:权力导致腐败、特权带来堕落。

作家迈克尔·帕伦蒂(Michael Parenti,1994)定义了另外一些几乎是不言自明的神话。"你不能与市政厅作对""我们的领导知道得最多""你不能以法律程序创立道德标准"和"所有的政客都是一样的"(第2—13页)等都是来自帕伦蒂的例子。传播学者哈恩(D. Hahn,1998)定义了另外几个政治神话,例如进步的神话、年轻的神话以及爱和开明的神话(第128—129页)。

男性的男人和女性的女人

对于许多美国人来说,另一个众所周知的文化神话是一个男人如果想要获得成功,他必须是有男子气概的**男性的男人(man's man)**。学校、家庭和电视都告诉孩子们,重要的男人是那些做有男子气概的事情的人:在适合男性的活动中竞争、使用以"铁"(Iron)命名的古龙水、参与运动、言语强硬、拥有枪支、开多功能运动车。他们从不表露他们的情感,将死在自己的工作岗位上。相反,典型的**女性的女人(woman's woman)**说话细声细气、和蔼、善于照顾人,但也是务实且能干的。她们可能出去工作,但也是一位完美的妻子和母亲,并且总是干净整洁的。但是,她们也可能是无用的,很少会有意义深远的思想,而且从来不会将时间浪费在谈论严肃问题上。

当然,这些神话影响着我们对待我们的孩子的方式,看重他们做的一些事情而轻视其他一些。直到最近,除了网球、高尔夫、体操、花样滑冰和花样游泳之外,女性参与其他运动都被看作是不像女人的。在这枚硬币的另一面,对于男性来说,进行美食烹调、绣花或种花(种菜没关系),则被认为是没有男人气概的。进一步来看,男人不善于照料他人,也不是情绪化的,而且他们谈论像工作、经济、汽车和体育这样重要的事情。

但是,两性之间清晰的区分的神话已经发生了显著的变化。高中和大学开设了女子曲棍球、篮球、拳击和垒球课程并引以为傲。广告中展现了酒店业的女性管理者,也出现了使用腋下除臭剂的女性飞行员。与此同时,男人现在被期待完全公平地分担家务劳动。但是,老旧的神话不会轻易死去,我们仍然可以看到很多刻板印象化的男子气概的男人和完全女性化的女人的例子。啤酒广告刻画了致力于男性运动项目的退役运动员以酒量过人而自豪,并且将之作为男性性能力的有效证明。如果浏览一下今天的杂志,会看到广告主在向那些购买男性或女性形象的人推销他们的产品。

尽管性别限制和对男性及女性的刻板印象式的再现正在发生着变化,但是这些形象仍然具有说服力,而且仍然被用于推广产品和宣传观念。虽然在职业、政治领域的候选人的身份,以及与性别有关的语言使用中,淡化了性别差异的色彩,但是原有的刻板印象仍然是有力的说服者。对于与性别相关的议题的态度转变,主要发生在年轻、受过高等教育、中上阶层、非少数族裔的人群当中。而相当大的一部分人,似乎仍然买男性的男人和女性的女人的神话的账。我们仍然看到多功能运动车、攻击性武器和电锯的广告,而且我们会继续看有关维多利亚的秘密(某种假装正经、实际性感的名称)、《艾丽》杂志(Elle)和美容产品的广告。所有这些例子都将不断地强化性别刻板印象。请试着数一数诸如在某一期《艾丽》或《玛丽嘉儿》(Marie Claire)这样的杂志中,特地为女性的女人所奉上的封面报道或广告的数量。请思考以下几个在某一期《时尚》杂志的封面上出现的特写文章的标题:《超级性感:打动他的计谋》("Super Sensual Sex—Touch Him Tricks")、《男人的身体需要触摸、爱抚和按压——如何使用你的双手》("A Man's Body Craves Certain Strokes, Caresses and Pressure, Here's Your Hands-On Guide"),或是《与你的男人一起实现28个浪漫仪式》("28 Romantic Rituals to Do With Your Man"),以及《尝试简单技巧,得到你想得到的》("Try This Simple Trick and Get What You Want")。这些都强化了性别成见。女性的女人不仅要在工作和家庭里有良好的表现,而且要擅长做爱。这些只是我们每天都会遇到的众多女性的女人的神话中的一些例子。

随着美国人改变了他们有关性别和其他人类特性——例如年龄、单身状态和经济状况等方面的价值观,说服者也会相应地做出调整,但是他们的说服仍然将反映受众所相信的前提条件。说服与其说是文化价值的塑造者,不如说是文化价值的映射。

想象作为文化前提条件

有时,说服者因为他们的**形象或个人魅力**(image or charisma)而获得成功。从某种意义上来说,他们似乎具有特殊的仪表,而且能够操控公众的注意力。我们相信他们,是因为他们的仪表是可信的而且是充满活力的,或者是因为他们有着值得信赖或博学多才的名声。正如我们之前已经指出的,亚里士多德将这种可信性称为"精神气质",或者符合道德规范的证明。近来,研究者致力于精确地定义,由什么导致或者创造了某些人的高雅的精神气质和另一些人身上的卑贱的气质。一个研究方法是请受众按照不同的标准——每种标准都在两端有着相反的形容词——为演讲者分级。例如,标准中会有诸如"快/慢"这样的词语。在标准的一端是数字1,而另一端是数字5。另外一些词语包括强/弱、热/冷,或积极/消极等。研究者通过分析评级集中在什么地方,从而指出,相应的有正面含义的条目对于可信性、形象、个人魅力或精神气质非常重要。选择往往集中在信息来源的可信度的三个特征或维度上:专业性、信用或诚实,以及活力或魅力。这三个特征组合起来比剩下的所有维度都更可能带来成功的说服。例如,对活力的评估是与诸如"积极的""迅速的""热门的"和"强壮的"这样的词联系在一起的。让我们更为深入地研究信息来源的可信度的这几个维度。

专业性

信息来源的可信度的**专业性**(expertise)维度意味着,高度可信的信息来源被认为具有与他们所谈论的话题相关的知识和经验,因而他们是值得信赖的。这是有道理的,因为我们往往更为关注那些来自专家而不是来自普通人的观念和建议。当你准备烹调美食的时候,你会从谁那里寻求建议,是艾默瑞(Emeril)还是本地餐厅的厨师?诸如"能干的""有经验的"和"专业的"这些词语组合起来与专业维度产生联系,而且这在几组人听同样的录音带、演讲者发表同样的演讲的实验中得到了证明。

演讲者向一些小组介绍自己是卫生部部长,向另外几组介绍自己为大学四年级的学生。听众发现"专家"要比非专业人士更值得信任。许多广告都使用来自医生、金融顾问和科学家的专家证词,因为他们被视为是可信的,而且消费者觉得他们能够信任这些专家的建议。35年前,学者就指出了在听众形容可信的信息来源时所出现的三个信任要素:安全、资格和活力(Berlo, Lemmert and Davis, 1969)。专业资格类似于专业性。这个维度是在决定我们是否相信某人的过程中一个较为稳定的因素。

信用或诚实

另一个反复出现在形象、可信性或个人魅力研究中的维度是**信用**(trustworthiness)或者诚实。早期耶鲁大学的说服研究者最先在他们的研究中定义了这个要素，并且得出结论——任何信源的可信性都是与"信任和信赖"联系在一起的(Hovland, Janis and Kelley,1953)。这个维度出现在此后大量的其他的研究中，并且有时被称作"安全性"或"个人的正直"(Baudhin and Davis,1972)。

有关信用的一个有趣的指标，出现在当一个有偏见的信息来源，做出不利于其自身的利益或偏见的证明的情况下。这可能给了我们有关信任维度究竟包括什么的线索。卡尔·霍夫兰(Carl Hovland,1953)想知道在下列情形下谁可能被信任：某条消息呼吁应该加强对青少年犯罪的惩罚力度，其中所援引的一个例证是青少年法院的判决，另一个例子是经过改造之后的非法销售毒品的青少年罪犯的主张。受众因为法院在处理青少年案件方面的专业性相信它的判决，同时，他们也相信这位少年犯，这样的信任是来自于这位少年诚实的证词显然不利于维护他的形象这一事实。

产生信任首先需要我们去分析讲话者的动机或隐秘的议程。"诚实"的词源给了我们一些启发。这个词来自拉丁语的"sincerus"，字面意义就是"没有用蜡"。这是指不道德的廊柱雕刻师的做法，他们使用蜡掩盖由于他们的过失所带来的瑕疵——如果不是因他们的失误而将被毁掉，那将是非常完美的廊柱。用不了几十年，由于气候原因，所填充的蜡就会脱落，欺诈行为就暴露无遗。因此，一个诚实的人不会用蜡或者不会进行伪装。

受众相信那些诚实或有信用的演讲者。这些演讲者一直与受众进行眼神交流而不会让自己的目光在受众的脚上来回游移，或者声音缺乏感染力。受众或者会通过演讲者的名声来判断他们的诚实性：他们的职位、成就，以及其他人如何评价他们。大量研究一再证明，信用是可信性的核心组成部分。尽管它的影响力因情况不同而不同，但是受众相信他们信任的人，无论这种信任是来自演讲者的名望、所说的话，还是动机。

互动区域9.3　多样性和媒介素养

人们对于媒介素养越来越关注，尤其是随着我们进入到全球社区。例如，如果你不知道如何使用互联网，那么你在今天的全球社区中还算是真正的有文化的人吗？如果你不具备使用媒介的能力，那么你将错过多少信息呢？不同种族的人是否需要不同类型的媒介素养培训呢？

活力

实证研究所证明的可信性的最后一个维度并不容易定义，甚至难以描述。这个要素被不同的学者贴上了**活力、个人魅力**或**形象**(**dynamism, charisma, image**)的名签。它是指受众欣赏和认同信源的吸引力、力量、坚强和精力的程度。在测量活力因素时，使用了下列成对的词语:"攻击性的/温顺的""有力的/迟疑的""坦率的/矜持的""勇敢的/被动的""精力充沛的/疲倦的"和"快速的/迟缓的"等。有关活力的评估集中在每对词语中的第一个词上。

尽管活力等同于魅力,但是演讲者是一个有吸引力或者没有吸引力的人,会影响到他/她是否有魅力或活力。充满活力的演讲者,不必到处走动或者挥动他们的手臂以展现动态性的特征。他们似乎占据了大量的心理上的空间。当他们走进一个房间,那里的人就会期望他们来掌控全局。他们的声音听起来自信而且值得信赖。他们有口才,而且有时甚至是充满诗意的。他们似乎知道在艰难,甚至是悲伤的时刻说什么最恰如其分,受众对他们的话难以忘怀。在美国历史上,在重大或者危机事件中,都涌现出了富有活力的说服者。

研究者调查研究了信源的可信性的其他维度。例如,高个子的演讲者往往比矮个子更容易被信任。胆小或羞怯且矜持的人似乎可信度较低,而权威且自信的人拥有高可信度。专横且自负的说服者会失去听众的信任,而令人愉悦且热情的说服者却不会。信源的可信性的诸如此类的以及许多其他维度,都会与可信性的三个基本维度——信任/诚实、专业性和活力/能力——发生互动并且相互影响。

信源的可信性的这些要素,并不是在所有的文化中都是一样的。在"酬金"(贿赂)是日常生活规范的文化中,人们实际上赞赏的是那些不诚实的行为。在集市上蔚然成风的讨价还价就是建立在不诚实,而不是诚实的基础上的。因而可信性也是有着文化差异的。

美国的价值体系

我们所考察的神话和寓言,实际上是大部分美国人所深刻且长久地秉持的价值观的幻想形式。它们在神话中表现出来,以变得简洁有力。例如,美国人都相信或者拥有这样的价值观,即每个人都应该被平等对待,而且从法律的角度来看,人人平等。这样的价值观在200多年来一直支持着诸如废除奴隶制、妇女拥有投票权、公民权利运动、废除种族隔离和反歧视等运动。它展现或戏剧化了成功的神话实现的可能性。

早期的一项由爱德华·斯梯尔和W. 查尔斯·雷丁(Edward Steele and W. Charles Redding, 1962)所开展的有关演讲传播的研究,探索了美国的核心价值观。他们研究了在一些总统大选宣传活动中所采用的传播方法,并且试图从中提炼出核心的和次级的价值观。自那之后,他们的研究被多次重复,并且都得出了类似的结论——美国的核心价值观经久不衰,而且有着强烈的持续性。这些价值观通常通过媒体得到清晰地表达,媒体将它们与各种各样的社会事务联系起来(Kosicki, 2002)。如果你骋目四顾,你会看到这些价值观。以下是对斯梯尔和雷丁所观察到的并同样得到其他传播学学者证明的核心价值观的形容。

清教徒和开拓者的道德准则

清教徒和开拓者的道德准则(puritan and pioneer morality)是我们将世界分为正确与错误、善与恶、道德和不道德等类别的意向。尽管我们常常会认为这个价值观已经过时了,但是它只不过是换了一种说法重新出现。政治上的左派和右派都经常根据它做出判断。对吸食大麻、堕胎的支持者和反对者都援引道德标准,来评判合理的/不合理的、正确的/错误的和道德的/不道德的。无论是对我们还是他人作恶的恐怖主义的非正义行为,从道德的角度来看都是不可饶恕的,而且恐怖主义行动所导致的无辜人群的丧生,会使得美国人和其他国家的人主要以道德维度看待这个问题。布什政府在2004年所做出的不再资助新的干细胞研究的决定,无论在该决议的支持者还是反对者看来,都是一个道德议题。对于那些赞同该项研究的人看来,布什的决定很糟糕,因为干细胞研究可能为诸如糖尿病和癌症等许多疾病提供治愈办法。但是在另一方人士看来,这是个好决定,因为这样不会伤害从理论上看会成为活生生的人的胚胎。

个体的价值

这个价值观将个体的权利和福祉置于政府或其他群体的权利和福祉之上。这个思想体系出现在美国历史上的大量的文件当中,例如《独立宣言》《美国宪法》《解放奴隶宣言》等。所有的政治人物都宣称关注**个体的价值**(value of the individual),而且美国法律确定和保护个体的权利高于一切。进而言之,每个人都有权利靠自己的力量获得成功或招致失败。尽管没有人是一个孤岛,但是也没有人要按照大多数人的意愿行事。在广告的世界中,在营销大部分产品的时候,都要时刻想着个体。根据这个价值观,化妆品是"特别为你"而制造的。在政治和政府领域,民主的真正的力量是存在于每个个体之中的。大部分慈善事业瞄准作为个体的受捐者或者捐赠者,认为他们是"独一无二的"。

成就和成功

成就和成功(achievement and success)需要一定的教育、力量、地位、财富和财产的积累。在反越战的那个时代里,许多美国年轻人反对这些价值观,倡导社群生活,拒绝为了应聘而穿正装。今天,那些年轻人中有许多正顺利地向着社会上层流动、以成就为导向,并且成为头发灰白的城市中年雅皮士(成熟的、生活在城市中的专业人士)。那些早先的叛逆者中的许多人,正在用他们所拥有的成功的符号或标志——例如宝马或奔驰汽车、劳力士手表、万宝龙钢笔评判他人。

说服者经常诉诸我们对于成就或成功的需求。大部分军队征兵广告和宣传口号都承诺,通过在陆军、海军、空军、海军陆战队或海岸警卫队开始自己的职业生涯,你将能够更快地攀登上通往成功的阶梯。如果你阅读《华尔街日报》(*Wall Street Journal*),成功和地位将属于你。首先,印象会发挥作用,因而要通过在诺德斯特龙百货公司(Nordstroms)购买服饰,来确保"为成功而穿着",而去面试时不要戴穿孔的首饰。自助类书籍和项目将帮助你成为有所成就的人,也将为你的成功助一臂之力。与文化神话一样,有关成就和成功的价值观似乎也随着时间起起落落。但是,即便在有关成就和成功的价值观似乎处于完全休眠的状态时,自我发展的观念仍然可以被广泛地推广。

变化和进步

变化和进步(change and progress)的价值观,通过几乎所有类型的变化都能够带来进步并且进步本身对我们是有益的这样的信念,而具有典型意义。那些"新型产品"或者"新型的改进产品"之所以具有吸引力,原因就在这里。你在市场营销课程上可能学习过产品生命周期理论,该理论指出通过改善而带来的变化和进步必须反复出现,以延迟品牌销售的衰退期的到来。例如,尽管只是改变了洗涤产品中的"漂白小颗粒"的颜色或是稍微变化了一下成分的配比或是提供了一种新的喷嘴,洗涤用品的生产商就可以合法地声明,它的产品是"新型而且经过改进的"。通用电气(General Electric)曾经有一条广告语:"在通用电气,进步是我们最重要的产品。""新的"这个词语是广告中最为有力的词语之一。的确,许多变化显而易见地带来了益处,例如美国汽车的体积变小并且提高了燃油效率。几乎没有人会否认家庭和商用电脑、数字广播和视频或是许多新的医疗技术的更新换代所带来的好处。互联网几乎使每个人都能获得有关任何题目的海量的信息,并且能够与世界各地的人即时通信。与此同时,有些产品和品牌内置了淘汰机制。例如,新型且经过改进的惠而浦(Whirlpool)甩干机,可能只是更换了机器转臂的涂层。每年制造商都会推出他们的产品或品牌的并没有什么大改变的新款式。尽管如此,变化和进步的价值观,仍然是我们所遇到的许多省略三段论的首要前提。如果你没有改变和进步,你将在生活中远远落后。

道德平等

道德平等(ethical equality)的价值观反映了所有的人都应该被平等对待的信念。人们应该有平等的受教育、工作的机会,并且应该得到公平的报酬、可以自愿选择生活的地方、有自己的政治主张。但是,我们都知道,尽管这个价值观是值得赞美的,而事实却是并不是人人生而平等,也不是每个人都有着平等的工作、受教育、拥有得体的住处的机会。尽管如此,从美国建立以来,通过废除奴隶制度、争取女性选举权、争取公民权利等运动,努力创造平等的环境是美国文化景观的一部分。《独立宣言》宣称:"人人生而平等",这是对这个价值观的说服力的最好的说明。

努力和乐观主义

努力和乐观主义(effort and optimism)的价值观所表达的信念是,当一个人做出足够的努力,并且"保持笑容",那么即便是最难以实现的目标,也能够达成。成功的个体的神话和成功的可能性,都是将这种价值观付诸行动的典范。在今天的商业世界中,成为"奋斗者"和做一个"有主动精神的人"是非常重要的。诸如"再黑暗的地方也有一线光明""如果一开始你没有获得成功,那么尝试,再尝试""永远面向阳光"和"放轻松"等大量的民间智慧,都是我们对努力和乐观主义的重视在文化上的隐喻。其他的说法,例如"一个努力工作的人"和"永远的乐观主义者",都反映了我们对努力和乐观主义价值观的信赖。如果你不想被世界抛弃,那么就继续努力,然后就会见到成效。这个价值观激励着我们在生活中做出许多决定。

效率、实用性和务实主义

　　效率、实用性和务实主义(efficiency, practicality, pragmatism)的价值观是建立在我们对解决办法的需求的基础上的。有关一项法律通常被问到的关键问题是"它有用吗?",而无论这项法律是一系列新的税法修正案,还是在国土安全局设立一个新的内阁办公室的规定,或是新的移民法案。这个价值观也延伸到我们生活中的其他方面。多年前,我的家庭是最早购买微波炉的购买者之一,当时微波炉的售价为400美元。在购买前,我们想知道,微波炉是否节电、实用,而且方便,而不只是一时流行的新玩意。当然,现在我们都知道微波炉节省能源、方便且实用,而且今天花不到100美元就能买一台微波炉。在另一个问题上,我们想确认,高等教育能带来报酬丰厚的工作。我们着迷于效率这样的问题:汽车的节油效率、家用电器的节电性能,以及生产线上的行动效率等。我们寻找实用的解决办法——无论是最有效率地减轻体重、获得最好的体型的方法,还是购买第一套房子的途径。换言之,我们的价值观是快速、有效和实用。

　　即便这些价值观已经有40多年的历史了,但是在今天它们仍然非常重要。而且,事实上,由于这些价值观作为切实的美国"核心"价值观而具有的可信性和说服力,因而无论是自由主义还是保守主义的演讲者都高度重视它们。我们的文化在将这些价值观灌输给几乎这个文化中的所有成员方面,也是很有效率的;激进分子、温和派或保守主义者都信仰着同样的价值观,但是他们往往用完全不同的方式运用这些价值观。社会体系或文化训练其成员的力量相当强大,虽然人们往往没有意识到这一点,但是他们是按照深深地扎根在他们的思想中的指令做出反应的。这是否意味着,这些价值观本质上是静态的、不会发生变化的呢?并不一定。这只是意味着,这些价值观如此深入地扎根在某种文化中,以至于其成员往往忘记了这些价值观是多么强有力。它们可能是用精心的可能性模式中的枝节线路而加以处理的。

回顾和小结

　　现在,你知道在多元化和交互信息时代,说服对象的世界并不是一个简单的世界。有许多事情要加以注意:说服者在语言使用及其风格方面的自我表露、我们每个人头脑里所处理分析的内在的或过程性的前提条件,以及针对内容前提的互动规则。此外,社会和文化中有关说服的倾向也有可能,而且的确作为前提条件在说服性论证中发挥作用。说服者本能地诉诸那些以在目标受众中所进行的社会训练为基础的价值观。这些训练对我们每个人在不同的层面上产生影响,我们对文化神话或想象做出回应,我们有意识地强调某套价值观。而且在一个越来越多元化的世界里,无论是说服者,还是说服对象,都需要意识到,今天的文化前提可能不再是用单一的方式看待世界了。

关键术语

在你读完这一章的时候,你应该能够对以下的术语或概念做出定义、解释,并且举例说明。

文化模式	挑战的价值	女性的女人	清教徒和开拓者的
文化的想象和	永恒的回归的	形象或个人魅力	道德准则
神话	神话	专业性	个体的价值
普通人的智慧	门口的暴徒	信用	成就和成功
成功的可能	大获成功的个体	活力	变化和进步
救世主的降临	乐善好施的社群	个人魅力	道德平等
阴谋的存在	顶层的腐败	形象	努力和乐观主义
偏执狂风格	男性的男人		效率、实用性和
			务实主义

道德伦理准则的应用

L. 博士讲授"大众传播研究方法"课程,这是一门对于大部分传播学专业的学生来说难度较大的课程,尤其是像推论统计学这样的定量分析问题。一个属于少数群体的女生经常翘课,而且在所有的测验中成绩都不好。L. 博士请她来谈谈这个问题,发现她是一位单亲母亲,她通过打一些零工来供自己上学。她在传播学的其他课程中的成绩都很好,并且希望能够在这个学期期末毕业。而且,她很有希望得到一份做新闻节目主持人的好工作,这份工作无论如何也不需要知道统计学或研究方法。肯定行动办公室(Affirmative Action Office)发表过一份备忘录,声明对被保护的少数群体(包括女性)的成员应该给予特殊的考虑和照顾。L. 博士应该做什么呢?(1)给这位学生 D 级成绩,这样她就能毕业了。(2)给这位学生"未修完这门课程"的评价,并让其在学期结束的时候补修。(3)给这位学生不及格的成绩。(4)为这位学生提供统计学方面的单独辅导,而 L. 博士之前没有这样做过,也没有为有类似情况的学生提供过这样的帮助。

进一步思考的问题

1. 从文化和社会中习得的其他三种类型的说服倾向是什么？请为每种类型举出一个来自你的生活的例子。
2. 一种文化或某个社会是如何培养它的成员的？请从你的经历中举例说明。
3. 你如何为这一章中所提到的核心价值观排序？你如何将它们付诸实践？是否你的价值体系中还有在这里没提到的其他价值观？它们是什么？它们是否是对核心价值观的复述？如果不是，它们的区别在哪里？
4. 请看一看今天的头条新闻，它是否表现了门口的暴徒的神话？请阐释。
5. 你在多大程度上能够识别出你生活中的"乐善好施的社群"？请解释。
6. 哈里森·福特的广受欢迎的电影《爱国者游戏》(*Patriot Games*)，清晰地展现了顶层的腐败。在哪个关键时刻，电影的"叙述者"发现了这些"腐败"？他对此做了些什么？
7. 请解释各种电视脱口秀节目主持人的精神气质。各位主持人的气质有什么不同？例如，杰·雷诺(Jay Leno)是否看上去比大卫·莱特曼(David Letterman)更为诚实、具有专业性或有活力，还是恰恰相反？
8. 斯梯尔和雷丁所描述的核心价值观在你的校园里的流行情况如何？在你自己的生活中呢？
9. 美国的核心价值观在2001年9月11日之后有什么变化？请举出一些例子。
10. 在"9·11"事件后，"永不褪色"这个口号出现在很多地方，它清晰地强调了美国的核心价值观。具体是哪一个价值观？

有关在线活动，请浏览这本书的对应网站：
http://communication.wadsworth.com/larson 11

第十章　说服中的非语言符号

非语言符号的渠道
  面部表情和眼部动作
  身体交流
  人际距离
  外貌
  人工制品
  声音特征
  触觉交流和触觉学
  时间学

非语言符号传播中的性别差异
方言
非语言符号手段的使用
其他非语言符号信息
回顾和小结
关键术语
道德伦理准则的应用
进一步思考的问题

学习目标

在阅读这章之后，你应该能够：

1. 区分不同类型的非语言符号传播渠道，并且举例说明。
2. 解释各种非语言符号传播策略都能表达什么。
3. 在你的日常生活中(例如在人际交流、广告、娱乐和其他传播情形中)识别非语言符号消息。
4. 改变你自己的非语言符号传播行为，并且确定它们产生了不同的含义(例如，在有人试图向你解释某事的时候，你表现出迷惑不解的表情，然后看看这样做是否会使得他们做出更详细的阐述)。
5. 定义并且解释不同类型的姿势交流(例如，奥尔斯泰特的碗状手势)。
6. 讨论在控制非语言符号行为中所涉及的道德伦理问题。

在旧金山毁灭性的大地震期间，商店的监控录像录下了当时人们的行为，人们所做的第一件事情是查看周围环境:是否有物品从货架上掉了下来、窗户是否破了、墙壁是否断裂了。之后人们所做的事情是看看周围的人的非语言符号行为。他们寻找那些预示着迫在眉睫的危险的面部表情、行动和其他线索。在罗伯特·勒德拉姆(Robert Ludlum)的畅销书和热映电影《伯恩的最后通牒》(*The Bourne Ultimatum*)中,虚构的英雄杰森·伯恩(Jason Bourne)能够通过刺客、恐怖分子豺狼卡洛斯(Carlos)的走路方式认出乔装打扮的他来。广告学学者观察并且记录了人们在看一则印刷广告的时候,瞳孔扩张的情况和视线的轨迹。

每天都会出现一些非语言符号传播的例子。我们每天也要处理成千上万条非语言符号消息。事实上,学者阿尔伯特·梅拉宾(Albert Mehrabian,1971)估算出,在人际交流中,非语言符号传播传递了超过80%的含义。其他学者对此表示赞同(例如,Burgoon,Bufler and Woodall,1996;Knapp and Hall,2002;Guerrero,Devito and Hecht,1999)。非语言符号消息也常常与我们经常遇到的说服性诉求一起出现。它们是有助于还是会妨碍说服呢?

说服中的非语言符号前提条件与文化前提类似,因为它们都是由我们的文化教授给我们的、是我们习得的。而文化前提和非语言符号前提的一个差别在于,非语言符号很少被仔细地加以分析。我们可能会觉得,某位说服者似乎不诚实,他的不断游移的目光可能有问题。但是,我们很少会仔细分析这个反应,去找出究竟是什么原因让我们不去相信这个人。另一个差异在于,非语言符号前提通常出现在非常低的意识层次上,因而并不容易被注意到。几乎可以肯定,我们是用精心的可能性模式中的枝节路线处理它们的。我们需要使自己对那些加入到说服当中的非语言符号因素敏感起来。这种敏感化是用来实现两个目的的:(1)它能够增加我们赖以做出决定的信息;(2)它可能使我们识别说服者隐秘的议程、所偏爱的策略和最终的目标。

传播学学者唐纳德·欧尔班(Donald Orban,1999)询问人们"当有一个人盯着你看,握紧拳头,侵入你的领地,(或)用刺耳的声音大声命令你按他说的去做,而不是按你自己的方式去做,你是否会感到害怕"(未标明页数),由此他指出了这些非语言征兆的力量。大部分非语言符号传播几乎都是本能地、自然而然地发生的。它很难伪造,而且甚至因此,说服者的意图似乎都会通过非语言符号渠道被"泄露"出来。艾克曼(Eckman,1999)指出,有些人,例如法律执行官员和心理医生,能够从欺骗者的非语言符号行为中识别他们。这些骗子所泄露的非语言符号线索指出,他们在撒谎。

非语言符号的渠道

我们可以通过一些渠道传播非语言符号的含义。传播学学者伯贡、邓巴和赛格林(J. K. Burgoon,N. E. Dunbar and C. Segrin,2002)定义了三种类型的非语言符号诉求:(1)诉诸吸引力、相似性、亲密关系和信任;(2)优势和力量展示;(3)预期示意和期望违背。有关诉诸吸引力和相似性,我们很久以来就认识到,外貌的吸引力与说服性有着强烈的相关性,而无论说服者的专业性、诚实性或信用如何。长久以来,我们也认识到,说服者与说服对象之间的相似性,是吸引力的强有力的预测器,因而也是说服力的预示指标。海德(Heider)的平衡理论指出,人们喜欢和信任那些和他们持有相似观点的人,而且可能因为这样的原因,而觉得那些个体有吸引力。自从海德提出平衡理论以来,各种各样的说服理论都为海德的理论提供了证明。

由安德森(P. A. Andersen,1999)所提出的认知效价理论(Cognitive Valence Theory,CVT)预测,说服者的非语言符号的直接性会引起他所说的"觉醒",从而导致说服者和说服对象两者之间的关系上的亲近性或紧密性。另一条由贾尔斯、库普兰和库普兰(H. Giles, N. Coupland and J. Coupland, 1991)所提出的理论被称为"传播顺应理论"(Communication Accommodation Theory,CAT)。这个理论预测,人们会对其非语言符号风格与自己类似的说服者做出更积极的反应。尤其当说服者的音质与说服对象相似的时候,这则理论更精确,尽管其他的非语言符号渠道也发挥着很大的影响。这两个理论都将相似性和吸引力与说服力联系起来,因为像外貌有吸引力的信源那样行动和思考,被认为会得到社会的赞同。这也可以解释在服装和交流方面,会出现跟随某个名人或有吸引力的人的模式的流行时尚。例如,在摇滚乐明星和电影明星开始在身体上打孔之前,几乎没有人认为这些非语言符号消息有什么价值。因此,在求职面试时,如果在身体上打了孔会导致面试的失败。的确有些非语言符号会使传递者自食其果。这两个理论都认识到了吸引力和相似性的不同的渠道或线索。它们包括:身体的动作或**人体动作学(kinesics)**;对人际空间的使用,或**人际距离学(proxemics)**;接触和质感,或**触觉学(haptics)**;某人看上去的样子,或**外貌(physical appearance)**;使用时间的方式,或**时间学(chronemics)**;以及对象征性物品的使用,或通过**人工制品进行的传播(artifactual communication)**。

传播学学者戴尔·莱瑟斯(Dale G. Leathers, 1986)定义了七种**非语言符号渠道(nonverbal channels)**,其中包括面部表情、眼部动作、身体交流、人际距离、个人外貌、声音要素和触觉。传播学学者马克·克纳普和霍尔(Mark Knapp and J. Hall, 2002)定义了八种渠道:环境(包括建筑和家具)、空间关系和领域性、外貌和服装、身体行为和动作、触碰另一个人、面部表情、眼部动作,以及声音线索。欧尔班(1999)确定了九种影响论辩的渠道。它们是目光接触、面部表情、姿势、身体动作(其中包括五种类型:象征、阐释、调整、情感展示和适配)。一些学者也研究欺诈的非语言符号线索和骗子的非语言符号行为(Knapp and Comendena, 1985)。我们不能对所有这些进行考察,但是我们可以关注其中的一部分,尤其是那些对说服产生影响的部分。让我们从欧尔班和莱瑟斯的分类开始。

面部表情和眼部动作

莱瑟斯(1986)所提出的前两个非语言符号渠道是**面部表情(facial expression)**(情感展示)和**眼部动作(eye behavior)**。根据莱瑟斯的观点,面部是"非语言符号信息最重要的来源"(第19页)。面部表情为人们所熟悉,表情容易被注意到,面部表情的微小变化都会极大地改变被感知的含义。欧尔班(1999)将目光接触定义为"与听众的眼睛进行的视觉互动",他将面部表情定义为"向听众传递感知刺激的面部肌肉的变化"。他指出,这两个渠道能够被组合起来,从而"产生能够激发或分散论证潜力的情绪性和可信性线索"(未标页数)。自然,有效性是说服的关键,因此,说服者能够通过非语言符号的渠道来增强他们的传播的可信性。

克纳普和霍尔(2002)注意到,在对说服性进行判断时,人们通常将面孔作为个性的衡量依据。莱瑟斯也确定了面部表情的10个基本种类或范畴。它们是厌恶、高兴、感兴趣、悲伤、迷茫、轻蔑、吃惊、生气、决心和害怕。在莱瑟斯更为具体的表情分类中,他又将狂怒、惊恐、憎恨、傲慢、惊奇、愚蠢、惊愕、沉思和好斗包括进来。所有这些表情都可能有助于或者阻碍说服。莱瑟斯(1986)定义了眼睛能发挥的六种功能。其中一个是通过互相凝视而产生的注意功能。有些人在聚会或其他社交活动中,总是将目光从你的肩头投向远处,或者不直视你,好像他们正在寻找某些更为有意思的谈话机会一样。你会相信来自这样的人的说服吗?有些眼部的动作发挥着控制的功能,例如通过目光暗示谈话的开始或结束。当演讲者将目光回到某个人或听众身上的时候,就表示是让听众说话的时候了。当然,如果能够向信源表达自己的想法,将有助于信源建立其可行性和说服力,尤其是在人际传播的环境中。当一位领导人物盯着受众看的时候,眼睛也能够发挥强有力的影响作用。观察人士注意到阿道夫·希特勒是这方面的典型,还有宗教领袖查尔斯·曼森(Charles Manson)也同样是。下一次当你从照片上看到他们时,请注意他们的眼睛。

眼部动作也通过展示积极或消极的情绪从而发挥情感功能。当你的父母看上去正生气地望着你的时候,你会认真听他们的劝说吗?进而言之,眼睛具有留下深刻印象的功能,例如在人们的第一次相见和交流中,眼神传递着迷人的形象或高度的自尊感。最后,莱瑟斯指出了眼部动作的说服功能。我们会认为那些保持目光接触的人更可信,并且我们怀疑那些视线不断移动的人。如果有人在与我们说话时,回避与我们的目光接触,我们会猜测,他们要么是因为害羞,要么是为了隐藏什么。欧尔班(1999)对此是这样说的:"我们通过我们的眼睛表达着认知和情绪方面的行为。通过眼睛,我们展现出隐秘的想法、迷惑或漫不经心的印记;我们展示了害怕、生气、高兴和悲伤的情绪。我们并没有意识到目光交流所泄露的秘密的消息。"(未标页数)

互动区域10.1 互动媒介和非语言符号传播

请访问专业网站研究以下主题,例如读出女性身体语言、非语言传播和亲密关系、如何用你的眼睛倾听、如何展开非语言符号传播的全国性研究、在涉及亚洲和印度买家的房地产交易中如何使用非语言符号传播,以及其他有关非语言符号传播在说服过程中的威力的研究。再找一些可以测试你"读出"非语言符号信息的能力的网页。

身体交流

身体交流(bodily communication)有几个维度,其中一个是身势学,或身体的有形动作,例如一个人如何控制自己的身体(紧张的或放松的),以及这个人的肩膀、手或头如何动作或是什么姿态。例如,说服者通过从外表看上去,或者让人感觉到自己强于受众,从而展示其强有力的特征。说服者应该表现出轻松的却挺拔的姿势、充满活力的手势、充分的目光接触和不断变化的语速及语调。相反,无力的说服者行为举止更为顺从,表现出身体很紧张、少有直接的目光接触、抱臂且两腿交叉从而使得体态紧缩,并且很少使用手势。

克纳普和霍尔(2002)定义了几种传递不同含义的头部的动作,其中包括高高抬起或倾斜头部、点头和摇头,以及抬起下巴等。当然,还有其他的身体动作也能够表达含义,例如紧握拳头、将双手放在臀部上,以及将两腿大幅度地叉开呈开放式的站姿。这些动作能够表现生气、感情强烈和致力于或献身于某项事业的决心,所有这些都可能推动或者阻碍说服。在一些案例中,手势和身体动作是象征性的,它们代表某种特定含义。例如,在美国文化中,伸出食指指着某个人,意味着"你真可耻",交叉手指表示"祝你好运",旅行者握住拳头,伸出拇指象征着想要搭顺风车。欧尔班(1999)还指出了其他一些姿势,其中包括OK手势(但是这个手势有时与"竖中指"有同样的含义,例如在面对拉丁美洲人时,因而说服者在使用这个手势之前,需要想一想受众来自何种文化)。有些象征符号发挥着控制的作用(例如,食指放在嘴唇上意味着"安静点");象征符号可以传播积极或消极,或是中立的价值判断(竖起拇指、拇指朝下或耸肩);或是提供某种评判(例如,在美国,拇指向上或一个表示OK的手势)。大部分下流的手势都会立即激起愤怒,而且通常会根据听众的文化背景的不同,而在不同程度上削弱说服者的可信性。

人际距离

人际距离(proxemics)或对物理空间的运用,是莱瑟斯的体系中的第四种非语言符号的渠道。你一定已经注意到,例如,当人们处于拥挤的电梯或公用卫生间的时候,大部分人都会保持沉默并且不看他人。请尝试着在电梯里面对搭乘者,甚至试图开始交谈。你会对其结果感到很惊讶。请在课堂上汇报你的经历。爱德华·T. 霍尔(Edward T. Hall,1959)在他的畅销书《无声的语言》(*The Silent Language*)中确定了几种空间,自那以后,这些定义被其他许多研究者所确认。

- 公共距离。**公共距离**(public distance)通常在公开演讲的环境中可以看到,在那里,演讲者站在离他们的听众15—25英尺,甚至更远的地方。非正式的说服在这样的环境下可能没有成效,说服者如果想在正式的环境中试着表现得不拘礼节,往往很难成功。
- 社会或正式距离。**社会或正式距离**(social or formal distance)是用于正式但非公共的场合,例如求职面试或委员会会议等。在这样的环境中的说服者应该合乎礼仪,但不是雄辩式的。在说服者和说服对象之间的正式距离大约是7—12英尺。说服者在这样的环境中,不会变得非常亲密,但是他们也不会发表一场演说。当你去你的教授的办公室参加一个会议,或坐在其办公桌另一边的访客位置上的时候,你可能会选择这样的距离。

- 人际或非正式距离。当两位同事讨论两个人都关心的某个问题的时候,可能会采用**人际或非正式距离**(personal or informal distance),例如当舍友谈论共同面对的问题时。在这里,交流的结构性不强,而且无论说服者还是被说服者都是放松的、彼此进行着互动,提出并质疑证据或者要求解释澄清。在美国文化中,非正式的讨论的距离大约在3—4.5英尺,这是坐在老师的办公桌边上的距离,比坐在对面的正式距离要近很多。当你坐在宴会桌边或者参加一个非正式会议的时候,你可能会采用非正式距离。

- 私密距离。当人们耳语他们不想让别人听到的消息或者涉及密谋、私密或者其他秘密的谈话的时候,就会采用**私密距离**(intimate distance)。在这样的情形下可能发生或者不发生说服活动。通常,这里的消息不会被受众质疑。他们可能会点头表示同意、采纳所给出的建议,或者回答所提出的问题。当两位交流者处于这样的紧密关系中的时候,他们可能有着相似的目标。这种距离在6—18英寸①之间,而且它所传递的含义对于亲密交流者和旁观者来说是一样的。当我们被迫进入亲密距离(例如在公共汽车上坐在另一个人旁边),我们通常不进行面对面的交流,而是在说话时向与对方相反的方向外倾身体。

在电梯里,你会通过对着门不与其他乘客说话,而形成非正式距离。

　　说服者是如何运用这些距离边界的呢?我们是否容易受运用人际距离学的说服的影响?这样的说服的实际案例通常会逃脱我们的注意,因为这种传播发生在较低的意识层面。以汽车销售为例。请想象一下,当顾客走进展示大厅的时候,如果销售人员疾步走向顾客,然后在人际,甚至私密距离之内,问他们诸如"今天,我能为你们做些什么呢"这样的问题。顾客可能会逃走,或者可能会这样说"噢,我们只是随便看看",从而至少避开这位销售人员。聪明的销售人员会站在顾客的公共距离范围内,直到他们感觉到感兴趣的迹象或者顾客想要得到帮助的非语言符号信号。只有在那时,他们才进入正式或者甚至是非正式距离。

　　请看一看任何一本大众杂志中的广告,你将会注意到人际距离被用作一种说服机制。在啤酒广告中,"放手向前"的年轻的成年人喜欢并且享受与他人同处于人际或私密的空间之中。最近,在房地产业工作的人,开始对运用空间战略的传播力感兴趣了。行业出版物讨论了诸如房地产中介与潜在的买主在察看房屋的时候,前者应该与后者保持什么样的距离,以及房地产中介应该走在客户前面,还是跟在后面。在许多其他的情形中,例如办公室、医院、银行、监狱和工厂,有关将空间作为一种社交性工具或传播的促进者的问题正被认真地思考着。在使用空间方面存在着文化差异。

---

① 1英寸≈2.54厘米。——译者注

请试着注意在你的生活中对空间的使用。你是否摆放过你的房间或公寓里的家具？你的摆放是否会促进或是阻碍交流和说服？你所认识的不同类型的人是如何使用空间的？来自另一种文化的人，是否会用与你不同的方式使用空间？请观察其他人是如何使用空间的，并且发现非语言符号渠道如何影响说服。

外貌

在春季学期的中间，我的学生打扮得光彩照人地来上课，这时总是很容易猜出来会发生什么。这个时候是校园招聘季，每个人都知道外表会向招聘者发出消息。正如前面所提到的，身体上的某些部位被打上孔会导致糟糕的结果。但是，外貌不仅包括简单的干净整洁和得体的服装，还包含着更多的内容。莱瑟斯（1986）指出，比正常的尺寸更长的面部特征（鼻子、耳朵和嘴唇）通常被认为是没有吸引力的。

克纳普（2002）报告了与外貌有关的其他发现。例如，具有吸引力的长女上课时往往喜欢坐在教室前排，在课堂上会有更多的发言，而且成绩好。具有吸引力的女性也比没有吸引力的女性更有可能说服男性受众。你可能会好奇，在这个例子中的"具有吸引力"是什么意思。在一项研究中，同样的一位女性受试者，既表现为有吸引力的状态，也表现为没有吸引力的状态。在没有吸引力的状态下，她穿着松松垮垮的衣服、没有化妆、头发乱糟糟的，而且总的来说不太整洁（第155页）。而在有吸引力的状态下，她穿着合体的衣服、化了妆、梳理了头发，而且非常整洁。有吸引力的状态带来了更多的说服。

根据莱瑟斯的观点（1986），外貌中的另一个元素是身体的吸引力。特别是，苗条修长的女性被认为是讨人喜欢的，而腰粗、臀部肥大的女性则让人感觉缺乏吸引力。一种被称为"海洛因时尚"的流行趋势就描绘了有吸引力但形销骨立的女性模特，她们看上去就像是应该立即被带到"吃下所有你能吃的东西"的自助餐厅中。她们对于普通的受众来说，既不讨人喜欢也没有说服力。而对于男性，宽肩膀、肌肉强健的身体、上粗下细的躯干会带来很高的吸引力评级。

莱瑟斯发现，自我形象也对吸引力的评分有很大影响。如果你对自己感觉良好，那么你就可能将你自己收拾得干净利落，而且保持良好的外部形象。衣着和首饰之类的装饰品，也会对人们的外貌产生影响。有关首饰，你可能会对戴劳力士手表的人和戴天美时（Timex）手表的人做出相反的评价，或者戴着贵重的黄金首饰的人，可能会引起你的注意。当我第一次在20世纪90年代看到来自东欧的商人时，我感到他们衣着寒酸、显得档次很低，我不知道自己为什么会这么想。后来，我意识到他们拎着仿皮的商务旅行箱，而且他们的西装和鞋子的质量要低于K-Mart①蓝色特价标志产品的质量。

人工制品

人工制品是被用来建造、展示、装饰的有形物品，或者是某人所穿的衣服上的某部

---

① 美国一家廉价大众超市。——译者注

分。鸟儿用植物、稻草和棉纤维装饰它们的巢。我们人类因为高度象征性或说服性的原因装饰我们的巢穴。你可以看一看你的或是某位舍友、朋友的工作区域。你会发现，对它的布置往往不仅是为了工作的用途，还有其他原因，那里经常被用象征着主人自己的风格的物品加以装饰，例如海报、照片、所喜爱的咖啡杯等。通过**人工制品进行的传播（artifactual communication）**，或是他人从被我们选取用来展示、装饰或穿戴的物品那里得到的信息，也都是象征性的。文化教会我们如何对他人的人工制品以及他人使用这些人工制品的方式做出反应。这些回应方式构成了说服的前提条件。

　　常见的通过人工制品进行传播的类型，是在公开演讲中，某位政界说服者身边的物品所传递的信息，例如通过标语、彩旗、标志，所有这些都对说服性努力最终的成功或失败产生影响。着装是另一种类型的人工制品。人们的穿着打扮发送着他们喜欢、相信或者代表着什么的信号（例如，教士服的领子、护士的制服以及军官的军装等）。

　　还有一类人工制品是说服者身边的个人物品中具有典型性的物品。请设想一下，当你走进一位医生的办公室，看到墙上只挂有他/她的毕业证书时，你会有什么感觉。这位医生可能是什么样的人？他/她是更具有说服力，还是相反？请对比一下，当你走进一位大学教授的办公室，看到墙上挂有海报、家人照片、孩子的涂鸦、保龄球比赛的奖状以及艺术品的复制品的时候，你的感觉是什么。这些人工制品暗示了你将会听到哪一类的说服。在只有毕业证书的例子中，你可能会听到具体、正式和规范性的说服。而在有海报和家人照片的办公室里，说服可能是抽象而非正式的。像家具这一类的大型物品也同样会发送信号。当我们被告知坐在与说服者相对的桌子的另一边的时候，我们期望的是某一种类型的说服。当说服者在他们与听众之间放置了一个讲台的时候，意味着他们将开始一场正式的演讲。如果他们从讲台后面走出来，在说话的时候到处走动，演说将变得更为非正式。哪一种方式看上去更有说服力？家具的类型也标志着某些特征。面对法国外省或者早期美国的家具的时候，说服和说服者会让你联想到什么？在一个放着铁质办公家具，而不是木质桌子和皮质椅子的房间里，所进行的说服可能是什么类型的？人工制品性消息随着文化甚至是亚文化的不同而不同。它们导致了成功的或失败的说服。请尝试确定能够说服你以及说服他人的最有效的人工制品。

声音特征（vocal features）

　　我们每个人都有接听电话却分辨不出是谁打来的经历。我们会仔细听，并且问一些无关紧要的问题，直到打来电话的那个人说了些能够触发我们对他/她的声音特征的识别的话语为止。然后，我们会松一口气，像我们从一开始就知道是谁打来电话那样继续通话。莱瑟斯（1986）指出，声音的语义学，或是我们从语音的音调或诸如犹豫或沉重的呼吸这样的声响中所推断出来的含义，都会影响我们对说服者发布的消息的回应方式。每个语音中的要素包括音量或响度、音高、速度、音质、发音的清晰度、语调模式、气息声，还有对沉默的运用。它们影响着你是否会被特定的信源说服，而且它们也常常表露了许多有关说服者以及他们的情绪、目标和诚实度的消息。

声音单调无变化的说服者令人感到无聊,会失去说服力。高音可能意味着兴奋,而紧张的低音表现了愤怒;语速能够表明紧张或自信。音质传递了很多信息。女性说话带有呼气声表现了思想简单和浅薄的刻板印象,而男性的呼气声则可能意味着讲话者是娘娘腔。尖锐或紧张的语音表达了紧张和焦虑,鼻音往往让人联想到高傲。发音不清晰或错误,或是说话口齿不清则通常会使说话人失去可信性和效力。

克纳普(2002)通过研究指出,人们可以相当可靠地从声音线索中确定某些固定的形式。这些固定的形式包括诸如男性气概或女性气质、年龄、热情或无动于衷、活跃或懒惰等特征。克纳普也报告了确定下列相关关系的研究:(1)男性的气息声意味着年轻和艺术家气质;(2)女性的细柔的声音表现了社交、物理层面和情感上的不安全;(3)平淡的音调无论对于女性还是男性都代表着呆滞、不灵敏;(4)鼻音与势利联系在一起。克纳普指出,大部分听众都对说服者在传播中所发出的声音线索很敏感。

触觉交流和触觉学

人们彼此接触的方式和程度传递着更重要的非语言信息。这就是所谓的**触觉交流(tactile communication)**。我们知道,婴儿需要被触摸和拥抱。我们也知道,这样的需求并没有随着儿童的成长而逐渐减弱。但是,在美国文化中,触碰孩子的次数、类型和持续的时间,都随着儿童的成长而减少。儿童可能用其他类型的物理接触,来代替他们从父母那里所得到的触摸,例如打人或者推搡他人、胳肢小伙伴、牵手等。莱瑟斯(1986)观察发现,我们生活在一个没有触摸的社会,在这里,触摸在公共场合是缺席的,尤其是在男性之间。我们可能无法接受美国男性副总统用亲吻的方式迎接从国外出访回来的男性总统,尽管这种行为在其他的许多文化中完全没有任何问题。

莱瑟斯指出,西方文化中对触摸的运用规范通常与两个基本要素有关:(1)被接触的身体部位;(2)做出回应的人的人口统计学特征,例如年龄、性别、社会阶层、种族和地位等。头部、肩膀和手臂是最经常被接触的身体部位,而其他部分或多或少处于公开接触的界限之外。触摸在未成年人那里会较为频繁,而且触碰说服对象的说服者往往是最成功的(Kotulak,1985)。如果说服者过多地触碰说服对象可能会让人感觉到被冒犯。如果说服者误读了某种关系并且不恰当地触碰或者以触摸的方式做出回应的话,那么可信性会遭到极大的破坏。触摸也出现在情感说服的特殊形式中,例如同情、友情和安慰等。在葬礼或者婚礼上,往往会有触摸或拥抱的行为。对于消防员来说,在工作之外与其他男性的可以接受的接触只有握手或者友好地拍背。但是,正在执行任务的消防员有时必须通过触摸来安慰发狂的男人、女人和孩子,以将他们救出来。因而触摸的意愿会随着所涉及的情况和人员的不同而不同。在一些宗教中,抚摸头顶表示圣职授任,而有时则意味着对皈依宗教或信仰治愈的肯定。

触摸在某种特定类型的传播中扮演着极其重要的角色。例如,晚期癌症病人比病情较轻的病人需要更多的身体接触。触摸表达了对于某个被解雇或者遭遇了其他失败的人的同情。在另一项研究中,假扮成普通市民的研究人员向陌生人询问某些信息。在一般的情形中,研究者在说"对不起,我好像迷路了。你能告诉我离这里最近的汽车站在哪儿吗"之前,先轻轻地拍一下陌生人的肩膀。相比没有使用触摸的情形,在使用了轻微触摸的情形中,研究者得到了更多的信息,甚至与对方展开了交谈。

有些身体接触却是禁忌,例如毫无理由地触碰陌生人。其他禁忌性触碰包括:触碰疼痛的地方(触碰伤口);会打扰他人的行为或谈话的身体接触;让他人走开的触碰;攻击性过强的游戏性触碰,例如模仿搏斗、胳肢或掐;使用双重打击式触碰来强调某个负面的重点,例如在指出某人长胖了的时候,触碰他/她的肚子(Kotulak,1985)。

在你不断地提高作为一名接收者的能力的过程中,一个值得密切观察的重要的非语言传播渠道,就是对触摸的使用——无论触摸出现在第一次见到的陌生人身上,还是强调商业谈判中双方关系的亲密,或是表达对另一个人的同情,或是提供能够帮助他人脱离险境的保证。触觉交流可以表达很多东西。

触觉学与触摸有关,但是并非指发生在人与人之间的触摸。相反,它指的是物体的质感或对物体的感觉所传递的信息。天鹅绒所传递的信息不同于丝绸,粗糙的木质墙所传递的信息不同于石灰墙,而石灰墙又不同于混凝土墙。

时间学

时间学是我们使用时间的方式,例如迅速、迟缓,或冗长的。的确,利用或滥用时间能够向他人传播许多信息。假设你为某个工作小组安排了开会的时间并且预订了场地。由于是你安排的会议,因而你提前十分钟到场,以保证各项事务都准备就绪。在会议开始前几分钟,小组中的两位成员到达了会场,并且开始交谈。另一些小组成员非常准时——在会议开始的那个时刻也到达了会场。只有两位同事没有来。你可能会建议等几分钟。五分钟后,其中一位成员出现了,因而你开始开会。大概在半小时之后,最后一位同事也来了。小组中的每位成员都传递了什么信息?在美国文化中,参加会议迟到五分钟是可以允许的,但是再迟于这个时间,你最好能有一个说得过去的理由,比如汽车爆胎、难以忍受的交通拥堵、电梯故障或收到超速罚款单。通过姗姗来迟,你在告知他人你不在乎这个会议,或你是一个粗心大意且恃才傲物的人。

但是,如果你是受邀参加一个聚会,那么具体来说,在参加晚餐聚会时,一定要至少在通知的时间 15 分钟后再到场,而如果参加的是大学里的通宵聚会,则至少要迟到 45 分钟。如果你准时出现的话,东道主可能还在梳妆打扮,或者在对场地布置做最后的调整。

如果你想让人们在时间上听命于你,你要确定他们真的必须要等着见你。一些警官、公司管理者,甚至大学教授,非常喜欢使用这样的手段。有一些重要的文化因素与时间学相关。我们最熟悉的一种安排时间的方式就是非裔美国人的方式。这种方式通常被称作"有色人种的时间安排方式"(Colored People's Time,CPT),他们自己也这样说。在 1999 年的演出《噢吧啦之地》(*OO BLA DEE*)中,有一幕讲述了一个爵士乐队的故事,这个乐队组建于 20 世纪 40 年代,成员全部是黑人女性。乐队成员讨论了"有色人种的时间安排方式"。其中一个成员把这个概念追溯到废除奴隶制的时期。她说:在奴隶获得人身自由之前,他们每周要劳作 6 天,每天既看不到日出,也看不到日落。从如此严酷的压迫中解放出来之后,自由地使用时间就成了自由生活的重要特征。于是,这种观念代代相传。你不妨观察一下在你所在的文化或者亚文化中,时间是如何运作的。但是,如果你发现其他文化中时间的运作方式与此不同,也不必惊讶。

非语言符号传播中的性别差异

近年来,学者研究了在非语言符号传播中的**性别差异**(gender difference)。例如,在1989年的一项有关对触摸的运用的研究中,学者们发现,女性显然比男性能够更轻松自在地对待触摸,她们比男性有更高的触碰舒适度,而且身体接触是更高水平的社会化的标志(Fromme等人,1989)。传播学学者布任达·梅杰(Brenda Major,1984)指出了个体在触碰他人和接受这类触碰方面的显著的性别差异。男性倾向于与异性有亲密的身体接触,而尽量少触碰所遇到的同一性别的人。女性对于与其他女人有身体接触以及一般性的触碰则会感到轻松得多。尽管触碰通常表达着热情和私密,特别是在女性之间,但是它也能够传递有关权力关系或地位关系的信息。当男性感觉到他们比自己触摸的人地位更高的时候,他们会有更为频繁的触摸行为。

关于对触碰的反应,梅杰注意到,如果触摸者与被触摸者有着同样的身份地位,女性会做出更为积极的反应,而男性则较为消极,尤其是当触碰者是女性的时候。梅杰的结论是,总体来说,女性往往比男性对于身体接触反应更为积极,而这可能是源于这样的事实,即女孩从出生开始就会得到更多的身体接触。

在运用身体接触方面还存在着其他的与性别相关的差异。平均来说,美国女人每天会与他人大约有12次身体接触,但是普通的美国男人一天当中则只会触碰他人8次(Kotulak,1985)。在美国,无论男性还是女性,其身体所接触的对象更可能是异性,而在有些文化中,却是相反的情况。在西方文化中,男性之间的身体接触通常局限于握手或拍打背部,偶尔会有男人之间的拥抱——特别是在体育赛事中。在一些文化中,男人们手拉手一起走在路上似乎并不罕见。

学者波特和盖斯(N. Porter and F. Geis,1984)对性别与非语言符号传播是否与小群体中的领导关系相关产生了好奇。他们发现,无论是在全部由男性,还是在全部由女性所构成的小组中,坐在桌子一端这种物理设置最准确地表明了谁是领导。但是,在混合性别的小组中,男性领导会坐在领导者的位置上,而女性不会。学者埃里森、多维迪奥和费尔(S. Ellyson,J. Dovidio and B. J. Fehr,1984)研究了在男性和女性中与视觉行为有关的主导地位。他们发现,主导地位通常通过他们所谓的"看/说"行为,不是"看/听"行为体现出来。看/说行为通过看着他人的眼睛说话,而不是倾听,试图展现优势地位。如果女性运用看/说策略,她们会比运用同样策略的男性更容易被评判为是占主导地位的。

传播学学者朱迪·霍尔(Judy Hall,1984)发现,女性比男性的面孔更富表现力,她们比男性更爱微笑或大笑,尤其是当她们处于全部由女性组成的群体中的时候。霍尔认为,微笑和大笑可能被看作是没有男性气概的,这往往会阻碍男性做出这些行为。

有关凝视和对视,霍尔的发现是,女性倾向于比男性更多地凝视他人,而且当她们看不到她们的交谈对象的时候,也会比男性感觉更为不舒服。女性似乎也比男性更频繁地被注视。霍尔指出,男性和女性之间之所以存在凝视方面的差异,是因为女性往往比男性更令人感到热情。而且,男性也会回避来自另一位男性的端详,从而躲避这样的行为所可能包含的性暗示。

霍尔也观察到,在谈话的过程中,男性与他人之间的距离比女性与他人之间的距离更大。女性倾向于更直接面对与她们发生互动的人。在面对坐在他人旁边和对面这样的选择时,男人往往会占据对面的位置,而女性则喜欢身边的位置。最后,女性比男性更随和,更容易接近。霍尔还发现,女性比男性更多地触摸他人。她推测,这可能是因为女性喜欢较多的身体接触,而且在各种类型的身体接触中,存在着与性别相关的差异,例如可以触摸的身体部位以及身体接触的明显程度等。

霍尔发现,几乎没有能够得出有关身体的动作和位置的普遍结论的研究。但是,总体来看,男人比女人更为放松,动作更为舒展,例如坐在椅子上的时候,后背靠向椅背、手脚伸展、腿向前伸,而且他们也比女人更为不耐烦,他们会坐立不安、把玩某些物品、不断地变换身体姿势。另一个差别是,在携带物品的时候,女性喜欢把物品放在身体前面,而男性喜欢把物品放在身体的一侧。

霍尔指出了在运用声音方面与性别相关的差异。男人说话不如女人流畅,会出现更多口误,而且会更多地发出诸如"哦"或"嗯"这样的中断音。女人的声音往往音调更高,尽管她们的发声器官能够发出较低的声音。女性的声音比男性的在音高上有更多的变化,而且更为悦耳和令人印象深刻。女人的声音也比男人的更为柔和,被认为更积极、愉快、诚实、温顺、有礼貌、纤弱、热情,而且更焦虑和缺少自信,较少刚愎自用以及不太令人尴尬。男人的声音通常是强求的、直率的、强有力的和富有战斗性的。

在服装和声音特征之外,在非语言符号传播中,还存在着其他的重要的性别差异。成功的说服者在试图说服他人的时候,能够意识到并且运用这些差异。

方言

方言(**dialect**)或语言发音和用法的模式及风格,是与文化密切相连的,而且往往表现了某个个体的社会经济的或区域性的背景。我们通过文化学习方言。方言传播了许多有关我们的信息。我的很多学生来自芝加哥或芝加哥的郊区。住在芝加哥城南的学生会因为我告诉他们不要用工厂区语言说话而生气。他们听不到自己将"this"发成"dis"、"that"发成"dat"、"them"发成"dem"的音。而如果他们一直保持他们的口音,他们会被区别对待。来自芝加哥城北和郊区某些地方的学生则使用另外一种方言,这也会带来类似的问题。他们将"Debbie"发成"Dubbie"、"Chevy"发成"Shovie"以及"north"发成"newahth"的音。很容易找到非裔美国人或拉丁美洲人使用方言而遭到歧视的例证。请留意你对不同的方言的反应，并且观察他人是否也用某种方式回应你的口音。我有着声音高低起伏的明尼苏达州的口音，而且由于我经常会说"Yup""Don't cha know"和"You betcha"，而会得到某种回应——人们像看乡巴佬一样看着我。

非语言符号手段的使用

非语言符号作为消息的承载者能够被说服者加以利用,学者欧文·戈夫曼(Ervin Goffman,1959)将这个过程称为"印象管理"。这意味着使用强有力的语言和非语言符号来说服受众,信源是某类人。一位总统候选人在新罕布什尔州进行竞选宣传活动时,穿着红黑方格图案的伐木工人式衬衫,而当他的竞争对手准备开始揭发其隐私时,他则穿上了高筒靴。比尔·克林顿通过在白宫穿着慢跑运动服和其他休闲服饰来管理我们对他的印象。乔治·W.布什在登上航空母舰的时候,穿着飞行员制服,尽管他并不是飞行员。

运用穿着以非语言符号的形式进行印象管理,是商务世界的一个热门话题。杰奎琳·默里(Jacqueline Murray,1989)在她的著作《着装的威力》(*The Power of Dress*)当中提供了大量的案例研究,从而说明着装的说服性用途。例如,在美国电子数据系统公司(Electronic Data Systems),美国人都是一种军人的形象;男性胡子刮得很干净;穿着黑色、擦得铮亮的样式朴素的皮鞋,白衬衫,黑西装;留着军人的发型。默里定义了商务着装的三种类型:(1)"公司服装"是银行家、律师和管理者所采用的类型;(2)"传播服装"是销售、营销、培训、人事和高科技领域的工作人员的着装;(3)"创意服装"是内部装修师、商业艺术家、广告业从业者、时装店店主、创业者或企业家的服装。公司服装在线条、形状、图案方面都很简洁,往往是量身定制的,西装以灰色或蓝色为经典颜色,衬衫多为米白色或淡蓝色。公司服装往往使用丝绸、人字呢、粗花呢和法兰绒等作为西装或裙装的面料,而纯棉布、羊毛或亚麻布则作为男式衬衫或女上装的面料。传播服装的特征是,西装和裙装都是讲求实用、舒适和半传统式的,其中包括休闲西装外套和运动夹克。传播服装包括非纯色的西装外套和衬衫、条纹衬衫或宽松的服装,面料为用宽松或紧密手法织成的针织物。创意服装往往是松身式的,有加长的下摆,无论是套装还是裙子或是男款及女款衬衫的设计都比较夸张。这类服装偏爱醒目、夸张的色调,但也会采用低调的褐色、粉色和基本色。尽管有些人会质疑默里的结论,但是没有人会反对她将服装预设为重要的非语言符号传播的渠道。

互动区域 10.2　多元化和非语言符号传播

有关不同群体中的成员对于非语言符号消息会有什么不同的反应,是一个非常令人着迷的问题。相比在像日本和哥伦比亚那样的高语境文化中,在像诸如美国和加拿大这样的低语境文化中,传播的非语言符号层面被较少地强调。在两种语境中都存在着非语言符号信息,但是在低语境文化中,这样的信息不被人们注意。性别是在表现诸如面部表情这样的非语言符号行为中的另一个可变因素。在美国,女人在她们的面部表情中表现出害怕是可以为人们所接受的,但愤怒却不可以。而在男性那里恰恰相反。北美人比欧洲人需要并且占有更多的空间,而后者又比日本人或中国人占有更多的空间。虽然有些面部表情在不同的文化中表达一致的含义——例如喜悦、生气、害怕、悲伤、厌恶和惊讶,但是,何时、何地表露这些情绪是合适的,在不同的群体中有着很大的差异。在某些文化中,笑可以传递紧张或害怕的情绪。不同文化群体的成员对于家具的摆放和移动也会有不同的反应。一位在美国工作的德国管理者,对于访客挪动他办公室的"客人座椅"感到烦躁不安,最后他将这把椅子用螺丝固定在某个位置。在寻找冲突解决途径的会议室,有些调解者会用更多的时间恰当地摆放家具,而不是准备会议日程。

其他非语言符号信息

眼睛的运动和头部的其他部位的运动也是传播行为。我们都知道,如果某个人的眼睛不断地转动或是飞快地看一下我们的眼睛就挪开目光,他/她会给我们留下负面的印象。所谓的"对视"或与他人保持目光接触能够产生完全不同的含义。即便眨眼的频率也能够传播信息。万斯·帕卡德(Vance Packard,1964)指出,购买日常生活用品的人上上下下地打量着货架,当他们看到吸引他们的物品时,他们的眼睛眨动的频率就会下降。

阿尔伯特·席福伦(Albert Scheflen,1973)发现,当心理治疗师使用了"碗状手势"的时候,病患往往会敞开心扉,说出很多有关他们自己的信息和他们的问题。这个手势也被用于说服当中,并且它也是美国好事达保险公司(Allstate)的标识。

人们会运用他们的身体邀请或阻止展开交流。这种行为的术语是**拦截行为(blocking behavior)**。请注意图10.1中的两组排列。在A三人组中,三个人的身体位置将阻碍第四个人加入到谈话中来,而在B三人组中,这种身体位置是在邀请第四个人的参与。

另一种阻止或邀请交流的方式是运用诸如家具之类的物品,例如通过书桌上的一摞书来阻止交流。研究表明,在语句的结尾抬起或者收回下巴,可以作为表明一个人打算继续讲下去还是他/她说完了,其他人可以说话了的信号。当然,我们都知道点头、眨眼和各种各样的下流手势——它们在不同的文化中有不同的含义——的传播力。欧尔班(1999)和其他人将这样的非语言符号指示器称为"控制器"。还有一些指示器,涉及交流者行动的顺序、发出行动的请求、放弃自己的机会或者提出"返场"(back channeling)的要求。"返场"的请求表示听者鼓励讲话者继续说下去,而不想开

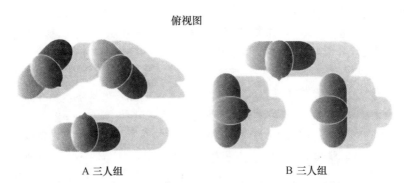

图 10.1 请注意两个三人组中的人身体位置的不同。哪一个涉及"拦截"行为？

始自己的发言。欧尔班说，"返场"标明了听者极大的关注和兴趣，也意味着说服者要发表更长而且更热情的演说。

当你开始观察出现在你身边的非语言符号消息时，你将会发现几乎是无穷无尽的潜在的非语言符号消息的承载者。谁先去饭店确认座位？紧张的姿势或颤抖、音量、语调、停顿传播了什么？你怎么理解诸如把指关节掰得咔嗒咔嗒响、乱写乱画等可能表达了潜意识中的紧张情绪的古怪习惯？

即便是嗅觉似乎也是信息重要的载体。例如，我们都能察觉出哪些人使用了过多的香水、古龙水、须后水或是除体臭剂。显然，我们也能够识别差别更为细微的气味。例如，有人声称在走进一个房间时，就能嗅出空气中的敌意或紧张不安。许多家庭里都有着独特的气味，这些气味可能来自这些家庭所烹饪的食物、所使用的清洁剂、所饲养的宠物或者家具中木料的成分。新车往往会有一种独特的芳香。但是现在，你可以使用喷雾罐在旧车里进行喷洒，让旧车更为"清新"。

回顾和小结

现在，你已经了解到在信息时代，说服对象的世界并不是轻松舒适的。你需要注意很多事情：说服者通过语言选择的自我暴露和在我们每个人身上发挥作用的内在前提条件或过程前提。负责任的接收者要识别各种各样的非语言符号渠道，其中包括面部表情、眼部动作和身体的交流。你需要认识到手势和姿势、人际距离、外貌和人工制品是能够传播消息的。你也应该意识到，声音交流、触觉传播、触觉学、时间学和性别都在发送着信息。这些前提条件没有使接收者的工作变得更简单，因为它们都是在特别低的意识层面运行的，而且当我们分析说服时，我们往往会忽略它们。这可能因为它们是通过精心的可能性模式中的枝节路线被加以处理的，在这种路径中，我们实际上没有做很多分析。你将不得不训练自己对说服过程中的非语言符号元素更为敏感，这样你才能够在你自己的传播中娴熟地使用这些渠道，而且，更为重要的是，这样你才能够准确地解码每天发送给你的各种消息的真实含义。

关键术语

在你读完这一章的时候,你应该能够对以下的术语或概念做出定义、解释,并且举例说明。

人体动作学	非语言符号渠道	社会或正式距离	声音特征
人际距离学	面部表情	人际或非正式距离	触觉交流
触觉学	眼部动作	私密距离	性别差异
外貌	身体交流	人工制品	方言
时间学	人际距离		拦截行为
通过人工制品进行的传播	公共距离		

道德伦理准则的应用

你正在一家小镇的医院里处理护士与病人的关系——最近你雇用了来自其他文化的护理人员。这时你开始意识到,在护士们对自己的工作的看法和与病人互动的方式当中,存在着非常大的文化差异。例如,在美国,护理人员重视个人主义和信赖,而这个世界上有70%的护士认为集体主义比个人主义更为重要。在健康护理中有两种典型的信条:(1) 为每个人提供自由市场中所存在的任何健康护理;(2) 为每个人提供其所需要的健康护理。你的医院资源有限,有着来自不同文化的病人、护士、医生和管理人员,护士、医生和管理人员通常共同为相同的病人提供服务。你打算如何培训多元化的员工展开合作,尤其是当他们对于健康护理的理念有着巨大差异的时候?你可以做出下列选择:(1) 所有的人都可以完全自由开放地讨论这些问题;(2) 为必须进行合作但持有两种截然相反的理念的医生、护士和管理人员提供个性化的咨询;(3) 雇用专门处理多元化和健康护理问题的专业咨询团队,举办一系列关于文化多元化问题的研讨活动;(4) 遇到冲突时,根据具体情况进行处理。

进一步思考的问题

1. 你认为哪些面部表情是最容易识别的?哪些是最难识别的?
2. 什么是人体动作学?请举一些例子,并且解释它们如何传播以及传播了哪些信息?
3. 你的哪些朋友最擅长使用手势?他们做了什么,才让这些手势如此有效力?
4. 请举例说明,在你生活的世界里,外貌能够传递信息。请举例说明,如何通过外貌认出某人是当代音乐家或某个群体是当代音乐人群体?
5. 你的身边有哪些人工制品?它们对你而言,意味着什么?(有学生报告说,在他们收拾好宿舍中必需的生活用品之后,第一件事情就是去购买"可做谈资的东西"或象征着他们的人工制品。)你的室友呢?他们使用哪些人工制品?他们用什么东西表现自己?你的家庭成员所选择的人工制品有什么特点?

6. 你是否经常触摸他人?请尝试着增加身体接触的数量,并观察他人的反应。这样的行为是否会产生什么后果?如果是,具体是什么后果?
7. 请举出在你的生活中——在校园、宿舍和教室里——时间学运行的例子。
8. 当非语言符号传播出现在现在的广告中时,表现出哪些性别差异?
9. 在你生活的地方,主要的方言是什么?在你的社区中是否存在着其他的你能够识别出来的方言?这些方言对人们的态度和行为产生了什么影响?
10. 什么是"拦截行为"?请举出你的日常生活中的例子。
11. 你对质地或者触觉学会有什么反应?
12. 在非语言符号交流中存在着哪些文化差异?
13. 通过控制你的非语言符号行为从而影响说服效果,是否是符合道德的?

有关在线活动,请浏览这本书的对应网站:
http://communication.wadsworth.com/larson11

第 三 部 分

对说服性前提条件的运用

  第三部分研究在各种各样的情形下的说服。我们会询问我们对如下情境的分析是否有助于我们做出批判性的判断——购买、选举、参加、退出或信任。第十一章研究了人们所熟知的应用,即大型说服性传播攻势或运动——设计一系列消息从而将接收者引导向特定的结果。第十二章聚焦于如何成为一位说服者。在帮助你说服他人之外,你所学到的也有助于你成为一个更具有批判力的说服性消息的接收者。在第十三章,我们要研究大众媒介。大众媒介所传播的消息的范围,从简洁但有影响力的电视或广播广告,到范围更为广泛的告知活动、演讲、纪录片和新闻报道。我们将探究我们这个时代的媒介,尤其是互动式媒介,从中可能会发现我们的文化应该聚焦于哪些决定性因素。最后,第十四章调查研究了印刷和电子广告,并且探讨了它们是如何成为当代美国社会的主导者的。

第十一章 说服性传播攻势或运动

传播攻势是系统性的传播活动
传播攻势与单发说服性信息的对比
各种传播攻势之间的相似之处
传播攻势的目标、战略和战术
传播攻势中的发展阶段
  耶鲁的五阶段发展型模式
  以产品为中心的模式
  以政治为中心的传播攻势模式
  观念/意识形态的传播攻势
  符号融合理论
回顾和小结
关键术语
道德伦理准则的应用
进一步思考的问题

学习目标

在阅读这章之后,你应该能够:
1. 比较和对比传播攻势和单发的说服消息。
2. 解释为什么传播攻势属于传播系统。
3. 区分三种不同类型的传播攻势,并举出每一种的案例。
4. 描述传播攻势的目标、战略和战术是如何运用在大型传播活动中的。
5. 定义并且解释耶鲁传播攻势模式中的五个阶段。
6. 解释效果模式的分层。
7. 区分社会运动和其他类型的传播攻势之间的差别。
8. 讨论象征性聚合,并且展示如何将它用于有关产品、人物和观念的说服性传播攻势之中。

  多年以来,有关说服的研究主要聚焦于公开演讲和"单发"或"皮下注射式"的说服性传播。这种模式将消息的接收者放在一个主要向他们注射或"发射"说服性消息的特定位置上。紧接在说服之后,研究者要么推测、要么努力在统计学上测量在这些接收者身上可能发生的变化。这种路径可以产生有关说服的简单模式,但是难以与实际情况相符。总而言之，单一的说服性消息改变了事件的结果的实例实际上几乎不存在。相反，大部分说服是渐进、累积展开的。例如，如果你在考虑是否买一个数字摄像机、给竞选某个职位的候选人投票、进行慈善捐款，或加入某项事业，你的决定不是即刻做出的。相反，它是一系列消息的结果。有些消息会通过精心的可能性模式中的枝节路线被处理，例如有关摄像机的广告、候选人的外表、你的捐款经历，或某个运动或事业的领导人的令人心情澎湃的话语。说服中的有些元素则是以抓住主要问题的中心路线被处理的。这些元素可能包括《消费者报告》杂志（*Consumer Reports*）对于这款数字摄像机的评价，或社论对这位候选人的谈论，或是关于有多少捐款被用于管理成本的统计数据。

直到 20 世纪 90 年代，在市场营销、广告和公共关系传播攻势中，都是单发方法占主导地位。广告和公共关系传播攻势都被看作是一段时期的工作，在这个过程中，大量的消息被发送出去，但是人们仍然认为某一则广告、新闻稿就能够推广产品、候选人或事业。之后，一个新术语开始流行起来，即**整合营销传播**（**integrated marketing communication，IMC**），这个概念是指更加细致地协调诸如营销、广告、公共关系、促销、包装、人员推销、网页、品牌营销、品牌接触和举办活动等各种行动。每个元素都与其他元素一起发挥作用，并且形成协同效应，从而使得整体大于各个部分之和。

在很长的一段时间里，政治学学者同样忽视了政治竞选活动中的传播维度，只是对竞选活动的资金支持和公众的民意做了调查。这些学者一直都聚焦于政府的特征和结构，却忽视了"纯粹的政治"。与此同时，大部分对于传播攻势的研究由广告部门或市场营销部门所开展，而且是有专有权的，也就是说，其研究成果属于为此付费的客户、候选人或者某项事业的领导人，而这些人很少将研究成果公之于众。候选人通过焦点小组研究来决定他们的服饰或发型这个事实最好是保密的。你是否还记得，我们在前面讲到的，那位政界人士在从共和党的女性午餐会转场到大学校园时，改变了衣着风格和交通工具？毫无疑问，她的竞选委员会希望这个内情最好不要被公开。

有关传播攻势和运动理论，到今天已经有了长足的进展，而且如果说说服性传播攻势可能是当今最为流行的说服形式，也是非常恰当的。在这一章，我们将了解三种常见的说服性传播攻势：**以产品为中心的**（**product-oriented**）、**以人物或候选人为中心的**（**person or candidate-oriented**）**和以观念或意识形态为中心的**（**idea- or ideologically oriented**）。

我们不应该低估不断进步的科技为说服所带来的影响。互联网、互动式媒介、数字音像、数字视频和数字图片，都传递着强有力的说服性消息。请思考，在不久的将来我们将面对一个发生了什么样的变化的世界。说服性传播攻势的数量将会增加，复杂度将会提高。市场细分将更为容易地得以实现。专家预测，很快传播攻势将针对细分到每一个具体的个人的市场——比如你。

传播攻势是系统性的传播活动

传播攻势和大规模运动是传播系统发挥作用的最经典的例子。在这本书中最先讨论的传播体系,是香农和韦弗的 SMCR 模式,其中包括了反馈回路(请见图 1.2)。任何传播系统都产生一个可预测的信息流动路径和所请求的反馈的途径。在传播攻势中,说服性消息流包括所有的听觉性的语言符号和非语言符号,诸如印在指示牌、纸张或屏幕上的视觉符号,还有图表、字体、照片以及由音乐、词语和音效所构成的听觉画面。因而,传播攻势表现了将由说服对象进行处理的一组复杂且令人感兴趣的消息。在传播攻势中的一个视觉性的非语言符号,可能是在某本杂志上的一张福特野马汽车的照片,而一个听觉性非语言符号,则可能是听众为候选人鼓掌或是喝倒彩的声音。

在整体性最强的传播攻势中,专家们首先研究其目标受众,之后策划新闻发布、平面广告和电子广告、网页,然后在推进过程的各个阶段对它们进行测试。受众研究有助于制定在恰当的杂志、报纸和广播及电视网中的媒介时间表或位置安排。在对结果进行评估之后,可以进行中途的调整。总体来看,受众至少需要三次暴露在某则广告下,才能产生**品牌认知(brand awareness)**。第一次暴露几乎完全没有被消费者注意到。第二次暴露提醒消费者相关产品的存在,并且在消费者那里激发对它的好奇。第三次暴露要么加强了之前就存在的对这个产品的需求,要么开始生成对这个产品的新需求。今天,可能需要更多次的暴露,因为不断增加的媒介选择、更多的品牌等情况导致了喧闹的广告世界。一旦有足够的暴露被消化处理,受众最终会采取购买、投票或捐款等行动。

传播攻势与单发说服性信息的对比

传播攻势不只是发送给受众的一系列消息,尽管人们曾经是这么理解的。政治大选传播攻势曾经是从劳动节(Labor Day)①开始,结束于投票选举的那一天。而现在它们可能年复一年地提前开始了,而且它们肯定除了对特定的议题进行讨论外,还包括其他内容。传播攻势与单发说服性消息或在一段时间内集中发布说服性消息有几个方面的差异:

(1) 传播攻势在受众的头脑中为产品、候选人或观念创造一个"位置"。

(2) 传播攻势被有意地设计为随着时间逐步展开。它们有得到受众的关注、使受众为采取行动做准备,以及最后的呼吁受众采取行动等阶段。

---

① 美国的劳动节是每年九月的第一个星期一。——译者注

（3）传播攻势通过邀请受众参与其中并且将它的目标以真实或象征的形式表现出来的方式，向受众戏剧化地展现产品、候选人、观念或意识形态。

（4）传播攻势使用精致复杂的传播技术以实现目标中的前景。

从20世纪80年代以来，计算机开始储存海量的有关潜在的投票人、消费者、捐助人和参加者的信息。这些技术方面的进步导致了所谓的"以数据为基础的市场营销"的出现，在这种营销中，说服者收集了可用于将来的传播攻势的可能的投票人、消费者、捐助人和参加者的信息，尽管在很久之后才会用到它们。

随后的活动或者传播攻势就像看电视连续剧。尽管每一集都可以独立成章（每一集都有开始、中段和结尾），但这些活动聚合在一起就形成了各种消息的大杂烩，它们融汇起来，直至传播攻势的完整形象或图像被感知和记住。如果传播攻势是经过精心设计的，那么将有许多人能够接触到足够的"情节"，同时接收的是有关产品、候选人或观念的类似的形象。

各种传播攻势之间的相似之处

三种传播攻势（产品、人物，以及观念或意识形态）有着一些相似之处。它们都是在一段时间内展开的。它们大多直指目标，并且通过使用大众媒介来实现它们的目的。一些知名度高的个体，经常会出现在有关人物和观念的传播攻势中，但是并不一定要出现在以产品为中心的传播活动中。以人物为中心的政治传播攻势以某个个体的名字为中心。这一类传播攻势的焦点，可能是选举某人担任某个职位、将某人从监狱中解救出来，或募集足够的金钱以支付某人的器官移植费用。其中所采用的口号，可能是以某位候选人的名字为号召，例如"一定要投票给约翰·康特里曼（John Countryman）"，或是描述了某人需要经济资助，如"为吉米（Jimmy）募资，我们国家的肝脏移植者"。在以议题或事业为中心的传播攻势中，口号或主题往往是对事业的描述，如"全球化思考，地方化行动"，或"请立即停止吸烟"。政治类的传播攻势可能集中在诸如干细胞研究政策、恐怖主义或教育券这一类的缘由或议题上。这三种类型的传播攻势之间也有一些差别，有关这一点我们将在这一章稍后的部分谈到。

传播攻势的目标、战略和战术

传播攻势本身不能销售任何东西，但是它们的确能够为销售、募捐、投票、总部或者某个慈善事业的网站带来未来的消费者、投票人、捐助者或参与者。成功的传播攻势也必须能够教导消费者、投票人或参与者，并帮助他们为采取行动做好准备。为了完成这个任务，传播攻势必须：(1) 瞄准经过准确定义的**目标（goals）**；(2) 生成能够完成目标的合适的**战略（strategies）**；(3) 使用不同的**战术（tactics）**以采取行动。这种由目标推导出战略,再由战略引导战术的模式,在三种类型的传播攻势中都得到应用。

例如,克劳森酱菜的传播攻势的目标,是在特定的试销市场将销量提高 10%。传播攻势的设计者在这个目标下制订有望实现目标的战略。就克劳森公司而言,恰当的战略就是运用电视广告来展示这个品牌的独特特征和优点。这个品牌的产品是冷冻而成,而不是经过烹饪制成的,因而这种酱菜比竞争产品口感更为清爽而松脆。在此之前,克劳森所发布的平面广告无法体现其产品的清爽、松脆的特点。为了贯彻电视战略,克劳森采用了比较广告的战术——在电视广告中将克劳森和弗拉西克的产品进行对比。这个战术显示出,弗拉西克的经过烹饪的酱菜会被折弯但没有被折断,相反,克劳森的酱菜不会被折弯,除非将其咬断,而这个时候会喷出酱汁,而且还伴随着清脆的声音效果。

在政治领域的案例中,早期竞选活动的选举传播攻势的目标是从竞争对手手中夺得党内提名。实现这个目标的战略包括忽视反对力量、直奔主题,以及仅仅是让其他的候选人互相攻击。贯彻这些战略的战术可以是策划一些对空椅子的辩论——每把椅子上都分别贴上对手的名字。接下来所强调的传播攻势模型,论述了不同类型的传播攻势的共同点和不同之处。你的任务就是运用这些模式,做出有关购买、投票、参加或支持某个事业的决定。

传播攻势中的发展阶段

三种类型的传播攻势在它们的发展、成熟,直至能够根据受众的反馈、竞争状况、议题和说服环境中的需要做出调整的过程中,要经过一系列的可预测的阶段。某个有关新产品、候选人或观念的传播攻势的目标是引起受众对它们的注意。一系列的战略能够实现这个目标。例如,某家公司可以赠送免费试用品、某位候选人可以宣传他/她的候选人资格,或某个群体可以策划一场戏剧化的抗议活动。最初发布的消息有助于开展传播攻势的人了解受众。比如,可能的购买行为是因为某个品牌的保修条款,而不是它的价格。可能投票人并不喜欢增加汽油税的主张,而是对减少赤字做出了反馈。主张动物权利的人可能是对某些议题而不是另外一些做出了反应。因此,在所有三类传播攻势中,战略是随着传播攻势的发展——从目标开始、向战略和战术推进,而不断尝试、保留、调整或取消的。

耶鲁的五阶段发展型模式(Yale Five-Stage Developmental Model)

大部分传播攻势包括由耶鲁大学学者所开发的模式中的一个或多个阶段(Binder,1971)。这个模式被广泛地用于产品、人物和意识形态的传播攻势中,而且被用来分析大量的传播攻势。耶鲁大学学者所提出的五个功能阶段是识别、合法性、参与、渗透和分配。

识别（identification）。"识别"被定义为在消费者、投票人和潜在的皈依者的头脑中确立一个位置。许多产品和事业运用标识来形成受众识别。固特异轮胎和橡胶公司的广为人知的标识，将墨丘利的长着翅膀的脚插在"goodyear"的两个音节之间，意味着这家公司的产品是敏捷而安全的。英联邦爱迪生电力公司（Commonwealth Edison Electric Company）的标识，是将用来指代"环境运动"的小写的"e"字母嵌入在大写的"C"字母内侧，从而表示这家公司具有环境保护责任感，这对于一个能源垄断巨头来说是一个很好的定位。

《新闻周刊》（Newsweek）这个名字暗示了杂志中包含着过去一周的新闻，而凯迪拉克的"凯雷德"（Escalade）多功能运动车的含义是好品味、经典和欧洲品质，因为这个商标的名字与法语的"步行道"一词类似。重要官职的申请人，会为他们自己贴上"人民的候选人"的标签或其他类似的概念，从而创造相应的识别。在有关堕胎的争议中，反对堕胎的人为他们的事业选择了"生命权优先"这个概念。谁能够对此提出异议？这个概念也暗示着，这个运动的反对者要么是反对生命权的，要么是死亡优先的。相比以"生命权优先"为框架的标签，主张妇女的堕胎权利的人士所选择的标签效力差了很多，他们的标签是"选择权优先"。

为了证明一个恰当的名称的潜力，可以请受试者说出三个火鸡品牌的名称。Butterball（黄油球）会出现在每个受试者的名单上，而其他的许多竞争对手的名字不会出现。之后，询问受试者 Buttterball 牌火鸡的最大优点是什么，他们会告诉你，这是一个让人感觉最为温润的品牌。

另一个有助于识别的方法是始终一致的颜色标志和字体。传播攻势的组织者采用某种颜色标志，并且将它用于包装、广告、信笺，甚至是制服上。例如，联邦快递公司（U.P.S.）的快递员穿着深棕色的制服，这家公司的汽车也被涂上深棕色。政界候选人常常选择红色、白色和蓝色的组合。反对《平等权利修正案》（Equal Rights Amendment）的运动取得了成功。这场运动选择了红色作为主颜色，使用的标识形状类似于停止标志。运动的参与者在游行的时候穿着红白相间的衣服。

口号也能推动识别。一些成功的例子包括："福杰仕咖啡——来自深山的咖啡"（Folgers—The Mountain Grown Coffee）、"如果你真的在意，就会寄出最好的贺卡"（When You Care Enough to Send the Very Best）、"好事达保险公司会给您最好的照顾"（You're in Good Hands with Allstate）、"明智，非常明智"（Smart. Very Smart）。请思考在过去的几年里，州立农业保险公司（State Farm Insurance Company）与传播公司是如何相互配合从而取得成功的。这家公司的"州立农业保险像一个好邻居一样就在你身边"的口号和广告词是核心主题，并且采用了红色和白色作为颜色标志。代理商被鼓励深入他们所服务的社区，加入那里的市民组织，在社区中为人所知并且保持活跃。所有的广告都包括口号、颜色和代理商的照片。代理商得到的建议是，在重要的日子里给顾客及其家人寄贺卡。全国性的广告通常包括指定代理商的特写，他们会在需要的时候出现在相应的地方。

总之，广告词、统一的服装、口号和各种类型的传播攻势的装备——例如，气球或按钮,都有助于在三种类型的传播攻势中树立名望,促进识别。

合法性(legitimacy)。在耶鲁模式中的第二个阶段是确立合法性,其定义是一个品牌、候选人或事业被认为有价值且值得信赖的过程。职位申请人通常通过得到支持或者在初选中获胜从而获得合法性。合法性也可以作为权威或权力的基础。候选人通过保持士气、与有名的支持者或者名人一起出现或与标志着合法性的象征——例如美国国会大厦、林肯纪念馆或白宫等——一起照相,从而展示他们的权威。对于在任者来说,对其正当性的认可来自于其拥有相应的职位。无论对于在职者还是对于挑战者而言,一个备受欢迎的战术是得到当地报纸、政治人物和知名且令人尊敬的市民的支持和赞同。另外一个战术是列出在政府部门、社区群体、教会附属组织、家族成就等中的履历。专业、诚实、富有活力或有个人魅力,也是确立候选资格合法性的元素。

围绕产品展开的传播攻势,也通过展示对产品的使用来获得合法性,这是在健身器械和厨房用具的电视购物广告中最受欢迎的战术。专业运动员穿上耐克运动鞋以展示对这款鞋子的认可,而且可能会褒奖这个产品。像美国担保人实验室(Underwriter's Laboratory)或好管家(Good Housekeeping)印章这一类的已被广为接受的证明人也能产生合法性。商标也通过将它们与慈善事业联系起来或是通过赞助诸如女子网球协会年终赛(Virginia Slims Tennis Tournament)这样的体育赛事来获得合法性。

在关于意识形态的传播攻势中,数量巨大的参与者和大规模的资助都是对合法性的证明。报纸广告中如果出现了支持某项运动的知名人士的名字,就有助于获得合法性。大批怒气冲冲的市民出现在校董会议上,这一事件被晚间新闻所报道。在一所高中,学生们对学校的午餐计划表示抗议,并通过非暴力的抗议形式获得了合法性。第一天,几百名学生联合抵制午餐,导致大量午餐被剩下。第二天,所有的学生竞相购买午餐,导致学校供应短缺。第三天,每个人都用大面额货币支付午餐费,导致收银台零钱不足。第四天,学生们都用小额硬币支付,结果收银台前排起了长队,一片混乱,因为收银员在低头忙着数硬币。到了第五天,校方出面和学生谈判,讨论改善午餐的问题。

参与(participation)。传播攻势的识别阶段通常会非常协调地与参与阶段混杂在一起,因而几乎无法判断上一个阶段是什么时候结束的,而下一个阶段又是何时开始的。参与阶段被定义为招募之前未表态的人,并使之加入进来。在合法性阶段,参与者是知名的支持者。在参与阶段,领导者努力展现他们的影响力。做到这一点有很多技巧。有些需要参与者的努力,例如参加抗议游行,而另外一些只需要最少的或者象征性的参与,例如签署请愿书或者佩戴徽章。客户回扣是另一种参与形式。消费者填写折扣表格,然后将它寄给商家以得到返现。所有这些做法,都鼓励或是事实上地或是象征性地参与到相应的品牌中去。顾客甚至会通过穿着印有品牌标识的衣服,来为相应的品牌做广告。优惠券是另一种鼓励参与的方式。

一项运动可能以切实的或象征性的方式促进参与。人们会戴上腕带或徽章、在集合队伍中高呼口号、在自家的草坪上放置指示牌,或发放传单。竞选学生会主席的候选人,可能请求其他人到各个宿舍拉选票,或游说不同的学生群体。这些类型的行为会使人们参与到传播攻势或运动中来,并且保证了进一步的积极支持。有时,新技术也会被用于促进参与。这一类的例子包括全息图、一刮即嗅香水条,或免费音乐下载等。我们在对互联网上的互动媒介的使用中也可以看到参与。

在2004年总统大选的提名和初选阶段,霍华德·迪安州长(Governor Howard Dean)运用了互联网的参与式互动,从而获得了之前无法想象的捐款。在选举后,他被提名为共和党主席。我们可以预料,美国的两大党派将在2008年的总统大选中复制迪安的做法。如果你打算在大选年谈论这个问题,可以访问一些候选人的主页,在那里可以看到他们在寻求运用互动性获得支持——财务上的或者是其他类型的资助。所有这些参与机制,都被设计为使受众加入与产品、候选人或事业有关的活动——即便是象征性地表现了承诺和参与的行为。本书第一章和其他地方谈到,说服是一个共同创造的过程,而"参与"和这个观念非常契合。

渗透(penetration)。渗透阶段可以被定义为,某个人物、产品或观念在市场、选举或其他选区中,获得了意义重大的份额的那个时点。对于产品而言,赢得显著的市场份额就足以到达渗透阶段。

互动区域11.1 互动媒介和传播攻势的参与

三菱集团(Mitsubishi)最近展开了一项互联网互动式传播攻势,在这个活动中,Eclipse在屏幕上从一个三菱的旗帜广告驶向另一个。而网站的访问者能够接手屏幕上的汽车,让它在屏幕上开动起来。在试驾之后,访问者被邀请参加"振奋驾驶挑战"(Thrill Ride Challenge)游戏,并可以在四个赛场中挑选一个。根据访问者的比赛成绩,他们可能赢得一台三菱平板电视或者一个苹果的iPod。这家公司希望通过这项传播攻势收获两万名经销商。访问者也会被引向一个链接,在那里他们能够建立自己的Eclipse平台,其中包括选项、颜色等,并且得到报价单(Morrissey,2005)。

克莱斯勒汽车公司的各种各样的革新,例如前轮驱动、迷你货车和7年或7万英里保修等,使得它能够渗透进汽车市场。它所夺取的市场份额迫使竞争对手只能跟随着它行动。这是一个传播攻势到达渗透阶段的明确的信号。

在为产品而开展的传播攻势中,一个成功的渗透阶段通常会迫使竞争对手做出回应。在重大的竞选季的早期,候选人并不必赢得大部分代表的支持以实现渗透。保持在第三名就可以了。政治领域的成功人士的指标,包括在民意测验中较高的排名、资金支持得以增加、愿意给予帮助的志愿者的数量的增多,以及有更多的人出现在竞选活动现场。传播学学者博切斯(T. A. Borchers,2001,2005)指出,杰西·文图拉(Jesse Ventura)在1998年成为明尼苏达州州长的一个关键,就是他在一个小时之内,成功地召集了威尔玛小镇上的700多人。

在以意识形态为中心的传播攻势中,当那些当权者发现他们被大量的信件所包围或不得不反复回答有关传播攻势的主题的问题时,就实现了渗透。在这样的传播攻势中,实现渗透的另一个指标包括聚集在一起的大规模人群,他们为维持现状的支持者带来了不便,并且为传播攻势的主角提供了更多的财务和志愿者方面的支持。

分配(distribution)。发展过程的第五个,也是最后一个阶段是分配,它可以被定义为传播攻势或活动以某种方式获得了成功并回报了支持者。候选人现在可以开始履行他们的诺言了。他们向他们的支持者发出信号,社会变革正在进行。资助或政府工作帮助分派从传播攻势中赢得的奖赏。传播攻势的组织者或者领导者会分配到不同的权力位置。意识形态或政治领域的传播攻势中存在的一个问题是,说服者有时没有履行他们的诺言。

分配者和产品的使用者通过分享来自于产品的某些收益而参与分配阶段。商店将一些货架用于特殊的商品,从而收取货位津贴,并且会因为促销特定的商品而获得特别的折扣。经销商为了赢得奖金或豪华度假游而被激励参与竞争、努力增加月销售量。零售商会得到设备赠品,比如手推车或者园丁车,或者价格不菲的货品展示柜。他们可以使用这些设备展示相关产品或者抽奖活动的奖品。而且,无论是经销商还是顾客都能够赢得像全国篮球联赛(NBA)的热身外套这类的奖品。诸如折扣、返现金优惠券之类的做法和其他的购买刺激,都是针对消费者的分配形式。

以产品为中心的模式

有些传播攻势模式可以对三种类型的传播攻势进行描述,而有些则聚焦于某一种类型的传播攻势。

让我们来看看适合于并且聚焦于以产品为中心的传播攻势的模式。

效果层次模式(hierarchy of effects model)。广告和营销专家罗伯特·拉维奇和格雷·斯坦纳(Robert Lavidge and Gray Steiner,1961)提出了一个模式,这个模式在几十年间为市场营销公司和广告公司设置了目标。这个模式假定,潜在的消费者要经历一系列的阶段,从最初的缺乏品牌认知,到最终的购买。效果层次模式在今天仍然和它最初被提出来时一样有效(Schultz and Barnes,1991)。

这个模式有七个明确的阶段,并且在每个阶段运用了不同的传播、广告、调查和促销策略与技巧。在第一个阶段,消费者完全不知道被推广的产品、品牌、服务或是所承诺的利益。因而,说服者的第一项任务是通过焦点小组访谈、问卷调查和其他调研方法,来确定相似的产品、品牌或服务当前的使用方式。例如,假设奥利奥饼干打算推出一款新的混合夹心产品。相关人员采用焦点小组访谈来进行调研,并且观察人们如何吃普通的奥利奥饼干和混合夹心饼干。大部分人会先将夹心饼干沿着夹心层分成两块,然后舔去夹心层,再吃饼干部分,这种行为最初启发了混合夹心产品的生产者(Fortini-Campbell,1992)。消费者将夹心部分列为奥利奥夹心饼干最好吃的部分,并且说有不同口味的夹心层的饼干将会很畅销。可不是！现在我们有了奥利奥混合夹心巧克力饼干。

像饼干这一类的消费者驱动型产品，效果层次模式建议先要生产消费者对于产品的知晓，然后发展消费者对它的了解。相应的品牌要有一个名称、口号、广告短语，而公共关系部门要向媒介发出邀请，请他们参加口味测试新闻发布会。然后，预告广告会告诉大家"混合夹心巧克力饼干就要来啦"。接下来，将使用不同的促销方法，例如免费品尝、活动和优惠券。随着知晓阶段与了解阶段的相互融合，广告主向顾客传递了有关品牌的信息。接着，研究者通过问卷法、商场拦截访问、独立或辅助式回忆等方法，测量消费者对产品的知识水平。

在第四个和第五个阶段，即喜爱和优先选择阶段，广告主会使用形象广告。这一类广告通过展现名人的证明而将品牌和身份、魅力结合在一起并加以传播。如果这个品牌有竞争对手，那么广告人可以使用口味测试的比较广告，来展现混合夹心巧克力饼干比竞争对手的柠檬夹心饼干更好吃。消费者现在知晓了这个品牌，并且有理由喜欢它，甚至是首先选择它。剩下来的唯一的工作是说服他们去尝试这个产品。许多说服性传播攻势的一个目标就是引起尝试，而这会发生在效果层次模式的最后两个阶段，或者是相信和购买阶段，在这些阶段中，消费者相信这个品牌值得试一试，并去购买它。

拉维奇和斯坦纳的效果层次模式，只是帮助我们理解以产品为中心的传播攻势的目标、战略和战术的一个模式，接下来让我们看看其他的几个模式。

定位模式（positioning model）。营销专家杰克·特劳特和艾·里斯在他们的畅销书《定位：赢得心智之战》（*Positioning: The Battle for Your Mind*）（Trout and Ries, 1986）和《新定位》（*The New Positioning*）（Trout and Ries, 1995）中，将他们的定位模式作为开创前景的一条路径。"定位"的定义是将品牌、候选人或观念/意识形态放置到消费者、投票人或参加者的意识的顶层（TOMA）。处于意识的顶层位置意味着在所有消费者能够识别的品牌中，占据最前面的五到九个位置。具体处于哪个位置，要看相关产品的复杂程度。特劳特和里斯建议探寻市场中未被占据的利基市场，然后将品牌定位于那个心理空间。这些利基市场和对它们的诉求，几乎都是通过精心的可能性模式中的枝节路线进行分析处理的。以下是一些将某个品牌放置到市场中的方法：

- 成为第一。成为某个产品类别中的第一个品牌，将自然而然地具有成为这个产品类别中的先锋的优势。奥斯卡美（Oscar Mayer）[①]的方便午餐盒（Lunchables）是一个具有 15 年历史的成功故事，它就是在 1990 年通过引导性和后续的传播攻势，而从一开始就定位于"第一"。其他的包装零食品牌接着也一一问世，但是都不再能声明自己的先锋地位。方便午餐盒接下来就可以进行产品线扩张，提供这个产品品牌的新品或改善产品，例如附有法式芥末酱和巧克力薄荷糖甜点的产品。

---

① Oscar Mayer 是卡夫卡食品公司（Kraft Foods）旗下的一个品牌。——译者注

- 成为最好的。消费者购买的是品质,并且通常愿意为高品质的品牌支付合理的价钱。那些能够声称自己是同类产品中最好的产品的品牌可以占据这个利基市场。我们在之前所提到的斯威夫特(Swift)的黄油球牌火鸡就是最昂贵的火鸡品牌之一。它宣称在每只火鸡中都填塞了一磅黄油,而黄油使得火鸡润滑而且味道鲜美,因而黄油球牌火鸡是最好的。研究表明,比起其他品牌的消费者,黄油球的消费者会花更多的时间在超市,而且会购买高档佐料和甜点,比如蔓越莓口味的食品或现烤制的小饼。多年以来,一些进口汽车品牌努力表明自己是最好的这个定位。梅赛德斯-奔驰一度似乎永久地占据了这个位置。后来,其他的一些品牌,例如捷豹和宝马也声明是最好的,由此导致一个拥挤的利基市场。

- 成为便宜的。除了为品质而购买之外,消费者通常也因为价格而购买,因而如果能够断言某个品牌的价格最便宜,无疑能够占得有利地位。一个有说服力的例子是汉堡和可乐大战。另外一个例子是沃尔玛(Wal-Mart)的天天低价宣传。即便是像汽车、电脑和摄像机这样的高价格商品,价格战也是愈演愈烈。吉优、现代(Hyundai)和其他汽车品牌都竞相提供最让人满意的价格。航空运输业的机票价格战是常态。各家银行和各种信用卡在年费和较低的首次信贷利率方面展开价格大战。在分期付款利率方面也是同样的做法。

- 成为最贵的。身份地位有时对于购买者是至关重要的,而且消费者会通过购买市场上最昂贵的品牌——例如宝马——来展示他们的地位。著名的法国服装和香水品牌可可香奈儿(Coco Chanel)坚持销售最昂贵的品牌。

- 告诉人们你不是谁。另一个赢得消费者意识中的顶层位置的定位策略,是告诉消费者这个品牌不是什么。在七喜饮料(7-Up)濒临破产的时候,它因为宣传这款软饮料"非可乐"而起死回生。胡椒博士(Dr. Pepper)模仿了这个战略,也在可乐市场中占据了一定份额。由于人们近年来开始关注各种健康问题,因而许多品牌都声称自己不含脂肪或者不含碳水化合物。

- 通过性别定位。许多品牌通过将自己定位为女性品牌或男性品牌,而只针对某一性别。维珍妮牌女士香烟(Virginia Slims)和夏娃香烟(Eve)就是这方面的例子。在获知许多职业足球运动员和许多户外工作者会在寒冷的天气里穿上袜裤来保暖之后,一家公司就开始仔细考虑营销男款连裤袜。它的战略包括将品牌命名为"Mach-Hose"、得到户外建筑工人和消防员的表扬、提供迷彩色和六条装的包装。CK的激情男士香水和《智族》(Gentleman's Quarterly)杂志显然都是通过性别进行定位的。传播学者瓦尔迪维亚(A. N. Valdivia, 1997)分析了女士内衣的产品广告,并从中发现,相互竞争的品牌会致力于性别和阶层定位。在分析了维多利亚的秘密和好莱坞的佛莱德瑞克的产品目录之后,瓦尔迪维亚得出结论,维多利亚的秘密针对中上阶层女性,而好莱坞的佛莱德瑞克则面向中低阶层的男性和女性。维多利亚的秘密听起来谨慎持重并有维多利亚时代的感觉,而好莱坞的佛莱德瑞克听上去则是男性占主导、喜好刺探他人隐私和耀眼炫目的。维多利亚的秘密的公司地址是"伦敦",而且当你进行电话订购的时候,事先录制的电话答复是英式英语的口音。好莱坞的佛莱德瑞克的模特并不知名,并且通常是在以布匹所搭建的简单的背景下拍摄广告的。维多利亚的秘密的模特是名人,广告片的拍摄通常是在暗示着优雅和经典的、以旧日风格布置的室内。

- **通过年龄定位**。一些广告通常针对最可能是某个产品或品牌的消费者的同辈群体。同辈群体被定义为要么出生在同一年,要么出生在特定的年代中的人,例如婴儿潮一代或迷茫一代(Generation Xers)。锁定特定的潜在消费者群体会带来很多好处,因为你可以全方位地根据顾客的特点,量身定制广告和对这个具体的群体的其他诉求。例如,一个被最经常锁定的,而且成长最快的同辈群体是婴儿潮一代,他们出生于1946年到1964年。美国退休人员联合会选择了一个闪耀的名字,并且以努力为退休者的利益游说、提供有折扣的特定产品、组织低价格旅游等团体活动,以及传达有关退休计划、价格合理的健康保险和运动器械等信息为基础,来推广自己。人们在45岁而不是65岁的时候就被邀请加入美国退休人员联合会,他们会收到《现代银发族》(*Modern Maturity*)杂志(一个恰当的杂志名称)的订阅函。这本杂志在美国有非常大的发行量,它被打造为针对有影响力而且不断成长的同辈群体的理想杂志。请设想一下,针对同辈群体的定位如何影响着包装、口号、消息战略和媒介购买。

以政治为中心的传播攻势模式

尽管以政治为中心的传播攻势与以产品为中心的传播攻势有一些共同的特征,但是两者还是有很多不同之处。例如,候选人只能得到有限的调研数据,而且比起产品/品牌的传播攻势,以政治为中心的传播攻势通常必须传递更为复杂的信息。这些复杂的信息,将通过精心的可能性模式中的中心路线被处理。现在让我们来看看有助于解释政治领域的传播攻势的发展模式。

交际功能模式(communicative functions model)。传播学学者朱迪斯·特伦特和罗伯特·弗里登伯格(Judith Trent and Robert Friedenberg,2000)描述了如果一项政治传播攻势要获得成功就必须要完成的四个阶段。他们将这种路径称为交际功能模式。

在第一个阶段,候选人将发表有关候选人身份的正式声明,并且会通过规划选举区、组织财政委员会、在选举区的核心区域展开交流等来开展一些基础工作。这个阶段被称为"表面处理"阶段。传播攻势的主要主题被提出,并被关注,并且候选人的形象得以检验和推广。候选人要发表与议题有关的演讲、发表表明立场的文章,而且如果幸运的话,充足的资金也会被募集上来。在总统选举中,这个过程将尽可能早地开启,甚至是紧接着上一次总统选举投票日之后。

这个模式的第二个阶段是"筛选"阶段,最初的大选传播攻势被用于缩小候选人的战场,并且集中于关键议题。这个阶段就像耶鲁模式的参与阶段一样,将涉及更多的人。这些人可能会发放传单、参加集会、寻求赞助者，或参与一系列活动。在总统大选的政治传播攻势中，这个阶段的花费巨大，哪怕只是政府拨给候选人的配套资金就已经相当惊人了。大约 5 000 千万美元或甚至更多将被花在获得总统候选人提名上（National Public Radio,1999）。当然，用于较低级别的职位的费用会相对少一些，但是即便参议院的初选也要花费几百万美元。这对于候选人来说或是一个充满危险的阶段，因为他们可能会做出他们日后无法兑现的承诺或是可能会展示某些日后可能会不断困扰他们的计划。他们也可能会犯错误、做出错误的声明或出现有损于他们的合法性的"失言"。

在第三个阶段，即"提名"阶段当中，候选人在媒介和选举人的见证下被正式地认可，其言论代表着相应的政党的纲领和议题。

最后一个阶段是"选举"阶段，是在提名和投票日的时段中。在这段时间里，候选人紧张忙碌地穿梭于一个又一个州、一个又一个人群，一遍又一边地说着基本上一样的话。此时，使用付费的政治传播手段——例如公告牌、指示牌、汽车保险杠贴纸、徽章、电视广告、广播广告和报纸广告是非常关键的。免费的媒介报道，例如访谈节目或者晚间新闻中的简短的原声摘要播放也是至关重要的。候选人也会以正确的方式、合算的价格购买针对恰当的目标受众的电视宣传片时段。

在 1996 年总统初选阶段，互联网被运用于国家政治领域，意味着未来各个层级的候选人都必须使用这种工具与选区的选民进行沟通。这个具有互动性而且高度个性化的媒介在未来的传播攻势中将越来越重要。早在 2000 年，我所在的小镇（人口为 12 000 人）上的两位竞选镇长的候选人都有自己的、拥有众多链接的主页。正如我们将在第十三章看到的，对媒介的应用越来越成熟而且复杂了。政治领域的传播攻势的信息，可能既用精心的可能性模式中的中心路线也用枝节路线来处理。以议题为导向的消息可能遵循的是中心路线，并且需要理性的思考和研究。以形象为导向的消息，尽管也可能经过理性的思考，但更可能是以枝节路线来处理。

在第三版的《美国的政治传播》(*Political Communication in America*) 中，罗伯特·登顿和盖瑞·伍德沃德(Robert Denton and Gary Woodward,1998)聚焦于在政治传播攻势中所应用的战略和战术。他们指出，战略是传播攻势的组织者所制订的旨在实现传播攻势的目标的各种计划；战术是用于实现战略或者使之投入运行的手段。当然，在政治领域的传播攻势中，目标只有一个——在选举中获胜、得到职位，但有几种战略可以用来实现这个目标，例如赢得初选、募集资金或将支持自己的选举人组织起来。登顿和伍德沃德参考了弗榭克斯(R. Faucheux,1998)的理论，定义了出现在任何政治传播攻势中的四种战略。第一种是"消息顺序战略"，即传播攻势中不同的消息应该按照一定的顺序发送出去。这些消息包括关于议题、候选人或竞争对手、就职资格和个人信仰的信息。第二种战略是"把握时机和强化战略"，即消息什么时候被发送出去，在开展传播攻势的时间里应该付出多少努力、金钱和其他资源。第三种战略是"动员和说服战略"，这个战略聚焦于抵达并且说服可能支持该候选人的投票人群体，例如首次投票人、房产拥有者、少数族裔投票人和某一派的忠诚信徒。最后一种是

"机会战略",它使得传播攻势能够对预料之外的事件、机会或不可避免的威胁做出反应。这方面的例子包括资金花费的数额或募集资金的来源被泄露、负面的广告,或是牵扯到候选人或其竞争对手的丑闻等。

具体而言,存在着几种消息顺序战略。"无视竞争对手策略"通常意味着从传播攻势开始直至投票选举日,在演讲、新闻发布、访谈和评论中都保持积极正面,并几乎不会或根本不会提及竞争对手。"攻击性消息顺序策略"是传播攻势开始于积极正面的音符,但很快转向聚焦于竞争对手的弱点的负面的宣传。在竞选活动的最后几天,这个策略通过使用既是积极正面的又是消极负面的双轨路线,或是对比性诉求而得以实现。候选人在使用"正面进攻策略"时,是从聚焦于竞争对手的短处的负面和比较性的广告开始的,然后在竞选传播攻势的中段转向正面的传播,之后与在"攻击性"策略中一样,以使用双轨路线结束传播攻势。

同样存在着几种把握时机和强化的战略。"乌龟策略"是指候选人缓缓地开始,只是有节制地沟通和使用资金,在投票选举日之前一直积蓄动能,而在投票选举日出现消息和花费的闪电攻势。"书挡策略"有一个盛大、闪亮和花费不菲的开始,然后是稳固的造势阶段,最后在投票选举前一天也采用同样的闪电攻击战结束传播攻势。当候选人采用"珍珠港策略"(Pearl Harbor)的时候,他们以极其缓慢,甚至令人觉察不到的方式开始传播攻势。这样做的目的在于诱骗竞争对手低估该候选人的力量,因而使得后者能够在恰当的时机偷袭竞争对手。

机会战略中包括"布置陷阱策略",它是指候选人就某个细小的缺点攻击竞争对手,从而使得竞争对手以某种会招致更多的批评的方式做出回应。例如,某位候选人可能指责竞争对手得到了其非常富有的父亲的资助,而这位父亲这样做是为他的被宠坏的孩子买票。竞争对手会回应说,成功和将钱花在自己真正信仰的事情上是无罪的。然后,候选人接着爆料,指出这位亲爱的老爹是靠剥削中国的劳工而集聚了巨额的财富。这样,他就又设置了一个陷阱。"技术进步策略"被许多候选人用于1996年的总统大选中,这些候选人意识到了新兴的互联网的力量,并且创建了复杂的网页,这令他们的那些墨守成规的竞争对手大吃一惊。"三人一群策略"是通过赞助位居第三或第四的次要的竞争对手(他们会从真正的竞争对手那里拉走选票),从而利用了拥挤领域的优势。"避雷针策略"是让一个富有争议的人物为竞争对手代言,或者引入一个有分歧的话题,对此竞争对手只能以负面的、有争议的或非常引人注目的方式做出回应。

说服和动员战略涉及候选人如何应付选民群体——某一派的忠实信徒、犹豫不决的投票人和那些支持竞争对手的人。候选人要确定他们的选民基础和犹豫不决的选民,然后用各种消息强化选民的信念,最后使他们投票给该候选人。

观念/意识形态的传播攻势

在观念或意识形态的传播攻势中,所推广的既不是产品,也不是某个人物或候选人,而是说服者希望受众形成或改变某种习惯,或是接受某种信仰或其他意识形态。

涉及习惯改变的传播攻势,可能会宣传某些预防措施,从而使得受众能够通过采取它们来降低感染疾病的风险。另一些传播攻势恳请捐助者为各种各样的非营利教会组织、慈善事业或其他公益事业捐款。观念方面的传播攻势敦促人们通过回收铝制品、玻璃、锡制罐头盒和塑料容器来保护环境。一项抗议活动的传播攻势,可能会说服人们在某个特定的日子戴上黑色的腕带,以表示他们对某项政策或法律的不满。在2003年年初,反军事疯狂妇女团体(Women Against Military Madness)对布什总统第二任期内的政府官员针对伊拉克的战争叫嚣言论进行抗议。她们组织了集会、出售写有"Say No! to War with Iraq"(对伊拉克战争说"不")的庭院指示牌和汽车保险杠贴纸,并且运用其他战术,以执行她们的战略,希望能够有助于避免美国侵略伊拉克。当然,尽管她们付出了这些努力,我们现在都知道后来发生了什么。耶鲁模式中的每个元素都有助于解释这一类传播攻势所采用的战略,而且产品/人物传播攻势中的一些元素也在这里得到运用。但是,具体用来解释观念/意识形态传播攻势或社会运动的是另外一些模式。

社会运动模式(social movements model)。传播学学者查尔斯·J. 斯图尔特、克雷格·A. 史密斯和小罗伯特·E. 登顿(Charles J. Stewart, Craig A. Smith and Robert E. Denton Jr., 2001)定义并且描述了观念/意识形态的传播攻势的社会运动模式。他们认为,社会运动模式有七个不同于以产品或人物为中心的传播攻势的独特特征。第一,社会运动是有组织的群体,其中往往会有作为该运动的发言人的领导者。第二,尽管参加社会运动的人是被组织在一起的,但是社会运动并没有被当权者制度化或者承认。第三,它们吸引了许多人,并且在地理范围或历史范围内都有广泛的影响。因此,反对堕胎的运动达到了社会运动的标准,而有关不含氢的饮用水的宣传,由于其有限的影响范围而可能不能算作社会运动。

第四,社会运动或者推动或者阻碍社会变革。存在着三个推动或阻碍变革的子类型。"革新运动"希望完全替换现存的社会价值观和规范,其中包括诸如同性恋解放运动和极端的女权主义运动。"复兴运动"只是寻求社会中的部分改变,并且持有回归往昔的价值观。"抵抗运动"试图阻碍而不是支持变革。例如,支持妇女堕胎权利运动希望能够让"罗伊诉韦德案"(*Roe v. Wade*)的判决长期有效,全美步枪协会(NRA)反对对拥有枪支的限制。第五,社会运动是讲求道德的,宣扬正义战胜邪恶、正确压倒谬误,或爱国对抗叛国。第六,社会运动会遭遇那些当权者的反对。权力可能被正式的群体所拥有,例如军队、警察或管理机构。阻碍的态度往往导致象征性,继而实质性的暴力——如同在大量的戏剧化案例中所发生的那样。在社会运动主张者的那一方面,所推进的变革可能从呼喊口号开始,然后转为针对财产的暴力破坏行为,最后变成针对人的暴力。最后,说服是导致新的变化、改变人们的想法,以及最终鼓励成员采取行动的关键手段。说服可以使用语言符号,也可以使用非语言符号,它可能试图使用大众媒介,而且往往会包括呼吁说服对象行动起来。

社会运动也有着自己的一套发展过程。斯图尔特、史密斯和登顿的社会运动模式概括了五个阶段:"起源""社会动荡""狂热的动员""维持"和"结束"阶段。在"起源阶段",意识形态的拥护者广为传播人们可以感知到的社会的弱点和不公正之处。早期的倡导者可能在很长一段时间内不被人们所理会,但是最后,有类似想法的人被拉到先行者的阵营中去,因而在第一阶段产生了核心的忠诚的支持者。然后,通常是一个戏剧化的事件,突然将相关议题带到公众的视野中。

在"社会动荡"阶段,越来越多的人参与到这个运动中来,并且在对运动中的魔鬼和上帝的识别的过程中被不断地煽动。这导致了第三个阶段——"狂热的动员"阶段的出现。这时,真正的信仰者开始改变越来越多的人,并且不断地遭遇到来自那些当权者的阻碍。这一切使得人们转变为激进分子,而不只是参与到这项运动中来。在第四个阶段,即"维持阶段",随着媒介开始关注其他事件,运动采取了低调的姿态,它必须静候时机,等待某个重大的事件的发生以重新点燃人们的热情。有些运动在"结束"阶段实现了它们的目标,有些可能在这一阶段枯萎、凋谢了。在这一阶段,支持者可能失去了信念和耐心,或者运动本身过时了,也可能被反对改革的当权派同化、驯服了,或者是运动变得无足轻重了。

煽动和控制模式(agitation and control model)。在约翰·鲍尔斯、多诺万·奥克斯和延森(John Bowers, Donovan Ochs and R. J. Jensen, 1993)合著的《煽动和控制的修辞学》(*The Rhetoric of Agitation and Control*)中,他们描述了在意识形态的运动最终获得成功或招致失败之前所必须经历的几个阶段。在第一个阶段,即"请愿阶段",煽动者向拥有权力者——如政府、公司或学区请愿,他们提出的要求或"索求"略微超出权力源所能满足的程度。权力源因此会表现得不够通情达理。接下来煽动者就开始了"散布阶段",或是推广他们的运动。煽动者运用传单、小册子和集会向不属于不通情达理的拥有权力者的圈外人发布消息,从而发展他们的运动。在这个阶段,运动的领导者希望能够招募新成员,并且广泛地对外宣传,从而吸引更多的新生力量,美国民权联盟(American Civil Liberties Union)和其他反对布什政府对美国公民进行非法监控的言论自由群体在2005年就是这么做的,并且促使了一场全国范围的运动的诞生。

如果宣传成功的话,运动就走入了"团结阶段"。此时,新近招募的成员通过集会、游行和诸如《我们一定胜利》(*We Shall Overcome*)或《我们矢志不渝》(*We Shall Not Be Moved*)之类的抗议歌曲渲染造势。他们可能会采用特殊敬礼方式、符号或制服。在"极化阶段",运动的领导人将目标指向未参与进来的普通民众。他们会通过聚焦于旗帜性的议题或人物来进行号召。旗帜性的议题或人物代表这场运动终极的敌人,或者是这场运动或意识形态所反对或憎恨的最容易识别的符号。过去的旗帜性的议题包括堕胎、对平民使用凝固汽油弹、虐待难民、非法监听民众的电话和轰炸平民目标等。具有号召力的人物将这些议题人格化。曾经的旗帜性人物包括林登·约翰逊总统、萨达姆·侯赛因、乔治·W. 布什总统。在地方政治中,旗帜性的人物包括市长、市议员、参议员或其他被描绘为问题的根源的人物。极化阶段迫使观望者在我们和他们之间做出选择。

在第五个阶段,即"非暴力反抗阶段",会采用诸如辱骂法或集体抗租之类的战术。例如,警察以集体请病假的方式所进行的有组织的怠工;或者学生占领了某个建筑物,并声称他们解放了这个地方。这样或那样的方法都吸引了人们对运动的注意,并且经常会得到来自拥有权力者的某些反馈,比如集结军队或警察。媒体通常会报道这些对峙。之后,煽动者会指责他们遭到了镇压或者受到了盖世太保(Gestapo)的虐待。这往往会导致"升级阶段"的出现,在这个阶段,权力源那一方的压力会增加。煽动者可能会进行一些威胁,例如有关爆炸计划的谣言或是公开炫耀武器。可能会发生一些暴力行为,例如携带警棍的罢工、打架、杀戮或绑架、轰炸某些重要的或标志性的建筑——例如双子塔。如果当权者在这个时候镇压运动的话,通常会在运动内部出现分裂——分成支持暴力和支持非暴力两个派别。鲍尔斯、奥克斯和延森将这个阶段称为"甘地对游击队员阶段"。通常,反对暴力的那部分成员会与当权者会面,据理力争,如果他们失败了,游击队员就会接手。就像伊拉克自由行动(Operation Iraqi Freedom)这个案例所表现的那样,暴力会将事件升级——随着伊拉克不断地被占领,叛乱者制造的爆炸案急剧增加。

根据当权者的不同的反应,最后的阶段可能出现也可能不出现。最后一个阶段是"革命阶段",它很少会出现,但是采用煽动和控制修辞术的社会运动,在最近几十年却在各地导致了革命。现在,全世界都在全球恐怖主义的笼罩下,美国也投入到一场花费巨大的战争当中,我们也非常可能继续看到这些煽动和控制战术被越来越多地用于各种各样的反对政府的行动中。煽动和控制战术模式的描述、解释,以及甚至是预测运动随着时间发展的各个阶段的能力,证明了它的有效性和可信性。

创新扩散模式(diffusion of innovation model)。有些观念传播攻势希望引导人们采取新的做法或者改变他们的行为,例如在工厂里遵循更为安全的流程、减少对红肉和脂肪的摄入或是节约能源。埃弗雷特·罗杰斯(Everett Rogers,1962)研究了人们采用任何新技术——例如计算机、手机、电子邮件、互联网或黑莓智能手机所经过的各个阶段。这些阶段也出现在采取新的做法的过程中,例如回收利用或改变价值观——如支持混合动力能源汽车。罗杰斯的创新扩散模式也可以被运用在以产品或人物为中心的传播攻势中。他概括出四个阶段。

在第一个阶段,即"信息/知识阶段",潜在的采用者获得或者积极地寻找有关创新的信息。它是如何发挥作用的?它的特点和优点是什么?它的价格贵吗?其他的使用者如何评价它?当人们刚刚知道回收利用这种浪费时间、直接回报极小的做法时,几乎没有人会跑出去买回分别装铝制品、玻璃、锡制罐头盒、报纸和废纸的垃圾桶。但是,对回收利用的知晓,吸引了人们对于各种各样的有关当地废弃物填埋场的使用年限、砍伐森林对气候的影响等方面的信息的注意。

在第二个阶段,即"说服阶段",潜在的采用者分析处理旨在引导他们切实地尝试新产品或做法的信息。这些倡导改变的信息可能会使用来自使用了新产品或采纳了新做法的知名人士的证明。

在第三个阶段,即"决定、采纳和试用阶段",潜在的采用者决定尝试新的做法。他们购买回收垃圾桶,或者他们通过互联网订购药品、日常用品、图书或其他东西。然后,他们使用这些新技术、产品或采用新做法。有时,营销者会请求新用户填写评价问卷表来获得对产品/品牌/做法的反馈。这种做法将潜在的采用者带到了最后一个阶段——"认可和评价阶段"。在这个阶段,他们会重新思考对新产品或做法的采用情况,衡量它们的表现,并与自己的期望做对比。他们会问自己,新的产品或做法是否带来了它们所承诺的效果,是否物有所值？如果他们将继续使用,那么他们会进一步寻找肯定所采用的东西的信息。

罗杰斯所提出来的模式,有助于对有关提供新的和革新性做法的传播攻势进行思考。随着我们所在的信息时代的变革速度不断加快,我们无疑将不断地反复经历这些阶段。对在这样的情形下发生了什么的了解,能够帮助我们在更为清晰的洞察中,做出采取新做法的决定,并且做出更为明智的选择。

除了这些传播攻势的发展模式之外,还有其他的一些理论也有助于解释某个以产品、人物为中心的,或是观念/意识形态的传播攻势的成功或失败。

互动区域11.2　传播攻势中的文化多元化

在2005年,三家媒介和广告领域的专业组织赞助了第一届全国少数族裔媒介博览会(National Expo of Ethnic Media),以确定如何将传播攻势更好地针对5 000多万的少数族裔美国人。很快,少数族裔消费者、投票人、参与者和募捐人的数量就会超过非少数族裔,因而他们代表着非常有力的一个市场区域。让我们仅以这个市场区域中的一部分,例如西班牙裔和/或拉丁裔美国人为例：目前,在这个市场区域每年的广告费用为35亿美元。但是这个市场区域也在发生着变化。为什么？因为根据皮尤西班牙裔研究中心(Pew Hispanic Center)的预测,到2020年,居住在美国的西班牙裔/拉丁裔美国人中有34%是出生在美国的。这些新生代将更加适应美国文化、受过更为良好的教育、会说英语——而且可能更为流利。今天,88%的18岁以下的拉丁裔美国人出生在美国之外。根据盖伊·加西亚(Guy Garcia, 2005)在他的畅销书《新兴的美国主流》(New American Mainstream)中所表达的观点,当你将西班牙裔/拉丁裔少数族裔和其他多元化的文化群体结合在一起的时候,你将会得到一个"新兴的美国主流"。这对于政界人士、广告主和观念/意识形态的说服者来说意味着什么？这些数字对于其他在文化上不同的少数族裔意味着什么？

符号融合理论

我们中的大部分人都喜欢与自己所认同或者与自己相似(以伯克所谓的"实质性"的方式)的人交往,我们想要加入的团体,其成员与我们有着相似的基本价值观或者生活方式。这需要将我与你对同样的事件和价值观的理解相融合。广告主、政客和意识形态的传播者将拥有相似的价值观和生活方式的我们定位为他们试图去说服的一个特定的受众群体。那么,诸如此类的"意见一致的社群"是怎样形成的呢？

对于社会层面生成的意义所具有的凝聚力量的最初的阐述,来自于哈佛大学社会学教授罗伯特·F.贝尔斯(Robert F. Bales,1970)的著作。他最初的研究兴趣是确定在小型、以人物为导向的群体中的语言符号互动的类型。他注意到,在一种互动类型中,群体压力通过讲述故事而被释放。贝尔斯将这种类型称为"戏剧化"。他描述了这些故事或者迷你剧是如何发展的,或者如他所言,是如何**链接(chain out)**的,结果就是他所谓的**幻想主题(fantasy theme)**。

贝尔斯在这个方面的研究引起了玻曼(E. G. Bormann)以及他的学生和同事的注意。他们也发现在小群体中有着共同的想象,并且他们认为小群体构建现实的这个过程有着更为广泛的用途。最终玻曼(1985)、他的学生和其他学者开发出了群体中共同的幻想的更为广泛的用途,它有助于解释共同的理解是如何开始、发展和继续,并且最终促使我们采取行动的。这个理论就是所谓的**"符号融合理论"(symbolic convergence theory)**,它的分析方法被称为**"幻想主题分析"(fantasy theme analysis)**。这个理论最初被用于小群体中的传播。在见证了这个理论及其方法论在分析和解释群体传播方面的效力之后,玻曼和他的追随者将它们应用于人际、公司、机构和组织传播。对于我们这些研究说服学的学生而言,这个理论和方法论非常适合于对产品、观念和政治的传播攻势所针对的受众进行分析。当将这个理论和方法论与焦点小组访谈以及其他的像问卷调查和Q分类技术分析(Q-sort)等方法组合使用的时候,这个理论和方法论能够非常有效地帮助我们分析特定的消费者群体和选民会对什么类型的戏剧做出回应(Cragan and Shields,1994,1995)。

符号融合理论的一个基本前提是,现实是在社会层面上得以建立的,并且被符号化地构建。这意味着,我们与其他人互动,并且使用符号给这些互动增添含义,这就是我们感知这个世界的方式。其次,许多这样的互动都包含着故事或者叙事,即我们在之前的章节中所提到的模式。当我们初次听到这些故事或者想象时,我们会忽略、接受或参与它们。我们创造社会现实并且在符号融合中走到一起,这是一个共同参与性的行为。也就是说,我们拥有共同的符号、意义和相应的线索。

举个简短的例子有助于说明这一点。在2005年的美国橄榄球超级碗大赛中场休息时,珍妮·杰克逊(Janet Jackson)[①]有意或无意地裸露了她的胸部。这个突发事件立即被媒介广泛地报道,引发了众多观众对它的激烈争论。一个人说:"从他们还是孩子的时候开始,那个家就已经乱作一团了。"另一个人附和说:"没错,看看她的那个漂白了皮肤、骚扰儿童的兄弟就知道了。"第三个人说:"他的愚蠢从那些太空步表演就开始了。"这些故事或者幻想开始连接在一起,或者成为大家所共有的对现实的说法。媒介报道继续煽风点火,而且当她的兄弟迈克尔·杰克逊(Michael Jackson)在十桩骚扰儿童指控案中被宣判无罪的时候,另一套"事实链"和**"幻想链"(fantasy links)**可能又被连接而成了。借助于媒介报道,相互类似的各种群体幻想和符号融合就足以

---

① 珍妮·杰克逊(1966—),美国流行乐坛歌手兼演员,出生于音乐世家杰克逊家族,被公认为欧美乐坛最会跳舞的女艺人,是20世纪80年代到90年代中商业与艺术成就最高的流行女歌手之一,是西方流行音乐的超级天后级人物。——译者注

产生了。

有关这个事件的真实情况或事实是什么并不重要,重要的是人们分享了什么,并且由此相信了什么,这些共同构成了我们的社会现实。由于我们与我们的社会群体中的其他人共同分享我们所输入的信息和理解,因而对于这些信息,我们甚至会比来自某个受尊重的权威人物所给予的信息更加诚心诚意地加以信任。如果这样的故事被广泛地相信,那么我们就拥有了可以成为有力的驱动力的民族性的**修辞视野**(**rhetorical vision**)。

玻曼和他的学生、同事以及追随者通过大量的研究,确定了符号融合在政治领域和其他领域的传播攻势中的运用方式(Boremann,1985)。这个模式在对购买行为和参与行为的研究中也得以体现。这种技巧也被用来生成在黄金时段播放的喜剧连续剧的剧情创意。

在政治领域的传播攻势中出现了特定的幻想类型或是广受欢迎的话题或主题、形象。新闻记者报道这些传播攻势,并且开放他们特有的修辞视野——在那里他们"挖掘真正的事实"。其中一个幻想主题是有关"领先的候选人"或是最先赢得合法性的候选人的主题——这些人被媒介所密切关注,媒介会报道诸如这些候选人表现出将要面临巨大的障碍的征兆,或是他们隐瞒了什么,或是他们在充当掩护性候选人之类的议题。另一个政治传播攻势的幻想主题是有关棒球比赛的主题,即候选人进入了"第一个或者最后一个回合",候选人无法带领选民"跑到一垒"。还有一个主题运用了拳击比赛的图景,即候选人"倒在栏索上岌岌可危"或向对手"击出将之打倒在地的一拳"——那位对手只是一名"轻量级选手"或并不是真正的强有力的"冠军争夺者"。

在政治领域和以产品为中心的广告中,广告公司通过发布有关产品的新闻或让媒介针对特定的产品向相应的群体进行报道或者通过强调产品所具有的令人惊讶的优点,从而"围绕"着产品编织故事。美国智威汤逊(J. Walter Thompson)广告公司的董事长伯特·梅特(Bert Metter,1990)对此这样描述:

> 我们正处在编造的时代。创造形象的艺术和学问正走出密室……随着编织故事变得越来越普遍……我们的传播会更具效力……适应这些的广告公司将获得成功……其他的公司将要做出很多改变(第36页)。

克瑞甘和希尔兹(Cragan and Shields,1995)在与产品有关的传播攻势中发现了不同类型的个体,他们拥有各种各样的原则和信条。他们的符号融合往往出现在三种"层次"或理念的其中一种当中。这些"层次"是"**实用(或实践)的层次**"[**pragmatic (or practical) plane**]、"**正当(或原则性强)的层次**"[**the righteous (or highly principled) plane**]和"**社交(或互动)的层次**"[**the social (or interactive) plane**]。假设你打算向饲养牲畜的人出售促进生长的饲料,并且你希望能够接触到各个层次的饲养者。对于讲求实用的牲畜饲养者来说,你应该强调有关成本、效用和不断增长的产量及利润等实用的数据。对于追求正当性的牲畜饲养者来说,你应该强调这些增强剂是纯天然的,没有违反美国农业部的任何规定。对于重视社交的牲畜饲养者来说,你应该采用其他牲畜饲养人的证词,以制造几乎所有消息灵通的人都在使用这种增强剂的印象效果。克瑞甘和希尔兹运用这个模式来促进农产品和农药的销售、增加私立小学的注册人数,并对消防员进行培训(如果你对自己适合哪个层次或理念感兴趣,请访问这本书的网站,进行一个关于你喜欢或感到亲切的行为类型和信念的简短的测试,之后你就可以了解到自己是实用型、正当型、还是社交型的消费者了)。克瑞甘和希尔兹也将这些层次应用在观念或意识形态的传播攻势中。符号融合的"编撰"被用于说服爱荷华州的州议会批准内河船上的赌场合法化、为小镇招募内科医生,以及帮助培训消防队的管理人员。

我们应该记住,符号融合不只局限于政治领域的传播攻势。在2005年伦敦和西班牙的火车、汽车和地铁爆炸案之后,公众对于"恐怖主义"这个词的理解有了新的维度。恐怖主义是与一系列遍布世界各地的由个人组成的小型基地站联系在一起的,这意味着没有哪个国家是安全的,即便是保持中立的国家。而且,这些基地站可能是由奥萨马·本·拉登和其他"流氓国家"的领导人共同操控的,他们组成了"邪恶轴心国"——这是为什么要进行"反恐战争"的原因。这些关键词被新闻媒介捕捉到,并且很快也被公众注意到,最终出现在全球的修辞视野之中。

回顾和小结

所有的说服都包含着自我说服——我们一定同意说服的过程是被说服,然后找到做出决定的充足的理由的过程。这些有说服力的理由中的许多理由,已经根植于我们的意识或潜意识记忆之中了。聪明的说服者确定能够提示这些记忆的路径,并将它们与某个产品、候选人、观念或意识形态联系起来。说服者将说服对象的耳朵调整到那些追寻新的购买者、投票人或参加者的传播攻势所发布的消息的频率上。我们所研究的传播攻势的形式特征和功能特征似乎并没有随着时间而发生改变,并且形成了永恒的模式。产品测试、民意调查、媒介制作和直接营销的不断变化的议题及越来越成熟的技术是变化的元素中的一部分。

传播攻势不断再现的特性包括:从说服者向受众的系统性的信息流动,以及通过反馈回路从受众向说服者的信息流动(这可能是所有传播系统的特征)。另一个特征是正式的目标、战略和战术的建立,以及在受众头脑中创造定位或利基市场。大部分传播攻势也必须经历一些阶段,这些阶段通常包括参与者将产品、候选人、或者观念/意识形态戏剧化,即受众以真实或符号化的方式参与其中。之后,不同类型的诉求为大规模运动凝聚和招募狂热者,并且在传播攻势或社会运动中将修辞视野"链接起来",这将从根本上使大量的受众参与进来。

你需要成为一位有批判能力的接收者,理性地做出有关购买某个产品、为某位候选人投票、支持某种观念或意识形态等决定。这些决策只有在对传播攻势做出细致认真的分析之后才可能是恰当的。问问自己某个传播攻势是如何对反馈做出回应的,以及它的目标、战略和战术是什么。思考一下某个传播是如何定位产品、人物或观念的，以及在传播的过程中出现了哪些发展阶段，并且你被邀请参加哪种类型的戏剧。当你回答了这些问题之后，你就已经为负责任的决定做好准备了。

关键术语

在你读完这一章的时候，你应该能够对以下的术语或概念做出定义、解释，并且举例说明。

整合营销传播
以产品为中心的
以人物或候选人
　为中心的
以观念或意识形
　态为中心的
品牌认知
目标
战略
战术

耶鲁的五阶段发
　展型模式
识别
合法性
参与
渗透
分配
效果层次模式
定位模式

交际功能模式
社会运动模式
煽动和控制模式
创新扩散模式
链接
幻想主题

符号融合理论
幻想主题分析
幻想链
修辞视野
实用（或实践）
　的层次
正当（或原则性强）
　的层次
社交（或互动）的
　层次

道德伦理准则的应用

迅速发展的利用传播攻势的说服——无论是用于产品、人物，还是观念/意识形态的传播，就是所谓的"隐身营销"或者"口碑营销"。它们基于古老的格言，即最好的广告是口口相传的广告，是对越来越多的消费者、投票人和参与者对于传统广告的怀疑以及用跳过和暂停技术来回避电视广告的回应。蜂鸣营销（Buzz Marketing）雇用人们致力于"口口相传的广而告之，而且潜在的消费者感觉不到这些人是因为得到了报酬才说这些被宣传的产品/品牌、人物或事业的优点的"（Ahuja，2005）。最容易受这种方法影响的一个市场领域是青少年市场，而且被雇用的"口碑的代理者"通常也都是13岁到19岁的青少年。除了推广品牌或服务之外，这些代理人也通过向他们的传播对象询问有关对竞争对手的看法、喜好等问题来进行市场调查。有时他们会向传播对象赠送免费样品。宝洁公司的一家子公司颤动（Tremor）公司雇用了超过28万名这样的代理人。这些代理人的父母事先会被告知，他们的幸运的孩子被选中加入颤动劲旅（Tremor Crew），从而会对其家庭和朋友产生影响，并且与此同时也会得到报酬。Tremor 公司在丰田 Matrix、可口可乐、封面女郎（Cover Girl）彩妆，以及诸如《我的盛大希腊婚礼》（*My Big Fat Greek Wedding*）等电影的营销上大获成功。这种"诚实的欺骗"（Ahuja，2005）的营销有什么道德方面的问题？有争议的问题是什么？如果消费者不知道公司为传播这些口碑支付了报酬，那么这样的做法是否公平？如果你被邀请加入颤动劲旅，你是否会参加？为什么会或者为什么不会？

进一步思考的问题

1. 分别选择最近的一个产品、人物和观念/意识形态的传播攻势。它们的目标、战略和战术是什么?
2. 请定义耶鲁的发展型模式中的各个术语。你是否可以从一个杂志或报纸的传播攻势中找到前三个阶段的例子?
3. 在煽动和控制模式中,当我们为某个特定的候选人投赞成票或反对票的时候,体现的是传播攻势或运动的哪个阶段?为什么?
4. 你所使用的产品、申请某个职位的候选人、需要你在行动或资金上支持的观念的传播攻势、寻求皈依者的大规模运动都在使用哪些定位方法?
5. 请找出一场或者是正在进行或者似乎将要展开的社会运动。使用社会运动模式及煽动和控制模式追踪它的发展。哪一种模式能够最准确地描述所发生的事情?
6. 使用玻曼的符号融合理论解释问题5中所选定的社会运动。哪一种方法最以消息为导向?哪一种最以受众为导向的?
7. 哪种层次或理念最适合你:是实用主义的、正当的,还是社交的?你是如何知道这一点的?
8. 请找出十年前使得某个产品大受欢迎的传播攻势中的幻想类型。它们和今天的以产品为中心的传播攻势中的幻想类型类似吗?
9. 使用创新扩散模式研究新产品是如何在市场中发展的。

有关在线活动,请浏览这本书的对应网站:

http://communication.wadsworth.com/larson 11

第十二章　成为一个说服者

受众分析：了解你的受众
受众的人口统计学数据
　　确定受众的需求
组织的形式
　　围绕主题进行组织
　　围绕空间进行组织
　　按照时间顺序进行组织
　　以固定问题进行组织
　　以激励顺序进行组织
　　兰克的欲望刺激模型
论据的形式
　　统计数据论据
　　故事和趣闻轶事
　　他人的证言
　　视觉证据
　　比较和对比
构建可信度
　　信任
　　专业性
　　活力
遣词造句
　　丰富的词汇
　　修辞手法、头韵和半谐音
　　生动的语言
　　简洁的语言
　　排比结构
　　意象
　　幽默
传递信息
　　说服者
　　渠道

第十二章 成为一个说服者

说服的常用手法
  得寸进尺法和以退为进法
  是的—是的
  询问"是哪一个"而不是"如果"
  以问题应对问题
  部分承诺
  植入
  我欠你
回顾和小结
关键术语
道德伦理准则的应用
进一步思考的问题

学习目标

在阅读这章之后，你应该能够：
1. 分析一群假定的受众的人口统计学特征，并确定他们的需求。
2. 以空间、主题和时间顺序组织同样的演讲内容。
3. 使用激励顺序模式发表一场演讲，展示良好的演讲技巧，使用有说服力的语言。
4. 解释你如何才能提高可信度。
5. 找出大众媒介中所使用的论据类型。
6. 解释传播渠道对说服效果的重要影响。

  到目前为止，我们已经围绕接收信息的技巧进行了论述——面对说服性信息，如何成为一个具有批判性的、负责任的和有伦理观念的消费者。但是，有的时候，我们必须成为说服者。好在我们可以应用我们作为被说服者时能使用的知识，来应对我们偶尔成为说服者时的情景。我们可以使用强化策略和弱化策略；我们可以使用过程、内容、文化和非言语假定来塑造我们的说服过程，同时，我们还可以应用关于伦理的知识。

  作为一个说服者，你在准备自己要传递的信息时，第一步是了解你的受众，塑造你的信息。在这一过程中，要考虑用何种方式组织信息、使用什么样的论据、以何种风格传递信息等问题，这些都是非常重要的。同时，你还要考虑如何传递信息，包括选择何种沟通方式、使用什么语调和姿势、如何与受众进行眼神接触等。最后，你还要了解一些说服技巧。在这整个过程中，你要问自己，所有这一切是否符合伦理标准（以第二章中理查德·约翰森提出的模型为标准）。有的时候，你要问自己的问题可能有关生活中更深远、更宏大的问题。比如："我所发表的具有说服力的演说是否会对听众的生活产生更积极或者消极的影响？我的演说会让这个世界变得更美好或者更糟糕？"

做一个符合伦理规范的说服者意味着你要成为社区的一分子,并且你所传递的信息有助于社区成员构筑更良好的关系。你的说服行为不能有损这个社区的利益。

受众分析:了解你的受众

我们可以确定地说,说服者对受众了解得再多也不为过。但是,要想说清楚怎么了解受众就没那么容易了。一个最好的办法是在说服的过程中仔细倾听受众,因为说服者要让自己的话有说服力。举例来说,为了让他人接受我的建议,我通常会使用叙述法和举例法。如果你想说服我,那你的话语里也必须有叙述和例子。我也会借助精心的可能性模式,观察受众的信息加工过程。在合适的场合,我会使用中心路线;在需要时,我希望受众使用枝节路线。

图 12.1 如果你打算在如图所示的非正式的场合发表演讲,你会如何做受众分析?

换句话说,你需要进行某种程度的**受众分析**(audience analysis),也就是说针对你的目标受众掌握尽可能多的信息——他们的年龄、专业、性别以及其他信息。研究这些受众,观察他们,倾听他们,分析他们说了什么和以什么方式说。当你的父母想要说服你时,他们是怎么做的?他们使用了什么证据?举例来说,有一些人,如果他们觉得自己能够决定事情如何发展变化,那么就会很容易被说服。对于这类人,你最好给他们提供一些选项,让他们做出选择。于是,他们便"拥有"了想法和创意。另一些人会非常乐于接受大多数人已经做出或者正在做出的相同或者相似的决定。畅销书作家罗伯特·希尔迪尼(2001)把这种施加影响的方式叫作"社会证据",即"我们判断一个行为或者决定是否正确,取决于他人做出了什么样的判断"(第 100 页)。

但是,如果一个说服者通过使用"社会证据"达到了目的,这是否符合伦理规范呢？这取决于事件的性质、所付出的成本，以及接受说服者建议的决定或者行动所能给说服者带来的潜在收益。作为被说服者（当意识到说服者在用"社会证据"来说服我们），我们尤其要问自己，是否仅仅因为别人做出了同样的决定，或者采取了同样的行动，我们就要效仿？有的时候大多数人是错误的，这时就需要我们另辟蹊径。于是，伦理问题就落脚在它应当落脚的地方——说服行为的接受者那里。说服者要有伦理意识，这是毫无疑问的，但遗憾的是，并非所有人都能做到这一点。我们需要时刻警惕，不被相似性带来的吸引力所迷惑，也就是说，不要仅仅因为别人和我们相似，就接受他们的建议。如果我们作为被说服者学会了识别符合伦理规范和不符合伦理规范的说服行为，那么当我们成为说服者的时候，就能更好地加以实践。

受众的人口统计学数据

当说服者面对的是大规模受众，他可以使用人口统计学数据分析这些受众。**人口统计学数据（demographics）** 用量化的数据描述人们的共同特征——喜好、厌烦之事、习惯，以及年龄、性别、受教育程度、宗教信仰（如果有的话）和收入。如果你订阅了《户外生活》（*Outdoor Life*）、《田野与溪流》（*Field and Stream*）、《体育画报》（*Sports Illustrated*）等杂志，那么你和那些订阅了《大西洋月刊》（*The Atlantic Monthly*）、《园艺学》、《有机花园》、《好胃口》（*Bon Appétit*）的人可能会有所不同。对于挑选户外服饰，你们可能都很在行。很有可能，你们都不喜欢摇滚乐或者电视音乐。你的社会关系（你加入的宗教组织、同业团体或者社区团体）是另外一个人口统计学指标。

有一些市场调查公司专注于做人口统计学方面的调查。在这些公司的数据库里、人口普查资料中、州政府部门的记录（如驾驶证或捕捞证）中、返回的保修卡上，以及其他许多类似的资源中，我们都被以人口统计学的方式进行了记录。如果那些想向你兜售东西的人可以获得关于你个人的全部信息，你会怎么想？对于政府、出版商还有其他人来说，提供你的信息是符合伦理规范的吗？

大部分人不会针对潜在受众进行非常深入的分析，但是，即使我们的时间和资源有限，我们仍然能做很多事情。假设你要在所在大学的体育委员会做一个报告。你希望委员会能够发布规定——学校的足球场馆在主场比赛期间要禁烟。这是一个有可能引起争议的建议，而且可能会导致一些意料之外的结果，比如校园范围内的禁烟活动。你需要了解委员会的成员有哪些、他们的职业是什么，以及他们住在哪里。他们过去的投票习惯和行为习惯是什么？他们过去使用过什么类型的基金？他们过去曾接受过什么样的变通方法？为什么？在公开记录——他们的演说、学生报纸的引语或者类似的材料中，你能很容易地发现他们的主要立场吗？在准备一个正式的说服性演说之前，你需要查找什么样的人口统计学信息？

你的演讲目标不同，关于受众的因素所发挥的作用也会非常不同。如果你想讨论针对退休金的收税计划，年龄是一个重要的因素；但如果你想讨论废物利用，年龄这个因素就不重要。如果你想讨论子宫颈癌的筛查问题,性别因素就非常重要,但如果是关于流感预防针,性别因素就不重要。收入水平、所属政治团体和其他许多因素在特定的话题中都会比在其他话题中更重要。体育委员会的成员有男学生,也有女学生,有教工,有运动员,有行政人员,还有校友。他们的背景各不相同,其中有一个人是体育办公室主任。关于你的受众,以下哪些信息是你希望了解的?

平均年龄。50岁以上的人和18岁以下的人所占的比例是否重要?很有可能。年长一些的人可能会认为这个建议不过又是一个空想家的头脑发热之举。年轻人则会把此举视为对学生权利的侵犯。

收入。他们很富有或者很贫困是否重要?也许不。但是鉴于吸烟已经变成一种昂贵的生活习惯,所以,也许是。

性别。委员会中有男有女,所以这个因素也许不重要。

宗教。这个因素你几乎可以忽略。但是,如果你的提议是希望委员会同意提供妊娠咨询,那么这个因素就很重要。

家庭规模。你的听众有两个或者五个孩子是否重要?很可能重要,因为大部分家长都会阻止孩子吸烟。

政治党派。在这个例子中,受众所属的政治团体这个因素可能没有什么影响,除非学校所在州正在积极推动通过禁烟条例。

职业。委员会成员的职业会影响他们的意见吗?很有可能。如果非学生成员是白领员工,他们会了解在工作场所,有一些人多么反感禁烟条例。一些人非常了解二手烟的危害,所以调查一下这些成员中有多少非吸烟者非常重要。

委员中有多少人吸烟或者曾经吸烟? 这是一个关键因素。吸烟者很反感别人告诉他们何时、在哪里能吸烟。曾经的吸烟者通常都会记得吸烟者带来的气味和混乱多么让人难以忍受,并且通常只要他们在场,就会反对他人吸烟。

互动区域 12.1　　交互式受众分析

我们都知道垃圾邮件。你有没有想过,为什么有的垃圾邮件发送者选中了你,而其他的人没有选中你?他们怎么会知道你会做何反应?如果你想了解如今受众分析已经发展到了多么细致的程度,可在这个搜索引擎——www.imediaconnection.com/search-results/中输入"audience analysis"(受众分析)这个关键词。当你想做受众分析的时候,你会如何使用类似的网站呢?

你该通过何种方式获取这些信息?也许,你可以设计并分发一个调查问卷,用于收集人口统计学数据,并附上一个问题,询问作答者的吸烟和饮食习惯。这当然需要花费大量时间。你觉得体育办公室主任会不会很焦虑,因为如果吸烟者抵制体育比赛,门票收入就会随之减少?毕竟,来这个体育馆看比赛的大部分人都是城里的居民,他们非常有可能是吸烟者。

你掌握了所需的关键的人口统计学数据之后，下一步就是要分析它们。你们学校公共关系部门的人会向你提供信息，告诉你委员会成员的住址。这是一种关于他们的收入和年龄的暗示。例如，有些学生住在兄弟会或者姐妹会提供的住所，还有一些人住在宿舍或者公寓，或者和自己的家人住在一起。那些不是学生身份的委员会成员可能住在城里，也可能要从郊区赶到城里上班。如果你得知委员会曾经多次拒绝过来自学生，而不是教员或者行政人员的提案，你就要了解下其中的原因。有的时候，在你打算开展说服工作之前，和受众群体中一两个有代表性的人聊聊，可以帮助你更好地了解这个群体。这个群体的特征会影响到你组织说服信息的方式。你认为在开始说服之前收集人口统计学信息是否是符合伦理的呢？你的理由是什么？

确定受众的需求

检验受众的标准很多，有的与情绪有关，有的与逻辑有关，有的与文化有关，还有的是非语言信息。为了确定**受众的需求（audience needs）**，我们可以做一些很复杂的分析。为了推广我们的建议，我们可以聚焦于以下观点：大学有责任保护学生、教职员工和来访者的健康。或者，我们可以强调，大学的决策者需要与时俱进，跟上社会和环境的变化。能够帮助我们说服他人的"热点事件"总是可以追溯到大部分人都熟悉的情绪、记忆和经历。

受众总是有一些共同的经历。每个人都会记得为了获取驾照而参加的第一次考试。我们大部分人都会记得第一次走进大学校园时的情景，那时我们不知道那些建筑物都是什么。这些记忆都是可以用来说服的积木。那么，对于委员会来说，相关的记忆会是什么呢？那些吸烟者或者曾经吸烟者会记得自己吸的第一支烟。那些曾经的吸烟者会记得戒烟是多么困难的事情。一些成员会记得在室外活动时，自己如何努力远离吸烟者。另一些人会想起来，他们为了躲避吸烟者，不得不换一个座位。当你想要说服某人的时候，不妨列出一个清单，内容是被说服者可能会有的经历，然后再来判断这些经历中有哪些和你的说服信息相关。

托尼·施瓦茨（Tony Shwartz, 1973）定义了有助于说服的"任务导向"（task-oriented）的方法，这一方法对于受众分析也很有用。要使用这个方法，你先问问自己你的目标和体育委员会的权限是否相符。你要努力了解受众——委员会、销售团队或者面试官——的情绪。他们最可能处于什么情绪状态？他们会很放松吗？他们会有疑虑吗？把这些因素都加以考虑，然后再设计你的说服信息。

当你了解了你的目标受众以及他们会对你的题目有什么想法时，你就可以开始组织信息了。人们更有可能记住结构完善的信息，所以你需要考虑如何应用各种组织信息的方法。

组织的形式

为了让信息给人留下深刻印象并且具有说服力,我们可以采取一系列方法。以下列举五种:(1) **主题型**(topic format);(2) **空间型**(space format);(3) **时间顺序型**(chronological format);(4) **固定问题型**(stock-issues format);(5) **激励顺序型**(motivated sequence format)。关于前三种类型,我们会使用如下例子:一个学生团体想让一个当红电影导演(校友)回到校园发表一个演讲,内容是电影制作业面临的挑战。这位演讲者愿意捐出他的酬金,用于学生们参加室外考察、国内学术会议以及职业体验日。

围绕主题进行组织

当你想传递的信息涉及几个主题或者问题时,围绕主题进行组织是最有用的。在电影导演那个例子中,学生团体可以使用的主题如下:

- 他声望很好而且成就卓著,因此应该请他回到校园发表演讲。
- 他会给学生们树立一个榜样。
- 这是一个了解他的最新电影的极好的机会。
- 学生们非常期待他能发表演讲。
- 他非常慷慨,愿意把酬金捐给所在院系的学生。
- 他来到校园,还能带来其他好处:增加学校的知名度,他的捐赠可以让学生获得更多的学习机会,他会给渴望成功的学生电影导演提供很多职业方面的建议。

通过呈现这些主题,并辅以必要的论据,你会让主管者感到无法拒绝你的要求。当你针对某项行动而打算呈现一些特定的理由时,围绕主题组织信息是一个很好的选择。

围绕空间进行组织

当你想把你的问题与全局进行比较时,这是一个不错的选择。在电影导演那个例子中,你可以比较一下邀请这位导演所需要的费用和其他组织邀请其他演讲者所要的费用。另一个学生团体打算邀请一位知名度不及这位导演的人士来做演讲,但他们要支付的费用却高出3倍。另外,邀请这位导演的花费只占本学期所有学生团体该用途的预算的5%。还有,你所在的学生组织只是该大学中二十多个同类组织中的一个,所以这笔花费是绝对合理的。在展示材料中,你可以画几个饼图。在其中一张饼图里,你可以把邀请这位导演的费用标注为"1/20",然后把饼图的其余部分标注为"邀请其他演讲者的费用"。在另一张饼图里,你可以展示你所花费的5%只占所有学生团体的总预算的一小部分。在所有上述例子中,你都是在利用空间进行组织。

按照时间顺序进行组织

有时,展现说服信息中的关键内容的最好办法是让听众按照时间顺序了解相关信息。比如说,你可以这样介绍那位导演的职业生涯:

(1) 1975 年,他成为我们系的学生,并上了第一堂关于媒介的课。

(2) 两年后,他转学到南加州大学电影学院。但是,对于他在我们系学到的关于电影制作的基础知识,他非常珍视。

(3) 一年之后,他作为独立的制片人拍摄了第一部影片。

(4) 第二年 6 月,这部影片放映了。在那个夏天,这部电影很受欢迎。它还吸引了第一笔投资,并带来了微薄的利润。

(5) 在几个电影节上,这部电影都被提及。之后,他和一家大型的电影工作室签了约,为其拍摄影片。

(6) 在接下来的几年,他拍摄的好几部电影都获利颇丰,他本人也多次斩获奖项。

(7) 在 1982 年,他拍摄了职业生涯中的第一部大片,并以此冲击奥斯卡最佳导演奖。

(8) 现在,他是好莱坞最著名的作家/制片人之一。

以固定问题进行组织

对于那些想要说服受众接受政策改变的演讲者来说,这种方式是最理想的。**固定问题(stock-issues)** 这个词指的是,当重要的政策改变要出现时,有三个最常见的问题必须加以阐释。这就好像音乐剧中的固定角色——恶棍、男主角、女主角、男主角的助手,等等。在任何时候,当我们讨论政策的改变时,都要讨论这些固定问题。这些固定问题是:**对改变的需求(need for change)**、**满足需求的方案(plan to solve the need)**,以及相关证据——**该方案能够满足需求(plan meets the need)**,并能解决你所提到的或已经意识到的问题。在政界、商界以及其他的关于政策制定的论坛上,我们经常看到固定问题被作为内容前提使用。

作为一个说服者,如果你希望推动一个政策改变,你首先需要做的是让受众意识到改变现状的需求有多么强烈。你负有**举证责任(burden of proof)**(作为受众,你同样要意识到固定问题的存在。无论何时,当你成为一场关于政策改变的演讲的受众,你都要弄清楚辩论的哪一方在力主改变。这会让你明白哪一方负有举证责任)。为了展示改变的需求,你可以描述目前存在的具体问题。你要提供具体的例子,以此证明受众正在经历某种痛苦、将要失去某种东西或者处于失去某种东西的危险之中。联系到第四章中提到的恐惧、不确定性和怀疑策略,你需要制造恐惧、不确定性和/或怀疑。你要把所有这些问题都归结于一个原因,并且说明,如果这个原因消失了或者被取代了,那么所有的问题也就烟消云散了。还是用上面那个例子,你需要说明,在学校的运动会上,我们需要保护观众,使他们免遭二手烟的侵袭和伤害。然后,针对现状提供一个可行的替代方案——你的计划或者新的政策。你的建议是在学校的所有体育场馆内禁烟。最后,你要说明这个方案如何满足了需求。一个方法是告诉大家在其他地方,这种做法很成功。很有可能,学校附近的一个场所就实行了禁烟令,而且效果显著。还有一种方法是以重要的历史事件作为例子。比如,你可以提到废除禁酒令,以及此举对经济大萧条期间的经济状况的提振作用。这就是在用历史事件作例子。第三个方法是引用专家的话来证明,如果实施了你所建议的方案,成功的希望会很大。

在使用固定问题格式的过程中的每一个阶段,你都有可能遇到反驳。在某些情况下,听众会公开进行反驳,比如说,如果你们在学生组织内部展开了一场此类辩论。如果你的演讲涉及所有三个基本问题——需求、计划以及计划如何满足需求,你就要做好准备接受挑战并要仔细考虑如何应对。你也可以在演讲之前就进行预测,想想受众可能会如何反驳你,并做好相应的准备。比如,你可以准备一些两面论证的信息,一面是反驳之词,一面是对反驳的驳斥。这样的话,那些反驳者就没有机会用他们的观点影响受众了。

以激励顺序进行组织

激励顺序的模式有点类似于基本问题的模式,它的提出者是传播学学者阿兰·梦露、道格拉斯·恩宁格和布鲁斯·格龙贝克(Alan Monroe, Douglas Ehninger, and Bruce Gronbeck, 1982)。这种方法要求说服者采用五个步骤来组织说服信息,并且让观众接受说服者的建议,同时最重要的是,立即采取行动。在销售、招聘、政治活动和很多其他场合,这种方法都是很有效的。

第一步,抓住观众的注意力。你的第一句话可以是一个问题、一个惊人的数据或者是一种恐惧诉求。或者,你也可以说一句引语、一个玩笑或者一则趣闻——与论题相关的一件小事或者一句俗语……其他方法包括在演讲一开始就做出一个重要的声明、讲一个小故事或者使用一个视频材料。受众可能会在情感层面或者用精心的可能性模式的枝节路线处理这些信息,不过你当然希望他们能够用中心路线处理这些信息。

你要做的第二步是使受众确信,他们正在失去某种东西,或者将要失去某种东西,或者无法得到某种东西。这就是关于需求的步骤(与基本问题模式类似)。第二步和第一步是紧密相连的。

第三步和第四步是关于视觉化和满意度的。这时,你需要给出例子、数据、证据或者其他形式的证明,以非常形象的方式让受众了解到如果他们接受了你的建议,生活会发生什么样的改变。举例来说,如果受众把学生贷款的一部分用于投资学生公寓,这将成为一笔很不错的储蓄。或者,你也可以从反面论述,指出如果他们不听从你的建议,会发生什么状况——他们没有把钱用于投资学生公寓,结果毕业的时候,要偿还高额的贷款利息,这将是一个沉重的负担。而且,刚毕业的学生没有任何工作经验。最重要的是,他们没有为自己预留一笔启动资金。循着这样的形象化的步骤,你可以提供建议以满足积极的需求并避免消极的后果。举例来说,你可以告诉受众,获得一笔学生贷款是多么容易,而以分期付款的方式偿还用于收益型不动产的贷款所需要的资金是多么少。

在最后一步,说服者需要以明确、具体和现实的方式说明究竟该如何做。演讲者的这一努力也许根本无法让受众改变对于相关论题的态度。要求受众做出态度改变和为态度改变提供充分的理由是两回事。况且,人的态度是易变的,你很难知道受众是否真的改变了态度。因此,你还不如干脆告诉他们具体该怎么做,这是一个更好的选择。比如,你可以告诉他们应该使用牙线以避免蛀牙,应该调低恒温器的档位以节约能源,应该让房地产变成最好的投资对象,应该在毕业的时候无债一身轻,同时还拥有一笔可观的启动资金,或者手握漂亮的成绩单。在一项调查研究中,调查者向一组成员提供了一个小册子,其中具体写明了省电的步骤,而没有向另一组成员提供。随后,在接下来的两周里,调查者查看了这两组成员所在家庭的电表。前者的用电量明显少于后者(Cantola, Syme, and Campbell, 1985)。如果你想让受众给他们选出的代表写信以表达诉求,那么最好你手里拿着现成的请愿书,人们可以在上面签字。或者,你可以公布这名代表的办公电话或者电邮地址,再提供一个电邮的范例。毕竟,打电话或者写邮件要比正式写信容易多了,尤其是你很有可能不知道具体的邮寄地址。

另一个与此有关的说服模式是 **AIDA 法**,这是几个词的首字母——注意力、兴趣、需求和行动(attention, interest, desire, action)。在这一方法中,如同在激励顺序法中一样,第一步是吸引受众的注意力,你可以使用之前提到的任何一种方法。在第二步,演讲者需要强化听众对演讲主题或者相关建议的兴趣。就像在激励顺序法中一样,这需要使用能够提升满意度或者形象化的方法。或者,说服者可以指出,已经有多少人使用了相关产品或者方法,并且认为非常有用,或者指出维持现状可能导致的问题。

一旦你吸引了受众的注意力,并且引起了他们的兴趣,下一个任务就是要制造需求,让他们去购买相关产品或服务,为某个候选人投票,或者接受你的建议。在与产品相关的演讲中,演讲者通常要向受众说明产品的质量或者产品提供的保证。比如,克莱斯勒公司在广告中宣称为汽车的前排座椅和车门安装了内置安全气囊。这一做法的益处是显而易见的——它能够在车祸中挽救生命。在行动这一步骤,克莱斯勒公司请消费者前往最近的一家克莱斯勒门店,以了解更多关于安全气囊的信息并试驾。

兰克的欲望刺激模型

我们在第一章介绍了休·兰克(1982)的强调策略和弱化策略。这一模型可用于制造需求,它由简单的四个部分组成。他设计这一模型不是用于组织演讲的,而是用于推销产品的。但是,这些方法和技巧可以用于说服以及我们此前谈过的组织演讲的任何形式。兰克说,说服者可以使用四种制造需求的方法(见图 12.2)。

首先,演讲者可以告诉受众,即使他们接受你的建议,也可以保留他们现有的某种好处。你要让他们有一种安全感和被保护感。但是,如果不接受你的建议,他们可能会失去某种东西。他把**"保留某种好处"**(keeping a good)的反面称为**"得到某种好处"**(getting a good)。政客经常会炫耀他们为自己的选区募集的资金,然后宣称,如果他们能够连任,这个好处就会继续存在。另外一个激励受众的方法是指出,尽管他们不会失去已经拥有的东西,他们却没有最好地利用它。你可以在网上发布一个关于

图 12.2　兰克用于制造受众需求的方法

买卖股票和互助基金的说明，或者更简单一点，一个关于杰里奥牌（Jell-O）免烘烤奶酪蛋糕的说明，这么做无须花费任何费用。如果受众没有尝试过新的产品，为他们提供相关信息可以刺激他们去购买。

刺激需求的第三种方法与**"避免某种坏处"**（avoiding a bad）有关，或者说避免某种让人不舒服的感觉。说服者要向听众保证，如果听众接受了他的建议，就可以避免某种坏处、除掉某种坏处或者从某种坏处中解放出来。第四种方法是**"去除某种坏处"**（getting rid of a bad）。比如，你一定很想让信用卡账单上的数字小一些。兰克把这些方法称作"预防"和"解脱"诉求。广告商经常会宣称，他们的产品能消除让人感到尴尬的口气、体味或者头屑，或者能够治愈头痛、胃灼热、脱发或者粉刺。这种"吓唬式销售法"也能用于非产品类的说服活动。例如，一个说服者可能会这样说：如果我们能够促成通过这项决议，我们就能继续保留音乐课和体育课，还有其他的很多课外活动。最近，校方反复向学生和家长表示，学校的建筑物非常安全，因为学校增加了防护措施和人力。这些措施的出台都是为了避免重演1999年科罗拉多州利特敦的惨案，并且显示校方是负责和守信的。

论据的形式

人们要想改变态度、信仰或者决定，需要有充足的理由。而能够促使人们采取行动，无疑需要更为强有力的论据。让我们来看一看，论据都有哪些类型，以及说服者该如何使用这些论据以推动受众改变态度或者采取行动。

统计数据论据

有时，最有效的论据是**统计数据论据**（statistical evidence）。比如，很多想买车的人十分看重的一个问题是汽车的油耗。在这种情况下，相比于一个汽车销售商向顾客保证一辆车是多么省油，美国环保局提供的数字无疑要可信得多。如果数字不复杂、容易理解,那么它的说服力是最强大的。当你决定使用数据的时候,切记要让数据清晰,并且提供一个参照点。比如,如果你想警示受众我们背负的国债有多么惊人,你就要使用数据。每个人,包括男人、女人和孩子,每年要背负因国债而产生的 1800 美元的利息,并且从每年 1 月 1 日到 3 月 15 日,每个普通的美国家庭要以缴税的形式承担这笔国债利息。

故事和趣闻轶事

在前文,我们论述过戏剧、故事和玩笑的力量。**故事(narratives)**的好处是,它能让例子变得栩栩如生、易于记忆和关联。我们听到过许多草根逆袭的故事,这些故事的力量可能比任何统计数字都要强大。我曾经讲过一个故事,是关于世界上最大的户外用品品牌卡贝拉(Cabela)的。我讲述了卡贝拉家族的成功以及他们生产的各类户外用品和一些零售店。20 世纪 50 年代,卡贝拉先生白手起家,他在日本以极低的价格购买了一批手绑式垂钓工具。他发布在报纸上的广告词是:"五副手绑式渔具——只要 0.25 美元。包邮!"之后,他得到了一些订单。但是,他的生意并不红火,直到有一天,他更改了广告词:"五副手绑式渔具——完全免费!!!邮费仅收取 0.25 美元。"从此,订单数量大增。我讲这个故事是要说服一些广告客户,让他们在广告中使用"免费"这个词。

他人的证言

有些说服者试图用自己的感受和意见来说服我们,对于这类人,我们总是持怀疑的态度。这就是为什么来自第三方的意见非常重要。当然,如果能引用专家的意见,那是最理想的。但有时普通人的意见也能发挥作用。用希尔迪尼的话说:"**证言(testimony)**是一种社会证据。"

视觉证据(visual evidence)

当你步入一家商场,看到一个销售员在推销食品加工机或者面条机,或者看到电视上在播放相应的视频时,你会感受到视觉证据的力量。有很多炊具产品选择通过电视做广告,也证实了这种展示方式的效力。罗恩·波佩尔(Ron Popeil)借助这种方式发了大财,一开始他推销的是便携式垂钓设备(Pocket Fisherman),然后是玻璃杯、开瓶器和其他一些让人意想不到的厨房用具。在这种展示方式中呈现的大部分信息都是以精心的可能性模式的枝节路线被处理的。在政治新闻报道和广告中也可能使用或者误用视觉说服的形式(Simons,2001)。你可能已经掌握了借助电脑内置的工具呈现视觉信息的方式,比如 PowerPoint。

当然,我们在介绍某种产品时,不太可能每次都把实物呈现给受众。说服者可以使用多种视觉证据(比如图表)来让受众理解相关问题。视觉图片要足够大,以便让每个人都能看到它。它们还要简单易懂,复杂的图表只会让受众一头雾水。比如,一个学生要做一个展示,内容是宣传由学生社团资助的牙买加之旅。他会在展示中使用旅行海报、关于当地美食的大幅图片、关于沙滩和热带植物的轮廓清晰的剪纸。他用这些材料来激发受众的兴趣,会非常有效。使用视觉证据也要注意限度。比如说,你想向受众说明如何抵挡一条狗的攻击。这时,你最好使用图片,而不必真的把一条狗带到课堂上,并假装让它发起攻击。在你的演示中,要学会使用图表和相关内容的宣传页。但是要注意,一定要等到演讲结束时再分发宣传页,否则受众的注意力就都被这些纸给吸引了,而无法继续专心听你讲话。

比较和对比(comparison and contrast)

有些时候,我们很难准确地论述一个问题。人们总是习惯于以单一的视角看待问题并得出并不准确的判断。比如,你打算把废弃的手机电池扔进垃圾箱,这个问题到底有多严重?相比于处理掉汽车的蓄电池或者手电的电池,扔掉手机电池的做法会更糟糕吗?这确实不太好说。这个时候,说服者要做的是通过比较或者对比的方法进行论述,比如比较废弃的手机电池造成的污染和废弃的手电电池造成的污染哪个更严重。再举一个例子。如果你告诉受众,石油输出国组织决定每天增加55万桶原油产量,他们可能并不会形成很深刻的理解。但是,如果你这样说——相比于原来的生产水平,现在的产量增加了20%,效果就好多了。或者,你可以说,增加的产量将会使每加仑汽油的价格降低25美分。这样说的效果好于告诉他们原油的生产数量。在另一场演讲中,你可以对比新型的油电混合动力车的油耗里程和其他的节能型汽车的油耗里程。

构建可信度

如果听众不信任说服者,那么不管论据组织得多么有条理,演说多么精彩,都不会取得好的效果。如果我们要求老板给我们加薪,那么**可信度(credibility)**就是一个很重要的问题。为什么人们相信一些人,而不相信另一些人?我们如何在说服开始前和说服的过程中建立我们的可信度呢?

在第一章和其他地方,我们讨论过可信度的问题。我们提到了亚里士多德,他曾经论述过演讲者的信誉、演讲者的演说过程以及受众针对演讲者的形象做出的反应等内容。在当代,可信度已经被纳入了不同的观察维度。我们通常会把信誉等同于演讲者的专门技能。比如,在调查研究的过程中,我们让一些专家发表演讲,也让一些新手发表演讲,演讲的内容是相同的。结果是,受众通常认为专家的演讲更有说服力。演说的有效性还与演讲者的真诚、活力和感召力有关。如果演讲者不能和受众进行目光交流,通常得不到受众的信任。还有一个现象是,相比身材矮小的演讲者,受众更容易相信身材高大的演讲者。如果演讲者像个雕像似的站在讲台上一动不动,他的演说效果绝对比不上那些不停变换位置的人。激动人心的语言通常让演说内容更可信。衣冠楚楚的演讲者比不修边幅的演讲者更可信。所有这些似乎都是显而易见的,但是每一天,我们中的很多人,包括销售代表、政客、夫妻、教师、学生和家长都没有充分重视它们。下面是一些日常生活中的例子,其中包含着建立可信度所需要的元素。

信任

我们信任一个人会有很多理由——这个人在过去一直是可信的,因为他们总是进行直接的目光交流,因为他们的声音很平稳。我们也会使用很多方法让他人**信任**(trust)我们。我们与受众进行目光交流;我们努力让自己听上去很真诚;我们提醒受众自己一直是一个被人信任的人;我们还会提及我们曾经面对的对我们的可信度的考验。比如,你可以提醒你的老板,有很多次在她出差期间,你是可以偷懒的,但是你没有。你可以提醒你的父母,有很多次你有机会去参加聚会,但是你选择了复习功课。所有这些方法都有助于建立可信度。

专业性

我们怎么才能判断一个人到底是不是一个领域的专家呢?通常,我们会考察此人过去展现出的**专业性**(expertise)。如果一个人过去在兄弟会或者姐妹会担任过会计并且很称职,那么他(她)很有可能胜任学生会的会计一职。你也可以通过做充分的准备或展示对于话题的知识来证明你的专业性。在演讲结束后,你积极参与问答环节,也是展示专业性的一种方式。即使针对某个特定的话题你没有直接的专业性,你也可以通过引用其他知名的专家来"借用"这一专业性。如果你在演讲中能指明引语的来源,这会非常有用并且也是符合伦理规范的。这样一来,受众也可以判断相关言论的可信度。

活力

活力(dynamism)这个特质有点儿让人难以捉摸。有的时候,它和外表紧密相关,因为长相好看的人通常要比长相普通的人更能引人注意。个人魅力或者吸引力这件事不是在短期内能够改变的。然而,有些人长相并不出众,却也充满活力,颇具说服力。有活力的演讲者似乎有一种超人的能力,他们拥有舞台存在感。有很多方式可以帮助你塑造一个充满活力的舞台形象。一种方式是让你的演讲带有权威感——调整你的声音、保持合适的音量、选择有力量的词语。在演讲的过程中,你的语速要比日常对话快一些。优雅的姿态和整洁的仪容同恰当的面部表情和目光接触一样,也有助于增强活力。

遣词造句

文采飞扬的演讲和激动人心的语言完胜枯燥无味的说教。说服者该使用什么样的形式发表演说呢?有的演讲、广告或者说服活动让人念念不忘,有的则被迅速遗忘。是什么因素造成了这样的结果?

丰富的词汇

我们大多数人都需要扩充词汇量。你最好重写你的演讲词,使用更多的词汇,让演讲词更生动,更鲜活,更激动人心,更有幽默感。你最好学学怎么使用双关语,这一招能吸引受众的注意力并赢得他们的好感。研究一下伟大的演说家的修辞法。要多注意政客们在政府新闻稿里通常会使用什么样的语言,以及在广告中会使用什么样的语言。争取每天学会一个新词,同时,别忘了使用电脑中的同义词词典。

修辞手法、头韵和半谐音

你可以通过在恰当的时候使用合适的**修辞法(figures of speech)**来强化你的演讲风格。我们在第五章和第六章谈到了这些内容。明喻和暗喻能让你的观点栩栩如生。受众会把你所传递的信息和你使用的修辞结构联系在一起,并由此更好地记住这些信息。头韵——辅音的重复,以及半谐音——元音的重复也能让演讲变得生动活泼。这两种方法都能在信息中生成一种韵律,让信息变得生动和难忘。

生动的语言

选择**生动的语言(vivid language)**来抓住受众的兴趣。虽然在生动性方面,演讲者可能会做过头,但更常见的情况是,他们常常忽视了这一点,以至于让演讲变得枯燥和无趣。下面两段话哪段更生动?

> 你对碱渍鱼的描述,让我感到反胃。
> 它其实和橡胶不一样!

> 碱渍鱼,对于没见过什么世面的人来说,可能确实是一种"看上去像橡胶,甚至让人感到恶心的传统食品",但是如果你接受了它,我敢说,你会觉得它是这个世界上最让人无法抗拒的美味珍馐。

生动的、多彩的语言,让你的说服性演讲效力倍增、值得回忆。扩充词汇量可以让你的语言更加生动且具有说服力。你要熟悉一些名人名言。你可以在互联网的搜索引擎上按照主题分类寻找这些引语。你只要输入"名人名言"这几个字,就能找到你所需要的材料。还有一些网站专门分门别类地列出了这些引语。

简洁的语言

仔细审阅你的演讲词,然后假设你要用这些词语发电报,每个字需要付费50美分。然后看一看,你可以裁剪掉多少冗余的材料。通过这种方法,你就获得了**简洁的语言(concise language)**。直白的话语通常更有效力。把你的主要论点变成一句简洁的断言,或者把它变成一个引人深思的问题。然后,再进行仔细推敲。如果你想在开场白中把所有的事情都交代清楚,那你只会让受众困惑不解。使用简洁的语言也会帮助你建立可信度,并改善你的演讲结构。

排比结构

为了使演讲让人难忘,我们会使用**排比结构**(parallel structure)。它使用相似或者完全一样的措辞或者句子结构。例如,在面向美国退伍军人协会发表的一场演讲中,美国前总统比尔·克林顿这样说:"你们长期以来所做的贡献让包括我在内的美国人受益良多。从棒球运动到童子军,从开办退伍军人医院到保护孩子远离毒品,从为无家可归者提供庇护到阻止虐待儿童,再到在新一代美国人的心灵中注入深厚的爱国主义精神,整个国家都对你们深怀感激。"他重复使用"从……到……"这个句型,这样,演讲中就出现了排比结构和对称。排比结构的用意是塑造观众的期待感。比如,西塞罗曾经说:"不要问你的国家能为你做些什么,而是问问你能为你的国家做些什么。"1960年,约翰·肯迪尼总统在就职演说中使用了几乎一模一样的句子。

意象

意象(imagery)诉诸我们的感觉。也许你在演讲中无法让受众在嗅觉、味觉、触觉、视觉和听觉的层面上体验某种东西,但是你可以使用语言制造出这些感觉。比如,你可以说:"这是一个高高的、凉凉的玻璃杯,里面盛满冰镇啤酒,杯子的外壁正往下滴水"或者"妈妈做的红烧肉,香味四溢,浓浓的肉汁散发的香气让人禁不住流出口水"。一个著名的销售员曾经说过:"不要想着卖牛排,你要卖的是煎牛排的嗞嗞声。"你要想办法激起受众的感官体验。你可以进行这样的训练——拿来一样东西,从感官体验的角度出发,重新描述它的特征。比如说,金宝汤(Campbell Soup)的广告词是:"嗯,嗯,不错。"如果你用感官体验来描述,你可以写出怎样的广告词?

幽默

如果你能在演讲中恰到好处地使用**幽默**(humor),一定能形成独有的风格,同时能帮你塑造可信度。但是,这里有一个警告:如果一个说服者使用幽默的方式不恰当,比如品位很低,或者毫无可笑之处,那么可能会收到适得其反的效果。如果你打算在演讲中使用幽默的话语,那么先拿你的亲戚和朋友练练手。你该怎么找到幽默的例子、对比、趣闻轶事或者故事呢?经常发表公共演讲的人会储备丰富的幽默材料,他们可以用这些材料来润色他们的演讲。当他们为演讲准备素材的时候,往往能够从材料中发现幽默之处。如果你怎么也记不住一个故事或者笑话,那么你就准备一个文件夹,专门用于收集故事、笑话或者幽默的话语。当你需要相关材料时,你就可以求助于这个文件夹。深夜的电视节目、日报、《读者文摘》和爱开玩笑的朋友都会为你提供丰富的笑话素材。还有,别忘了互联网。输入你的主题和"笑话"这个词就行了。这样,你就能发表一个成功的、引人入胜的演讲了。你还可以展现视觉幽默,比如展示卡通画,或者使用 PowerPoint。

传递信息

通常,我们认为演讲只和演讲内容与演讲者有关。但是,还有其他一些因素也会影响你传递信息的过程,比如受众参与演讲的渠道和方式。说服者经常会忽视这些因素。在接下来的部分,我们就来考察这些因素。

说服者

在演讲之前和演讲的过程中,演讲者通常会对以下问题格外关注:姿势、目光接触、肢体动作和手势、发音、衣着、修饰和音质。其他演讲者能控制的因素还包括视觉辅助工具和其他的非言语暗示。有一些演讲者极度紧张,他们不受控制地来回踱步。一旦他们真的停下了,他们就会僵硬地站着,仿佛马上就要凝成一座雕像。还有一些演讲者太放松了,他们看上去对自己的论题毫无兴趣。他们懒洋洋地靠在演讲台上或者在会面的过程中滑进椅子里。图 12.3 中的演讲者的姿势暗示了什么?

图 12.3　在传递说服性信息的过程中,演讲者的姿势非常重要。在这样一个正式的场合,你觉得这位演讲者的姿势是否合适?

显而易见,演讲者的姿势可以告诉受众他是紧张还是放松。注意观察不同的场景——面试、演讲、辩论中的说服者,你会发现,成功的演讲者不会走极端。理想的姿势介于过于紧张和过于放松之间。你应该站得笔直,处于警觉状态,你的肩膀不应僵硬或者下垂。你的姿势应该传达出你的自信。

如果你能和受众进行目光交流,你就会更加可信。你不需要和每一个人进行目光交流(除非你的受众只有一个人)。你的目光应该扫到室内的每一个角落。政客接受采访时会直接盯着电视摄像机,这样一来他就和每一个电视观众进行了目光交流。在开会的时候,争取和尽可能多的人进行目光交流。

肢体动作和手势能让演讲变得灵动,当然前提条件是它们不会分散受众的注意力。在演讲中使用手势有助于保持受众的注意力。但是,如果你在演讲之前反复演练手势、肢体动作和面部表情是不恰当的。这些非语言要素应该是自然出现的,而不是僵化的。我们每天都会使用手势,但是从来没有刻意去想该怎么使用。不管在正式场合,还是在日常交往中,让一种自然的力量来引导你使用手势。没有什么比一个自然的手势、动作或者面部表情更有助于增强你的演说的表现力(Scheflen, 1964)。

发音和音质也会影响信息的传递。我们都曾听到过别人读错音。如果演讲者发错了音,受众的注意力就会专注于这个错误,而不是演讲所要传递的信息。成功的演讲者会反复练习发音的清晰度、准确性,并努力改善音质。为你的演讲录音,然后仔细听录音,这样做可以让你发现自己的发音错误,也可以了解自己的音质。一些人,尤其是女性,往往认为呼吸声或者"尖细"的声音会让她们听起来更性感,但事实却恰恰相反。如果你想说服他人,那么多花些时间改善你的发音。

渠道

选择一个正确的渠道来传递信息也是一件重要的事情。我曾经参与一场乡村选区的美国众议院议员的选战。候选人把他们的大部分财力都投放在户外广告牌上。在如今这个媒体高度发达的年代,这确实有点让人吃惊。然而,实际情况是,这个选区范围广大,跨越了几乎半个州的面积,因此没有一家电视网能够覆盖全部选区。如果想选用电视媒介做一条广告,那么比起户外广告牌,所花的费用要高出两倍。另一方面,由于这个选区面积广大,人们不得不驾车去购物、做生意、社交、做礼拜和经营农场事务。于是,广告牌实际上成为唯一能够接触到几乎所有选民的渠道。

近年来,总统们回归收音机,来发表每周固定的说服性演说。为什么对于政治性说服活动来说,广播是一个合适的渠道呢?据估计,美国人平均每天听广播四个小时,并且超过一半的人会在工作期间收听广播,尤其是女性(Russell and Lane, 1999)。人们在听广播的时候还可以做别的事情,比如开车、读书、通勤、进行体育锻炼,等等。广播是一种相对便宜的日间媒介,政客们选用这一媒介就可以以一个合理的价格接触到通过别的媒介接触不到的受众。有线电视也有相似的优势——较高的到达率和较低的价格。

在个人生活方面,想想你该以何种方式告诉你的老板,如果他不给你加薪或者升职,你就打算跳槽。也许,从侧面打听消息是一个最好的选择,或者你可以直接把你的想法写在便条上,或者让老板给你写一封推荐信,这样总好过她在毫无准备的情况下接到另一个公司的电话——对方想要了解你的情况。总之,你首先要做的事情是把所有可能使用的渠道都罗列出来。然后,努力把这些渠道与你的受众进行匹配。如果你的受众明显偏爱其中的一个渠道,那么也许这就是那个最好的选择。

有的时候,演讲者会鼓励受众参与,这样能够调动观众的积极性。你可以直接要求他们参与或者点名。或者你只说半句话,把后半句留给观众说。一个演讲者是这样让受众参与的:在演讲开始之前,他让所有人起立。然后,他让观众感受脚、踝关节、小腿和大腿的肌肉运动,同时,引入他的演讲题目——在工作中,我们要强化沟通意识。有一点一定要注意:在演讲结束之前,不要分发任何材料。如果你这么做了,受众立刻就会开始阅读,你也就随之失去了他们的注意力。

互动区域 12.2　公共演讲中的族群多样性问题

雷诺拉·比林斯-哈里斯(Lenora Billings-Harris)是世界知名的公共演说家。她和世界500强公司共事,研究族群多样性问题。针对公共演讲者对多样性的关注,她提供了如下建议。首先,慎重选择你所使用的语言。一个糟糕的用词会立刻置你于不利的境地。比如说,如果你用这样的开场白"嘿,兄弟们……",而台下的受众有男有女,那么一些人就会不高兴。如果你用手指向白板上的文字,受众中的菲律宾人会觉得受到了冒犯,把文字读出来就好了。在演讲之前,先调查你的受众。谁会来听演讲?使用幽默的时候要谨慎,即使是自嘲性质的幽默。不管在什么情况下,尽量使用人名,尤其是在问答环节。不要这样称呼某个听众——"后排那个高个子小伙子"。如果你谈到了民族问题,一定要注意你的措辞。一些拉丁美洲人的后裔讨厌被称作"来自西班牙语国家的人",因为这个词把古巴人、墨西哥人、拉丁美洲人、南美洲人和波多黎各人混为一谈(这个词是几十年前美国人口统计局的官员发明的,用来指称只说西班牙语的人)。规避这个问题的一个办法是使用"某某裔美国人"这样的说法。还有一个与此类似的词是"东方人"(Oriental),这个词很容易让人联想到东方地毯、东方饮食或者某种类型的东方家具。当你提到人的时候,请使用"亚洲人"(Asian)这个词。如果受众中有人使用了某个含义不明的词,不要引起人们对这个词的注意,除非它真的具有冒犯性。你可以在演讲结束后单独和这个人谈论这个问题。如果这个词具有高度的冒犯性,那么你可以这样说,"大部分人认为这一用法很不敬,你使用这个词会影响你的可信度"。比林斯-哈里斯指出了一些具有潜在冒犯性的用法,并且提供了合适的替换词。使用"被排斥者"(outcasts)这个词,而不要使用"害群之马"(black sheep)这个词。提到职业的时候,不要显示出性别,比如在提到邮递员的时候,使用"postal workers"这个词,而不要使用"postmen"这个词。你能想到其他类似的例子吗?

说服的常用手法

有一些说服策略经常被使用,在公共演讲和短期销售培训中,它们也被重点强调。让我们来看看其中一些最常用的策略。

得寸进尺法和以退为进法

罗伯特·希尔迪尼(2001)描述了几种说服策略,包括得寸进尺法和以退为进法。

得寸进尺法（foot-in-the-door） 指的是，让一个潜在的顾客、会员、捐赠者或皈依者做一个很小的承诺。但这只是一个长期关系的开始，这个小承诺最后会演变为可观的购买量以及较大的贡献或者承诺。举个例子。前一段时间，我在一份来自市民公共设施理事会（Citizens' Utility Board, CUB）的请愿书上签了字。该理事会承诺，会利用这份请愿书阻止伊利诺伊州的公共服务部门——爱迪生电力公司、美国电话公司以及燃气公司等发起的涨价活动。此后不久，我收到了一份简报，上面说市民公共设施理事会已经阻止了一家公司想要涨价15%的计划。但是这场战斗并没有结束，因为这些公司开始了申诉。简报询问我能否捐赠50美元、25美元，甚至10美元，以便让这场斗争继续下去？于是，我捐赠了10美元。很快，市民公共设施理事会又发来一份简报，告诉我他们取得了又一场胜利。但同时提醒说，又有其他的公共服务公司在起诉市民公共设施理事会。他们希望我能够成为定期缴纳会费的正式会员，会费只有25美元。我在请愿书上的签字只是迈进了门槛的一只脚，我此后便不断地收到捐赠请求。

在零售业，使用这项技巧意味着你可以让一个潜在的零售商先购买产品线中的一样产品。零售商的这个承诺就成了迈入门槛的第一只脚，他最终可能会同意购买整条产品线的产品。正如希尔迪尼指出的那样："你可以用小承诺操纵一个人的自我形象"；你可以把普通市民变成"公务员"；潜在客户变成真正的"客户"；囚犯变成"合作者"（第67页）。希尔迪尼还告诉我们大名鼎鼎的美国安利公司（Amway Corporation）是如何应用这项技巧的。公司要求员工为自己设定一个明确的销售目标，并把这个目标写下来："如果你把某样事情写下来，就会发生某些奇妙的变化。所以，设定一个目标并把它写下来。当你实现了这个目标，设定下一个目标，同样要写下来。这样，你就奔跑在成功的路上了。"（第71页）写下来的承诺会转化为动力和行动。

以退为进法（door-in-the-face） 的意思是，当一个说服者试图说服别人去完成一个大目标而被拒绝时，他会退而求其次，只要求别人去完成一个小目标。或者使用希尔迪尼所谓的**拒绝然后撤退（rejection-then-retreat）** 策略。换句话说，如果一个销售员想说服一个潜在客户购买顶级配置的产品而遭到了拒绝，他或她就会转入撤退状态，转而说服该客户购买较低级别配置的产品。希尔迪尼认为这一方法之所以有效是因为在客户、会员或者捐赠者这一方会产生一种责任感和满足感。客户这一方同意做出较低水平的承诺时，会感到是自己在掌控局面，并促成了最终的交易。这种满足感会让他们对自己做出的决定感到高兴。一个与此相关的说服方法是在你退到了一个妥协的位置后"继续销售"。比如，如果你刚签订了一份购买新车的合同，一个优秀的销售员会继续向你推荐其他东西——防锈涂层、隔音装置、延长保修期、装饰面料防护层，等等。

还有其他一些学者也介绍了其他相似的说服策略，只不过名称略有不同。以下的一些策略是威廉·豪威尔和厄内斯特·玻曼（1988）提出的。这些策略可能会和我们之前讨论过的技巧有重合之处。你可以查看一下你周围的情况，找到适合这些策略的例子。

是的—是的

是的—是的（yes-yes）技巧是销售行业和说服活动中的常用策略。说服者诱导目标群体或者个人用"是的"来回答自己的一系列问题,但把最重要的诉求留到最后。既然被说服者已经对之前的一系列问题表示赞同,那么他很有可能会同意最终那个核心要求。比如说,你想提供一项修剪草坪的服务。你可能会这样问房主:"你一定想拥有一个漂亮的草坪,对吗?"答案很有可能是"是的"。然后你接着发问:"你一定想把杂草都清理掉,是不是?"答案一定也是肯定的。"如果有人能帮你做这些事情,是不是很好呢?"同样,房主很可能会点头。既然这个房主对你所提的这些问题都表示赞同,那么对于你接下来的这个问题,他就几乎不太可能拒绝了:"我们就提供这项服务,要不要签个服务合同?"房主接受了你的说服策略,因此也接受了你最终的要求。

这项技巧在会谈中也同样适用。比如说,你打算说服与会者同意调整作息时间。他们会同意作息时间表有一定的灵活性是好的,会同意给工人更多的休息时间是好的,等等。最终,他们会同意调整作息时间也是一个好的选择。

询问"是哪一个"而不是"如果"

如果让你在两样东西中挑一样,会比让你在很多东西中挑一样容易得多。这就是**询问"是哪一个"而不是"如果"**(don't ask if, ask which)这条策略背后的道理。作为一个小孩的家长,我可知道星期六早上最糟糕的问题是什么,那就是:"你想让爸爸给你做什么早餐?"你最好这么说:"今天早上你想吃什么——爸爸做的蓝莓煎饼还是爸爸做的蓝莓咖啡蛋糕?"在说服活动中,这个道理同样适用。不要给你的受众太多的选项,要尽量压缩选项,或者干脆只给两个选项——"我们给您的爱车底盘加上防锈层,还是别的地方?""您想这周看看销售方案还是下一周?""你想要大炮还是黄油?"这个策略操纵性很强,因此有人会以不道德的方式使用它。但是,它具有明显的优点和价值——当购买者、投票者或者其他人顽固地拒绝做出决定或采取行动时,这一策略能迫使他们做出决定或采取行动。

以问题应对问题

有的人会用问题来应对别人的请求,这么做能使对方放松警惕。比如说,如果有人问你:"您要不要签个合同,让我们来帮您修剪草坪?"你可以这样回答:"你为什么认为我需要修剪草坪呢?"或者"你为什么会这么想?"以一个问题来应答,或者要求对方重复他们的问题或者详细解释他们的问题,都会为你提供思考的时间。**以问题应对问题**(answering a question with a question)就是把球踢给对方。有的时候人们质疑你,是因为他们怀疑你或者想激怒你。这个时候如果你想扭转局面,就用问题来应对问题。假设有一个潜在的广告客户这样提问:"都有谁和你们合作过? 没准儿我能从他们那儿了解一些情况,然后再决定是否该和你们公司合作。"一个好的回答应该是这样的:"我可以向您提供书面证明,以表明我们在这一领域处于领先地位。或者,我可以向您提供一些当地企业的名称和电话号码,这些企业和您的企业略有不同。或者,这两样事情我都能做。您更希望我怎么做?"

部分承诺

部分承诺(partial commitment)策略类似于以退为进法或者"拒绝然后撤退"法。

但是，不同之处在于，部分承诺法通过行动，而不是语言，引导潜在客户接受最终的要求。一旦你做出了部分承诺，你就很有可能会做出完整的承诺。布道者在布道时，经常会压低声音，要求帐篷或者教堂里的人低下头、闭上眼，开始祈祷。通过这种方式，他得到了受众的部分承诺。然后，布道者请求上帝进入每个人的心灵，并要求那些希望上帝走进他们的生活的人举起手。最后的要求可能是，"那些举手的人请走到前面来，你们将得到救赎"。

我们也可以在其他地方看到这种策略。使用一个试用装产品，就如同剪下一张优惠券，都代表部分承诺。一个聪明的汽车销售员不会要求你立刻签订购买合同。他或她会建议你先到处转转，看看有没有什么吸引你的东西，然后建议你试驾。如果你答应到处转转，你就已经做出了部分承诺。如果你答应试驾，那离最终签订购买合同就很近了。

当然，其他类型的承诺也可用于说服。如果有一个政客要求你签署一份请愿书，内容是把他或她的名字加在选票上，并且你同意了这个要求，那么，你就对这个政客做出了部分承诺。在市场营销方面，一个吸引潜在客户的最好办法是抽奖活动。任何人，只要他参与了抽奖活动，他就已经做出了部分承诺，因此也就成了一个潜在客户，需要销售人员持续跟踪。

植入

如果你传递的信息中含有感官材料，人们就更容易记住。**植入（planting）**法调动五种感官中的一种或多种，以此打开受众的记忆世界的大门，让他们更好地感受一种产品、一个想法或者一个候选人。这种记忆一定是以信息处理模式的枝节路线被处理的。

餐厅的广告总是诉诸人们的多种感官，而非仅仅是味觉。广告说田园沙拉是"松脆的、酥酥的"，以此调动人们的触觉感受。广告还描述"烧烤架上的热牛排发出嗞嗞的声响"，以此调动人们的听觉感受。"浓浓的红色番茄酱"诉诸人们的视觉，"大蒜和香料热腾腾的香气"诉诸人们的味觉。

查明（Charmin）卫生纸的电视广告可谓经典，因为它成功地唤起了人们的触觉感受。在广告里，查明卫生纸超级柔软，以至于一个叫作惠普尔的杂货店老板总是习惯于把一整袋卫生纸捏来揉去。当然，他这么做的时候，总是以为没人会注意到（其实不然）。在一则轿车广告中，车主重重地关上车门，受众会听到那结实的声响，然后立刻会想起自己那辆高龄的老爷车，并把这两种关门声在头脑里进行对比。通过把感官体验植入受众的头脑，说服会更成功，受众对信息的记忆会更清晰，更长久。

我欠你

"我欠你"技巧（IOU technique）有的时候也被称作互惠策略。它让听众产生一种对演讲者有所亏欠的感觉。举例来说，一个保险销售员可能会花上几个小时的时间来做一个复杂的关于资产和债务的分析，以此来证明潜在的用户（一对夫妻）需要购买更多的保险。这个销售员接下来又花了几个小时来向这对夫妻中的一方解释具体的数字,然后还很有可能带他们出去吃午餐或者晚餐。在被如此盛情地招待之后,这对夫妻会感到他们真的需要买点保险,即使他们可能并不需要这些保险或者无力负担。这就是"我欠你"策略的作用,也就是销售员的努力发挥了作用。

希尔迪尼(2001)观察了这一策略在多种文化中发挥作用的情况,并且指出,人们普遍拥有互惠心理,这一策略的适用性超越了"巨大的文化差异、遥远的距离、严重的饥荒、漫长的时间和个人利益"(第21页)。说服者也觉得这一策略很有用,尤其是当他们难以接近购买者、选民或者会员的时候。你可以向你的受众提供免费的样品或者提供各种帮助,以此让他们觉得对你有所亏欠。而作为受众的一员,你要想到"天下没有免费的午餐"。

回顾和小结

我们每个人都会在某个时刻进行说服。为了让我们的说服活动更有效,我们需要在设计说服模式之前分析受众。我们必须考虑使用哪种说服模式和哪种语言最有说服力。我们还要控制信息传递过程中的其他因素。我们需要使用一些源因素——肢体动作、目光接触和服饰来增强说服力。我们也要重视渠道因素。我们可以通过使用接收者方面的因素来让目标群体主动参与说服活动。当你准备开始说服的时候,使用这些技巧吧!以受众为导向的说服方法会教你重视受众分析和人口统计学数据。是的,我们要倾听我们的受众。

关键术语

受众分析	AIDA法	修辞法
人口统计学数据	保留某种好处	生动的语言
受众的需求	得到某种好处	简洁的语言
主题型	避免某种坏处	排比结构
空间型	去除某种坏处	意象
时间顺序型	统计数据论据	幽默
固定问题型	故事	得寸进尺法
激励顺序型	证言	以退为进法
固定问题	视觉证据	拒绝然后撤退
对改变的需求	比较和对比	是的—是的
满足需求的方案	可信度	询问"是哪一个"而不是"如果"
方案能够满足需求	信任	以问题应对问题
举证责任	专业性	部分承诺
激励顺序	活力	植入
		"我欠你"技巧

道德伦理准则的应用

在你选修的公共演讲课上,有一个同学发表了一个演讲,其核心观点是,根据最新的《爱国者法案》,自由发表言论是有危险的。听完她的演讲后,你意识到这名同学的调查是不充分的,据此得出的结论也是不准确的。很明显,班上的其他同学对这个演讲非常感兴趣。你还知道,这名发表演讲的同学有舞台恐惧症,她能成功地发表这场演讲实在是非常不容易。在演讲结束后的问答环节,你有机会指出她的不严谨之处。你会保持沉默吗?同时在心里暗自祈祷这个演讲不会对其他同学产生不良的影响。或者你会在私下里找到她,告诉她她的调查很不充分,结论也很不严谨?或者,你会把相关情况汇报给教授公共演讲课的老师?

进一步思考的问题

1. 你班上的同学具有什么样的人口统计学特点?你会怎样对他们进行分类?你宿舍的同学呢?你所在的俱乐部的成员呢?
2. 什么是任务导向的信息?从广告中选取几个例子,以展现说服者怎样成功地使用了这种技巧。然后,再找几个失败的例子。
3. 组织信息的方法有哪些?它们是如何以不同的方式支持论点的?要组织一条信息,还有什么别的办法?
4. AIDA 模式是指什么?它和激励顺序法有什么不同?
5. 兰克的创造需求的技巧是什么?这些技巧是怎么发挥作用的?
6. 影响一个演讲者的可信度的因素有哪些?举一个拥有高可信度的演讲者的例子。再举几个广告方面的例子,每个因素对应一则广告。
7. 幽默如何能影响说服过程?举几个演讲者运用幽默手法的例子。运用这个方法的时候要考虑到受众吗?如何考虑?
8. 一个演讲者如何让受众更好地参与到演讲中来?你最近看到或者听到的相关例子有哪些?
9. 本章提到的论据类型和第八章讲过的论据类型有何区别?
10. 植入法是如何发挥作用的?"我欠你"法呢?

有关在线活动,请浏览这本书的对应网站:
http://communication.wadsworth.com/larson 11

第十三章　现代媒介和说服

媒介的革新
  口语
  书面文字
  印刷文字
  电子文字
  交互式电子文字
施瓦茨关于媒介使用的观点
  共鸣和经验意义
  文字脚本
  听觉脚本
  视觉脚本
麦克卢汉关于媒介使用的观点
  现代媒介革命
  热媒介
  冷媒介
使用与满足理论
议程设置
新闻操控和说服
  主要的新闻来源
  操控新闻的方法
因特网和说服
  信息权力结构的改变
  人们需要的信息
  没有地理边界、直接面向消费者的市场
  便利性大大增强
  迅速传递信息和资金
  因特网上的伦理问题
回顾和小结
关键术语
道德伦理准则的应用
进一步思考的问题

> **学习目标**

在阅读这章之后，你应该能够：
1. 理解由语言、文字、印刷文字、电子文字和交互式文字所带来的社会变化。
2. 说明交互式文字如何改变了全球社会。
3. 解释共鸣原则，以及它与施瓦茨所提出来的回想模式之间的关系。
4. 解释并举例说明施瓦茨所提出的"经验意义"。
5. 解释马歇尔·麦克卢汉所提出来的冷、热媒介的概念。
6. 解释并举例说明人们使用媒介的不同原因，并且讨论使用与满足理论。
7. 举例说明通过因特网可以便利地得到大量、类型繁多的信息。
8. 运用道德原则评判互联网传播。

随着口语的发展，其他的传播媒介也在发展。每一种媒介都让传播活动以及说服活动更容易进行，并抵达更远的受众。每一场媒介革命都深刻地改变了人类生活的范围和速度。

媒介的革新

在媒介发展史上，曾经发生过五场重要的革命。新登场的媒介和技术形塑并改变了这个世界以及我们看待世界的方式。这五场革命是：(1) 口语；(2) 书面文字；(3) 印刷文字；(4) 电子文字；(5) 交互式文字。

口语

人类历史上的第一场传播革命就是人类学会了说话和使用符号。就像莱德勒在第五章指出的那样，在学会使用语言之前，我们并不是真正的人类。在很多生活场景中，我们都能感受到人类对口语的敬畏。在宗教方面，犹太基督教的《创世纪》里几乎所有有创造性的活动，都是借助上帝的语言完成的（比如，"上帝说'要有光，于是便有了光——有了第一个黑夜和白天'"）。在社会生活中，对**口语**（spoken word）的敬畏也随处可见。我们在法庭上作证或者发言的时候要宣誓，在被定罪者被送入监狱之前，法官要宣布判决结果。我们看重一个人说的话；我们说，行动会为自己说话（actions speak for themselves）；在每件事情中，我们都要找到一锤定音的那句话（the final word）。政府官员要宣誓就职，新公民要宣誓效忠。

口语让人类成为社会动物，能够为了共同的利益一起工作。人们通过口头讲述的神话、传说和吟诵的民谣，把部落的历史和知识传给下一代。人类的发展就这样得以实现。也正是由于有了这样的传承，我们不必每件事都从头开始做。由口语组织的信息，人们可以分享。在口耳相传的文化中，信息和知识主要由年长者掌控。因此，年长者德高望重。在拉科塔(Lakota)部落,每一对新婚夫妇都被分配一位老人。这位老人将住在这对小夫妻的帐篷里,负责照看炉火、照料婴儿,并给出各种建议。这样一来,年轻人在很多问题上找到了帮手,而老人也有了住处。在拉科塔,没有流浪者。

口语至今仍然存在。但是,当然,它们的存在方式绝对不同于口耳相传的文化(Ong, 1982)。在口耳相传的文化中,以及其后的一段时间中,口语是一种经历,一个事件。它所占据的是时间,而不是空间。那个时候的口语是短暂的——当你说出一个词最后的一个发音时,它的第一个发音已经消失了。它只在人类的思想或者记忆中才能永恒存在,人们重述它的时候才能重新体验它。

书面文字

第二场传播革命与拼音字母的发展紧密相连。拼音字母与象形文字不同,是与发音联系在一起的。有了拼音字母,人们就可以收集并储备知识。这样一来,我们就能知道前人的做事方式,很多领域因此实现了进步。人们用**书面文字**(written word)构建了复杂的法律系统,并能够分配、转让土地和其他财产。与通过口语传递的知识不同,我们可以准确地查询书面文字记录的信息。

然而,在长达几百年的时间里,只有极少数人能够读和写,而且只有富人才能承担相关的费用。知识成为一种权力,那些掌控了书面文字的人,比如国王、君主、领主或者教会领袖能够获得并集中控制知识。信息成了私人拥有的财产,人们可以独占信息,不与他人分享。在古代,也曾经有非常伟大的藏书处,其中储藏了当时社会上的知识和信息。但是,这些书籍并不外借。直到本杰明·富兰克林发明了公共图书馆,这一状况才得到改变。但是,并不是每个人都有机会接近这些信息和知识,而没有知识武装的人就只能是文盲,并成为社会底层。

在欧洲、亚洲和其他地方,书写使得人们拥有了对知识的所有权。自此以后,所有权这个词也和其他的东西发生了联系,比如土地、牛群、马匹、珠宝和建筑物,等等。在美洲印第安人的口耳相传的文化中,并没有所有权这一概念。对他们来说,书写而成的土地契约和一张废纸没有什么两样。口语占据时间,书面文字占据空间。书面文字不再昙花一现,而是可以万世流传(Ong, 1967)。书面文字所拥有的这种永恒性让人们在做事时开始看重文字记录。人们认为,书面文字比口语更可信赖。即使你想让一个不识字的人相信某事,你也得向他出示书面证据。正如翁(Ong, 1967)所说:

> 古代希伯来人和基督徒不仅知道口语,也知道拼音字母……但是对他们和其他古人来说,词语,即使已经被写下来,也和口语相差无几。而对于技术时代的人来说,就不是这样。今天,我们常常要强迫自己意识到,词语从根本上来说是口语。对古人来说,就不会有这样的问题:他们认为词语不过就是一个声音事件,即使它被写了下来(第 ix 页)。

印刷文字

第三场传播革命与 15 世纪约翰内斯·古登堡(Johannes Gutenberg)发明的西方活

字和印刷机有关。这场革命使得知识不再昂贵,并且便携。更重要的是,更多的人可以获得知识。**印刷文字(printed word)**的传播威力巨大。这场革命大范围地扫除了文盲,并且最终引发了发生在欧洲的思想领域的革命——文艺复兴和宗教改革。由于信息可以以廉价的方式被传播和分享,"新科学"迅速发展。科学家们可以阅读彼此的著作和实验情况,从而得以在已取得的成就的基础上继续前进。同样的事情也发生在音乐界、哲学界、商界和宗教界。人们可以读到马丁·路德的文章,了解到他对教会的抨击。这些文章被印刷出来,广泛传播。农奴制被土地所有权或商业所有权所取代。

对于知识的传播,政府并非一无所知。很快,大部分政府都设立了审查制,以便更好地控制信息的传播。约翰·彼得·曾格(John Peter Zenger)印刷了一些小册子,内容是对一名英国殖民地官员的批评。他为此被批捕,罪名是煽动叛乱罪。直到这时,言论出版自由的理念才得以形成。让人感到不解的是,曾格受审的原因不是撰写了这些批评性文字,而是印刷了它们。英国政府要求所有的印刷商都要对他们印刷的内容负责,实际上相当于把每一个印刷商都变成了非官方的审查者。

就好像口语一样,印刷文字的威力也在逐渐式微。虽然自电视出现以来,美国发行的报纸数量不断增长,阅读报纸和新闻杂志的读者人数却在下降。超过30%的美国人是半文盲,这表示,他们无法阅读一些简单的文字,比如菜单、说明书、标签、路牌等;在19世纪,文盲率为90%(Kaplan, Wingert, and Chideya, 1993)。一些评论表明,即使是那些读报纸的人,每天用于读报的时间也不会超过8分钟。说到图书的阅读率,在美国是每人每年少于三分之一本书,其中包括学生。

在人类生活的很多领域,印刷文字都引发了革命。乐谱、科学理论、艺术作品可以以低廉的价格被印刷出来。科学家、作曲家和艺术家可以分享这些成就,丝毫不受国界的限制。这样一来,人们就可以互相学习。有了印刷品,人们就可以学习识字,这极大地影响了人们形成和分享自己的思想的方式。在西方世界,具有读写能力的人开始形成新的思想——每个人都是独特的个体,并有了伟大的发现。被印刷出来的知识还催生了欧洲和美洲的很多发明。读写能力还延长了童年——漫长的、正规的学校教育正式出现。在印刷文字出现之前,孩子们像成年人一样被送去工作,工作地点包括煤矿、城市街道或农田。

电子文字

1844年,电报被发明出来,**电子文字(electronic word)**出现了。1876年,电话出现了。电话把口语转化为电子脉冲。同时出现的还有收音机,它把口语转化为用莫尔斯电码拼出文字的电子声波。

这些发明究竟给我们的生活带来了多大的影响,我们多少有些了解。小马快递(Pony Express)在国内送信需要10天,而人们用电报传递信息只需要几分钟。在某种意义上,电子文字扫除的不仅是空间障碍,还有时间障碍。现在,人们几乎可以实时了解到大选的结果、体育比赛的成绩、灾难的发生、股票的价格以及亲人的状况。承载电子文字的其他媒介——电视、电脑、电子游戏、手机、录像机、影碟机、光盘等都在带来改变并经历改变。一些批评家声称,电子媒介的泛滥给我们带来了诸多负面影响,很快就会让我们无法以任何方式与他人交流。人们还很忧虑孩子们和成年人看电视的时间。

电子信息和印刷信息早已充斥于我们生活的世界。在广告牌、新闻简报、杂志、商品目录、网络广告、垃圾邮件、弹出式广告、电话推销、超市的演示视频……中,我们都能看到它们。更新的科技产品,比如数字录像设备(TiVo)或者苹果音乐播放器(iPod),可以屏蔽广告,但即使如此,电子媒介仍然是说服我们购买产品、投票和开展某项活动的最有效的方式。其中一个原因是,电子媒介在本质上是口语的或者听觉的。口语是稍纵即逝的,电子信号或者电子图像也是如此(除非我们刻意把它们记录下来)。我们接受了这些信息,但是并没有进行逻辑思维,而且,我们很有可能是用精心的可能性模式的枝节路线加工了它们,并没有进行批判性思考。

交互式电子文字

借助交互式电子媒介,信息接收者能够更多地介入传播过程。我们正在慢慢熟悉这类媒介。到目前为止,我们主要作为信息的接收者而受到电子媒介的影响——我们所消费的信息远远多于我们所生产的信息。我们当中很少有人会生产出电视节目信息,但我们所有人都会消费这类信息。然而,交互式电子媒介出现后,我们不仅是信息——**交互式文字(interactive word)** 的消费者,还成为信息的生产者。我们不妨想想虚拟现实技术。外科医生现在可以实施虚拟手术,目的是为真实的手术做演练。机器人激光手术刀被编程后,就可以实施真正的手术。虚拟现实技术可能会取代传统的商场或者零售店。查尔斯·麦迪甘(Charles Madigan, 1993)这样描写了一场想象中的虚拟交易:

> 一位消费者在自家的客厅里面对着一个超大的数字化电视屏幕,张口说:"我要买拉尔夫·劳伦(Ralph Lauren)这个牌子的东西。"仅仅过了几秒钟,拉尔夫·劳伦的形象就出现了,他在屏幕上微笑……拉尔夫会询问一些细节问题……他们会讨论价格问题……这个形象不必是拉尔夫·劳伦本人……更准确地说,这是一个虚拟的拉尔夫,在进行一场虚拟的对话(第14页)。

你可以借助虚拟技术试穿服装并变换各种颜色搭配。人们可以用虚拟现实技术做的事情还有很多。比如,我们可以上虚拟的高尔夫球课,教练是虚拟的泰格·伍兹(Tiger Woods)。战场也是虚拟现实技术的用武之地。在沙漠风暴行动和伊拉克自由行动中出动的飞机,在上战场之前都借助虚拟现实技术进行过演练。军事领域和色情行业对于互动式媒介都非常感兴趣。

按照斯图尔特·布兰德(Stewart Brand, 1987)的说法,在20年前,印刷、电影和计算机等行业就已经意识到,传播技术领域的非凡变革马上就要出现,而要高效且明智地实现这些变革,就需要集聚各个行业的力量。麻省理工学院的媒介实验室寻找到了最聪明、最出色的媒介研究者,并请这些人设计出各个传播行业的未来图景。如图13.1所示,在媒介实验室开始其行动之前,有三个传播行业已经开始融合。我们可以举出一些媒介融合的例子。印刷媒介用计算机排版,并使用数字视频技术增强视觉效果;电脑生成视频图形;电子邮件;传真;数字音像。甚至有些印刷广告会包含芯片,可以播放音乐。一些观察者预见到了范围更为广泛的媒介融合图景,正如图13.2所示。

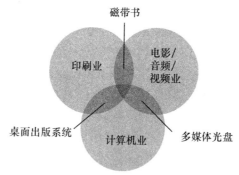

图13.1　20世纪90年代的媒介融合

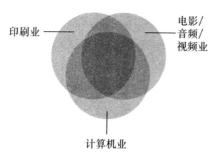

图13.2　今天和未来的媒介融合

两位重要的媒介理论家——托尼·施瓦茨和马歇尔·麦克卢汉——的著作,能够帮助我们理解当下的电子和互动科技的经验性质,并为未来的科技发展做好准备。

施瓦茨关于媒介使用的观点

托尼·施瓦茨在他的书《触景生情》(*The Responsive Chord*)中提出的观点早已被广泛引用,从总统的媒介团队到售卖各种商品(从婴儿爽身粉到酒类饮料)的公司和广告商。该书出版后,施瓦茨咨询过众多政客、企业、大众传媒和政府人士,他现在还在继续这样做。他提出了两类相互竞争的模型,用于解释媒介如何开展说服活动:(1) **唤起回忆(evoke recall)**,或者共鸣模型;(2) 运输或者教导模型。施瓦茨更倾向于第一个模型,并阐述了理由。

共鸣和经验意义

唤起回忆模型基于**共鸣原则**（resonance principle）——通过信息或者信息元素唤醒接收者的意识或者潜意识中的意义。这一模型导向一种信源、信息和接收者之间的和谐或者共鸣。其背后的理念是与其向接收者灌输信息，还不如从他们那里提取信息。

换句话说，这一模型依赖人们头脑中存储了多少经验和记忆。这些经验和记忆经过提示，可以产生施瓦茨所谓的**经验意义**（experiential meaning）或者共鸣原则。这就好像接收者在接收了信息后说："我曾经去过那儿。"对受众的存储经验的提及使得他们和信息产生了共鸣，这就好像熟悉的音乐旋律能让大家产生共鸣一样。

使用这种方法的时候，说服者可以以人们遇到的困难为例，比如一辆抛锚的车子。一个想要购买美国汽车协会会员资格的潜在购买者很了解汽车抛锚是什么滋味儿。这时，说服者就可以围绕这种感受构建说服信息。演员在广告中要表现出司机的沮丧和焦急，因为他知道汽车抛锚会让他无法赶上通勤的火车，而这会严重影响他的工作安排。背景音乐可以强化这种恐惧。画外音可以平静地说："你想要去哪儿，美国汽车协会就带你去哪儿。"施瓦茨注意到，大部分经验意义不是靠文字来提示的，因为它们不是以文字形式存储的。它们被存储的形式更可能是生理感受或者一种舒服或不舒服的感觉。我们都知道尴尬是一种什么样的感受，我们对这种感受的记忆会通过提示浮现出来。其他的感觉也是一样，比如我们在第七章讨论过的那些感受。要激起受众头脑中的记忆，最稳妥的方式就是让人印象深刻的刺激手段。说服者可以通过音乐、色彩、音响效果、演员的面部表情或者声调以及其他的视听觉形象或者信息来强化受众头脑中的感受。

有没有一些经验或者感受，是大部分人所共有的呢？媒介又该如何唤起这些经验和感受呢？我们在上文中讨论了汽车抛锚的例子，类似的例子还有：（1）忘记了一个重要的周年纪念或者事件；（2）马桶或者水池堵塞；（3）错过了一场大促销活动，弄丢了钱包或者车钥匙……当人们身处某种情境中脱口而出"那触到了我的痛处"时，就表明他们的经验记忆被唤起了。大众传播领域的说服者，尤其是广告商，正是通过媒介来唤醒这种感受。你可以观察一下以你为目标受众的杂志广告、电视广告、电台广告、路边广告牌或者网络广告，想一想它们想唤起的是哪种共同的感受。

在大部分情况下，我们用精心的可能性模式的枝节路线加工经验信息，不进行智力评估。这些信息就是我们的感受。用施瓦茨的话说，它们让人们**触景生情**（responsive chord），产生共鸣。这里还有几种脚本能够帮助唤起这些意义，也是对施瓦茨的共鸣理论的补充。它们是文字脚本、视觉脚本和听觉脚本。随着科技的不断发展，更多类型的脚本会涌现出来，而它们很有可能和我们的五种感官相联系。

互动区域 13.1　互动媒介和购物

我们中的大部分人都有过网上购物的经历，例如购买图书、服装等，而由主要的大型购物中心构成的网上商店的菜单是什么样子的呢？请登录 www.shopping.com，尝试页面上的各种功能，浏览各个子页面，那里的选择琳琅满目，应有尽有，从来自20多个出售者、按价格排列的11 000种棒球卡，到互动媒介上的网上大学学位再到品牌互动。在主页上方的搜索框里键入你想要购买的任何东西，并且在其旁边的方框里选择商品类别。点击"find"（发现）按钮，体验在超大的互动市场中发现各种商品的感觉。这些页面与传统的实体商店、电视购物和目录购物有什么相似之处？一位政界候选人将会如何运用类似的页面来对比人们对于各种议题的立场、拉选票或募集资金呢？

文字脚本

施瓦茨的理论与很多广告公司的实践以及众多说服理论相左，后者强调明确性、逻辑性和对词语的反复斟酌。所谓**文字脚本（verbal script）**是指我们看到或者听到的文字信息以及这些信息所唤起的信息。当广告商想测试广告效果的时候，他们通常会让人们看各种类型的广告，然后让人们回忆广告中出现的文字、形象、数据以及名字。人们很少被问及自己的感受或者曾经的经验抑或与广告人物的关联性。但是，如果文字脚本能够激发受众的共鸣并唤起他们曾经的感受，广告通常会取得很大的成功。举例来说，最近一家经纪公司的一则广播广告唤起了人们对电话自动语音系统和其菜单的感受。这则广告是这样说的："如果您想查询余额，请按1；如果您想留言，请按2；如果您想咨询人工理财专员，请按8。或者，您可以致电理财专家，号码是1-800-理财热线。"鉴于其经验性质，这类信息通常通过精心的可能性模式的枝节路线被加工。我们每个人都听过这类让人心烦的语音菜单并且十分厌恶。

听觉脚本

典型的电视广告也会有一个**听觉脚本（auditory or sound script）**。这个脚本描述的是你听到的非文字的东西。关于声音——嘭嘭声、砰的一声、摩擦声、吞咽声、扑通一声、蜂鸣声——的"语言"，通常能够唤起强有力的、潜意识中的情感。举例来说，倒啤酒的声音可以唤起人们对聚会的美好回忆。这时，广告商可以加上这样的文字："我们的罐装啤酒足以媲美桶装啤酒——汉姆斯（Hamm's）推出新的易拉罐啤酒。"广告商还可以通过音乐和音响效果来加强听觉脚本的效果，比如笑声或者大口喝啤酒的声音。

我们都有过这样的经历：集体记忆中的声音记忆被唤醒了。举个例子，这是一则为健怡可乐做的广告，它的目标受众是18—34岁的女性上班族。她们正是健怡可乐的主力消费人群。在广告中，我们看到一群长相姣好的女子在工间休息时聚集在饮水设备前,并向窗外望去。其中一个人大概说了句"好了,正是时候"(文字脚本)。这时,窗外一名肌肉发达的男性建筑工人一边穿过马路,一边脱下了T恤衫(视觉脚本)。当这名工人打开一瓶健怡可乐并一饮而尽的时候,这些女工禁不住长长地舒了一口气(听觉脚本)。具体的文字实际上无关紧要,因为是图像和声音让这则广告得以发挥效力。正是这些图片和声音唤醒了我们头脑中的经历——一种偷窥的欲望。在这则广告和它所唤醒的受众的感受之间,我们看不到什么确定的关联。这种感受也可以在其他受众的头脑中被唤起,比如观看一场娱乐演出的受众、一则广播广告的受众,或者一则内置音乐芯片的印刷广告——它在播放一段节日旋律,但其实是在推销圣诞礼物——的受众。所有这些都依赖于人们存储在大脑中的经验记忆,而这些记忆又与某些特殊的线索有关,比如某种音响效果或者某个旋律。

视觉脚本

视觉脚本(sight or visual script) 也能够有力地唤起人们的记忆。我们看到(和听到)管道修理工疏通了厨房堵塞的水池,脏水形成漩涡,并发出咕噜咕噜的声音。视觉脚本发挥作用的另一个方式是通过使用不同的拍摄角度、拍摄速度以及图片编辑。一个较低的拍摄角度多少会让拍摄对象发生变化,并且在传达这样一种暗示:此人需仰视,或者他(她)高人一等。快照这一剪辑方式传递出一种速度感。以一则广告为例:一辆雪地车穿过一个巨大的雪堆,暗示着动感和兴奋。镜头很快切换到另一个场景——滑雪比赛的选手正在崎岖的赛道中滑行,最后一幅画面展示的是冰上帆船的比赛选手正在冰面上飞驰。直到广告的结尾,才出现了文字脚本——"让这个冬天动起来!快来感受日内瓦湖的冬日仙境!"广告的结尾是一幅温馨的画面——一对情侣在滑雪旅馆中的壁炉前依偎着。在这则广告中,视觉脚本发挥了主要的作用。它营造出一种激动人心的感觉,并从受众的潜意识中唤起一种记忆。文字脚本的作用只是告诉受众:要想让你的记忆复活,你要去的地方是日内瓦湖。

文字脚本中描述的其他部分,比如场景、服装和道具,其作用也是唤醒我们的反应。许多新闻节目就是通过使用视觉脚本来营造一种"新闻室的氛围"。印刷机印出大量的报纸,人们蜂拥而至,竞相购买最新快讯。受众的感觉是新闻主播正在新闻编辑室里。而在另一幅画面里,新闻主播在另一间屋子的蓝屏之前播报新闻。两个场景互相交叠,以营造一种视觉感受——媒体人非常忙碌。与此相似,总统候选人的拍摄背景也会制造有细微差别的意义。如果总统候选人站在林肯纪念碑的前面,他们的演说内容就必须与平等和公正有关。

施瓦茨的书的名字——《触景生情》就恰好反映了受众与被唤醒的信息之间的关系。在这一关系中,能够唤醒受众头脑中的信息的媒介包括广告、杂志中的文章、因特网上的横幅广告或者电视中的节目。施瓦茨在研究这种说服形式的时候注意到,真相是无关紧要的。说服者要能够识别这些共同的记忆,然后设计出印刷品广告或者电子广告,借助这些广告让受众回忆起这些记忆,同时提及品牌名称、候选人的名字,等等。

那么,如果受众没有这类集体记忆该怎么办呢?施瓦茨的建议是:在广告宣传战的早期**植入**这种记忆,然后在购买的节点唤起这种记忆。举例来说,广告商可以展示这样的形象:几个男子汉乘坐橡皮艇在科罗拉多河(Colorado River)中漂流,小艇在波浪中起伏。随后,他们划到岸边,打开冷藏箱,开始享用冰镇百威啤酒。从来没有尝试过激流漂流的人看到这些形象,就会把它们植入头脑。下一步要做的是强化这种印象,可以借助印刷广告——强调最后的场景,以及简短的电视或者广播广告。然后,在购买、投票或者参与活动的那个节点,包装品上的漂流照片就会成为刺激物,唤醒消费者的记忆,并很有可能促成购买。

在现代广告业中,施瓦茨的共鸣原则被广泛使用,这就给说服活动的受众带来了几重挑战。受众需要识别出广告商想从消费者的头脑中唤醒哪些记忆。他们需要分析说服性信息,因为这些信息中被植入了共同经验,并且广告商期待在将来受众购买、投票或者捐款的时候能够唤醒这些经验。受众还必须对任何说服活动中的文字、听觉和视觉元素保持敏感。

麦克卢汉关于媒介使用的观点

现代媒介革命

马歇尔·麦克卢汉(1963)曾经写过36本被广泛赞誉的关于电子媒介的著作。在媒介效果方面,他曾经做出准确的预言。他在20世纪60年代的一些预言,比如**"地球村的发展"**(development of a global village)早已变为现实。当2005年8月卡特里娜飓风来袭的时候,我们看到了地球村的力量——全球范围内将近100个国家向灾民提供了援助。麦克卢汉的一位批评者出了一本书——《虚拟的麦克卢汉》(*The Virtual McLuhan*)(Theall, 2002)。这本书掀起了又一波麦克卢汉热潮。人们又一次给他带上了"新媒介大师"的桂冠,并再次开始阅读他的作品。人们从新媒介,甚至互动媒介的视角出发,重新审视他的作品。举例来说,20世纪60年代,他曾经做出关于虚拟现实、赛博空间和因特网的预言。他还说,在未来的世界中,信息将成为至关重要的商品。他认为,大部分人都是通过后视镜在观察现在,把过去,而不是未来作为决策和行动的指南。很有可能,我们正是以这种方式来看待频发的恐怖组织的成立和恐怖活动——我们认为,他们过去的行动会不断重演,于是,我们采取行动,制定法律,以防未来出现类似的状况。事实上,过去的恐怖活动几乎不会重演,新的(可能更致命的)手段倒是可能出现。

如果在一个搜索引擎中输入"马歇尔·麦克卢汉"这个名字,你就会发现,在这个交互媒介的时代,他的作品已经被赋予了新的内涵。我搜索到的结果超过5万条。麦克卢汉最常被引用的观点是"媒介即讯息"(The medium is the message)(1964)。他这句话的意思是,一种新媒介对文化产生的影响远远超过它本身承载的信息。印刷术的发明就是一个很好的例子。文艺复兴运动本身比那个时期的印刷品要重要得多。这场运动成为思考、行动和组织的全新方式。作为一种媒介,电视本身对现代生活的影响要比电视节目施加的影响大得多。我们观看情景喜剧《我爱露西》(*I Love Lucy*)并获得娱乐,但是并没有获得真正的信息。我们借此得以了解一种新的生活方式。我们在电视上观看实时新闻节目,而不是在今天出版的报纸上阅读昨天发生的新闻。实时新闻节目深度不够,但是绝对吸引人。为了在职业橄榄球比赛中多插入一个暂停,以便塞进更多广告,电视节目制作人引入了两分钟警告。因此导致的两分钟演练把橄榄球比赛由快速进攻变成了传球比赛。可以说,电视让我们得到了很多东西,也让我们失去了很多东西。

麦克卢汉的观点和施瓦茨的观点有很多相似之处,他们二人曾经短暂合作过一段时间。麦克卢汉认为,我们以两种方式与媒介发生关联。第一,他认为每一种媒介都是我们的一种感官或者身体器官的延伸。比如,印刷媒介就是视觉器官的延伸——它让我们相比从前能看到多得多的东西。电视是我们的视觉器官和听觉器官的延伸——所以我们能够看到和听到更多的东西。电脑是我们的大脑的延伸——它让我们思考更多的事情。

媒介也会改变我们思考世界的方式。举例来说,电报出现以后,人们能够跨越万水千山,实现迅疾的沟通。这样一来,空间被打破,我们感觉自己的国家比原来小多了。我们现在能够更好地预测未来。我们只需花费数秒就能知道芝加哥市场上的小麦价格,而小麦的种植地点是相距很远的堪萨斯。事实上,预测能力催生了"期货市场"。我们可以在期货市场上买卖根本还没有种植的小麦。电视通过它的节目编排,让我们以新的方式组织自己的生活,比如说晚间六点整或者十点整的新闻节目——《今日脱口秀》(*The Today Show*)和早间的类似节目,以及为上学的孩子准备的在下午播放的节目——《芝麻街》(*Sesame Street*)。事实上,我们大部分人在某种程度上都是根据电视节目表来安排自己的生活。

毫无疑问,电视改变了我们对社区和归属感的感觉。在目睹了新奥尔良和墨西哥湾沿岸地区经受的毁灭性灾难之后,数以百万计的人改变了对很多事情的看法,比如提供援助,比如作为一个贫穷的黑人意味着什么。他们也很有可能改变了收视习惯——开始收看24小时新闻频道和天气预报频道。在普通的美国家庭里,电视平均每天要开7个小时以上。如此一来,人们必然没有足够的时间来开展社交活动和经营家庭生活。65%的8岁以上的孩子的卧室里都会有一台电视机,这就更加削弱了家庭的凝聚力(Kaiser Family Foundation,1999)。正如一位批评家所说,我们都成了"孤独的人群"(the lonely crowd),邻里之间彼此互不相识。与此形成鲜明对照的是,在一些第三世界国家,一个村庄或者一个社区只有一台电视机,这台电视机把人们召集到一起,进行互动——这种互动可能有用,也可能没用。

麦克卢汉区分了媒介使用的信号和媒介传递的信息之间的区别。**信号**(signal)刺激我们的信息加工感受器;印刷品刺激我们的眼睛,广播刺激我们的耳朵,电视刺激我们的眼睛和耳朵。信息是信号意指和传递的含义。用麦克卢汉的话说,一些信号以高保真的形式出现,而另一些则以低保真的形式出现。**高保真形式**(high fidelity forms），比如包含完整的词语、句子和音乐的广播，不需要我们的信息加工感受器——眼睛和耳朵做很多事情。它只需要我们把信号中的元素组合成完整的信息。**低保真形式**(low fidelity forms)，比如说电报，它的电脉冲或莫尔斯代码要被翻译成字母和词语。低保真媒介要求我们延伸我们的感官，把不完整的信号转换成完整的信息。麦克卢汉认为，这两种形式传递的同一条信息可能带有不同的含义。高保真形式要求很少的生理或**感官涉入**(sensory involvement)。在生理的层面上，人们不需要费力去加工信息。低保真形式要求很大程度的参与，也就是高度的生理或**感官参与**(sensory participation)。麦克卢汉把高保真或者完整的信息符号称作热媒介，把低保真或者不完整的信息符号称作冷媒介(参见表13.1)。

表13.1 冷媒介和热媒介

媒介	信息来源	清晰度	参与度	媒介类型
电视	光点	低	高	冷
书	完整的字母	高	低	热
漫画	纸上的点	低	高	冷
照片	胶片上的图像	高	低	热
电话	低保真声波	低	高	冷
电影	胶片上的活动图像	高	低	热
电报	莫尔斯信号	低	高	冷
数字音像	高保真声波	高	低	热
个人电脑和因特网	光点	低	高	冷

热媒介

按照麦克卢汉的说法，**热媒介**(hot media)的信号具有高保真度、完整度和**清晰度**(definition)。热媒介包括电影(但不包括电视)、数字音乐(但不包括模拟音乐)、照片(但不包括漫画)、书(但不包括连环画)。麦克卢汉把它们归类为热媒介是因为，与冷媒介(比如电视)不同，它们不需要我们的感官付出很多劳动去接收信息。热媒介有完整的或者说加工完善的信号。比如说，电影胶片是由按次序排放的图片组成的。这些图片填满了屏幕。通过放映，屏幕上出现活动影像。相比之下，电视画面是很不完整的，像素的分辨率低，信号不完整。

冷媒介

我们所接收和加工的**冷媒介**(cool media)中的信号具有低保真度、清晰度和完整度，所以我们必须在生理层面上付出更大的努力来进行加工。冷媒介包括电视、电话和电脑屏幕。让我们想一想电话这个媒介。电话耳机中的扬声器保真度并不高。如果你真的想了解一下扬声器的保真度，那么不妨把它放在离你的耳朵一两英尺远的地方听一听。这就解释了为什么有的时候我们听不出电话的另一端是谁在讲话。当我们听老式留声机的时候，不得不对音质进行想象。为了解码冷媒介中的信息，我们在生理和精神层面上就要做得更多。一幅卡通画的信号中包含了许多手绘线条，其完整性比一张照片要差很多。

什么样的信息最适合由冷媒介来传递呢？麦克卢汉说，冷媒介催生了冷信息。1964年的时候，他曾经预言，有一天电影演员会当选美国总统。16年之后，他的预言变成了现实。如今，受欢迎的政客都非常随和而且很酷，比如比尔·克林顿或者乔治·W.布什。他们二人的风格都是不拘礼节，传递的信息也都含义不明。他们二人颁布的政策差别很大，而沟通风格却非常相似。在日常生活中，我们看到越来越多的电视广告不再依赖文字，而是力图创造出一种心情或者感受。观看者为这些广告增添或者减少意义，并最终获得他们自己感受到的意义。我们不妨想象一下那些通过音乐和灯光等手段制造出期待感的场景。我们听到爱情歌谣的声调。然后，我们看到一对衣着华丽的情侣缓慢地走下一家时尚餐厅的楼梯。男子把自己的汽车钥匙递给侍者。很快，一辆大众帕萨特汽车开了过来。直到这时，广告的画外音才响起来，告诉我们帕萨特在任何场合都是高品位的象征。这则广告所传递的信息的具体内容是不完整的，所以它和冷媒介电视正相配。

如果我们把麦克卢汉关于冷媒介和热媒介的一些观点应用到当今的传播科技领域，会发现非常有趣的现象。而传播科技正是在他辞世后蓬勃发展的。随着蜂窝技术的发展，我们要加工越来越多的冷信号，比如摄影或者电视图像。当手机信号很差的时候，我们就会感受到冷媒介变得更冷了。通话的双方会很自然地挂断电话，过一会儿再回拨。麦克卢汉还准确地预测了人们对冷媒介的应用的大规模增长，并声称这将导致受众参与的增加。他还预测，伴随着电视、广播、电话和电脑信息等实现了卫星传输，这些冷媒介必将催生他所谓的"地球村"。在地球村里，每个人都可能关心任何其他人的事情。我们现在就正在通过某种方式体会这种感受，比如说因特网、聊天室、博客和电子邮件。正如麦克卢汉所预言的，所有这些媒介都需要人们的高度参与。

我们看到，麦克卢汉和施瓦茨的理论有所重叠并且相得益彰。参与性的增强已经成为一种趋势，识别体验这一理念也方兴未艾，人们有了更多的机会去补充意义。所有这些都为那些富有创造力和洞察力的说服者提供了一套有力的工具。

使用与满足理论

使用与满足理论（uses and gratification theory）是研究媒介效果的另一方法。所不同的是，这个理论关注的是受众如何使用媒介去满足自己的需要。这一理论假定我们每个人对于各类信息有着截然不同的需求，因此必然会在不同的时间使用不同的媒介（Blumler，1979；Rubin，2002）。该理论认为有四种基本需求促使我们使用媒介。第一种需求是**监控**（**surveillance**），也就是密切关注周围的环境的需求。我们通过获得某种信息来满足这一需求,比如天气预报、新闻、股市报价、体育比赛的结果、汽油的价格以及广告中的旧货拍卖信息。我们要关注的内容太多,因为有太多的人和事会对我们的生活造成影响。所以,我们通常会从大众媒介中获取信息,以使自己不至于落伍。

第二种需求是满足**好奇心(curiosity)**,也就是发现并了解我们之前不知道的信息的需求。这类信息对于我们的日常生活和我们的利益来说往往并没那么重要。能够激发我们的好奇心的信息可能包括即将到来的电视季、名人逸闻、新科技以及直邮广告或者电视广告中的促销活动的细节。新闻小报正是利用了人们的这一心理。没有人真的相信"猫王"(Elvis)还活着,或者新生儿的体重能达到40磅,但人们会去购买刊登了这些信息的报纸。事实上,《国家询问者》是世界上销量最大的报纸。我们的好奇心被那些耸人听闻的新闻标题撩拨,报纸往往很快就会卖光。

我们使用媒介的第三种需求是**娱乐(diversion)**,或者说是摆脱无聊。举例来说,我们在电视上看电影或者体育比赛。我们阅读图书或者杂志,听我们最喜欢的光盘。我们通过玩电子游戏来消遣。在这些情况下,我们使用媒介是为了打发时间,而不是为了获得我们认为至关重要的信息。

第四种需求是**个人身份定位(personal identity)**。在一个不断变化的世界中,我们往往对自己的身份感到不确定。于是,我们向媒介寻求信息,以了解我们是谁,我们代表了什么。为了满足这种需求,我们可能会阅读一些地理方面的文章,以了解我们从来没有去过的地方。我们可能会收看学习频道(Learning Channel),或者收听广播节目中的脱口秀节目,以获得关于政府和政治的见识。通过观看"垃圾电视"脱口秀节目,比如《杰瑞·史宾格脱口秀》(Jerry Springer Show),我们得以知道我们不是谁。有趣的是,自信和开朗的人往往通过阅读来满足这一需求,而不那么自信和内向的人往往求助于电视。

媒介也能够满足人们的怀旧需求,虽然这一需求不是那么重要。媒介会播放老电影、经典老歌或者发行唱片——《佩西·克莱恩经典金曲》(Pasty Kline's Greatest Hits)。媒介也能满足我们的控制欲。我们通过观看电视中的竞赛节目,可以了解自己是否比参赛选手更有见识。我们通过玩电子游戏或者在聊天室里聊天,可以和别人比一比谁获得的分数更高。在说服过程中,我们可以利用这些需求来吸引受众的注意力,同时,它们也是推理论证的前提。

知道了人们如何使用媒介来满足自己的需求,我们就能够展开更有针对性的说服。作为信息接收者,我们要监测自己的媒介使用行为,以及我们在满足自己的需求的过程中,从媒介中获得了什么。

议程设置

媒介信息能够说服我们,对此的另一个解释是媒介的**议程设置(agenda-setting)**功能(McCombs and Shaw,1972)。根据这一理论,公共议程包括人们讨论、思考和担忧的各种事情。媒介可以强有力地塑造或者引导这一议程，方式是强调某类新闻，忽视或者弱化另一些新闻。伴随着媒介所有权的不断集中，传媒巨头——罗珀特·默多克（Rupert Murdoch）的传媒帝国等掌握和控制着我们所能读到、看到和听到的大部分内容。议程设置理论的要点是：大众媒介不能决定我们怎么想，却能决定我们想什么。如果不是媒介每天不停地报道辛普森杀妻案，有多少人会在此案审判期间守着电视机寸步不离？如果媒体没有频繁地报道世界范围内基地组织制造的炸弹袭击，我们又有谁会去思考对恐怖主义开战的问题？我们恐怕连这个组织的头目是谁都不知道。

什么人来决定每天报道哪些事件，不报道哪些事件呢？答案是"把关人"。把关人包括通讯社记者、编辑、摄影师以及其他人。这些人每天接触到的新闻实在太多，所以他们必须做出选择，决定报道哪些新闻、怎么摆放摄像机以及采访哪些人。他们是如何做决定的呢？他们的标准是什么？关于这一具体过程，我们所知甚少，但还是有一些线索透露出这些把关人是如何以及为什么做出这些决定的。媒介研究学者梅罗维茨（J. Meyrowitz, 1985）提到了一个标准——最少拒绝原则（least objectionable programming）。"关键是要设计出一档最不可能让观众换台的节目，而不是一档观众去主动搜索的节目。"（第73页）一些媒介批评家指出，虽然媒介广告向受众推销商品，但是大众媒介产业的经济设计原则却是把受众售卖给广告商。以电视为例。我们认为电视节目是商品，我们必须为此付费，还不得不看节目赞助商的广告。然而事实上，我们才是商品，我们被卖给了广告商。所以，媒介的议程设置的目标是设计出能够吸引和保持某类人的注意力的节目，这些人是广告商的目标受众，可能是绝大多数人，也可能是特定的一部分受众，比如说高消费群体、美食家或者体育迷。

选择报道哪些新闻的一个标准是受众的属性。那些阅读《美国新闻与世界报道》（*U. S. News & World Report*）和收看《奥莱利实情》（*O'Reilly Factor*）的受众要比那些阅读《新闻周刊》或者收看美国公共广播公司的吉姆·莱勒（Jim Lehrer）的节目的人更为保守。把关人经常选择那些保守主义色彩更强的新闻，结果是，媒介为保守主义者设置的议程和它为自由主义者设置的议程是不同的。另外一个标准是新闻内容能否被编辑为时长20—30秒的经典话语，或者能否迅速而简洁地回答五个最重要的问题——谁、什么、何时、何地、为什么。传播学学者凯思林·霍尔·贾米森和卡林·科洛斯·坎贝尔（1996）这样定义要闻：时长少于35秒、信源可靠、播报方式充满力量。如果广播中的第一条新闻是一条**普通新闻（news bite）**，那么这一天不是有重大新闻的日子。但是，如果第一则新闻是一场全国灾难或者是一则让人震惊的丑闻，受众知道，深度报道马上就会出现。

报纸会在第二天把昨天发生的新闻告诉我们，因此报纸不得不选择电视在前一天报道的新闻。报纸和新闻周刊都能够提供深度报道，但是愿意阅读的人越来越少，他们花的时间也越来越少。

把关人在选择新闻时使用的另一条标准是新闻中的音频和视频的表现力和戏剧性（Meyrowitz, 1985）。在新闻界有一句老掉牙的话——"狗咬人不是新闻，人咬狗才是新闻"，说的就是这个意思。有新闻价值的故事包括：父母听到自己的孩子因车祸身亡那一刻的反应。摄像机放大了他们的脸,受众在感同身受的状态下体验他们的心情。

批判性的受众应该尽可能多地去阅读、去听、去查看,让自己接触尽可能多的信息源。尽量收听和收看国家电视台和国家电台中播放的新闻节目。总而言之,不要让一种媒介完全主宰了你对这个世界的感受,你不能忽视其他的新闻和信息源。也许你和别人看电视的时间一样多,但是也要注意让信息源多样化。

新闻操控和说服

新闻业是一种产业,媒介借助客户的成功而获利。一些批评家认为,媒介会操纵新闻。那么,果真如此吗？如果此言为实,那么我们就要让自己熟悉一些制造新闻的技巧。有了这些知识,我们就能够识别"潜藏"在新闻中的说服性信息。

主要的新闻来源

我们看到、听到和读到的新闻主要由三家大型通讯社提供,它们是美联社、合众国际社和路透社。只要这几个信息源提供的新闻是准确的,并且重要的新闻都得以报道,那么我们就没什么可说的。但是,重要的新闻事件并非总能获得显著的版面,当然,这也不能都怪把关人。时长为半个小时的新闻节目只包含 22 分钟的新闻,或者大约 3000 个词。一个平均每分钟能读 400 个字的读者只要七八分钟就能读完这些内容。实际上,这也是报纸订户平均每天花在读报纸上的时间。所以,如果我们只依赖电子媒介来获取新闻,我们就会错失很多重要的信息。当你努力想要获得一个细分市场,就像那些想要获利的新闻提供商一样,你就会面对一种诱惑——操纵新闻,让它更有趣,更色情,更耸人听闻,更引人入胜。正如爱德华·默罗（Edward R. Murrow）所说:"广播和电视新闻中存在的一个突出问题是,这两种媒体都变成了演艺节目、广告和新闻的聚合体,而这几种类型彼此并不相容。这三种节目类型中的每一种都很独特并且有着极高的要求。当你把它们三个放在一个篮子里,你就再也掌控不了局面了。"（Matusow,1983,第 304 页）在今天,新闻中演艺节目的成分扭曲了电子媒介中的新闻,正如黄色新闻扭曲了印刷新闻一样。下面是一些操控新闻的具体方法。

操控新闻的方法

忽视（ignoring）。把关人歪曲新闻的一种方法就是简单地忽视它。官员们对建筑物中的石棉造成的隐患置之不理,直到弗吉尼亚州的一个校区提起了诉讼。如果不是因为上了法庭,石棉这个话题实在是没有什么新闻价值。直到今天,也很少有美国人能说得清楚阿富汗在世界的什么位置。大部分政坛丑闻在最初阶段都是被忽视的,因为它们看上去并没有那么有趣或者耸人听闻。最近发生的一件事就可以作为例子。一位伊利诺伊州的州长被怀疑在他任内与收受贿赂发放卡车司机驾驶执照的骗局有关。直到不久前,一个靠行贿取得了执照的卡车司机驾车撞上了一辆校车,造成至少12名儿童死亡,媒体才开始关注这一久有传言的事件。

讨好赞助商(favoring the sponsor)。每一档新闻节目都有赞助商,因此新闻记者和编辑对于那些事关这些赞助商的负面新闻都会低调处理。举例来说,要求广播公司禁播烟草广告的法律花费了数年时间才通过,而要求解禁酒类广告的活动在持续展开。如果我们愿意了解一下一档新闻节目的赞助商是谁,那无疑非常明智。如果我们能从多个新闻来源处获得新闻,我们就能避开被歪曲的新闻。但是,这么做的难度越来越大了,因为一些大型公司已经收购了许多传媒企业。有的时候,广播公司会让广告商预览新闻。借助这种方法,广告商就不会以负面形象出现在公众面前。而且,正如我们之前提到的,媒介所有权集中的现象越来越突出,这一现象本身也是有利于广告主的。举例来说,通用电气拥有全国广播公司(NBC),西屋电气(Westinghouse)拥有哥伦比亚广播公司(CBS),迪斯尼拥有美国广播公司(ABC)。

假新闻(pseudoevent)。虽然每天会涌现出不计其数的新闻,但并非每一条都很有趣或者引人入胜,因此新闻记者往往会被那些高度戏剧化或者怪异的事情所吸引。丹尼尔·布尔斯廷(Daniel Boorstin, 1961)把这些事件称为"假新闻"或者"策划的新闻"。这类新闻的性质介于公关活动和软新闻之间。比如,媒体报道知名球星迈克尔·乔丹的复出。为了吸引媒体的注意,人们会组织各种各样的大型活动,比如游行、集会或者静坐,有时甚至会使用一些具有暴力色彩的手段,比如炸弹威胁。炸弹威胁类事件不是自然发生的或者普通的事件。因此,"pseudoevent"这个词的前缀"*pseudo*"的含义就是非真实的事件。如果工人们提前宣布明天要举行罢工,那么就能确保媒体会进行报道。

偏见:言语和非言语(bias: verbal and nonverbal)。一位有技巧的采访者会让采访对象展现出完全不同的一面。新闻记者可以在呈现新闻画面(比如背景是欢呼的人群)的时候为其配音,比如添加进嘘声,然后,播音员会皱着眉说:候选人正面对来自左右两派的反对。这样一来,新闻中的候选人的形象就极富争议。编辑还可能加入一些人物的形象,比如怒气冲冲的农民和谷物交易商、心怀不满的大学生和负责学生贷款的官员等。编辑能够选择对谁进行特写,只选择呈现支持者或者反对者。你可能想消除头脑中的偏见,但是你不可能看到或者听到所有的印刷和电子新闻。你所能够做的是让自己接触尽可能多的信息源。除了新闻业,下面让我们看看出现在新闻业、广告业和说服活动中的新媒介——因特网。

因特网和说服

《芝加哥论坛报》最近的一篇社论提到,在因特网发展的早期(20世纪80年代),并没有什么措施对其加以管制。那时,因特网的发展完全依赖网民的良好意愿。但是,这也导致了负面问题。"黑客、病毒、蠕虫、间谍软件、网络钓鱼、垃圾邮件……接踵而至，一些组织正在思考这样一个问题——因特网世界是否需要一次彻底的大检修。超过10亿人在使用因特网，因此进行一场结构性的系统大检修并不是什么稀奇古怪的想法。"(July, 4, 2005)

随着网络泡沫的破裂，以及网络广告收入的减少，很多人都拒绝考虑把因特网作为一个说服手段。我们能够跟踪一个网站的点击量，但是我们无法了解人们是否看了网页上的内容，更不要说了解这些内容是否说服了他们。专家则指出，因特网在持续对全球经济造成重大影响。自从电视诞生以来，还没有什么媒介能像因特网这样改变了说服活动的结构。这是一场重大的技术革命，它改变了传播活动的结构。新的说服方式不断涌现，比如我们之前提到的汉堡王赞助www.subservientchicken.com开展的病毒式说服活动，其目的是推销汉堡王的鸡肉产品。因特网也通过改变参与者的权力结构来改变说服活动的过程。下面，让我们来看看，因特网如何改变了我们说服别人和被说服的方式。

互动区域 13.2　多样性和媒介

弗里曼学会(Freeman Institute)是一个教育机构，它通过多种方式来推动实现文化多样性，比如开展相关培训、出版相关的图书和音像制品等。这个机构的口号是"和那些让你发疯的人打交道"。你可以去访问其网页www.freemaninstitute.com/并点击网页上的链接，以便了解更多提倡文化多样性的组织。你可以在网页所列的选项中进行选择，以了解致力于推动实现文化多样性的组织和媒介以及它们的具体主张。比如，如果你想知道拉美人的情况，你就可以点开"Electric Mercado"(电子市场)这个链接，并了解到媒介如何针对3 310亿全球零售商和3.2万亿B2B市场做广告。或者，你可能想看看非裔美国人或者亚裔美国人的网站。在这里，你可以预览下弗里曼博士(Dr. Freeman)的书——《相互尊重的价值》(*The Value of Mutual Respect*)。

信息权力结构的改变

当我们思考印刷文字所带来的巨大变革时，我们注意到，其中最大的变化是对作为权力的信息的重新分配。也许，因特网做出的最大贡献是对信息的控制权的重新分配。汽车经销商就很不喜欢因特网，因为他们的销售成本在网上是公开的。这样一来，潜在的汽车购买者就能够从多个经销商那里收集到报价，然后再做出决定。对于被说服者来说，因特网是一个多么强大的工具啊！从前，你要是想进行一场长途旅行，必须去找旅行社，因为只有它们拥有相关信息。但是，这种情况一去不复返了。现在，许多旅行社已经关门大吉，因为它们无法抵抗网络的冲击。人们在网上就能预订行程，根本无须人工。一些承运商还使用激励手段，鼓励旅客使用网络，比如网上订票享有折扣等。西南航空(Southwest Airlines)是过去十年中营利能力最强的一家航空公司。这家公司让因特网成为旅客规划行程的主要工具，所以它再也不必向旅行社支付佣金。它推出的新的折扣服务名叫 DING，网址是www. southwest. com/ding。如果你想为旅程节省一些开销，不妨一看。还有一些公司，比如Priceline. com 和Travelocity. com都在网上推出了打折票。因特网也改变了旅馆业。旅行者能够以入住汉普顿酒店（Hampton Inn）的低廉价格入住豪华酒店，比如洲际大酒店（Hotel Inter-Continental）或者瑞士酒店（Swisshotel）。对于那些提供免费早餐的酒店来说，因特网也是一个福音，因为它们能够以非常低廉的成本展示自己。所有这些都给说服者带来了挑战，他们必须认真设计说服活动，以把访客吸引到自己的网站，而不是推向竞争对手的网站。

人们需要的信息

互联网的一个主要卖点是它能够全天候提供即时信息。传统的商家绞尽脑汁，以适应不同时区的客户的要求。但是，因特网完全不用考虑时间因素，就能在世界范围内提供和收集信息。当然，在千头万绪、复杂难辨的情况下，还是和人沟通更好，但是我们的很多日常活动已经和因特网结合得十分完美了，就好像自动取款机能够为我们提供大部分银行业务一样。说服者的任务就是要吸引潜在的消费者来访问自己的网站。我们应对因特网带来的挑战的行动才刚刚开始，而等到我们得以成功地应对这一挑战，被说服者又会提出新的要求了。与此同时，被说服者能够利用因特网轻而易举地收集信息，比如关于候选人、商品品牌、募捐或者加入某一特定组织的信息。

没有地理边界、直接面向消费者的市场

因特网为全世界的人提供了直接的市场入口。种庄稼的农民可以毫不费力地在因特网上找到最好的市场。小型的、独立的咖啡种植者可以借助网络在世界范围内销售自己的产品，而且价格更高。他们再也不需要中间商了。这个过程被称作非中介化（disintermediation）。人们还通过其他方式使用因特网进行说服。许多艺术家利用因特网直接面向消费者的特点来售卖自己的作品，这为他们节省了佣金。如果通过画廊出售画作，中间商通常要收取 40%—50% 的佣金。人们通过易趣网（eBay）来买卖商品，这种方式跨越了国界，也躲过了税金和管制。说服者必须提供具有煽动力的信息，让消费者心甘情愿掏腰包。对于被说服者来说，在他们做出购买决定之前，他们就能够了解商品的价格、质量和数量等信息。

便利性大大增强

因特网为那些因为受限于地理、时间或者某种特殊情况而无法满足自己的需要的人提供了便利，也为生活在偏远地区的人提供了便利，使他们在很多方面能够像城里人一样。举例来说，很多消费者说，对他们来说，最珍贵的商品就是时间——我们要陪伴家人、发展自己的兴趣爱好、参加社区活动，还要忙里偷闲放松一下。现在，消费者可以网上购物了。他们的选择也大大增加，绝不仅仅局限于本地供应的商品。这种状况改变了整个零售业的局面，消费者得以从中受益。我们知道有一种市场营销的方式叫作利基营销。举个例子，有的人脚很大，有的人脚很小，他们在商场里很难挑到合适的鞋子。而如果他们选择网上购物，选择就大大增加了。瞄准了小众市场的说服者现在有了用武之地。在因特网上，人们还能够买到已经停产的零件。以此观之，它真是一座宝库。OfficeMax.com 在广告中说，它出售一种已经停产的打印机的硒鼓，只需要一个工作日就能送到，而且价格低廉。对于拥有这样一台打印机的消费者来说，这可真是福音啊！

迅速传递信息和资金

许多消费者需要获得即时的财经信息，而一些公司和银行通过因特网能够提供这种服务。如此一来，后者的竞争优势便凸显出来。电子邮件的附件功能大大简化了信息传递的过程。有很多种支付方式如今都能在因特网上实现，卖家可以即刻收到货款。如果考虑到通常的做法——借钱以维持现金流，这真是一个巨大的优势。我们现在可以在网上存款和取款，也可以借助贝宝（PayPal）这样的系统在网上购物。在争夺和留住消费者的竞赛中，提供信息和金融服务的能力是至关重要的。毫无疑问，对大部分被说服者来说，让交易过程变得更加顺畅和快捷是他们所渴求的。

因特网上的伦理问题

以符合伦理规范的方式上网是一个很大的话题。上网者可以用种种不光彩的方式刺探他人的隐私。父母尤其容易侵犯孩子的利益，而网上监视也十分常见。就像我们在邮购商店购物时一样，消费者必须对说服者的可信度持怀疑态度。所以，对网上的说服者来说，至关重要的一件事是建立自己的可信度，而对于被说服者来说，至关重要的是找到可信的消息来源。一些在网上开展经营活动的商家或者个人结成了某种团体，并能够提供关于可信度的证明。消费者在网上购物时留下的个人信息被商家泄露，这类侵犯隐私的事情时有发生。

回顾和小结

一个大学新生在入学之前一定已经看过了无数个小时的电视以及广告片。电视只是用于说服的其中一种媒介。广告牌、电影、杂志和报纸对我们当中的大多数人都会产生影响。商标、保险杠贴纸、T恤衫以及许多其他的东西都能够被用于说服我们。总而言之，我们生活在一个具有高度的说服性且媒介形式异常丰富的环境里，我们需要对媒介影响我们的方式保持警惕，尤其是说服活动。在过去和现在，新媒介都对说服我们的方式产生了重大的影响。我们亲眼见证了重大的传播革命如何永久地改变了说服的形式和社会的面貌。在很多事情上，我们都需要被说服，而媒介这一说服形式有时是让我们获得更多信息的最佳选择。

我们要学会透过表面看本质，这样才能抵御来自媒介的说服。我们要仔细辨别口语、视觉和听觉文本，并判断其所传递的信息是冷还是热。我们要审视一种新媒介如何延伸了我们的某种感官。我们要冷静思考是否"媒介即讯息"，以及当你成为说服活动的对象时，这句话的意义是什么。关于公共事件，我们要寻找已经被设置的议程是什么，我们被迫思考的议题是什么，这对于一个被说服者产生了什么影响。我们还要仔细审视自己的媒介使用方式。我们为什么要使用媒介？我们使用了何种媒介？媒介满足了我们的何种需求？我们还要思考新的传播媒介的发展所引发的巨大变革（Gumpert and Drucker, 2002; Larson, 2002; Postman, 1996; Zettl, 1996）。对于所有新媒介来说，提升可信度都是非常重要的，而对于因特网来说尤其如此。

关键术语

在你读完这一章的时候，你应该能够对以下的术语或概念做出定义、解释，并且举例说明。

口语	听觉脚本	感官涉入	个人身份
书面文字	视觉脚本	感官参与	议程设置
印刷文字	植入	热媒介	普通新闻
电子文字	"地球村"的发展	清晰度	忽视
交互式文字	存取码	冷媒介	讨好赞助商
唤起回忆	信号	使用和满足理论	假新闻
经验意义	高保真形式	监控	言语和非言语偏见
触景生情	低保真形式	好奇心	
文本脚本		娱乐	

道德伦理准则的应用

2004年4月2日，两家报纸的编辑决定在头版刊登一幅可能引起巨大争议的照片，照片的内容是四名美国承包商被肢解和烧焦的遗体，他们被悬挂在一座桥上。照片的前景是叫好的伊拉克人。在决定刊登这幅照片之前，编辑必须仔细考虑一系列伦理问题。究竟是否应该刊登这幅照片？在照片刊登几天后写给编辑的信中，读者的意见不一，有的认为"这种做法非常罕见"，有的认为"应该让公众知道真相"，还有的读者建议报纸去争取普利策最差品位奖。如果这几个美国人是军人会怎样？如果这几个人是伊拉克人呢？如果他们的尸体没有被肢解并且烧焦呢？如果这几个人是妇女或者儿童呢？刊登这张照片会影响公众对战争的态度吗？你会在头版刊登这幅照片吗？或者在内页刊登？你会提醒读者这幅照片的内容会引起不适吗？

进一步思考的问题

1. 原始的口头文化和我们现在生存于其间的电子文化的相似性有哪些?
2. 为什么说信息与权力紧密相关?请举出例子。
3. 所有权与书写技能的发展有何关系?
4. 印刷术的发明导致社会发生了哪些变化?
5. 读写能力如何既解放了我们,又奴役了我们?
6. 麻省理工学院的媒介实验室有哪些新发现?这些新发现在未来将会如何影响我们?
7. 正在主导我们的时代的是冷媒介还是热媒介?
8. 媒介的把关人在考虑哪些新闻适合作为晚间新闻刊登时,会使用哪些标准?
9. 失去管控的因特网意味着什么?
10. 上网时要遵守的伦理规范应该包括哪些内容?
11. 互动式媒介的爆炸式发展意味着什么?
12. 文化多样性如何影响了我们这个时代的多种媒介?
13. 因特网作为说服工具的吸引力有哪些?

有关在线活动,请浏览这本书的对应网站:
http://communication.wadsworth.com/larson 11

第十四章　在广告和整合营销传播中运用说服性前提条件

广告、促销和品牌定位
　　品牌管理、品牌名称、广告语、广告歌和标识
　　包装
　　促销
　　定位
过度传播的社会的问题
　　打破嘈杂
进入消费者的头脑：广告研究
　　人口统计学特征研究
　　消费心理学特征研究
　　社会学特征研究/地理学特征研究
　　民族学特征研究
从研究到文案：广告的语言
广告中的含糊其辞
　　帮助
　　像
　　几乎
　　更迅速
　　差不多
广告中欺骗性的断言
　　无关紧要的断言
　　提问式的断言
　　表明优势的断言
　　模糊的断言
　　对神秘的或不可思议的要素的断言
　　兰克的30秒广告小测验
世界的变化：广告的言外之意
　　制造兴趣、渴望和信任
　　采取行动

第十四章　在广告和整合营销传播中运用说服性前提条件

　　广告中的诉诸性感和潜意识说服
　　　　露骨的性诉求
　　　　更为精巧复杂的性诉求
　　　　潜意识诉求
　　回顾和小结
　　关键术语
　　道德伦理准则的应用
　　进一步思考的问题

学习目标

在阅读这章之后，你应该能够：
1. 解释广告和整合营销传播之间的区别。
2. 区分整合营销传播中的各种要素，例如促销、公共关系、广告、活动策划等。
3. 解释人口统计学、社会学、消费心理学方面的广告调查的作用。
4. 定义并解释为某个品牌定位的各种方法。
5. 解释 VALS 模式中的主要和次要的消费者类型。
6. 指出在印刷广告中所使用的含糊其辞的词语。
7. 将兰克的 30 秒广告小测验应用于几则电视广告。
8. 区分广告中的明确的、精巧复杂的和潜意识的性诉求。

　　广告是一种值得研究的令人着迷的说服类型。产品广告对于我们的购买及其他行为——例如我们对于品牌的认同、对它们的态度的形成和对我们所偏爱的生活方式的选择等——都有着极大的冲击力。在前面的章节里，我们讨论了直接和互动营销、互联网广告、市场细分和数据库营销的各种方法。**整合营销传播**是一种新颖而且独特的推广品牌的方式，它不只局限于传统的广告和说服中。整合营销传播的一个主要目标，是通过包括说服在内的不同类型的传播，而与消费者建立起一对一的对话或关系。它包括直接营销、公共关系、活动策划、促销、包装和人员推销等。所有这些方法共同运作就产生了表达独一无二的诉求的统一的消息。在这种情况下，总体比其各个部分之和要有更大的效力。这一章聚焦于作为成功的整合营销传播的关键（但并不是唯一的）要素的广告。而在广告领域，也不断涌现出新的趋势。例如，在美国，针对拉美裔的广告正在不断地增多。占美国人口总数 13% 的拉美裔是美国最大的少数族裔。麦当劳公司的 10% 的综合市场广告是西班牙语的电视广告（Wentz and Cuneo, 2002）。数量增长最快的少数族裔是来自不同国家的亚洲人，而成长最快的细分市场是由 50 岁以上的消费者所构成的市场。

　　互联网是另一股改变广告面貌的力量，而且它在将来也会扮演重要的角色（Cuneo, 2002）。2006 年年初发表的一篇名为《所有的事物都要考虑在内》（"All Things Considered"）的报告指出，越来越多的传统广告（例如，电视广告等）投入将被互联网广告和旗帜广告代替(N.P.R.,2006年1月3日)。互联网也被用于所谓的"同意广告",也就是消费者要求得到有关某个品牌的更多的广告。而且越来越多的人都开始上网了("All Things Considered",2006年1月3日)。研究表明,92%的青少年使用网络。为了进入青少年市场,菲多利食品公司(Frito-Lay)将它的9%的市场营销预算投入互联网广告(Thompson,2002)。菲多利食品公司与微软的Xbox联手开展的促销活动促使70万新顾客在http://Doritos.com上注册,在那里也有抽奖活动。

美国人是世界上最重要的,也是最佳的广告制作者和消费者。请看以下几点:
- 现在在美国,人均年广告费用已经超过了1000美元。
- 每个美国人每天看到或听到的广告接近2000条。因此,在这里有业界所谓的"嘈杂"。

我们可以将这些数据与世界上其他地区——例如英国、加拿大以及其他的"古老的"欧洲国家的广告费用及人口统计特征进行比较。在"古老的"欧洲,每年人均广告费用为50多美元。因而,毫不奇怪,为什么许多从不同国家刚来到美国的初来乍到者无法相信人们能够处理所有的广告。而事实也是没有人能够做到这一点。但是,尽管如此,美国的广告投入还在不断增加。这是说服对象需要了解这种传播形式的充分的理由(Larson,2001)。

有些广告可以被列为流行艺术,它们很有创意,而且有娱乐性,有些广告却是极其糟糕的。但是,我们在这一章的目标不是去评估这个领域的创造性的特征,而是去认识广告是如何影响人类社会和人们的行为的,以及它在美国和全球经济中的未来将会如何发展。我们需要探索广告所产生的影响对于全体人类而言是有害的,还是有益的,而且理解广告也有助于我们理解作为消费者的自己。持马克思主义的批判者将广告看作上层阶级用来剥削下层阶级的工具,因为它创造了对于不需要的产品的欲望,而且促使人们将钱浪费在这上面。广告业的运营者将广告看作是打败竞争对手的途径。消费者要么将广告看作是喧闹的噪音,要么将它看作一种娱乐形式。市场营销者通常将广告不仅用来说服消费者,也用它们作为告知的手段,后者也是广告的价值所在。我们需要有关产品、政治领域,以及观念/意识形态方面的信息来做出购买、投票和参与等方面的决策。

广告、促销和品牌定位

我们所有人都是广告所针对的目标,我们应该意识到指向我们的各种诉求,从而做出明智的购买、投票、参与或捐助的决定。让我们首先来看一看现代广告的一些基本原则。

品牌管理、品牌名称、广告语、广告歌和标识

当代广告是从19世纪晚期及20世纪初期的包装产品发展起来的。生产者要在

消费者心目中确立品牌识别,让消费者能够看出他们的产品和竞争对手的产品有何不同。在此之前的消费者从综合商店里购买装在圆桶、麻袋和其他容器中的没有商标和品牌名称的产品。而区分出你所售卖的咖啡的一种方式,就是为它起个名字或者赋予一个品牌。**品牌(brand)** 是用以描述某个特定的生产商所生产的某个产品品类的一个名称。不同品牌的咖啡相互竞争,此外,它们也在"热饮"这个产品类别中与茶、可可、佐餐苹果汁,以及在"饮料"这个类别中与不含酒精的饮料、果汁、瓶装水等竞争。我们应该将品牌与产品类别区分开来。

广告中的**广告语(slogans)** 和**广告歌(jingles)** 随着20世纪二三十年代广播和电台广告的发展而成为大众文化的一部分。广告语被定义为表现了品牌名称、优点和特点的口号。佳得乐(Gatorade)①有着与海湾牌(Gulf)②不同的特性,而后者又不同于斯纳普(Snapple)③或Blast。广告歌通常以歌词的形式出现,是广告语的音乐版。电视在20世纪50年代开始流行,它使得广告人不仅能够谈论、描写品牌,也能通过印刷、图像、特效、动画、背景音乐、声效和其他各种音频及视频技术来展现品牌。

在现代广告的早期岁月中,涌现出了一些尤为有效的营销品牌的战略。例如,品牌名称以完全不同的方式被消费者所认知并且根植到他们的头脑之中。"救生员"(Lifesavers)就是一个很好的品牌名称,因为它描述了这个品牌的形象,而且由于它是最早拥有品牌名称的水果硬糖,因而显得与不受商标保护的水果硬糖看上去完全不同。最早的一种清洁面部的肥皂被冠以"棕榄"(Palm Olive)之名进行推销,这个名称暗示着这种产品包含着椰子和橄榄油成分。另一个将某个品牌与竞争对手区分开来的方法,是使生产商成为一个有魅力的提供者。请想一想Cracker Jacks松脆饼干这个例子,这个品牌在19世纪80年代以一种新颖的供应者的形象出现,而将自己与其他松脆饼干区别开来。这个品牌的每个包装里都向消费者提供一个"免费奖品"。奈飞公司(Netflix)④通过提供免费试看期及不收取超时附加费而使自己与其竞争对手不一样。

另一种品牌区分的方法是通过品牌的包装实现的。银子弹啤酒(Coors Light)现在是装在不会打破的16盎司塑料瓶而不是玻璃瓶或铝罐中。请思考其他的品牌,看看它们是否使自己有别于其竞争对手。在冷冻火鸡市场,正如我们此前所观察到的,有一个品牌脱颖而出。当请人们说出一个冷冻火鸡品牌时,大部分人会说"黄油球"这个品牌——它有着最高的品牌识别度。这个名字容易被人们记住,而且说出了这个品牌的特点和优点。Butterball火鸡拥有口感最温润的火鸡品牌的名声,因为这种火鸡被涂抹了一磅黄油(Dollas,1986)。请思考其他表现了品牌优点的品牌名称,例如得威(DieHard)电池、易拭洁(Easy Off)微波炉清洁剂、全无敌(No Pest Strip)除虫剂、捷飞络(Jiffy Lube)汽车保养、金牌(Taster's Choice)速溶咖啡、水果国度果汁等。一个

---

① 美国的一种运动型饮料。——译者注
② 美国的一种润滑油品牌。——译者注
③ 美国的一种软饮料。——译者注
④ 一个在线影片租赁供应商。——译者注

优秀的品牌名称描述了产品的优点，与公司的形象相符，易于记忆。而且它听起来朗朗上口、容易推广、与产品的包装相称，并且是符合时代潮流、有说服力的。对于购物清单的研究发现，消费者往往列出品牌名称，而不是产品品类，以帮助他们采购（Rothschild,1987）。

与品牌名称密切相关的是品牌的广告语和**标识（logo）**，或是公司标志。哪一种咖啡是"滴滴香浓，意犹未尽"的？麦斯威尔（Maxwell House）一定会凭借它的广告语和最后一滴咖啡将从一只咖啡杯里洒落出来的标识而胜出。星巴克（Starbucks）这个名字并没有传递多少有关品牌或它的优点的信息，但是它的定位是专属于年轻的高收入消费者的咖啡馆。

包装

包装（packaging）是用来保护和识别产品、强调品牌名称、建立**品牌资产（brand equity）**（或品牌的可识别性）的容器或包装材料，它是一种促销机制。法律规定，包装必须提供有关产品的内容方面的信息，而且应该告诉消费者产品的功用、特征、优点和使用方式。包装也应该使品牌具有吸引力、易于识别、容易看到，并且方便存放在商店货架或柜台里。在**销售点（point of purchase, POP）**展现广告中的包装，有助于消费者回想起该产品被广为传播的特性和优点。销售点被定义为消费者可以购买到某个品牌的产品的地方。它通常是零售商店，但在今天，还有很多其他的途径购买商品，例如通过电话购物、邮购或网购。包装也承担着促销的功能，比如包装上附有优惠券，而且包装本身似乎就表明或拥有价值。例如，高仕（Grolsch）啤酒的瓶子有一个陶瓷塞子，当其中的啤酒喝完后，瓶子就可以用来存放其他液体。纳贝斯克咸饼干（Nabisco Saltines）最开始用的是锡盒，很便于存放坚果、螺丝钉、针线或其他东西，而蛋袜（L'Eggs）的塑料"蛋形"容器可以作为复活节的果冻豆的储存器、制作工具和存放容器，也可以作为丝袜的包装。

包装也有助于形成品牌印象，尤其是将包装用于电影和电视节目中的包装/产品植入的时候。影视节目中的角色惹人注意地使用某些广受欢迎的品牌，例如可口可乐、Sweet Success 小吃、丰田汽车、宝洁的产品和通用的产品等。这样做是否有效呢？传播学者博切斯（T. Borchers,2002）报告说，汤姆·克鲁斯（Tom Cruise）在一部上座率很高的影片中喝了一罐红带（Red Stripe）啤酒之后，这个品牌的啤酒的销售量迅速增长了50%。作为一名具有批判能力的消费者，应该努力识别品牌、包装和商标的作用，并且发现它们如何与品牌广告发生互动。例如，请研究一下巴特沃斯太太（Mrs. Butterworth's）和屋仔（Log Cabin）糖浆的包装。

促销

促销（sales promotion）被定义为暂时性的刺激，以促进即时购买。针对消费者的促销包括特别的促销价格，例如"买一赠一"，以及短暂的降价，例如"六小时特卖"。此外，促销也包括优惠券、打折、附带额外的产品、比价、溢价、抽奖、附赠菜谱和加量不加价等。所有的促销的目的都是增加需求。它们试图在供应渠道中通过人为地强化消费者对于某个品牌所带来的回报的渴望,来"拉动"该品牌的销售,而且在这个过程中,也会使用诸如有效期或有限的供应等短期限制,来促成立即的购买行为。如果需求有了充分的增长,那么商店经理就被迫预先存放该品牌的产品。因而,商店经理也被拉入到对该品牌采取行动的行列中来,随之开始使用诸如特价、折扣和店面展示之类的使该品牌尽快售出的"推动"战术。所有这些促销手段都是与品牌广告、品牌冠名、包装和其他做法共同发挥作用的,以形成整合传播营销,从而说服我们去购买某些品牌。

定位

我们生活在一个充斥着大量需要记住的产品和品牌的世界中。研究表明,在每种产品品类中,我们只能回忆起数量有限的品牌。一些学者推测,**第一提及知名度(top of mind awareness,TOMA)** 局限在五到九个品牌之间。对于复杂的产品种类,例如计算机,大部分消费者只能回忆起五种品牌,而在诸如啤酒、早餐食品等不那么复杂的产品种类中,他们可以至多想起九个品牌名称。由此带来的结果是,一个品牌需要引人注目,这样才能在销售点被记住,而第一提及知名度对购买行为有着至关重要的影响。第一提及知名度常常是通过精心的可能性模式中的枝节路线被处理的,被处理的事物包括广告语、广告歌、背景音乐和包装等。

这个领域的大部分当代专业人士都一致认为,广告是市场营销的手段。换言之,公司不只是生产产品,还要通过广告将产品销售给消费者。这个战略就是所谓的"由内而外"的路径。而成功的营销者是从消费者的头脑开始入手的,他们尽力确定可能还没有被满足的需求或没有被解决的问题,然后设计一个品牌,或是重新定义一个已有的品牌,以满足相应的需求或解决相应的问题。这就是"由外而内"的战略。这种从消费者开始的路径是由艾·里斯和杰克·特劳特普及的。在他们的畅销著作《定位:赢得心智之战》(Trout and Ries,1986)、《新定位》(Trout and Ries,1995),以及《焦点:你的公司未来取决于它》(*Focus: The Future of Your Company Depends on It*)(Ries,1996)当中,他们分析了**定位(positioning)** 和**重新定位(repositioning)** 这两个概念,它们是在消费者的头脑中发现空白的利基市场,并且用某个品牌去填补这个空白市场的战略。例如,小零食的设计者请消费者打开一袋薯片,将薯片倒在盘子中,品尝几片,然后说出他们的五种官能各有什么感受。之后,消费者又被要求对薯片进行评论,说出他们喜欢这些薯片的哪些地方、不喜欢哪些地方。他们说,薯片难以储存,有的时候薯片被煎炸焦了,或是有绿色的土豆皮残留在上面,这样就无法拿它们招待客人。薯片闻起来和摸上去都令人感到油腻,而且易碎,最后会剩下很多小碎片,没有人愿意再去吃它或者拿出来招待客人。作为回应,这家公司设计了另一种薯片——没错,就是品客(Pringles)薯片。这种薯片易于保存,不会被煎炸糊了,而且因为是烤制而成、不是油炸的,因而没有油腻的感觉;所有的薯片都是同等大小,而且由于包装有保护作用,因而薯片几乎不会被折断。品客薯片被定位为最易于储存、便于用来招待客人的薯片。

一旦某个产品的定位被确立下来了,广告就应该帮助消费者为尝试和最后的购买做好准备。广告通过反复出现的广告语或广告歌传播和强化品牌的特性及优点,以提升品牌意识,从而为销售打下基础。广告所必须做的就是展现产品的魅力,从而将消费者推往销售点。一旦消费者来到了销售点,促销和人员销售就实现了。

互动区域 14.1 互动媒介和儿童

在 2000 年,大约有 1 600 万儿童使用互联网,这个数据每年都在增长。除了使用 V 芯片屏蔽色情网站之外,大部分时候,家长都不会监控他们的孩子的上网活动。目前一个正被讨论的提议是用 A 芯片代替 V 芯片,因为前者除了能够屏蔽色情网站之外,还可以阻挡互动广告。在《今日儿童》(*Children Now*)的 2005 年春季刊中,提出了大量与互动广告有关的问题,并且指出互动广告在将要到来的数字时代会被怎样使用。这份刊物指出,很快数字电视机就可以接入互联网,你的孩子将可以通过使用电视遥控器购物。今天面向儿童做了大量广告的产品种类包括早餐麦片、汽水和快餐。批评人士将今天的儿童肥胖率增加了 300% 部分归咎于这些广告。一些人预测,因此带来的结果就是,今天的儿童的平均预期寿命将缩短 5 年。许多公司也建立了网站(而且很快会有电视主页),在那里通过提供免费的视频游戏以吸引儿童前来访问,之后通过这些游戏推销公司的品牌。相应的例子包括果乐疯狂科学家(Kool-Aid Mad Scientists)的"混合"(Mix it Up)游戏和在 http://NabiscoWorld.com 网页上的"趣多多!饼干们的温居派对"等。提供免费游戏从而用于传播品牌的策略被称为"广告游戏",它也是电视商务(T-Commerce)的一部分,并且被定义为使用数字电视机及其遥控器销售产品的能力。这个策略目前在英国得以应用,另外,达美乐比萨(Domino's Pizza)非常成功地用这种策略赢得了订单(Espejo and Romano, 2005)。为了进一步研究这些创新的含义,请访问 www.childrennow.org,然后点击不同的主题(issues)链接,就会出现互动广告(interactive advertising)的链接。点击互动广告的链接,阅读有关互动媒介如何用于面向儿童的销售的文章。你也可以访问其他公司的网站,进一步了解各家公司是如何凭借互动媒介向儿童做广告的。这些战术是否符合道德规范?为什么是或为什么不是?

过度传播的社会的问题

里斯和特劳特(1986;Trout, 1995;Ries, 1996)的一个主要观点是,我们生活在一个**过度传播的社会(overcommunicated society)**中。每个人面对着大量的传播,这些已经远远超过他们希望加以处理的量了。人们对此大加抱怨,普通的消费者发展出过于简化的头脑,即忽略大部分展现在他们面前的信息。人们选择他们认为良好的品牌,并且坚持这样的偏好,因为这使得购物变得简单。我们将这样的偏好称为"**品牌忠诚**"(brand loyalty)。品牌忠诚使得在过度传播的社会中的生活变得较为容易,因为人们不再不得不改变自己的主意,而且能够轻而易举地忽视所有为竞争品牌所做的广告。非常有意思的一点是,品牌忠诚是在 18 到 24 岁这个年龄群体的消费者中逐渐形成的。品牌轻便易于携带。因而,你可以随身携带它去任何你所去的地方。必胜客在全国各地都有,你也可以在世界各地买到可口可乐。品牌忠诚也有助于消费者对不同地方的同一品牌产品的质量和价值加以预测。这对于那些刚刚开始自己的职业生涯,以及频繁地面对着工作或地点的变化的人来说,是非常有吸引力的。

广告公司通常面对着这样的指责,即他们向人们推销不必要的产品或品牌,其中有些甚至是有害的,例如烟草,酒类和高盐、高油的食品。正如迈克尔·舒德森(Michael Schudson,1984)所指出的,广告公司面对上述的指责会为自己辩护说,他们的目的"不是改变人们对产品的选择,而是改变他们的品牌选择。广告……是为了在商业竞争中获取一定的市场份额所展开的竞争大战"(第 54 页)。为了突破混乱喧闹的媒介形态,并且走进过于简单化的头脑,广告人必须发现在受众的头脑里已经存在的某些东西,然后将它们与广告人所要传播的品牌联系起来。这与施瓦茨所提出来的回想模式相似,这个模式的主旨就是从受众那里提取信息,而不是植入信息。里斯和特劳特(1986;Trout,1995;Ries,1996)建议做到这一点的最好的方法是使用高度简化的消息。他们报告了一项名称识别调查的研究结果,其中 44% 的人认出了当时的副总统乔治·布什的照片,而有 93% 的人认出了洁先生(Mr. Clean)的图标[①]——后者的信息比前者简洁得多。

过度传播的问题随着里斯和特劳特所提出的"媒介爆炸"现象——这一点我们在第十三章进行了讨论——的出现而变得更加严重。媒介世界包括地面电视、有线电视、卫星电视、广播、报纸、新闻周刊、杂志、邮购目录、直接邮件、布告栏、公共汽车站牌、互动媒介,以及甚至是公共厕所里的指示牌。此外,还有其他的消息载体也在发挥着作用。因而,不仅有大量的信息向我们扑面而来,而且现在它们无处不在。就连人的身体也承载着诸如 CK、古驰(Gucci)、贝纳通(Benetton)和盖尔斯(Guess)等商标。诸如麦当劳和赛百味这样的零售商,都坚持要求他们的员工穿印有相应品牌的制服上班。

里斯和特劳特也呼吁人们关注"产品爆炸"。例如,主要是在欧洲和美国出现了超大型超市,在那里有六万多种商品可供人们选择,而在普通的超市我们只能找到 12 000—20 000 种物品。每年有 25 000 个新商标在美国专利局(U.S. Patent Office)登记注册,同时还有"成千上万的产品和商品在没有商标的情况下销售"(Ries and Trout,1986,第 14 页;Trout,1995;Ries,1996)。不仅品牌广告的数量在不断增多,广告

---

① 这个商标展现了一个交叉双臂、秃头、戴着单只耳环的中年男性的形象。——译者注

也被用来推广专业人士和非营利性组织,例如律师、医生、大学、制药公司和医院等。在过去,像医院这样的机构从来没有觉得有必要向它的潜在顾客做广告。毫无疑问,品牌忠诚会早早地发展起来,并且保持很多年。

打破嘈杂

广告人是如何应对来自爆炸的媒介、产品和广告的三重打击的?换言之,他们是否可以成功地突破重重障碍?定位技术提供了一条突破喧嚣的路径。我们在第十一章谈到了其中的一些战术,它们在说服性传播攻势中被用来获得细分市场。"成为第一"的策略帮助杰里奥、舒洁(Kleenex)①和施乐(Xerox)复印机打破了混乱的喧嚣,并且深深地印在了消费者的脑海里。现在,这些品牌名称实际上已经成为相应的产品品类的类属名称了,而且作为**主打品牌(master brands)**而为人知晓。苹果个人电脑曾经不仅在电脑市场中占据第一的位置,而且是最具用户友好型特色的个人电脑。这让它赶超了IBM电脑,但是后来,苹果失去了它的领先优势,因为各种其他品牌提供了更新、更好的,而且更为广泛兼容且用户友好的软件,例如微软的视窗系统。

对于不是处于市场第一的品牌,定位甚至更为重要。它们不希望成为"我也是"品牌。在早期的广告时代——强调品牌利益或者独特的销售主张,以及品牌形象的时代,竞争还不像今天这样白热化。随着越来越多的"我也是"的版本出现在市场上,无论是产品利益还是形象广告都不再行之有效。品牌必须在市场上是独特的,而且广告人通常借助简单但与众不同的广告文案来进行传播。

尽管如此,对产品利益的诗意描述仍然发挥着效用,我们可以在很多延续了75年,甚至更久的品牌那里看到这一点。例如,象牙皂(Ivory Soap)在最早的产品利益广告中的广告语是"99.44%的纯度——浮于水上","浮于水上"是这家公司的一名工人不小心在肥皂中泵入了太多空气的结果。但是,很快,消费者就要求购买能浮在水上的象牙皂,因为这样一来在浴缸里泡澡时就很容易找到肥皂。现在,这个品牌从这个产品种类的领导者位置跌落到销售量第六的位置。为什么会这样呢?原因并不是糟糕的广告,而是因为现在越来越多的人洗淋浴,而找肥皂不再是个问题了(Parente, 2004)。另外一些有说服力的广告文案,包括"在福特,质量是第一要务""带来奢侈的气味"和"皮肤医生的推荐"。

很多方法能够使产品看上去似乎是某个品类中具有特定的优势的唯一品牌。在大部分产品种类中并没有太多的利基市场,因而如果竞争对手牢牢地占据着受众的头脑,我们可以做什么呢?一个可能的方法就是通过比较广告来对某个竞争对手做出反击。里斯和特劳特以安飞士租车(Avis Rent-a-Car)的传播攻势为例说明了这种方法,这个传播攻势的口号是"安飞士是租车领域的老二,因而我们要更加努力"。在连续13年亏损之后,安飞士在承认自己是业界第二之后的当年就赚得了120万美元,第二年为260万,第三年则达到500万。作为母公司的国际电话电报公司(ITT)抛弃了

---

① 舒洁是一种纸巾品牌。——译者注

"我们是第二位的"这一想法之后,立即开始亏损。有意思的是,这种比较广告并没有伤害到市场的领导者,例如租车市场的赫兹租车公司(Hertz)。但是,安飞士的传播攻势使它从其他的品牌——例如国家租车公司(National)和百捷乐租车公司(Budget)——那里带走了生意。

另一种帮助某个品牌打破喧嚣的方法,是通过告诉消费者"我们不是什么"而重新定位自己(Trout,1995)。七喜汽水几近破产,但它的广告公司用了一个在广告历史上最成功的品牌大翻转的广告而拯救了这家公司。这个广告创造了"非可乐"这个词,然后它被以各种非常有创意的方法到处使用。这个传播攻势将七喜定位为软饮料界的第三名,排在可口可乐和百事饮料后面。后来,胡椒博士也使用了同样的策略,声称自己与可乐不一样。

还有一种方法是从现有的品牌形象或声誉中获得优势。例如,艾禾美(Arm & Hammer)公司生产小苏打,但近年来,它开始为养牛场批量生产并销售助消化的产品,从而促进牲畜的体重增长。这种将新品牌产品引入市场的做法被称为**"产品线延伸"**(line extension),延伸产品是凭借产品线上的某一种产品的名望或品牌资产而打破喧嚣的。开发某个品牌的新的用途,也有助于对这个品牌的重新定位。对此,艾禾美小苏打再一次提供了成功的案例。这个品牌在不给予帮助的情况下的识别率达到了97%,因而已经没有必要进一步提高它的品牌识别度了。在1972年,这家公司决定广泛传播此前提到但没有加以推广的小苏打的新用途——冰箱中的除臭剂。一则巧妙的广告,让可以"看得见"的气味从冰箱中被艾禾美"吸"了出来。在广告播出后不到两年的时间内,这种产品的销售量提高了72%(Honomichl,1984)。另一个被很多"我也是"品牌所采用的战略,是声称自己比过去的备用物更好,从而打破喧嚣。但是,这里存在的问题是难以向消费者证明某个品牌更好。价格也是另一种打破喧嚣的办法。某一类产品可以发现一个低价格利基市场,例如现代汽车和福克斯汽车所填补的市场,也可以发现一个高价格利基市场,例如捷豹或宝马汽车。

其他的突破喧嚣的方法还包括"通过性别或年龄定位"。一个占据年龄利基市场的产品是《现代文明》(Modern Maturity)杂志,它在订阅量上处于领导者地位。诸如高纤维或低盐食品、治疗胆固醇和关节炎的药物,以及退休计划,都在年龄利基市场做广告。或者请看一看诸如iPods、捷步鞋(Zappos)和黑莓手机、Nads脱毛剂或代写简历的公司之类的产品或服务,所有这些都通过年龄对自己进行定位,从而抵达较为年轻的消费者。

分销和包装也能够打破喧嚣。蛋袜是第一家在超市销售丝袜的公司。这个事实和它的包装,使得它在丝袜市场占据了独特的位置(Ries and Trout,1986)。与传统的封套式丝袜包装——这种包装需要手工折叠和放入——不同,蛋袜牌丝袜通过机器简单地将袜子塞入容器,这样就削减了人工成本,从而降低了销售价格。鸡蛋形状的容器也可以被消费者用来做手工或存放物品(Dollas,1986)。

广告人也可以通过重新定位某个现存的品牌来打破喧嚣,正如之前所讨论的七喜饮料的案例。更新一些的有关重新定位的案例是脆谷乐麦圈从儿童品牌转变为成人品牌,在这个过程中,它强调了其中的高纤维含量(请见 Trout,1995)。这个品牌一直是高纤维的,但是直到最近,广告才提到这一点。与此同时,脆谷乐麦圈也失去了一些儿童市场的份额,比如水果麦圈(Fruit Loops)和小圆石(Pebbles)等甜品品牌的销量在下降。为品牌选择恰当的名字不仅能够打破喧嚣,而且能够为这个品牌创造相应的位置。一种强效浴室清洁剂把自己命名为"The Works",就非常符合尽最大努力的想法——消费者迫切希望"让它发挥效用(Works)!"。

所有这些打破喧嚣的方法都产生于大量的广告研究,这些广告研究的目的是找出能够进入消费者的头脑、引起"共鸣"[用施瓦茨的术语(1973)来说]的广告。接下来让我们来了解一些面向具体的市场的研究。

进入消费者的头脑:广告研究

有四种广告或整合市场营销研究可以用于获取消费者数据。它们分别是:(1)人口统计学特征研究;(2)消费心理学特征研究;(3)地理学特征研究或社会学特征研究;(4)民族学特征研究(O'Guinn,Allen and Semenik,2006)。有时是这些研究中的一两种,有时是所有四种研究都被采用。进行这类研究的具体方法,包括各种收集数据的方法,例如人口普查、民意调查、问卷调查、保修卡、国家和地区政府的调查、焦点小组访谈、瞳孔测量仪(这种仪器在眼睛阅读印刷广告的时候追踪视线)和视速仪等。所有这些都是用来确定费格(1997)所提出的热门话题和冷门话题。

人口统计学特征研究

人口统计学特征研究(demographics) 以年收入、所信仰的宗教、政治倾向、年龄、家庭规模、性别、购买模式,或是上述要素的任意组合为基础,确定具体的细分市场(O'Guinn,Allen and Semenik,2006)。广告公司在这些数据的基础上,设计出具有某些特色或拥有特定的背景的广告。一个人口统计学特征模式关系到丁克家庭的人口数量的增长。丁克家庭包括两个子群体:(1)那些有意不要孩子、非常随心所欲的人;(2)那些其子女已经离开家庭、现在独自生活的人。第一个群体往往较为年轻,拥有可以自由支配的收入,通常会将收入都用于自己。第二个群体是婴儿潮群体中正步入老龄的先头部队,他们也有着可以自由支配的收入,但是有不同的使用途径——用于旅游、孙辈等。而老龄化的婴儿潮一代,正以每年增加 200 多万名新消费者的速度增长。

广告主需要用完全不同的方式吸引这两个子群体,而人口统计学数据可以帮助广告主获得对于这些人群的更多的了解。例如,在老龄化的婴儿潮群体中,每 102 位男性对应着 157 位女性,这些群体的离婚率是全国平均离婚率的三倍。他们往往喜欢早睡早起。他们将大量的金钱花在孙辈身上和用于旅游。现在,如果你是拥有这些数据的广告总监,请指出你将在什么时候、什么地方、用什么方式、以什么品牌向这个细分市场发出诉求。假设你的产品是全国联网的健康俱乐部,人们在旅途中随处都可以接受服务。你是否打算在拥有全球最大订阅量、可以**抵达(reach)**[看到或听到广告的人数,而不是看到广告的**频率(frequency)**]大量人群的《现代文明》杂志,或是你打算在地方晚间新闻节目(它的抵达数量较小,但收看频率较高,而且较为便宜)中发出你的诉求?或者在历史频道(History Channel)上做广告?或者你准备向有大量退休人群的联邦州中的60岁以上的人群寄送直接邮件?你会选安吉拉·兰斯伯瑞(Angela Lansbury)[1]、伯特·雷诺兹(Burt Reynolds)[2]、迈克·迪特卡(Mike Ditka)[3]、蒂娜·特纳(Tina Turner)[4]或某个30岁以下的人当你的代言人吗?人口统计学特征研究有助于瞄准细分市场,并且对设计有效的广告文案、做出明智的媒介选择有帮助。

消费心理学特征研究

消费心理学特征研究(psychographics)是对消费者的生活方式和他们对于某个产品或品牌的感觉的研究(Amft, 2004)。它提供有关消费者如何支配他们的时间和金钱、他们从事什么活动、他们的兴趣是什么,以及他们对于各种话题的看法等方面的信息(O'Guinn, Allen and Semenik, 2006,第221—224页)。

活动(activities)、兴趣(interests)和观点(opinions)。这三个概念构成了所谓"价值观和生活方式"(VALS)划分系统的核心。活动包括工作、社会活动、休假、爱好、娱乐、参加俱乐部和社区活动等。"美好生活中的活动"这个子类包括文化活动、烹调美食、投资、旅游或品尝美酒等。广告主可以将目光投向诸如定向飞靶射击、垂钓、漂流或摩托车骑行等活动。在每一个子类中,广告都需要量身定制。对烹调美食、定向飞靶射击和数字摄影感兴趣的打高尔夫的人,与同样对这些事情感兴趣的玩保龄球的人完全不同。每类人群需要收到个性化的广告消息。

兴趣包括家庭和家人、成就、娱乐、时尚、技术、食物和媒介。观点涉及自身、国际、社会和政治等方面的议题(例如,全球恐怖主义或全球变暖)以及商业和经济(例如,石油的价格)、宗教和文化、教育,以及未来(例如,互动电视)等方面的议题。

消费心理学特征研究基于某个具体的品牌,请人们回答与他们的行为、兴趣和观点有关的问题。广告主之后会推论回答者的生活方式,以及他们可能会对某个品牌做出什么样的反应。例如,一项研究可以确定哪种类型的消费者会指控为其治疗的医生治疗不当。问卷的内容包括:

- 我对我的医生非常信任。
- 很多医生都已经过时了。
- 支付给医生的报酬过多。
- 医疗不当很难被证明。

---

[1] 安吉拉·兰斯伯瑞(1925—),英国著名演员。——译者注
[2] 伯特·雷诺兹(1936—),美国著名演员、导演。——译者注
[3] 迈克·迪特卡(1939—),美国著名演员。——译者注
[4] 蒂娜·特纳(1939—),美国摇滚乐坛歌后级人物,著名的舞蹈家、演员。——译者注

- 你是你自己最好的医生。

答案从"非常同意"到"非常不同意"。通过回答中所表现的趋向可以指出谁会提出医疗不当指控。

对下列陈述表示完全同意的人非常有可能使用李施德林漱口水，而不是Listermint漱口水：

- 如果不每天洗澡的话，我会感觉不干净。
- 每个人都应该使用香体露。
- 房间每周要打扫三次。
- 房间里的气味会让我感觉不舒服。
- 你看不见的污垢比你看得见的更糟糕。
- 我是一个非常整洁的人。
- 每顿饭后都应该清洗餐具。
- 在每顿饭前都洗手是非常重要的。
- 我使用一种或多种家用消毒剂。

有说服力的广告应该建立在这个品牌的除菌和消毒功效等诉求的基础之上，例如"在漱口水中清洁并不意味着'好味道'——今天就用李施德林！"。

需求驱动型消费者（need-driven consumers）。这种消费者生活在贫穷之中。他们在人口中只占11%，几乎没有可自由支配的收入。他们不得不用自己的收入购买基本的生活必需品。需求驱动型可以分为两个子类：生存者（占人口总数的4%）和维持者（占人口总数的7%）。生存者竭尽全力购买日常必需品，往往不相信他人和品牌，而且通常不适应社会。他们住在贫民窟，受过的教育很少，收入匮乏，而且很可能是少数族裔。维持者的购买模式是以价格和日常需求为主导。他们的情况要好一些，但也非常渴望安全和保障，并且真切地希望获得成功，也认为自己可以做到，因为自己有都市人的精明。他们所受的教育有限、收入低，但并不一定来自少数族裔。价格对他们来说很重要，但是他们购买时也会小心谨慎，要求有保修。他们希望出人头地，并且瞄向迅速致富的计划，例如多级传销、彩票或者毒品交易。

外部引导型消费者（outer-directed consumers）。他们在市场中占67%，是所有的广告主的重要目标。外部引导型的人包括从属者（占总人口的35%），他们保守、传统、很少尝试新产品或服务，往往是受过低等到中等教育的蓝领工人。他们以家庭为导向、热心家务、爱怀旧，是直接回应的电视广告节目——例如"80年代音乐金曲"（Great Music of 80s）等——的最佳目标，易受流行风尚的影响。模仿者（占10%）在社会和经济地位方面处于上升的态势、雄心勃勃、势利并且竞争意识强。他们有着丰厚的收入，往往比较年轻，生活在城市里。模仿者对炫耀型消费感兴趣、购买流行的产品，并且是最新、风格最奢华的服装、汽车和活动最好的目标。成功者（占22%）已经"功成名就"，对效用、领导地位、成就、成功、名声、舒适和炫耀型消费感兴趣。他们有着相当高的收入和受教育程度，居住在郊区和大城市的时尚城区。他们往往是政界、商务和社区活动中的领导人物,购买顶级品牌和新产品,是奢侈品的最好的目标。

内部引导型消费者(inner-directed consumers) 内部引导型消费者(占22%)被分为四个子类。"我就是我"型消费者(占5%)是个人主义、敢于尝试、冲动、极端化和易变的,他们来自富裕的家庭,拒绝继承的财产或传统的行事方式,但是可能没有大量可自由支配的收入。他们是学生或者刚刚开始职业生涯的人。

经验主义者(占7%)希望拥有大量和多种多样的经历,并且参加许多活动。他们善于内省,通常具有艺术才能。由于他们的生活选择不同,因而拥有或高或低的收入。他们受过良好的教育,支持艺术,通常都有家庭,并且在40岁以下。经验主义者的购买习惯集中在诸如登山这样的富有活力的户外用品上,他们也对与家居有关的自己动手制作的项目感兴趣,是里昂·比恩(L. L. Bean)①或艾迪·鲍尔(Eddie Bauer)②的产品的最合适的目标客户。

有社会意识的消费者(占8%)希望过简单的生活,关心环境问题。他们有着社会责任感,并且参加山岳俱乐部(Sierra Club)③、绿色和平组织(Greenpeace)、核冻结运动(Nuclear Freeze Movement)或绿党(Green Party)④。他们追求规模最小化和内心的成长。他们大多是白人,有着出色的受教育背景,但收入两极分化。这一类消费者居住在大城市、小城镇或农场当中。他们拥有保守的立场,注重简单和节约。他们是节能型产品、燃油效率高的混合动力汽车、有机园艺和自酿酒设备的最恰当的目标。

整合型消费者(占2%)自我感觉良好,他们宽容、心理成熟。他们是自我实现型,以广博的视角看世界,对诸如酸雨和导致污染的产品等问题感到担忧。他们有着良好到优渥的收入、年龄层次多样、从事不同的职业,是可以表现自我的产品的最合适的目标顾客,例如修缮具有历史意义的房屋或收集独特的物品。他们是绘画、音乐或戏剧的最恰当的目标。这个细分市场正在不断成长,与此同时,需求驱动型消费者正在减少,而外部引导型消费者保持不变。广告主应该使用这些模式设计品牌和促销这些品牌的广告,以及有针对性地满足不同群体的诉求。

社会学特征研究/地理学特征研究

社会学特征研究(sociographics)或**地理学特征研究(geographics)**是对人们如何、为什么和在哪里生活的研究。它的基本假设是"物以类聚,人以群分"(birds of a feather flock together)。人们选择和与自己相似的人生活在一起或与之为邻。社会学特征研究/地理学特征研究是人们所生活的地方、人口统计学特征(相互联系在一起的变量丛)和心理特征的组合(O'Guinn, Allen and Semenik, 2006)。对于这些数据的研

---

① 里昂·比恩是美国著名的户外用品品牌。——译者注
② 艾迪·鲍尔是美国服装品牌,定位为为中产阶级提供高品质的做工和质地。——译者注
③ 山岳俱乐部是美国的一个环境保护组织。——译者注
④ 绿党是由提出环境保护的非政府组织发展而来的政党,提出"生态优先"、非暴力、基层民主等主张,积极参政议政,开展环境保护活动,对于全球环境保护有积极的推进作用。世界上最早的绿党是1927年成立的新西兰价值党,欧洲最有名的绿党是德国绿党。——译者注

究,是通过从某个邮政编码区域里抽取一定数量的人做样本来进行的,所谓的邮政编码地区,类似于广告主所认为的对其品牌有吸引力的一种邻近地区。之后,研究邀请样本成员参加焦点小组访谈,回答有关相关品牌及其竞争对手的调查问题。研究者从调查所收集的回应中寻找模式,以及在焦点小组的讨论中被反复使用的词语。广告公司的创意人员围绕着由顾客所生成的文案要点设计消息。社会学特征研究也会展现媒介使用模式和节目偏好。

一个与社会学特征研究/地理学特征研究有关的系统是 PRIZM 系统①,这是由克拉瑞塔斯公司(Claritas Corporation)所推广的一种系统。这个体系确定了62种在地理学特征和社会学特征上完全不同的邻里地区类型,并为这些类型起了朗朗上口的名字,来表明其特征。例如,有一种类型被称为"连上两个台阶",是指正在上升途中的年轻的模仿者。"猎枪和皮卡汽车"是指受过高中等教育的、住在活动房屋里的蓝领工人,他们拥有大屏幕电视、满是灰尘的皮卡汽车以及没有品牌的含糖的软饮料。他们通常肥胖,而且经常去吃快餐或者光临"能吃多少吃多少"的自助餐馆。克拉瑞塔斯对"小镇和长袍"或典型的大学城——你可能就生活在其中的一个——这个群体也有很多了解。他们主要是单身的白人,大多是大学生或刚毕业的人,他们为民主党投票,喜欢慢跑。他们经常使用自动取款机、透支支票,不太可能拥有一辆厢式货车、玩具大小的狗、互助基金或防盗报警系统。但是,他们确实有个人贷款,喜欢滑水和滑雪,阅读《摩登新娘》(*Modern Bride*)或《绅士季刊》(*Gentleman's Quarterly*),开的汽车往往是斯巴鲁 DL4s、丰田雄鹰(Tercel)、现代卓越(Excel)或大众捷达。他们喜欢大卫·莱特曼,但是讨厌星期天早上的访谈节目。

民族学特征研究

依赖于研究者走入实地去观察消费者如何选择和使用品牌的研究方法被称为**民族学特征研究(ethnographics)**。之后,他们会访问使用者,追寻细节。例如,他们可能会看着购物者走到面包柜台,并观察有多少人会检查包装上的有效期。或者如果他们对消费者如何消耗和消费食物感兴趣,他们可以到消费者家中,请求查看并拍摄消费者的冰箱、冰柜、食品存放室和菜谱。然后,他们询问最经常使用哪些原料、食物在冰箱里存放多长时间和主妇最喜欢的菜谱是什么等问题。根据这些结果,研究者回到研发部门,开发新品牌或者重新定位某个老品牌(例如,像 Cheerios 所做的那样),以适应消费者所报告的习惯和需求。

一个新近出现的恰当的例子是吉列剃须刀的"Sensor3"一次性刀片的开发。这款刀片是特别为女性(Parente,2004)、基于男性与女性剃须方式的差别而设计的。研究注意到,当男人在剃须时划破自己的时候,他们会怪罪剃须刀。而女性在剃腿毛时划破自己的时候,她们会责怪自己。在访谈中,男人说想要更锋利的剃刀,而女人希望有钝一些的剃刀。在问了更多的追问问题之后,研究者发现,女人使用剃刀时把手向上

---

① PRIZM 是根据邮政编码制定的潜在市场等级指数(Potential Rating Index by Zip Market)。——译者注

翘,而男人剃须时手向下用力。这是因为男人经常是在洗脸池那里修面,而女人是在淋浴的过程中剃腿毛。当剃刀掉落的时候,女人会紧张,因为这意味着她们要弯腰捡起掉落的剃刀,在这个过程中,水、肥皂或洗头水会流进她们的眼睛。女人们报告说,更厚实、不打滑的把手将更受欢迎。借助这些研究,设计师开发出专供女性使用的"Sensor3",这款剃刀有三个受弹簧驱动的刀片,有保护作用的微型尾翅,符合人体工程学的造型,更为厚实,有橡皮外套和适合抓握的隆起的把手。专供男性使用的剃须刀有两个一次性刀片,与女款类似的把手,但是还有一个更小的剃刀头是用来剃在鼻子和嘴巴周围不容易够到的地方的胡须的。两种剃刀都得到很高的评价,吉列的新产品2002年在全国范围内大获成功。

从研究到文案:广告的语言

研究结果到了广告公司的创意人员那里,就会变成抓住注意力和易于记忆的广告和公共关系文案。这些广告或公关文案必须是可信的,但与此同时也应该在一片喧闹嘈杂中推销相应的品牌。某大型广告公司的前首席执行官、曾任美国广告公司联合会(American Association of Advertising)主席的约翰·奥托勒(John O'Toole, 1985)就抵达受众做了一些非常有趣的观察。他相信,消费者应该是这个过程的核心,而且唯一有效的说服目标消费者的语言——语言符号和非语言符号——就是个性化的语言。一个新品牌的首项任务就是发现消费者的个性特征,然后使用个性化的语言和文案,例如"德尔(Dial)肥皂让我开心,希望人人都像我一样",或希尔斯(Sears)的得威电池在展现了运行中的电池之后的广告文案是"当其他电池败下阵来,得威电池为您保驾护航"。这些文案针对个体而不是大众。消费者从广告所用的词语和视觉图像中看到了自己的经历。

广告中的含糊其辞

我们需要仔细检查狡猾的说服者如何使用词语来误导我们。卡尔·瑞特(Carl Wrighter, 1972)的经典著作《我可以卖给你任何东西》(*I Can Sell You Anything*)聚焦于一些被用来欺骗我们的关键词。他将其称为"**含糊其辞的词语**"(weasel words),因为这些词语让说服者看似说了什么,但其实他们什么都没说。这些词语使得信源回避他们的承诺。它们悄悄设定了进行防备的基调。尽管瑞特是在30多年前确定了这些含糊的词语,但是今天它们依然被频繁地应用在广告中。

帮助

"帮助"这个词似乎提供了资助、救济或解决办法,而实际上却没有做任何承诺。

例如,"李施德林漱口水有助于预防感冒"这句广告语。在这里做出了什么承诺？你是否可以期待在你用过李施德林漱口水的几天后,将有更好的感觉？如果你确实如此,那么这种改善是来自李施德林所给予的帮助吗？如果你的确在考虑预防感冒的问题,那么请大量喝水并且保证充足的休息,这才是真正有帮助的。

像

另一个含糊其辞的词语是"像"。一位网球明星说:"驾驶尼桑(Nissan)Maxima 就像在开昂贵的欧洲车。"普通品牌"就像"昂贵的名牌。你很容易看到"像"这个词的欺骗性就和它的漏洞一样大。它只是意味着某物与另外一物相似,但是相似性是可伸缩的。辛迪·克劳馥(Cindy Crawford)可以被认为像世界上所有的女人。熟食吃起来像自己家里做的。一罐葡萄酒尝起来像奢侈的法国葡萄酒。水果国度果汁让你感觉自己像一名体育冠军。

几乎

含糊的词语"几乎"与"像"类似,只是它看上去似乎承诺了更多。新的仿麂皮面布衬衫"几乎牢不可破"。人造皮革"几乎"与牛皮一样。凯斯特洗碗机使得你的盘子和玻璃制品"几乎不留污渍"。这些承诺看上去如此具体,只有一个小小的漏洞。但是这个漏洞随着消费者说人造皮革的衣服在几个月后穿破了或者发现用凯斯特洗碗机清洗过的盘子上有污渍的时候就逐步扩大了。如果产品能够发挥功效,那么"几乎"这个词就无关紧要了。

更迅速

有些产品需要展示速度,例如非处方药物或者与人身安全有关的产品。在这个产品品类下的品牌,经常使用含糊其辞的**"更迅速"**(**faster**)来进行推销。固特异轮胎能够更迅速地停下来。比什么更迅速？比其他的品牌吗？还是比甜甜圈？这里并没有给出比较的基础。当你遇到这种含糊的词语时,就自然而然地将其当作与其竞争对手所做得比较。

差不多

这个含糊的词语看上去给出了优秀的表现,但是仅在一定程度上是这样。"拥有好健康俱乐部(Good Health Club)处方会员资格,你可以差不多节省50%的花费。"你可能没有省任何钱也可能省了一些,或者可能省下了50%,但是没有任何保障保证你能省50%的花费。当你看到"**差不多**"(**as much as**)或"将近"(up to)这样的词语时,请一定要当心。

广告中欺骗性的断言

广告中另一种类型的欺骗,出现在广告所做出的断言中。狡猾的促销者运用断言来吸引我们的注意,并且催促我们去购买、给候选人投票,或采取某些做法,但是他们几乎没有做出任何承诺。让我们来看看瑞特(1972)所定义的几种类型的断言。

无关紧要的断言

有些广告所做出的断言听上去令人印象深刻,但当你仔细审视它们的时候,却发现这些断言是无关紧要的。在这里,基本的策略就是做出一个真实的断言,但这个说法与相应的品牌的优点没有什么关系。之后,这个说法通过将自己与产品、候选人或运动联系在一起而引人注目。珍宝(J&B)苏格兰威士忌声称自己是"稀少"而且"天然的"。别的品牌的苏格兰威士忌是非天然的吗?如果你无法找到这个问题的答案,那么你就能确定这是一个牛头不对马嘴的断言。箭牌(Wrigley)新推出的"Green Apple Extra"口香糖有轻轻一碰就有芬芳气息的特性,但是这与产品无关。你咀嚼口香糖是为了它的口味而不是它的气味。福特的 Escape 汽车是"为路而建造"。没错,所有的汽车品牌和款式都是这样的。

提问式的断言

瑞特注意到有一种断言方式是提出问题。"如果你不相信百适通(Prestone)①,你还能信任谁?""为什么不买正宗的?""这一群小伙子拼命地工作难道不是为了米狮龙啤酒(Michelob)吗?""如何用强力(Stren)鱼线钓到大鱼?"所有这些都是提问式断言的例子。请注意相关产品的优点只是隐含在问题中的。你可以相信某种防冻液,但是这个问题暗含着真正的可靠性只有在百适通那里才能找到。为什么要购买价格过高的正宗的产品?可能米狮龙只是事后诸葛亮。使用"强力"能保证你大获成功吗?可能不能。当你看到问号时,请要求细节和保证。

表明优势的断言

瑞特注意到有些断言似乎表现了相应品牌的独一无二的优势。例如,母亲牌(Mother)面条是用 100% 的粗粒小麦做的,但是其他很多品牌,甚至包括没有品牌的商品都是如此。在几种早餐麦片之间比较维生素的含量,会发现几乎没有什么差别,而大部分蛋白质来自你所添加的牛奶。政客们通常声称自己出身贫寒,将这当作一种优点。这可能是一种优势,但是也可能是真正的劣势。出身卑微的人可能是非常不可靠的。他们可能受过较少的教育,拥有有限的社交技能和与更高社会阶层的领导进行

---

① 百适通是一种美国汽车防冻液品牌。——译者注

沟通的能力。无论何时，当你面对声称拥有某些重大的优点的人、产品或观念时，都应该问一问是否真的如此，以及是否是某个品牌、候选人或事业所独有的。

模糊的断言

模糊的断言会迷惑购买者或投票人。它被广泛地用于政治领域。例如，一位政客说，她既支持全球自由经济政策，也支持关税政策。两者南辕北辙。

对神秘的或不可思议的要素的断言

瑞特指出，一些断言指向神秘的或不可思议的要素——它们使得产品更出色。Noxzema[①]销售一种名为"Acne 12"的产品，据称这种产品含有一种大部分皮肤科医生所认可的神秘的成分。Oxy-Clean含有"其他普通洗面奶所不包含的强效但温和的药物成分"。Zantrex-3声称含有一种成分——双重复合物，比起其他含有麻黄素的药物，它将减肥效果提升了546%。对神秘的或充满魔力的要素的断言难以追踪验证。嘉绿仙口香糖（Chlorets）通过声称每块口香糖都含有一滴神奇的"retsyn"——这是这个品牌的独特优势——而获得了成功。所谓"retsyn"是色拉油的另一种说法，它在嘉绿仙口香糖的生产过程中被用作黏合剂。你可以在大众传播中发现许多其他类型的断言。重要的是要保持批判的态度。

兰克的30秒广告小测验

休·兰克设计了一组简便易行的关键问题，用来检查广告中的诉求。兰克的这个30秒广告小测验发表在他的著作《音调》（*The Pitch*，1991）当中。兰克在其著作的一开始就指出，所有的广告，尤其是电视广告，都是诸如调研、脚本、场景、拍摄角度、表演、道具、服装、色彩等多种变量的综合体。负责任的消费者需要以连续的方式看待广告片。兰克建议，应该按顺序列出组成电视广告的每个镜头或视觉框架。在30秒的电视广告中，可能会有40个左右经过编辑的快速变动的镜头，大部分电视广告还会有一个稳固的画面——它设定了广告的舞台。一个新啤酒品牌的电视广告的不同版本，使用广告所测试的城市中众人熟悉的该城市的景观作为背景。旧金山版本使用金门大桥（Golden Gate Bridge），而芝加哥版本使用希尔斯大厦（Sears Tower）。其他镜头推动广告的叙事。一个中距镜头展现了正在争执的一对情侣的上半身，这告诉我们冲突是这个故事的中心。这个时候声音被放出来，我们发现，他们正在争论是购买美国制造还是外国制造的汽车。摄像机移向那个男人的面部，拍摄了面部特写，我们听到音乐变得紧张，随之也看到他的面部表情并听到他的声音变得紧张。然后特写镜头切换为那个女人的面部，我们听到她说："你知道吗，当你这么严肃的时候很可爱。"之后，我们听到广告歌，并且看到他们相互偎依着看着一则现代汽车的广告。这些镜头在讲述着故事。你作为接收者的任务就是按顺序列出这些镜头，直到能够完全描述这则广

[①] Noxzema是宝洁旗下著名的护肤品牌。——译者注

告。然后,尝试着确定这则电视广告的基本框架。例如,刚才所描述的这则广告的内在构架是冲突的解决,但是显现出来的一个不同的版本,可以是两位男性之间的争执。这样一来,对话、紧张的气氛、剧本和广告的含义都会发生变化。兰克也建议要识别受众对广告的参与程度。这个品牌正在承诺哪些利益?例如,福特的 Escort 汽车最初的广告宣传说,它具有空气动力学的造型、独立车轮悬挂系统、齿轮和齿条转向装置等。Escort 的这些特征并不是利益。特征应该为消费者带来一些利益。例如,空气动力学的造型更便于驾驶、使风阻更小、燃油效率更高,以及汽车内部更为安静。一旦这些准备工作都做好了,兰克建议提出下列五个基本的分析性问题:

（1）采用了哪些吸引注意力的方法?大部分广告吸引五种感官中的一种或多种感官的注意。大部分广告也诉诸消费者的情感,并且运用出乎意料、有趣和引人注目的事物吸引消费者的注意,而且让消费者直到最后都好奇这则广告正在努力推销什么品牌。

（2）使用了哪些建立信任的方法以说服消费者,使得他们相信该品牌?权威人物、重复、指出该品牌的悠久历史都是有成效的做法,呼吁信任和忠诚也会激励信心。使用来自医生或律师的专家证词、保证声明和保修说明,都会建立起消费者的信任和信赖。

（3）采用了哪些刺激欲望的方法来鼓励消费者试用该品牌?兰克指出确定利益是发现这些方法的恰当途径。他注意到,大部分广告会提出下列一个或多个理由用来刺激人们尝试该品牌的欲望:例如,防止或避免某些坏处(如不舒服或不安)、保证或保持某些好处(如地位、外表或财富)、获得解脱或消除某些坏处(如头皮屑或财务方面的担忧),以及得到或获得某些好处(如一辆燃油效率高的经济实用的新车或低利率的房屋贷款)。

（4）采用了哪些强调紧迫性的方法使得消费者"现在就行动"?相应的例子包括写明有效期或提醒人们"只有在供应跟得上的时候"才是这个价格。

（5）使用了哪些追求回应的方法来告诉消费者应该采取哪些行动?相关的例子包括"试用"该品牌、"买下它""加入"或"拨打"1—800电话。

世界的变化:广告的言外之意

请回想一下本章开头所指出的趋势。市场变得越来越全球化、碎片化和多样化。比以往任何时候都多的家庭,需要全家人有两人或多人工作以获得收入,并且经常感到时间的捉襟见肘。谁是承诺方便并且能够节省时间的广告的目标?工作着的夫妇?寡妇或鳏夫?单身人士?离婚的人?从某种程度上来说,主要是繁忙的有孩子的双职工家庭,因为他们的活动不断增多。结果就是,吃饭不再是传统的一家人围坐餐桌前的行为了。家人会外出就餐、买食品带回家,或者叫外卖送回家。美国人现在有一半的饭是在外面吃的。

另一个变化是向同样的这些消费者强调方便。自从引进了1—800电话号码以来，从服装到篮球票等任何东西的购买都变得更为简单。时间对于大部分双职工家庭来说是一种商品，应该小心地开销，因而邮购和在线购物不仅省了时间，还让你避免了寻找停车位、走进商店、排队等待结账的不便。许多商业街，甚至超大型购物中心现在都有"出租空间"，因为当下我们面对着竞争非常激烈的市场，尤其是大量的收入被用在邮购目录、互联网购物、购物频道，以及其他的直销门市上了。现在，我们会看到圣诞节前大甩卖紧接在万圣节之后，然后又是传统的圣诞节后大甩卖。我们刚过完7月4日美国国庆日就开始促销开学用品。零售商们希望参与竞争。大型折扣连锁超市也不断增多，因而要通过广告传播来增加竞争力度。在未来的岁月里，我们将要面对更多的需要筛选的嘈杂，而且我们现在只是面对着互动式互联网广告的冰山一角。

制造兴趣、渴望和信任

广告顾问维斯特加德（Vestergaard）和施罗德（Schroeder）建议，可以通过在广告中提出消费者无法回答的问题而引起受众对广告的注意。这将激发起好奇心，并且引导受众与广告互动。相关的例子包括"一刮即嗅"广告、菜谱和包含让读者去回答的正确/错误测试内容的广告。一则通用汽车广告问道："你知道你的下一块挡泥板是从哪儿来的吗？"然后广告通过回答说"美国的汽车修理厂里有大量仿制部件：山寨的车门，假冒的引擎盖，赝品保险杠、车架、挡泥板……通用汽车坚持用纯正的部件"，而满足受众的好奇心。这则广告文案不仅用大字标题回答了吸引注意力的问题，而且通过产品利益在消费者那里制造了兴趣、渴望和信任。请注意经常被用到的句式——"山寨的车门、假冒的引擎盖"。这些措辞让广告的力度进一步加强。

广告主也需要避免使自己看上去是对原创的"我也是"的模仿。所有的狗粮看上去都是差不多的——无论是像小石头一样的干粮，还是软胶质那样的罐头。但是，请看一看佳乐滋汉堡（Gaines Burger）是怎么做的。首先，这个名称听上去和这个产品看上去都像是汉堡包——这是全体美国人的食物。当然，这种产品的红色不是天然的，它是氧化铁，不会对你的狗有害，而是为了让你在头脑里将其与烤肉架上的汉堡联系起来。另一个使人们对"我也是"的品牌产生兴趣、渴望和信任的战术是强调它的高质量。例如，散粉的名字是Solar Power（太阳能）SPF-20，是由一家名为内科医生配方（Physician Formula）的公司出品的。如果是由一名内科医生所配制的散粉，那么一定是非常好的。这个产品的广告语是"你的眼睛将不相信你的面孔"。如果他们声称这个品牌是这个价格水平上质量最好的，对此他们通常是不会要求去证明这则断言的。另一种表明某种产品的科学性的方法，是纳入一些听上去有科技色彩的成分，例如got2b、DZM-21或阿迪达斯（Adidas）的"含有可以吸汗的TECH棉的无铝香体露"。广告主也可以做出诸如"含有被大多数医生和医院所推荐的缓解疼痛的成分"之类的听上去很科学的断言。当然，这个成分就是阿司匹林。或者由某个穿着白大褂的人告诉我们某个品牌的特征及好处。

采取行动

在销售中最困难的事情是实现销售或者**采取行动**(get action)。"现在就买"应该是最直接的行动呼吁,但是除此之外,还有其他的方式在不使用"买"这个词的情况下说出"购买",因为"买"这个字眼可能会切断很多购买的可能性。例如,"现在就行动""现在打电话吧"和"现在就点击'发送'"都表达了同样的意思,但是回避了可能是负面的词语"买"。另一个加强紧迫性的语句是强调希尔迪尼所提出的稀缺性,从而刺激行动,例如"直到……之前都供应充足""24 小时大甩卖"或"这个价格上只剩几件"。维斯特加德和施罗德在对大量的广告进行研究后发现,有32%的广告使用了引导性的语言。引导性的语言可以分为以下几类:

(1)祈使句,借此发出指令。"今天拥有一个吧"就是一个例子。另一个例子是在乐伯乐鱼竿广告中暗示了供应紧缺。广告文案含蓄地表达了公司只能提供有限的产品数量,之后又补充说道:"这对于所有严肃认真的钓鱼人来说是足够的……当然前提是他们每人只买一个——如果你有机会购买,一定要抓住机会!"我买了六个,否则只有在伊利(Ely)、明尼苏达州和独木舟荒野水域(Boundery Waters Canoe Wilderness Area)的入口处才能租到它。

(2)以其他的较少引导性、更多建议性的语言鼓励购买。例如,"这难道不是试一试 Dial 的好时机吗?"或"为什么不试一试 Dial?"或"Dial 值得尝试"。

(3)用引导性的语言请求读者/观众要求更多的细节、使用试用品或记住相关产品。这些呼吁可能会促成销售,而更为常见的是,它们生成了所谓的"潜在客户",随后会带来一系列行动。例如,如果消费者索求有关节能的免费小册子,他们很可能就是防风窗、铝制墙板、隔热材料或太阳能板的未来的客户。维斯特加德和施罗德在"买"这个词之外推荐了另外 17 个动词,它们分别是:"尝试""要求""拿走""索取""致电""开始""来吧""赶快""过来""看到""给予""记住""发现""招待""介绍""选择"和"寻找"。

广告中的诉诸性感和潜意识说服

在广告中使用性感诉求和潜意识说服并不是新方法,但是它们一直广受争议。例如,女性主义者对女性身体在广告中的暴露感到不安。其他人,如家长、学校管理者和医生则担心性病、当今的青少年怀孕的增加。他们质疑潜意识诉求的道德性。广告诉诸性感的程度,从公然露骨地承诺性方面的成功[例如,伟哥(Viagra)]到更为精巧复杂和象征性地暗示如果使用某种品牌将获得的性方面的成功(例如,维多利亚的秘密)。此外,也有潜意识广告暗示着性方面的成功,但针对无意识或潜意识层面。

互动区域 14.2 文化多元化和广告

广告业中增长最快且最有吸引力的领域是多元文化和多样化市场。专门致力于多样化和多元文化广告的各种各样的广告公司,在过去十年里如雨后春笋般地成立了。联合媒体公司(Allied Media Corporation)是一个极具代表性的例子,请访问它的主页。让我们来看几项该公司提供给面向多种文化和族裔细分市场的广告主的服务吧:公共关系、媒介策划、直接营销、媒介设计和定位、活动策划、网页设计、多媒介产品、邮件列表、少数族裔广播和电视,以及翻译。这家公司将显而易见的细分市场划分出来专门经营,例如拉美裔、非裔美国人、女性、亚裔美国人等,而且它还发布针对不那么有名的细分市场的广告,例如在阿拉伯语报纸、阿拉伯语电子媒介上发布广告或发送针对阿拉伯人的直接邮件等。它也为俄罗斯人、南亚人、中东人、波兰人、保加利亚人、男同性恋/女同性恋和土著美国人的市场提供同样的服务。请访问这家公司的网站,你会对这家公司所采用的方法和提供的服务的深度和广度大为惊叹,这些做法都被用来呼应我们这个不断多样化和文化多元化的国家和世界的广而告之的需求。

弗洛伊德主张,性冲动和生殖冲动是人类行为中最强有力的动机。它们往往会带来诸如父亲为新生儿的出生而分发雪茄的象征性的行为。这些象征性行为通常为物体和举动赋予了性含义。弗洛伊德将圆柱形的物品,例如阴茎、香烟和枪支看作是男性生殖器的符号,而将圆形的或开放的物体,例如高脚酒杯或打开的门窗,看作女性生殖器的象征。对他而言,所有普通的日常活动,例如抽烟、把手环成杯子状或摆弄手中的钢笔,都是无意识的象征性的性行为。弗洛伊德的著作在很多人看来是非常荒唐的,但是也有很多广告领域的人士认为它们是非常严肃的。简单地观察一下就会清晰地发现性诉求充斥于广告当中。让我们分析一些显而易见的、一些更为复杂且不那么露骨的,还有一些可能是潜意识地应用了性诉求的平面及电子广告。这些诉求类型可能都是用精心的可能性模式中的枝节线路加以处理的。

学者瓦尔迪维亚(A. N. Valdivia,1997)分析了女性内衣类产品中的两种完全不同的性诉求。这类产品的价格几乎相同,但是特性完全不一样,因而广告诉求也不同。例如,维多利亚的秘密这个公司名称意味着旧时代的经典,看上去几乎是拘谨的。而另一个品牌,好莱坞的佛莱德瑞克隐含着暗送秋波的罪恶感。维多利亚的秘密的广告背景体现了财富、休闲、等级和英国乡间别墅的氛围。在好莱坞的佛莱德瑞克的广告中,照片大多是在针织品的背景下拍摄的,其中唯一的家具就是床或沙发或游泳池旁的躺椅。维多利亚的秘密的模特显得端庄娴静,视线回避照相机。而好莱坞的佛莱德瑞克的模特斜睨着照相机,手放在臀部,眼睛半闭着,双颚紧闭。维多利亚的秘密的商品目录每月发行,售价3美元(尽管没有人会真的为此付钱),公司总部设在伦敦,公司的电话接线员说话有英国口音,产品目录也是从英国寄出的。

露骨的性诉求

露骨的性诉求(blatant sexual appeals)通常用语言符号和非语言符号两种渠道向使用者承诺性成功或者满意。

更为精巧复杂的性诉求

更为精巧复杂的性诉求(sophisticated sexual appeals)只是暗示了使用某品牌所带来的性满足。这一类诉求包含着指明性威力的微妙的线索。例如,在蒂凡尼的一则名为"Pendant"(坠儿)的高品质的纯银长颈瓶广告中,一幅特写镜头的照片展现了挂着盈盈欲滴的水珠的Pendant长颈瓶被放置在一位丰满、浑身是水而且显然是裸体的女人的乳沟处。幽兰的根茎被插在长颈瓶中,一只螳螂停在瓶颈上休息。这则广告中只有品牌名称,却没有任何有关性成功、高超的性技艺或性满足的语言或承诺。当然,广告清晰地运用了性诉求。弗洛伊德可能会指出暗示着生殖崇拜的幽兰根茎被插在阴道形状的长颈瓶中的象征意义,以及富足的水分意味着正在进行的性交。但是,为什么还有螳螂呢?

潜意识诉求

潜意识诉求(subliminal appeals)是一个被激烈争议的议题(Phillips and Goodkin,1983)。事实上,许多人都怀疑潜意识诉求是否真的存在。为什么这个话题会带来如此大的争议呢?这源于潜意识诉求反对有关人类天生讲求逻辑而非感性,以及当然不是完全被性所占据的观念。此外,潜意识说服也直接打击了感觉主义者。让我们研究一下那些主张潜意识消息是存在的人们的观点,以及关于这种方法是否有用的争论。

对潜意识消息的支持。潜意识说服(subliminal persuasion)的基本前提建立在无意识心理这个概念上,而且它的推动力必须足够强有力,从而对有意识的生活产生影响,哪怕只是以象征性的方式。弗洛伊德认为,无意识心理一直作用于信息处理,只是被意识心理所忽略了。那些相信无意识诉求存在的人主张,这样的诉求有时是非常短暂而且被乔装打扮了的,因而意识心理会忽略它们,但是在潜意识层面,它们极其强有力而且在很大程度上发挥着激励作用。

这种方法随着20世纪50年代的首次发表而被传播开来,但是它在过去和现在都被联邦通讯委员会(FCC)禁止用在电子媒体上。不过,联邦通讯委员会的规定并不包含印刷媒介和电影。在芝加哥和纽约,有十几家商业调查机构一直为广告主提供制作潜意识消息的服务。这个议题在2000年总统竞选传播攻势中再次浮现出来。共和党全国委员会(Republican National Committee)发布了一则批判艾尔·戈尔所提出的毒品提案的负面的电视广告。在这则广告中,"老鼠"(RATS)这个词在画面上闪动,并且"民主党"(Democrats)这个词以"Democ-RATS"的方式拼写。而中央情报局(CIA)一直对情报、间谍和反间谍工作中的潜意识说服感兴趣(Coodkin and Phillips,1983)。

广告学研究者威尔森·布莱恩·克(Wilson Bryan Key)在他的著作《潜意识诱惑》

(*Subliminal Seduction*,1973)和《海滩狂欢》(*Clambake Orgy*,1980)中普及了潜意识性诉求这个话题。这些书都指出,潜意识的色情线索隐藏在杂志广告中,以此唤起潜意识、被压抑的性动力。在广告制作的最后阶段,这些**嵌入成分(embeds)**被用喷枪喷入广告,字迹不是很清楚,只是诉诸人们的潜意识。之后,当商店中的陈列激发了这一潜意识时,人们就会去购买这一品牌的产品。克最初是被大部分烈性酒广告中修饰照片的要求所震撼,这些广告要求用喷枪喷涂出酒杯里冰块的样子,因为如果要拍摄出符合杂志质量要求的高质量的照片,冰块会在高温光线的照射下融化。既然已经使用了喷枪,因而说服者提出用喷枪在冰块中喷出不易察觉的消息,例如"购买"或"好"这样的字眼。克给1 000个人看了这样的广告,并请他们回答看到这则广告时的感觉是什么。虽然有38%的人没有做出回答,但是有62%的人报告说,这则广告让他们感到是色情、唤起性欲、浪漫、性感的,甚至是性兴奋的。克用一些广告对其他受众重复了这个试验,也得到了类似的结果。

近年来,凯文·霍根(Kevin Hogan,2005)发现,自1990年以来,潜意识感觉回归到了主流地位。霍根和其他人的一些研究显示,尽管潜意识音频消息没有什么作用——除了前面所讨论的激发效应和隐身营销之外,但是在视觉或视频潜意识消息中却是完全不同的局面。霍根提出,视觉皮质会对不在意识域中的刺激做出反应,能够接收看不到的信息,并且与大脑的引起行动的其他部分共享。他讲述了由圣地亚哥的加利福尼亚大学的佩尔瑞·温克曼(Piotr Winkleman)在2004年所开展的付饮水账的实验。参加实验的是加利福尼亚大学的本科生,温克曼将口渴度、饮水量和某人愿意为一杯水所支付的价格作为变量。受试者在两种条件下可以得到一杯水:一个是在看了一张高兴的面孔之后,另一个是看了一张生气的面孔之后。口渴的受试者在看到高兴的面孔后的喝水量是看了生气的面孔后的两倍,而在前一种情况下,他们愿意付0.38美元,而在后一种情况下只愿意支付0.10美元。

潜意识有效果吗? 如果运用了潜意识消息,那么说服是否会发挥作用呢?已故美国心理协会(American Psychology Association)消费者心理分会(Division of Consumer Psychology)会长指出:"毫无疑问……这些争论总是有关人们的态度改变的。对于态度改变,我们不能做什么,但是我们可以做的是激发已有的态度或者倾向。"(Lander,1981,第45页)这个说法反映了我们一直所谈论的问题,即最有效的说服,是充分利用受众已经掌握的信息。正如我们一再观察到的,有效的说服者是从他们的受众那里获取消息,而不是向他们发送消息。

虽然广告界人士否定使用了潜意识方法,但是潜意识自助磁带一直是有着几十亿美元收入的产业,而且很多用户确实相信这种方法。当然,一些运用性元素的广告可能根本就不是潜意识消息。CK广告所促销的男士香水就是一个恰当的例子。另外一些广告在打潜意识的擦边球。那些消息模糊隐晦,但足以让你清楚地知道广告主想让你得到什么信息。

回顾和小结

正如前文所指出的，我们生活在一个新产品、品牌和媒介爆炸的社会，而媒介上充斥着为这些产品和品牌所做的广告，显得更加喧闹嘈杂。但是，广告主仍然要抓住我们的注意力，试着告诉我们他们的品牌的特征、利益和优点。他们运用机智的暗示和促销方法，促使我们在销售点购买。广告和促销方法这两个要素现在被冠以"整合营销传播"的专业名称。整合营销传播将一些元素与广告融合在一起，从而为消费者留下印象或让其产生品牌接触。这些元素包括公共关系、包装、有版权标记的物品（例如服装、纸巾、包装纸和杯子等）和描述品牌的特别活动（例如百事挑战赛、弗吉尼亚州女子网球协会年终赛等）、消费者贸易促销和直接营销。整合营销传播专家运用复杂且成熟的研究，其中包括人口统计学特征研究、社会学特征研究、消费心理学特征研究和民族学特征研究，从而将所有的受众进行细分。基于这些研究，他们开发产品（例如，品客薯片和"Sensor 3"一次性剃须刀等）、广告文案、版式设计和脚本，以唤起各种需求和欲望。广告通常使用诱导的，甚至是欺骗性的含糊的词语和欺骗性的断言。而且，广告主有时使用露骨的、精妙复杂的和潜意识的性诉求，以大肆炒作其品牌。作为消费者，我们需要保持警惕，因为在广告中存在着道德问题，而且广告很可能是有害的，而不是提供信息。

根据约翰·霞飞（John Chaffee, 1998）的观点，广告的积极的方面是为消费者在重要的领域——如安全、健康、营养和清洁——提供有关品牌利益的有价值的信息，还有有关更为日常的议题的信息，例如如何变得有魅力、性感和成功。他也指出，作为竞争工具的广告不可避免地会带来更低的价格，这对于消费者来说是先天性的优点。与此同时，鲁斯·贝克（Russ Baker, 1997）指出了生产商的一些值得质疑的做法。这些生产商试图操控为他们发布广告的媒介上刊登的内容。他们警告媒介所有者，如果媒介刊登的文章批评了他们的品牌或者是某个产品类别，那么他们将停止在该媒介上发布广告。他们在根据自己的利益审查节目和文章方面做得很成功，而且在某些情况下，他们会插手某些节目的制作和文章的撰写。最近，布什的白宫政府被发现付费给媒介机构的工作人员，使他们做出有利于总统的偏向性新闻报道。你可以在亚历山大（A. Alexander）和汉森（J. Hanson）的有争议的著作《偏袒：对于大众媒介和社会中有争议的问题的冲突性看法》（*Taking Sides: Clashing Views on Controversial Issues in Mass Media and Society*）里看到双方对这个问题的争论。

关键术语

在你读完这一章的时候，你应该能够对以下的术语或概念做出定义、解释，并且举例说明。

整合营销传播	第一提及知名度	频率	更迅速
品牌	定位	消费心理学特征研究	差不多
广告语	重新定位	需求驱动型消费者	采取行动
广告歌	过度传播的社会	外部引导型消费者	露骨的性诉求
标识	品牌忠诚	内部引导型消费者	精巧复杂的性诉求
包装	主打品牌	社会学特征研究	
品牌资产	产品线延伸	地理学特征研究	潜意识诉求
销售点	人口统计学特征研究	民族学特征研究	潜意识说服
促销	抵达	含糊其辞的词语	嵌入成分

道德伦理准则的应用

假设你为东/西部医疗公司（East/West Medical Corporation）工作，这家公司主要从事体检业务。它在电视新闻节目中购买了广告时段，以告诉消费者可以在当地的克罗格（Kroger）超市得到免费的黑色素瘤检查套装。这则广告伪装成新闻的样子，因为播报这则广告的播音员就是播报新闻节目的那个人。这种做法引发了质疑。批评人士问道："将一则广告做得像一则新闻是否符合道德原则？"检查套装是免费的，消费者只需要将它寄回给东/西部医疗公司就可以了，之后付很小的一笔手续费就能在大约一周后得到检查结果。有关手续费的问题只是在检查套装的使用指南中提到而没有在广告中被提及。有些人指出，这项服务能够拯救生命，但可能是不合乎道德的。另外一些人说，社会依赖新闻记者来呈现真相，是完整的真相，实实在在的真相，而"作为新闻的广告"违背了受众和新闻记者之间的契约。此外，对于东/西部医疗公司还有其他的一些看法。比如，他们可以在开始播放广告时，就贴上"广告"的标签，以提醒观众。也可以在广告的最后——在观众已经接收到这则信息后——贴上相应的标签。他们可以改变他们的诉求，不再强调产品的"免费"的一面，而是告诉观众将要收取手续费。他们不应该再用新闻节目作为该广告的外壳。你会选择哪些看法？为什么？

进一步思考的问题

1. 在美国，平均用于每个人的广告花费是多少？在其他国家呢？
2. 广告如何反映了某种文化的价值观和规则？
3. 一位持马克思主义的批判人士会如何评论广告的目的？
4. 什么是"定位"？定位与利基市场有什么关联？
5. 哪些产品特性可以在利基市场发挥作用？

6. "过度传播的社会"带来了哪些问题？
7. 什么是"产品爆炸"？它对我们有什么影响？
8. "打破嘈杂"意味着什么？
9. 为什么"美国制造"是一个有关定位的例子？
10. 人口统计学特征研究、社会学特征研究和消费心理学特征研究之间的区别是什么？
11. 什么是丁克家庭？
12. 什么是价值观和生活方式？它是如何发挥作用的？
13. 什么是焦点小组讨论？它的目的是什么？
14. 什么是广告语言？请举例说明。
15. 如何借助广告研究的结论设计广告文案？请举例说明。
16. 什么是含糊其辞的词语？请举例说明。
17. 什么是欺骗性的断言？请举例说明。
18. 当我们说某个产品被语义化了，是什么意思？请举例说明。
19. 广告中的露骨的性诉求和复杂精巧的性诉求的区别是什么？请举例说明。
20. 在广告中如何应用潜意识诉求？你认为它有什么效果？

有关在线活动，请浏览这本书的对应网站：
http://communication.wadsworth.com/larson 11

参考文献

第一章

All Things Considered, April 11, 2005.

Alter, J. (2002). "The Body": So Jesse's act is suddenly very old. We've learned that wrestlers can govern until government has to wrestle with something truly important. *Newsweek*, July 1, p. 37.

Beckett, J. (1989). Ad pitches popping up in unusual places. *San Francisco Examiner*, July 17.

Berger, A. A. (2000). *Ads, fads, and consumer culture: Advertising's impact on American character and culture.* Oxford: Rowan & Littlefield.

Berkowitz, L. (Ed.). *Advances in experimental social psychology* (Vol. 19, pp. 123–205). Orlando, FL: Academic Press.

Brembeck, W., & Howell, W. S. (1952). *Persuasion: A means of social control.* Englewood Cliffs, NJ: Prentice-Hall.

Brembeck, W., & Howell, W. S. (1976). *Persuasion: A means of social control* (2nd ed.). Englewood Cliffs, NJ: Prentice-Hall.

Burke, K. (1970). *A grammar of motives.* Berkeley: University of California Press.

Fotheringham, W. (1966). *Perspectives on persuasion.* Boston: Allyn & Bacon.

Gearhart, S. M. (1979). The womanization of rhetoric. *Women's Studies International Quarterly, 2,* 195–201.

Hall Jamieson, K. (1992). *Dirty politics: Deception, distraction and democracy.* New York: Oxford University Press.

Marwell, G., & Schmitt, D. R. (1990). An introduction. In J. P. Dillard (Ed.), *Seeking compliance: The production of interpersonal influence messages* (pp. 3–5). Scottsdale, AZ: Gorsuch Scarisbrick.

McLuhan, M. (1964). *Understanding media: The extensions of man.* New York: Signet.

News Record, Gillette, Wyoming, May 10, 2005.

Petty, R. E., & Cacioppo, J. T. (1986). The elaboration likelihood model of persuasion. In L. Berkowitz (Ed.), *Advances in experimental social psychology* (Vol. 19, pp. 123–205).

Postman, N. (1981). Interview. *U.S. News & World Report*, Jan. 19, p. 43.

Postman, N. (1985). *Amusing ourselves to death: Public discourse in the age of show business.* New York: Penguin Books.

Rank, H. (1976). Teaching about public persuasion. In D. Dieterich (Ed.), *Teaching and doublespeak.* Urbana, IL: National Council of Teachers of English.

Roberts, R. (1924). *The works of Aristotle.* Oxford: Clarendon.

Shannon, C. E., & Weaver, W. (1949). *The mathematical theory of communication.* Urbana: University of Illinois Press.

Simons, H. W. (1976). *Persuasion: Understanding, practice, and analysis.* Reading, MA: Addison-Wesley.

Sullivan, P. A. (1993). Signification and Afro-American rhetoric: A case study of Jesse Jackson's "Common ground and common sense" speech. *Communication Quarterly, 41,* 1–15.

Toffler, A. (1980). *The third wave.* New York: Bantam Books.

第二章

Adam, A. (2005). *Gender, ethics, and information technology*. New York: Palgrave Macmillan.

Alter, J. (1987). The search for personal flaws. *Newsweek*, Oct. 19, p. 79.

Bailey, R. W. (1984). George Orwell and the English language. In E. J. Jensen (Ed.), *The future of nineteen eighty-four* (pp. 23–46). Ann Arbor: University of Michigan Press.

Baker, S., & Martinson, D. L. (2001). The TARES test: Five principles for ethical persuasion. *Journal of Mass Media Ethics, 16*, 148–175.

Bate, B. (1992). *Communication and the sexes*. (Reissue). Prospect Heights, IL: Waveland Press.

Beck, J. (1998). Clinton's character under siege once again. *Chicago Tribune*, Jan. 25, sec. 1, p. 19.

Berkman, R. I., & Shumway, C. A. (2003). *Digital dilemmas: Ethical issues for online media professionals*. Ames, IA: Blackwell Publishing.

Bennett, M. J. (1979). Overcoming the golden rule: Sympathy and empathy. In D. Nimmo (Ed.), *Communication yearbook 3* (pp. 407–422). New Brunswick, NJ: Transaction Books.

Booth, W. C. (2004). *The rhetoric of RHETORIC: The quest for effective communication*. Malden, MA: Blackwell Publishing.

Bosmajian, H. (1983). *The language of oppression* (rpt. ed.). Lanham, MD: University Press of America.

Bovee, W. G. (1991). The end can justify the means—but rarely. *Journal of Mass Media Ethics, 6*, 135–145.

Buursma, B. (1987). Do-or-die deadline rallies Roberts' flock. *Chicago Tribune*, Jan. 17, pp. 1, 10.

Callahan, D. (2004). *The cheating culture: Why more Americans are doing wrong to get ahead*. New York: Harcourt.

Christians, C., et al.(2005). *Media ethics* (7th ed.). Boston: Pearson/Allyn & Bacon.

Cooper, M. (2002). Covering tragedy: Media ethics and TWA flight 800. In R. L. Johannesen (Ed.), *Ethics in human communication* (5th ed.) (pp. 319–331). Prospect Heights, IL: Waveland Press.

Cooper, T. W. (1998). New technology inventory: Forty leading ethical issues. *Journal of Mass Media Ethics, 13*, 71–92.

Corn, D. (2003). *The lies of George W. Bush: Mastering the politics of deception*. New York: Crown.

Courtright, J. A., & Perse, E. M. (1998). *Communicating online: A guide to the Internet*. Mountain View, CA: Mayfield.

DeGeorge, R. (1999). *Business ethics* (5th ed.). New York: Prentice-Hall.

Dobel, J. P. (1999). *Public integrity*. Baltimore, MD: Johns Hopkins University Press.

Ermann, D. M., Williams, M. B., & Shauf, M. S. (1997). *Computers, ethics, and society* (2nd ed.). New York: Oxford University Press.

Foss, S. K., & Griffin, C. (1995). Beyond persuasion: A proposal for an invitational rhetoric. *Communication Monographs, 62*, 2–18.

Freund, L. (1960). Responsibility: Definitions, distinctions, and applications. In J. Friedrich (Ed.), *Nomos III: Responsibility* (pp. 28–42). New York: Liberal Arts Press.

Froman, L. A. (1966). A realistic approach to campaign strategies and tactics. In M. K. Jennings & L. H. Ziegler (Eds.), *The electoral process*. Englewood Cliffs, NJ: Prentice-Hall.

Goodwin, H. E. (1987). *Groping for ethics in journalism* (2nd ed.). Ames: Iowa State University Press.

Gorsevski, E. W. (2004). *Peaceful persuasion: The geopolitics of nonviolent rhetoric*. Albany: The State University of New York Press.

Green, M., & MacColl, G. (1987). *There he goes again: Ronald Reagan's reign of error* (rev. ed.). New York: Pantheon Books.

Griffin, E. A. (1976). *The mind changers: The art of Christian persuasion*. Wheaton, IL: Tyndale House.

Gunkel, D. J. (2001). *Hacking cyberspace*. Boulder, CO: Westview.

Hamelink, C. J. (2000). *The ethics of cyberspace*. London: Sage.

Hauerwas, S. (1977). *Truthfulness and tragedy*. Notre Dame, IN: University of Notre Dame Press.

Johannesen, R. L. (1971). The emerging concept of communication as dialogue. *Quarterly Journal of Speech, 57*, 373–382.

Johannesen, R. L. (1985). An ethical assessment of the Reagan rhetoric: 1981–1982. In K. R. Sanders, L. L. Kaid, & D. Nimmo (Eds.), *Political communication yearbook 1984* (pp. 226–241). Carbondale: Southern Illinois University Press.

Johannesen, R. L. (1991). Virtue, ethics, character, and political communication. In R. E. Denton, Jr. (Ed.), *Ethical dimensions of political communication* (pp. 69–90). New York: Praeger.

Johannesen, R. L. (1997). Diversity, freedom, and responsibility. In J. Makau & R. C. Arnett (Eds.), *Communication ethics in an age of diversity* (pp. 155–186). Champaign: University of Illinois Press.

Johannesen, R. L. (2000). Nel Noddings' uses of Martin Buber's philosophy of dialogue. *Southern Communication Journal, 65*, 151–160.

Johannesen, R. L. (2002). *Ethics in human communication* (5th ed.). Prospect Heights, IL: Waveland Press.

Johnson, D. G. (2001). *Computer ethics* (3rd ed.). Upper Saddle River, NJ: Prentice-Hall.

Kane, R. (1994). *Through the moral maze: Searching for absolute values in a pluralistic world*. New York: Paragon.

Kass, J. (1998). Blame for crisis lies not in the stars but in our apathy. *Chicago Tribune*, Jan. 16, sec. 1, p. 3.

Klaidman, S., & Beauchamp, T. L. (1987). *The virtuous journalist*. New York: Oxford University Press.

Kramer, J., & Kramerae, C. (1997). Gendered ethics on the Internet. In J. M. Makau and R. C. Arnett (Eds.), *Communication in an age of diversity* (pp. 226–243). Urbana: University of Illinois Press.

Lebacqz, K. (1985). *Professional ethics*. Nashville, TN: Abingdon.

Lester, P. M. (1991). *Photojournalism: An ethical approach*. Hillsdale, NJ: Erlbaum.

Lester, P. M. (2003). *Visual communication* (3rd ed.). Belmont, CA: Wadsworth.

Ludwig, A. (1965). *The importance of lying*. Springfield, IL: Thomas.

Maraniss, D. (1996). The comeback kid's last return. *Washington Post National Weekly Edition*, September 2–8, pp. 8–9.

McCammond, D. B. (2004). Critical incidents: The practical side of ethics. In D. Lattimore et al., *Public relations: The profession and the practice* (5th ed.) (pp. 84–85). New York: McGraw Hill.

Merrill, J. C., & Odell, S. J. (1983). *Philosophy and journalism*. New York: Longman.

Miller, C., & Swift, K. (1981). *The handbook of nonsexist writing*. New York: Barnes & Noble.

Niebuhr, H. R. (1963). *The responsible self*. New York: Harper & Row.

Opotow, S. (1990). Moral exclusion and injustice: An introduction. *Journal of Social Issues, 46*, 1–20.

Pennock, J. R. (1960). The problem of responsibility. In C. J. Friedrich (Ed.), *Nomos III: Responsibility* (pp. 3–27). New York: Liberal Arts Press.

Perelman, C., & Olbrechts-Tyteca, L. (1969). *The new rhetoric*. Notre Dame, IN: University of Notre Dame Press.

Pincoffs, E. L. (1975). On being responsible for what one says. Paper presented at Speech Communication Association convention, Houston, TX, Dec.

Primer: Blogs and blogging. (2005). *Media Ethics* (Spring), 16, pp. 14–16.

Rakow, L. (1994). The future of the field: Finding our mission. Address presented at Ohio State University, May 13.

Ross, R. S., & Ross, M. G. (1982). *Relating and interacting*. Englewood Cliffs, NJ: Prentice-Hall.

Samovar, L. A, Porter, R. E., & Stefani, L. A. (1998). *Communication between cultures* (3rd ed.). Belmont, CA: Wadsworth.

Samuelson, R. (1998). Clinton's problems with the other L word. *Chicago Tribune*, Jan. 30, sec. 1, p. 17.

Schwartz, T. (1974). *The responsive chord*. Garden City, NY: Anchor.

Sellers, M. (2004). Ideals of public discourse. In C. T. Sistare (Ed.), *Civility and its discontents* (Ch. 1). Lawrence: University Press of Kansas.

Singer, J. B. (2002). The unforgiving truth in the unforgivable photo. *Media Ethics, 13*, 30–31.

Singer, M. G. (1963). The golden rule. *Philosophy, 38*, 293–314.

Singer, M. G. (1967). The golden rule. In P. Edwards (Ed.), *Encyclopedia of philosophy*, Vol. 3 (pp. 365–366). New York: MacMillan.

Spence, E. H., & Van Heekeren, B. (2005). *Advertising ethics*. Upper Saddle River, NJ: Pearson/Prentice-Hall.

Stewart, J., & Zediker, K. (2000). Dialogue as tensional, ethical practice. *Southern Communication Journal, 65*, 224–242.

Toulmin, S. (1950). *An examination of the place of reason in ethics*. Cambridge: Cambridge University Press.

Wellman, C. (1988). *Morals and ethics* (2nd ed.). Englewood Cliffs, NJ: Prentice-Hall.

Wheeler, T. H. (2002). *Phototruth or photofiction? Ethics and media imagery in the digital age*. Mahwah, NJ: Erlbaum.

Williams, H. M. (1974). What do we do now, boss? Marketing and advertising. *Vital Speeches of the Day, 40*, 285–288.

Wolf, M. J. P. (Ed.). (2003). *Virtual morality: Morals, ethics, and the new media*. New York: Peter Lang.

Wood, J. T. (1994). *Gendered lives: Communication, gender, and culture*. Belmont, CA: Wadsworth.

第三章

Andrews, J. (1980). History and theory in the study of the rhetoric of social movements. *Central States Speech Journal, 31*, 274–281.

Aristotle. (1984). *Rhetoric*. (W. R. Roberts, Trans.). New York: Modern Library.

Bowers, J. W., & Ochs, D. J. (1971). *The rhetoric of agitation and control*. Reading, MA: Addison-Wesley.

Buckley, W. F., Jr. (2002). Burying Wellstone. *National Review Online*, Nov. 1. Accessed Dec. 19, 2002, at http://www.nationalreview.com/buckley/buckley110102.asp.

Burns, S. (1990). *Social movements of the 1960s: Searching for democracy*. Boston: Twayne.

Campbell, K. K. (1998). Inventing women: From Amaterasu to Virginia Woolf. *Women's Studies in Communication, 21*, 111–126.

Fairhurst, G. T., & Sarr, R. A. (1996). *The art of framing: Managing the language of leadership*. San Francisco: Jossey-Bass.

Fisher, W. R. (1978). Toward a logic of good reasons. *Quarterly Journal of Speech, 64*, 376–384.

Fisher, W. R. (1984). Narration as a human communication paradigm: The case of public moral argument. *Communication Monographs, 51*, 1–22.

Fisher, W. R. (1987). *Human communication as narration: Toward a philosophy of reason, value, and action*. Columbia: University of South Carolina Press.

Foss, K. A., Foss, S. K., & Griffin, C. L. (1999). *Feminist rhetorical theories*. Thousand Oaks, CA: Sage.

Foss, S. K., & Griffin, C. L. (1995). Beyond persuasion: A proposal for an invitational rhetoric. *Communication Monographs, 62*, 2–18.

Foss, S. K. (1996). *Rhetorical criticism: Exploration and practice* (2nd ed.). Prospect Heights, IL: Waveland Press.

Griffin, L. M. (1952). The rhetoric of historical movements. *The Quarterly Journal of Speech, 38*, 184–188.

Kilbourne, J. (1979). *Killing us softly*. Cambridge, MA: Cambridge Documentary Films.

Kilbourne, J. (2001). *Deadly persuasion: Why women and girls must fight the addictive power of advertising*. New York: Free Press.

McGee, M. C. (1980). The ideograph: A link between rhetoric and ideology. *Quarterly Journal of Speech, 66*, 1–16.

Plato. (1937). *The dialogues of Plato* (Vol. 1). (B. Jowett, Trans.). New York: Random House.

Rowland, R. C. (1989). On limiting the narrative paradigm: Three case studies. *Communication Monographs, 56*, 39–54.

Scott, R. L. (1993). Rhetoric is epistemic: What difference does that make? In T. Enos & S. C. Brown (Eds.), *Defining the new rhetoric* (pp. 120–136). Mahwah, NJ: Erlbaum.

Warnick, Barbara (1987). The narrative paradigm: Another story. *Quarterly Journal of Speech, 73*, 172–182.

第四章

Ajzen, I. (1991). The theory of planned behavior. *Organizational Behavior and Human Decision Processes, 50*, 179–211.

Ajzen, I. (2001). Nature and operation of attitudes. *Annual Review of Psychology, 52*, 27–58.

Allen, M. (1998). Comparing the persuasive effectiveness of one- and two-sided messages. In M. Allen & R. W. Preiss (Eds.), *Persuasion: Advances through meta-analysis* (pp. 87–98). Cresskill, NJ: Hampton Press.

Allen, M., & Stiff, J. (1998). The sleeper effect. In M. Allen & R. W. Preiss (Eds.), *Persuasion: Advances through meta-analysis* (pp. 175–188). Cresskill, NJ: Hampton Press.

Armitage, C. J., & Christian, J. (2003). From attitudes to behavior: Basic and applied research on the theory of planned behavior. *Current Psychology, 22*, 187–195.

Bless, H., & Schwarz, N. (1999). Sufficient and necessary conditions in dual-process models. In

S. Chaiken & Y. Trope (Eds.), *Dual-process theories in social psychology* (pp. 423–440). New York: Guilford Press.

Bornstein, R. F. (1989). Exposure and affect: Overview and meta-analysis of research, 1968–1987. *Psychological Bulletin, 106,* 265–289.

Chaiken, S., & Eagly, A. H. (1976). Communication modality as a determinant of message persuasiveness and message comprehensibility. *Journal of Personality and Social Psychology, 34,* 605–614.

Chaiken, S., Giner-Sorolla, R., & Chen, S. (1996). Beyond accuracy: Defense and impression motives in heuristic and systematic information processing. In P. M. Gollwitzer & J. A. Bargh (Eds.), *The psychology of action: Linking cognitions and motivation to behavior* (pp. 553–578). New York: Guilford Press.

Chaiken, S., & Trope, Y. (Eds.). (1999). *Dual process theories in social psychology.* New York: Guilford Press.

Cody, M. J., Canary, D., & Smith, S. (1987). Compliance-gaining strategy selection: Episodes and goals. In J. Daly & J. Wiemann (Eds.), *Communicating strategically.* Hillsdale, NJ: Erlbaum.

Dahl, D. W., Frankenberger, K. D., & Manchanda, R. V. (2003). Does it pay to shock? Reactions to shocking and nonshocking advertising content among university students. *Journal of Advertising Research,* 268–280.

DeSteno, D., Petty, R. E., Rucker, D. D., Wegener, D. T., & Braverman, J. (2004). Discrete emotions and persuasion: The role of emotion-induced expectancies. *Journal of Personality and Social Psychology, 86,* 43–56.

Dillard, J. P. (Ed.). (1990). *Seeking compliance: The production of interpersonal influence messages.* Scottsdale, AZ: Gorsuch Scarisbrick.

Eagly, A. H., & Chaiken, S. (1993). *The psychology of attitudes.* Fort Worth, TX: Harcourt Brace Jovanovich.

Falk, E., & Mills, J. (1996). Why sexist language affects persuasion: The role of homophily, intended audience, and offense. *Women and Language, 19,* 36–43.

Fazio, R. H. (1989). On the power and functionality of attitudes: The role of attitude accessibility. In A. R. Pratkanis, S. J. Breckler, & A. G. Greenwald (Eds.), *Attitude structure and function* (pp. 153–179). Hillsdale, NJ: Erlbaum.

Fazio, R. H., & Towles-Schwen (1999). The MODE model of attitude-behavior processes. In S. Chaiken & Y. Trope (Eds.), *Dual-process theories in social psychology* (pp. 97–116). New York: Guilford Press.

Festinger, L. (1956). *A theory of cognitive dissonance.* Stanford, CA: Stanford University Press.

Festinger, L. (1962). *A theory of cognitive dissonance.* Stanford, CA: Stanford University Press.

Fishbein, M., & Ajzen, I. (1975). Belief, attitude, intention, and behavior. Reading, MA: Addison-Wesley.

Fishbein, M., & Ajzen, I. (1981). Acceptance, yielding and impact: Cognitive processes in persuasion. In R. E. Petty, T. M. Ostrom, & T. C. Brock (Eds.), *Cognitive responses in persuasion* (pp. 339–359). Hillsdale, NJ: Erlbaum.

Frey, K. P., & Eagly, A. (1993). Vividness can undermine the persuasiveness of messages. *Journal of Personality & Social Psychology, 65,* 32–44.

FUD-Counter. (2001). How does FUD relate to Linux? Nov. 1. Accessed Dec. 17, 2002, at http://fud-counter.nl.linux.org/rationale.html.

Giner-Sorolla, R. (1999). Affect in attitude. In S. Chaiken & Y. Trope (Eds.), *Dual-process theories in social psychology* (pp. 441–461). New York: Guilford Press.

Grush, J. E., McKeough, K. L., & Ahlering, R. F. (1978). Extrapolating laboratory exposure research to actual political elections. *Journal of Personality and Social Psychology, 36,* 257–270.

Heider, F. (1946). Attitudes and cognitive organization. *Journal of Psychology, 21,* 107–112.

Heider, F. (1958). *The psychology of interpersonal relations.* New York: Wiley.

Hovland, C. I. (1957). *The order of presentation in persuasion.* New Haven, CT: Yale University Press.

Hovland, C. I., Janis, I. L., & Kelley, H. H. (1953). *Communication and persuasion.* New Haven, CT: Yale University Press.

Janis, I. L. (1967). Effects of fear arousal on attitude change: Recent developments in theory and experimental research. In L. Berkowitz (Ed.), *Advances in experimental social psychology* (Vol. 3, pp. 166–224). New York: Academic Press.

Janis, I. R., & Feshbach, S. (1953). Effects of fear arousing communications. *Journal of Abnormal Social Psychology, 48,* 78–92.

Kellermann, K. (2004). A goal-directed approach to gaining compliance. *Communication Research, 31*, 397–446.

Kellermann, K., & Cole, T. (1994). Classifying compliance-gaining messages: Taxonomic disorder and strategic confusion. *Communication Theory, 4*, 3–60.

Kipnis, D., Schmidt, S. M., & Wilkinson, I. (1980). Intraorganizational influence tactics: Explorations in getting one's way. *Journal of Applied Psychology, 65*, 440–452.

Kumkale, G. T., & Albarracin, D. (2004). The sleeper effect in persuasion: A meta-analytic review. *Psychological Bulletin, 130*, 143–171.

Lavine, H., Thomsen, C. J., Zanna, M. P., & Borgida, E. (1998). On the primacy of affect in the determination of attitudes and behavior: The moderating role of affective-cognitive ambivalence. *Journal of Experimental Social Psychology, 34*, 398–421.

Leventhal, H. (1970). Findings and theory in the study of fear communications. In L. Berkowitz (Ed.), *Advances in experimental social psychology* (Vol. 5, pp. 119–186). New York: Academic Press.

Lund, F. H. (1925). The psychology of belief, IV: The law of primacy in persuasion. *Journal of Abnormal Social Psychology, 20*, 183–191.

Mackie, D. L., & Worth, L. T. (1989). Cognitive deficits and the mediation of positive affect in persuasion. *Journal of Personality and Social Psychology, 57*, 27–40.

Martin, P. Y., Laing, J., Martin, R., & Mitchell, M. (2005). Caffeine, cognition, and persuasion: Evidence for caffeine increasing the systematic process of persuasive messages. *Journal of Applied Social Psychology, 35*, 160–183.

Marwell, G., & Schmitt, D. R. (1967). Dimensions of compliance-gaining behavior: An empirical analysis. *Sociometry, 30*, 350–364.

Miller, G. R., Boster, F. J., Roloff, M. E., & Seibold, D. R. (1977). Compliance-gaining message strategies: A typology and some findings concerning effects of situational differences. *Communication Monographs, 44*, 37–51.

Mitchell, M. M. (2000). Able but not motivated? The relative effects of happy and sad mood on persuasive message processing. *Communication Monographs, 67*, 215–226.

Mitchell, M. M., Brown, K. M., Morris-Villagran, M., & Villagran, P. D. (2001). The effects of anger, sadness, and happiness on persuasive message processing: A test of the negative state relief model. *Communication Monographs, 68*, 347–359.

Mongeau, P. A. (1998). Another look at fear arousing persuasive appeals. In M. Allen & R. W. Preiss (Eds.), *Persuasion: Advances through meta-analysis* (pp. 53–68). Cresskill, NJ: Hampton Press.

Nabi, R. L. (1998). The effect of disgust-eliciting visuals on attitudes toward animal experimentation. *Communication Quarterly, 46*, 472–484.

Nabi, R. L. (2002). Anger, fear, uncertainty, and attitudes: A test of the cognitive-functional model. *Communication Monographs, 69*, 204–216.

Nabi, R. L. (2003). Exploring the framing effects of emotion. *Communication Research, 30*, 224–247.

Petty, R. E., & Cacioppo, J. T. (1979). Effects of forewarning of persuasive intent and involvement on cognitive responses and persuasion. *Journal of Personality and Social Psychology, 37*, 1915–1926.

Petty, R. E., & Cacioppo, J. T. (1986). *Communication and persuasion: Central and peripheral routes to attitude change.* New York: Springer-Verlag.

Petty, R. E., Wegener, D. T., & Fabrigar, L. R. (1997). Attitudes and attitude change. *Annual Review of Psychology, 48*, 609–647.

Petty, R. E., & Wegener, D .T. (1999). The elaboration likelihood model: Current status and controversies. In S. Chaiken & Y. Trope (Eds.), *Dual-process theories in social psychology* (pp. 41–72). New York: Guilford Press.

Pfau, M., Szabo, E. A., Anderson, J., Norrill, J., Zubric, J. C., & Wan, H. (2001). The role and impact of affect in the process of resistance to persuasion. *Human Communication Research, 27*, 216–252.

Pornpitakpan, C. (2004). The persuasiveness of source credibility: A critical review of five decades' evidence. *Journal of Applied Social Psychology, 34*, 243–281.

Prislin, R., & Pool, G. L. (1996). Behavior, consequences, and the self: Is all well that ends well? *Personality and Social Psychology Bulletin, 22*, 933–948.

Rogers, R. W. (1975). A protection motivation theory of fear appeals and attitude change. *Journal of Psychology, 91*, 93–114.

Roskos-Ewoldsen, D. R. (2004). Fear appeal messages affect accessibility of attitudes toward the threat and adaptive behaviors. *Communication Monographs, 71*, 49–69.

Rule, B. G., Bisanz, G. L., & Kohn, M. (1985). Anatomy of a persuasion schema: Targets, goals, and strategies. *Journal of Personality and Social Psychology, 48,* 1127–1140.

Shaw, M. E., & Costanzo, P. R. (1970). *Theories of social psychology.* New York: McGraw-Hill.

Sherif, M., & Hovland, C. I. (1961). *Social judgment: Assimilation and contrast effects in communication and attitude change.* New Haven, CT: Yale University Press.

Smith, S. M., & Petty, R. E. (1996). Message framing and persuasion: A message processing analysis. *Personality and Social Psychology Bulletin, 22,* 257–268.

Stone, J., Wiegand, A.W., Cooper, J., & Aronson, E. (1997). When exemplification fails: Hypocrisy and the motive for self-integrity. *Journal of Personality and Social Psychology, 72,* 54–65.

Wegener, D. T., Petty, R. E., & Smith, S. M. (1995). Positive mood can increase or decrease message scrutiny: The hedonic contingency view of mood and message processing. *Journal of Personality and Social Psychology, 69,* 5–15.

Wilson, S. R. (2000) Identity implications of influence goals. *Journal of Language & Social Psychology, 19,* 195–222.

Wilson, S. R. (2002). *Seeking and resisting compliance: Why people say what they do when trying to influence others.* Thousand Oaks, CA: Sage.

Wiseman, R. L., & Schenk-Hamlin, W. (1981). A multidimensional scaling validation of an inductively-derived set of compliance-gaining strategies. *Communication Monographs, 48,* 251–270.

Witte, K. (1992). Putting the fear back into fear appeals: The extended parallel process model. *Communication Monographs, 59,* 329–349.

Witte, K., & Allen, M. (2000). A meta-analysis of fear appeals: Implications for effective public health campaigns. *Health Education & Behavior, 27,* 591–615.

Wood, W. (2000). Attitude change. Persuasion and social influence. *Annual Review of Psychology, 51,* 539–570.

Zajonc, R. B. (1968). Attitudinal effects of mere exposure. *Journal of Personality and Social Psychology, 9,* 1–27.

第五章

American Heritage Dictionary. (1985). Boston: Houghton Mifflin.

Berger, A. A. (1989). *Signs in contemporary society: An introduction to semiotics.* Salem, WI: Sheffield.

Burke, K. (1950). *A rhetoric of motives.* Berkeley: University of California Press.

Burke, K. (1966). *Language as symbolic action: Essays on life, literature, and method.* Berkeley: University of California Press.

Burke, K. (1986). *Language as symbolic action.* Berkeley: University of California Press.

Feig, B. (1997). *Marketing straight to the heart: From product to positioning to advertising.* Chicago: American Management Association.

Hahn, D. (1998). *Political communication: Rhetoric, government and citizens.* State College, PA: Strata.

Korzybski, A. (1947). *Science and sanity.* Lakeville, CT: Non-Aristotelian Library.

Langer, S. K. (1951). *Philosophy in a new key.* New York: New American Library.

Lederer, R. (1991). *The miracle of language.* New York: Pocket Books.

National Public Radio. (1999). *Morning Edition,* Feb. 3.

Postman, N. (1992). *Technopoly: The surrender of culture to technology.* New York: Vintage Books.

Suplee, K. (1987). Semiotics: In search of more perfect persuasion. *Washington Post,* Jan. 18, Outposts sec., pp. 1–3.

Sopory, P., & Dillard, J. (2002). Figurative language and persuasion. In Dillard and Pfau (Eds.), *The persuasion handbook: Developments in theory and practice.* Thousand Oaks, CA: Sage.

第六章

American Heritage Dictionary. (1985). Boston: Houghton Mifflin.

Andrews, L. A. (1984). Exhibit A: Language. *Psychology Today,* Feb., p. 30.

Barol, B. (1988). The 80s are over. *Newsweek,* Jan. 4, pp. 40–48.

Berger, A. (1984). *Signs in contemporary culture.* New York: Longman.

Black Elk. (1971). *Touch the earth.* New York: Outerbridge & Dienstfrey.

Broder, D. (1984). The great American values test. *Psychology Today,* Nov., p. 41.

Buissac, P. (1976). *Circus and culture: A semiotic approach.* Bloomington: Indiana University Press.

Burke, K. (1960). *A grammar of motives.* Berkeley: University of California Press.

Chicago Daily News. November 24, 1972. "Fed up? It may lead to an ulcer."

Cialdini, R. (2001). *Influence: Science and practice*. Boston: Allyn & Bacon.

Democracy Project (1999). www.ipa.udel.edu/democracy.

Dillard, J. P., & Pfau, M. (2002). *The persuasion handbook: Developments in theory and practice*. Thousand Oaks, CA: Sage.

Domzal, T., & Kernan, J. (1993). Mirror, mirror: Some postmodern reflections on global marketing. *Journal of Advertising*, Dec., p. 20.

Eco, U. (1979). *The role of the reader*. Bloomington: Indiana University Press.

Eco, U. (1984). *Semiotics and the philosophy of language*. London: Macmillan.

Eisenberg, E. M. (1984). Ambiguity as a strategy in organizational communication. *Communication monographs*, *51*, 227–242.

Farrell, W. (1974). *The liberated male*. New York: Random House.

Hahn, D. (1998). *Political communication: Rhetoric, government and citizens*. State College, PA: Strata.

Hosman, L. H. (2002). Language and persuasion. In J. P. Dillard & M. Pfau (Eds.), *The persuasion handbook: Developments in theory and practice*. Thousand Oaks, CA: Sage.

Kallend, J. S. (2002). Skydiving responsibility lies solely with jumper. *Chicago Tribune*, Aug. 11, sec. 2, p 8.

Kittredge, W. (1996). The war for Montana's soul. *Newsweek*, April 15, p. 43.

Koenig, P. (1972). Death doth defer. *Psychology Today*, Nov., p. 83.

Lederer, R. (1991). *The miracle of language*. New York: Pocket Books.

Lewis, C. (1999). The athletes are the games. *Newsweek*, Feb. 15, p. 56.

Lewis, H., & Lewis, M. (1972). *Psychosomatics: How your emotions can damage your health*. New York: Viking Press.

Marshall, D. (1999). An Olympic-size problem. *Newsweek*, Feb. 15, p. 20.

Messner, M. R. (1998). *Politics and masculinity: Men in movements*. Thousand Oaks, CA: Sage.

Nimmo, D., & Combs, J. (1984). *Mediated political realities*. New York: Longman.

Osborn, M. (1967). Archetypal metaphors in rhetoric: The light-dark family. *Quarterly Journal of Speech*, April, 115–126.

Seigel, B. (1989). *The healing power of communicating with your body*. New York: Weider.

Swanson, S. L. (1981). Sensory language in the courtroom. *Trial Diplomacy Journal*, Winter, pp. 37–43.

Tannen, D. (1990). *You just don't understand: Men and women in conversation*. New York: Morrow.

Weaver, R. (1953). *The ethics of rhetoric*. Chicago: Regnery.

Yates, S. J. (2001). Gender, language and CMC for education. *Learning and instruction*, *11*, 23–34.

第七章

Austin, N. (2002). The power of the pyramid: The foundation of human psychology, and thereby motivation; Maslow's hierarchy is one powerful pyramid. *Incentive*, July, p. 10.

Bellah, R. N., Madsen, R., Sullivan, W. M., Swoder, A., & Tipton, S. M. (1985). *Habits of the heart: Individualism and commitment in American life*. New York: Harper & Row.

Booth, E. (1999). Getting inside a shopper's mind: Direct marketers are working out how and why consumers arrive at decisions, in order to satisfy their needs. *Marketing*, June 3, p. 32.

Booth-Butterfield, S., & Welbourne, J. (2002). The elaboration likelihood model: Its impact on persuasion theory and research. In J. P. Dillard & M. Pfau (Eds.), *The persuasion handbook: Developments in theory and practice* (pp. 155–173). Thousand Oaks, CA: Sage.

Borchers, T. A. (2005). *Persuasion in the media age*. (2nd ed.). Boston: McGraw-Hill.

Burke, K. (1961). *The rhetoric of religion: Studies in logology*. Boston: Beacon Press.

Carnegie, D. (1952). *How to win friends and influence people*. New York: Simon & Schuster.

Colley, R. H. (1961). *Defining advertising goals for measured attitude results*. New York: Association of National Advertisers.

De Bono, K. G., & Harnish, R. (1988). Source expertise, source attractiveness, and the processing of persuasive information. *Journal of Personality and Social Psychology*, *55*, 541–546.

Egley, A. H., & Chaiken, S. (1993). *The psychology of attitudes*. New York: Harcourt Brace Jovanovich.

Eiser, R. J. (1987). *The expression of attitude*. New York: Springer-Verlag.

Feig, B. (1997). *Marketing straight to the heart: From product to positioning to advertising—how smart companies use the power of emotion to win loyal customers.* New York: American Marketing Association.

Festinger, L. (1962). *A theory of cognitive dissonance.* Stanford, CA: Stanford University Press.

Fishbein, M., & Ajzen, I. (1975). *Belief, attitude, intention, and behavior: An introduction to theory and research.* Reading, MA: Addison-Wesley.

Fonda, J. (2005). *My life so far.* New York: Random House.

Frankl, V. (1962). *Man's search for meaning: An introduction to logotherapy.* New York: Washington Square.

Freedman, D. H. (1988). Why you watch some commercials—whether you want to or not. *TV Guide*, Feb. 20.

Friedman, J. L., & Dagnoli, J. (1988). Brand name spreading: Line extensions are marketers' lifeline. *Advertising Age*, Feb. 22.

Lafavore, R. (1995). From here to eternity: Men's desire for immortality. *Men's Health*, Nov., p. 74.

Lane, W. R., King, K. W., & Russell, J. T. (2005), *Kleppner's advertising procedure* (16th ed.). Upper Saddle River, NJ: Pearson Education.

Larson, C. U., & Sanders, R. (1975). Faith, mystery, and data: An analysis of "scientific" studies of persuasion. *Quarterly Journal of Speech, 61*, 178–194.

Lears, T. J. J. (1983). From salvation to self realization: Advertising and the therapeutic roots of the consumer culture. In *The culture of consumption: Critical essays in American culture, 1880–1980.* New York: Pantheon Books.

Levitt, S., & Dubner, S. (2005). *Freakonomics: A rogue economist explores the hidden side of everything.* New York: Harper Collins.

Maslow, A. (1954). *Motivation and personality.* New York: Harper & Row.

Nabi, R.L. (2002). Discrete emotions and persuasion. In J. P. Dillard & M. Pfau (Eds.), *The persuasion handbook: Developments in theory and practice.* (pp. 289–309). Thousand Oaks, CA: Sage.

National Public Radio. (2002). *All things considered*, Aug. 30.

Naughton, R. (2002). More headwind for Martha: As investigators run out of patience, the diva of domesticity may be ordered to testify in Washington. *Newsweek*, Sept. 2, p. 45.

Nelson, R. (2001). On the shape of verbal networks in organizations. *Organization Studies*, Sept.–Oct., 797.

Osgood, C. E., & Tannenbaum, P. H. (1955). The principle of congruity in the prediction of attitude change. *Psychological Review, 62*, 43.

Packard, V. (1964). *The hidden persuaders.* New York: Pocket Books.

Petty, R., & Cacioppo, J. (1986). *Communication and persuasion.* New York: Springer-Verlag.

Petty, R. E., & Wegener, D. T. (1998). Attitude change: Multiple roles for persuasion variables. In D. T. Gilbert, S. T. Fiske, & G. Lindsay (Eds.), *Handbook of social psychology.* Boston: McGraw-Hill.

Pinsky, M. S. (2002). Houston minister views Gospel according to the Sopranos. *Orlando Sentinel*, Sept. 4, 2000.

Porter, R., & Samovar, L. (1998). *Intercultural communication: A reader.* Belmont, CA: Wadsworth Publishing Co.

Putnam, R. (1995). Bowling alone: America's declining social capital. *Journal of Democracy 6*, 65–68.

Putnam, R. D. (2000). *Bowling alone: The collapse and revival of American community.* New York: Simon & Schuster.

Rokeach, M. (1968). *Beliefs, attitudes, and values: A theory of organization and change.* San Francisco: Jossey-Bass.

Rowan, J. (1998). Maslow amended. *The Journal of Humanistic Psychology*, Winter, 84.

Rowell, R. (2002). Martha's taste, not her ethics lures fans. Knight Rider/*Business News*, Oct. 2.

Schiffman, L., & Kanuk, L. (1997). *Consumer behavior.* Upper Saddle River, NJ: Prentice Hall.

Schrader, D. C. (1999). Goal complexity and the perceived competence of interpersonal influence messages. *Communication Studies*, Fall, 188.

Shavitt, S. (1990). The role of attitude objects in attitude functions. *Journal of Experimental Psychology, 26*, 124–148.

Sibley, K. (1997). The e-mail dilemma: To spy or not to spy. *Computing Canada*, March 31, p. 14.

Staal, S. (2001). Warning: living together may ruin your relationship. *Cosmopolitan*, Sept., p. 286.

Williams, M.A. (2001). *The ten lenses: Your guide to living and working in a multicultural world.* Herndon, VA: Capitol Books.

Wood, W. (2000). Attitude change: Persuasion and social influence. *Annual Review of Psychology*, 539.

Zemke, R. (1998). Maslow for a new millennium. *Training*, Dec., 54.

Zimbardo, P. G., Ebbesen, E. E., & Maslach, C. (1976). *Influencing attitudes and changing behavior*. Reading, MA: Addison-Wesley.

Zimbardo, P. G., & Leippe, M. R. (1991). *The psychology of attitude change and social influence*. New York: McGraw-Hill.

第八章

American Heritage Dictionary. (1985). Boston: Houghton Mifflin.

Burke, K. (1985). Dramatism and logology. *Communication Quarterly*, 33, 89–93.

Butler, L. D., Koopman, C., and Zimbardo, P. (1995). The psychological impact of watching the film *JFK*: Emotions, beliefs and political intensions. *Political Psychology*, 16, 237–257.

Clark, H. H. (1969). Linguistic processes in deductive reasoning. *Psychological Review*, 76, 387–404.

Consider the facts. (2002). *Pine County Courier*, July 25, p. 10.

Dahl, S. (2000) *Communications and cultural transformation: Cultural diversity, globalization, and cultural convergence*. London: E.C.E.

Deardorf, J., & Finan, E. (1999). Barton wins $29.6 million. *Chicago Tribune*, March 2, p. 1.

Fishbein, M., & Ajzen, I. (1975). *Beliefs, attitude, intention and behavior: An introduction to theory and research*. Reading, MA: Addison-Wesley.

Fishbein, M., & Ajzen, I. (1980). Predicting and understanding consumer behavior: Attitude behavior correspondence. In I. Ajzen & M. Fishbein (Eds.), *Understanding attitudes and predicting social behavior*. Englewood Cliffs, NJ: Prentice-Hall.

Fisher, W. R. (1987). *Human communication as narration: Toward a philosophy of reason, value, and action*. Colombia: University of South Carolina Press.

Garfield, B. (1988). Ad review: Good commercials finally outnumber the bad ones on TV. *Advertising Age*, March 14, p. 86.

Guttmacher, A. (1993). Social science and the citizen. *Society*, July–Aug., p. 2.

Huglen, M, & Clark, N. (2004). *Argument strategies from Aristotle*. Belmont: Thomson Learning.

Jensen, J. V. (1981). *Argumentation: Reasoning in communication*. New York: Van Nostrand.

Kahane, H. (1992). *Logic and contemporary rhetoric: The use of reason in everyday life*. Belmont, CA: Wadsworth.

Loftus, E. F. (1980). *Eyewitness testimony*. Cambridge, MA: Harvard University Press.

Loftus, E. F. (1984). Eyewitness testimony. *Psychology Today*, Feb., p. 25.

Lunsford, A., & Ruszkiewicz, J. (2004). *Everything's an argument*. Boston: Bedford/St. Martins Press.

Moore, C. (1909). *A short life of Abraham Lincoln*. Chicago: Houghton Mifflin.

The payoffs for preschooling. 1984, *Chicago Tribune*, Dec. 25, p. 25.

Peck, M. S. (1983). *People of the lie: The hope for healing human evil*. New York: Simon & Schuster.

Reinard, J. C. (1988). The empirical study of evidence: The status after fifty years of research. *Human Communication Research*, Fall, pp. 25–36.

Reynolds, R., & Burgoon, M. (1983). Belief processing, reasoning and evidence. *Communication Yearbook*, 7, 83–104.

Reynolds, R., & Reynolds, J. L. (2002). Evidence. In J. P. Dillard & M. Pfau (Eds.), *The persuasion handbook: Developments in theory and practice* (pp. 427–444). Thousand Oaks, CA: Sage.

Santos, M. (1961). *These were the Souix*. New York: Dell books, p. 148.

Scott, B. (1989). *Rockford Register Star*, Nov. 8, editorial page.

Thompson, W. N. (1971). *Modern argumentation and debate: Principles and practices*. New York: Harper & Row.

Toulmin, S. (1964). *The uses of argument*. Cambridge: Cambridge University Press.

Zorn, E. (2002). Season to kill enriches some, repulses many. *Chicago Tribune*, Nov. 11, sec. 2.

第九章

American Heritage Dictionary. (1985). Boston: Houghton Mifflin.

America's abortion dilemma. (1985). *Newsweek*, Jan. 14, pp. 20–23.

Baudhin, S., & Davis, M. (1972). Scales for the measurement of ethos: Another attempt. *Speech Monographs*, *39*, 296–301.

Beane, W. C., & Doty, W. G. (1975). *Myths, rites, and symbols: A Mercia Eliade reader*. New York: Harper Colophon.

Bellah, R. N., Madsen, R., Sullivan, W. M., Swidler, A., & Tipton, S. M. (1985). *Habits of the heart: Individualism and commitment in American life*. New York: Harper & Row.

Berlo, D., Lemmert, J., & Davis, M. (1969). Dimensions for evaluating the acceptability of message sources. *Public Opinion Quarterly*, *33*, 563–576.

Cialdini, R. (2001). *Influence: Science and practice* (4th ed.). Needham Heights, MA: Allyn & Bacon.

Edelman, M. (1967). Myths, metaphors and political conformity. *Psychiatry*, *30*, 217–228.

Eliade, M. (1971). *The myth of the eternal return: Of cosmos and history*. Princeton, NJ: Princeton University Press.

Hahn, D. (1998). *Political communication: Rhetoric, government, and citizens*. State College, PA: Strata.

Hofstadter, R. (1963). *Anti-intellectualism in America*. New York: Knopf.

Hofstadter, R. (1967). *The paranoid style in American politics and other essays*. New York: Vintage Books.

Hovland, C., Janis, I., & Kelley, H. (1953). *Communication and persuasion*. New Haven, CT: Yale University Press.

Kelman, H., & Hovland, C. (1953). Reinstatement of the communicator: Delayed measurement of opinion changes. *Journal of Abnormal and Social Psychology*, *48*, 327–335.

Kosicki, G. M. (2002). The media priming effect: News media and considerations affecting political judgments. In J. P. Dillard & M. Pfau (Eds.), *The persuasion handbook: Developments in theory and practice* (pp. 63–82). Thousand Oaks, CA: Sage.

Parenti, M. (1994). *Land of idols: Political mythology in America*. New York: St. Martin's Press.

Reich, R. (1987). *Tales of a new America*. New York: Times Books.

Santos, M. (1961). *These were the Sioux*. New York: Dell.

Steele, E. D., & Redding, W. C. (1962). The American value system: Premises for persuasion. *Western Speech*, *26*, 83–91.

Tocqueville, A. de. (1965). *Democracy in America*. New York: Mentor.

第十章

Andersen, P. A. (1985). Nonverbal immediacy in interpersonal communication. In A. W. Seligman & S. Feldstein (Eds.), *Multichannel integrations of nonverbal behavior* (pp. 1–36). Hillsdale NJ: Erlbaum.

Andersen, P. A. (1999). *Nonverbal communication: Forms and functions*. Mountain View, CA: Mayfield.

Burgoon, J., Bufler, D., & Woodall, W. (1996). *Nonverbal communication: The unspoken dialog* (2nd ed.). New York: McGraw Hill.

Burgoon, J. K., Dunbar, N. E., & Segrin, C. (2002). Nonverbal influences. In J. P. Dillard & M. Pfau (Eds.) *The persuasion handbook: Developments in theory and practice* (pp. 445–473). Thousand Oaks, CA: Sage.

Ekman, P. (1999). A few can catch a liar. *Psychological Science*, *10*, 3.

Ekman, P. (2004). *Emotions revealed*. New York: Times Books.

Ekman, P., & Friesen, W. V. (1975). *Unmasking the face: A guide to recognizing emotions from facial expression*. Englewood Cliffs, NJ: Prentice-Hall.

Ellyson, S., Dovidio, J., & Fehr, B. J. (1984). Visual behavior and dominance in men and women. In C. Mayo & N. Henley (Eds.), *Gender and nonverbal behavior*. New York: Springer-Verlag.

Fornoff, S. (2005). Money talks, so builders listen to the experts. *The San Francisco Chronicle*. June 4, 2005.

Fromme, D., Jaynes, W., Taylor, D., Hanhold, E., Daniell, J., Rountree, R., & Fromme, M. (1989). Nonverbal behavior and attitude toward touch. *Journal of Nonverbal Behavior*, *13*, 3–13.

Giles, H., Coupland, N., & Coupland, J. (1991). Accommodation theory: Communication, context, and consequence. In H. Giles, J. Coupland, & N. Coupland (Eds.), *Contexts of accommodation: Developments in applied sociolinguistics* (pp. 1–68). Cambridge: Cambridge University Press.

Goffman, E. (1959). *The presentation of self in everyday life.* New York: Doubleday.

Guerrero, L., DeVito, J., & Hecht, M. (1999). *The nonverbal communication reader: Classic and contemporary readings.* Mt. Prospect, IL: Waveland Press.

Hall, E. T. (1959). *The silent language.* Garden City, NY: Doubleday.

Hall, J. A. (1984). *Nonverbal sexual differences: Communication accuracy and expressive style.* Baltimore, MD: Johns Hopkins University Press.

Knapp, M. L., & Comendena, M. E. (1985). Telling it like it isn't: A review of theory and research on deceptive communication. *Human Communication Research, 5,* 270–285.

Knapp, M. L., & Hall, J. (2002). *Nonverbal communication in human interaction* (5th ed.). Belmont, CA: Wadsworth.

Kotulak, R. (1985). Researchers decipher a powerful "language." *Chicago Tribune,* April 7, sec. 6.

Leathers, D. (1986). *Successful nonverbal communication: Principles and applications.* New York: Macmillan.

Major, B. (1984). Gender patterns in touching behavior. In C. Mayo & N. Henley (Eds.), *Gender and nonverbal behavior.* New York: Springer-Verlag.

Mehrabian, A. (1971). *Silent messages.* Belmont, CA: Wadsworth.

Murray, J. (1989). *The power of dress.* Minneapolis, MN: Semiotics.

Orban, D. K. (1999). The integrative nature of argument and non-verbal communication in different communication contexts. Unpublished paper delivered to Midwest Basic Course Directors Conference, Feb. 4–6.

Packard, V. (1964). *The hidden persuaders.* New York: Pocket Books.

Porter, N., & Geis, F. (1984). Women and nonverbal leadership cues: When seeing is not believing. In C. Mayo & N. Henley (Eds.), *Gender and nonverbal behavior.* New York: Springer-Verlag.

Scheflen, A. (1973). *Communicational structure: Analysis of a psychotherapy session.* Bloomington: Indiana University Press.

Siennicki, J. (2000). Gender Differences in Nonverbal Communication. www.colostate.edu/Depts/Speech/recs/theory20.

Umiker-Sebeok, J. (1984). The seven ages of women: A view from American magazine advertisements. In C. Mayo & N. Henley (Eds.), *Gender and nonverbal behavior.* New York: Springer-Verlag.

第十一章

Ahuja, B. (2005). *Buzz marketing: Honest deception.* www.commercialfreechildhood.org/articles/4thsummit/ahuja.

Bales, R. F. (1970). *Personality and interpersonal behavior.* New York: Holt, Rinehart & Winston.

Binder, L. (1971). *Crisis and sequence in political development.* Princeton, NJ: Princeton University Press.

Borchers, T. A. (2005). *Persuasion in the media age* (2nd ed.). Boston: McGraw-Hill.

Bormann, E. G. (1985). *The force of fantasy.* Carbondale and Edwardsville: Southern Illinois University Press.

Bowers, J. W., Ochs, D. J., & Jensen, R. J. (1993). *The rhetoric of agitation and control.* Prospect Heights, IL: Waveland Press.

Cragan, J. F., & Shields, D. C. (1994). *Applied communication research: A dramatistic approach.* Annandale, VA: Speech Communication Association and Creskill, NJ: Hampton Press.

Cragan, J. F., & Shields, D. C. (1995). *Symbolic theories in applied communication research: Bormann, Burke, and Fisher.* Cresskill, NJ: Hampton Press.

Denton, R., & Woodward, D. (1998). *Political communication in America* (3rd ed.). Westport, CT: Praeger.

Faucheux, R. (1998). Strategies that win! *Campaigns and Elections,* Jan., pp. 24–32.

Fortini-Campbell, K. (1992). *The consumer insight book.* Chicago: Copy Workshop.

Garcia, G. (2005). *American mainstream: How the multicultural consumer is transforming American business.* New York: Harper Collins/Rayo.

Lavidge, R. J., & Steiner, G. A. (1961). A model for predictive measurements of advertising effectiveness. *Journal of Marketing, 24,* 59–62.

Metter, B. (1990). Advertising in the age of spin. *Advertising Age*, Sept. 17, p. 36.

Morrissey, B. (2005). Mitsubishi issues web "Thrill ride challenge." *Adweek*, June 8, 2005.

National Public Radio. (1999). *All things considered*, April 2.

Rogers, E. (1962). *The diffusion of innovation*. New York: Free Press.

Schultz, D. E., & Barnes, B. (1999). *Strategic advertising campaigns* (4th ed.). Lincolnwood, IL: N.T.C. Business Books.

Schwartz, T. (1973). *The responsive chord*. New York: Anchor/Doubleday.

Stewart, C. J., Smith, C. A., & Denton, R. E., Jr. (2001). *Persuasion and social movements* (4th ed.). Prospect Heights, IL: Waveland Press.

Trent, J. S., & Friedenberg, R. V. (2000). *Political campaign communication* (4th ed.). New York and London: Praeger.

Trout, J. (1995). *The new positioning: The latest on the world's # 1 business strategy*. New York: McGraw Hill.

Trout, J. & Ries, A. (1986). *Positioning: The battle for your mind*. New York: Harper & Row.

Valdivia, A. N. (1997). The secret of my desire: Gender, class, and sexuality in lingerie catalogs. In K. T. Frith (Ed.), *Undressing the ad: Reading culture in advertising*. New York: Peter Lang.

第十二章

Cantola, S. J., Syme, G. I., & Campbell, N. A. (1985). Creating conflict to conserve energy. *Psychology Today*, Feb., p. 14.

Carnegie, D. (1952). *How to win friends and influence people*. New York: Simon & Schuster.

Cialdini, R. (2001). *Influence: Science and practice*. Boston: Allyn & Bacon.

German, K. Gronbeck, B, Ehninger, D., & Monroe, A. (2004). *Principles of public speaking*. New York: Allyn & Bacon.

Howell, W. S., & Bormann, E. G. (1988). *The process of presentational speaking*. New York: Harper & Row.

Molloy, J. T. (1977). *The dress for success book*. Chicago: Reardon & Walsh.

Monroe, A., Ehninger, D., & Gronbeck, B. (1982). *Principles and types of speech communication*. Chicago: Scott, Foresman.

Rank, H. (1982). *The pitch*. Park Forest, IL: Counter Propaganda Press.

Russell, J. T., & Lane, W. R. (2005). *Kleppner's advertising procedure* (16th ed.). Upper Saddle River, NJ: Prentice-Hall.

Scheflen, A. E. (1964). The significance of posture in communication systems. *Psychiatry*, 27, 316–331.

Schwartz, T. (1973). *The responsive chord*. Garden City, NY: Anchor.

Selby, P. (1902). *Lincoln's life story and speeches*. Chicago: Thompson & Thomas.

Simons, H. (2001). *Persuasion in society*. Thousand Oaks, CA: Sage.

Woods, M. (1993). Toothbrush tips for wellness. *Chicago Tribune*, Sept. 12, sec. 5, p. 3.

第十三章

Blumler, J. (1979). The role of theory in uses and gratifications studies. *Communicationo Studies*, 6, pp. 9–34.

Boorstin, D. (1961). *The image: A guide to pseudo-events in America*. New York: Harper & Row.

Brand, S. (1987). *The media lab: Inventing the future at M.I.T.* New York: Viking Penguin Books.

Chicago Tribune. (2005). Time to explode the Internet? July 4, 2005, editorial page.

Cirino, R. (1971). *Don't blame the people*. Los Angeles: Diversity.

Gumpert, G., & Drucker, S. J. (2002). From locomotion to telecommunication, or paths of safety, streets of gore. In L. Strate, R. Jacobson, & S. J. Gibson (Eds.), *Communication in cyberspace: Social interaction in an electronic environment* (2nd ed.). Cresskill, NJ: Hampton Press.

Hall Jamieson, K., & Kohrs-Campbell, K. (1996). *The interplay of influence* (4th ed.). Belmont, CA: Wadsworth.

Kaiser Family Foundation. (1999). *Kids and media at the new millennium*. Menlo Park, CA: Author.

Kaplan, D., Wingert, P., & Chideya, F. (1993). Dumber than we thought. *Newsweek*, Sept. 20, pp. 44–45.

Larson, C. U. (2002). Dramatism and virtual reality: Implications and predictions. In L. Strate,

R. Jacobson, & S. J. Gibson (Eds.), *Communication and cyberspace: Social interaction in an electronic environment* (2nd ed.). Cresskill, NJ: Hampton Press.

Lederer, R. (1991). *The miracle of language*. New York: Pocket Books.

Levin, D. (1998). *Remote control childhood?* Washington, DC: National Association for the Education of Young Children.

Madigan, C. M. (1993). Going with the flow. *Chicago Tribune Magazine*, May 2, pp. 14–26.

Matusow, B. (1983). *The evening stars: The making of a network news anchor*. New York: Ballantine Books.

McCombs, M., & Shaw, D. (1972). The agenda setting function of the media. *Public Opinion Quarterly, 36,* 176–187.

McLuhan, M. (1963). *Understanding media: The extensions of man*. New York: Signet.

Meyrowitz, J. (1985). *No sense of place: The impact of electronic media on social behavior*. New York: Oxford University Press.

Ong, W. S. (1967). *The presence of the word*. New Haven, CT: Yale University Press.

Ong, W. S. (1977). *Interfaces of the word*. Ithaca, NY: Cornell University Press.

Ong, W. S. (1982). *Orality and literacy: The technologizing of the word*. London: Metheun.

Postman, N. (1996). Cyberspace, schmyberspace. In L. Strate, R. Jacobson, & S. J. Gibson (Eds.), *Communication and cyberspace: Social interaction in an electronic environment*. Cresskill, NJ: Hampton Press.

Powers, R. (1978). *The newscasters: The news business as show business*. New York: St. Martin's Press.

Ramhoff, R. (1990). Bart's not as bad as he seems: Simpsons as positive as other family. *Rockford Register Star*, Oct. 18, sec. 2, p. 1.

Rubin, A. (2002). The uses and gratifications perspective of media effects. In J. Bryant & D. Zillman (Eds.), *Media effects: Advances in theory and research*. Mahwah, NJ: Erlbaum.

Schwartz, T. (1973). *The responsive chord*. Garden City, NY: Anchor/Doubleday.

Theall, D. (2002). *The Virtual McLuhan*. Toronto: McGill-Queens University Press.

Victory, V. B. (1988). Pocket veto. *Advertising Age*, April 25, p. 20.

Zettl, H. (1996). Back to Plato's cave: Virtual reality. In L. Strate, R. Jacobson, & S. J. Gibson (Eds.), *Communication and cyberspace: Social interaction in an electronic environment*. Cresskill, NJ: Hampton Press.

第十四章

Ajmone, T. (2004). *The Age of Subliminal Communication*. www.subliminal-message.info/age_of_subliminal_communication/html.

Alexander, A., & Hanson, J. (2003). *Taking sides: Clashing views on controversial issues in mass media and society*. Burr Ridge, IL: McGraw-Hill/Dushkin.

Amft, J. (2004). Psychographics: A Primer. www.psychographics.net.

Baker, R. (1997). The squeeze. *Columbia Journalism Review*, Sept.–Oct.

Becker, H., & Glanzer, N. (1978). *Subliminal communication: Advances in audiovisual engineering applications. Proceedings of the 1978 Institute of Electronical and Electronics Engineers: Region 3*. Atlanta: Institute of Electronical and Electronics Engineers.

Berger, A. (2000). *Ads, fads, and consumer culture: Advertising's impact on American character and society*. Lanham, MD: Rowan & Littlefield.

Borchers, T. (2002). *Persuasion in the media age*. Burr Ridge, IL: McGraw-Hill.

Chaffee, J. (1998). How advertising informs to our benefit. *Consumers' Research*, April.

Chicago Tribune (2005). Time to explode the Internet? July 12, p. 12.

Cuneo, A. (2002). Creative execs stress the importance of the Internet. Accessed Nov. 13, 2002, at www.adage.com using QuickFind Id: AAO20F.

Diamond, E., & Bates, S. (1984). *The spot: The rise of political advertising on television*. Cambridge, MA: M.I.T. Press.

Dollas, C. (1986). Butterball turkeys: An examination of advertising theory and practice. Unpublished starred paper, Department of Journalism, Northern Illinois University, De Kalb.

Engel, J., Blackwell, D., & Miniard, P. (1993). *Consumer behavior*. Chicago: Dryden.

Espejo, E., & Romano, C. (2005). Children and media policy brief. *Children Now*, Spring, pp. 1–8.

Gallonoy, T. (1970). *Down the tube: Or making television commercials is such a dog-eat-dog business, it's no wonder they're called spots*. Chicago: Regenery.

Global marketers spend $71 billion. (2002). *Advertising Age*, Nov. 11, pp. 1–18.

Goodkin, O., & Phillips, M. (1983). The subconscious taken captive. *Southern California Law Review, 54*, 1077–1140.

Happy 65th birthday to 5,500 Americans—daily. (1988). *Chicago Tribune*, April 20, sec. 8, p. 10.

Hogan, K. (2005) Covert subliminal persuasion: 7 facts that will change the way you influence forever. *The Science of Influence Library*. Eagan MN: Network 3000 Publishing, Forthcoming.

Honomichl, J. (1984). *Marketing research people: Their behind-the-scenes-stories*. Chicago: Crain Books.

Key, W. B. (1973). *Subliminal seduction: Ad media's manipulation of a not so innocent America*. New York: Signet.

Lander, A. (1981). In through the out door. *OMNI*, Feb., p. 45.

Larson, C. (2001). *Persuasion: Reception and responsibility* (9th ed.). Belmont, CA: Wadsworth Publishing Company.

Mitchell, A. (1983). *Nine American lifestyles: Who we are and where we are going*. New York: Macmillan.

National Public Radio. (2006). *All things considered*. January 3.

O' Guinn, T., Allen, C., & Semenik, R. (2006). *Advertising and integrated brand promotion*. Mason, OH: Thomson-Southwestern.

O'Toole, J. (1985). *The trouble with advertising*. New York: Times Books/Random House.

Parente, M. (2004). *Advertising Campaign Strategy* (4th ed.). Mason, OH: Thomson-Southwestern.

Phillips, M., & Goodkin, O. (1983). The subconscious taken captive: A social, ethical, and legal analysis of subliminal communication technology. *Southern California Law Review, 54*, 1077–1540.

Postman, N. (1987). *Amusing ourselves to death: Public discourse in the age of show business*. New York: Penguin Books.

Rank, H. (1991). *The pitch*. Park Forest, IL: Counter Propaganda Press.

Reis, A. (1996). *Focus: The future of your company depends on it*. New York: Harper Collins.

Ries, A., & Trout, J. (1986). *Positioning: The battle for your mind*. New York: McGraw-Hill.

Rogers, S. (1992). How a publicity blitz created the myth of subliminal advertising. *Public Relations Quarterly*, Winter, pp. 12–18.

Rothschild, M. (1987). *Advertising: From fundamentals to strategies*. Lexington, MA: Health.

Schudson, M. (1984). *Advertising, the uneasy persuasion: Its dubious impact on American society*. New York: Basic Books.

Schwartz, T. (1973). *The responsive chord*. New York: Anchor Doubleday.

Segmentation and targeting. (2004). At www.kellog.northwestern.edu/sterntha/htm/module2/1. Evanston, IL: Kellog School of Business.

Storch, C. (1988). Humble grocery cart now a video ad vehicle. *Chicago Tribune*, May 1, Tempo sec., pp. 1, 5.

Subliminals used to fight smoking. (1987). *De Kalb Daily Chronicle*, Nov. 18.

Thompson, S. (2002). Frito-Lay reports Doritos online ad success. Accessed Nov. 18, 2002, at www.adage.com using QuickFind Id: AAO21A.

Trout, J. (1995). *The new positioning: The latest on the world's # 1 business strategy*. New York: McGraw Hill.

Valdivia, A. H. (1997). The secret of my desire: Gender, class, and sexuality in lingerie catalogs. In K. T. Frith (Ed.), *Undressing the ad: Reading culture in advertising*. New York: Peter Lang.

Vestergaard, T., & Schroeder, K. (1985). *The language of advertising*. London: Basil Blackwell.

Weiss, M. J. (1989). *The clustering of America: A vivid portrait of the nation's 40 neighborhood types —Their values, lifestyles, and eccentricities*. New York: Harper & Row.

Wentz, L., & Cuneo, A. (2002). Double-digit Hispanic ad growth continues. Accessed Sept. 16, 2002, at www.adage.com using QuickFind Id: AAN95S.

Williamson, J. (1977). *Decoding advertising: Meaning and ideology in advertising*. London: Marion Boyers.

Winkelman, P. (2004). *Emotion and consciousness*. Eagan, MN: Network 3000 Publishing, Forthcoming.

Wrighter, C. (1972). *I can sell you anything*. New York: Ballantine Books.

后记

Hart, R. P. (1999). Teaching the undergraduate persuasion course: Why? In A. Vangelesti, A. Daly, & G. Friedrich (Eds.), *Teaching communication: Theory, research, and methods* (2nd ed.). Hillsdale, NJ: Erlbaum.

后 记

在修订《说服:如何聪明地说与听》这本书的时候,我注意到一个反复出现的现象,即不断加速的变化。我们不仅看到遍布全球的恐怖主义网络的出现,而且很多恐怖主义分子在试图破坏美国的经济和美国人的安全感。在"9·11"事件之后,没有人在乘飞机旅行时还能像过去那样相信这是最安全的出行方式。实际上每周都涌现出新的技术。另一个正在发现的变化涉及"婴儿潮"效应。曾经作为"嬉皮士"(hippies)和"易皮士"(yippies)反对越南战争的婴儿潮一代已经不再作为"雅皮士"(yuppies)(生活在城市中的年轻的专业人士)而引领潮流了(也不再那么贪婪、充满渴望了)。有些人现在已经走过作为"中年雅皮士"(muppies)(生活在城市中的年富力强的中年专业人士)的岁月,而开始跨入他们人生的"退休的雅皮士"(ruppie)(生活在城市中的退休的专业人士)阶段。他们仍然对我们的社会产生巨大的影响。自从这本书的上一个版本出版以来,我们看到了互联网泡沫的破灭,看到经济从繁荣走向衰退,而现在我们面对着没有尽头的巨额财政赤字。从20世纪90年代末期到21世纪的前几年,随着公司破产和丑闻频现,我们失去了对于大型公司和重要的审计组织的首席执行官的信任。仅仅与几年前相比,我们已经变成了相当多元化的国家,而且这种多元化在21世纪有着横扫一切的影响。

技术继续以意想不到的方式冲击着我们。例如,"哥伦比亚号"(Columbia)航天飞机残骸是被登山者和渔民以廉价但复杂的全球定位设备(GPS)发现的。他们只是简单地记录下来那些残骸的位置,然后向有关部门报告。当然,互联网、电子邮件、电子商务等技术正在以指数级的量级增长。在我修订这本书的第九版的时候,互联网上大约有一万个色情网站,而现在有上百万个。也有很多其他的技术和复杂的说服方法有待引入。所有这些和那些尚未完全显露的变化、说服性消息的数量和复杂度,正继续如雨后春笋般迅速增加。说服也几乎是在成倍地增加。因而,对于我们而言,成为一个有批判能力的说服的接收者尤为重要。我的感觉得到了著名的传播学学者、奥斯汀的得克萨斯大学的传播学教授罗德·哈特(Rod Hart,1999)的证实。他描述了在每学期开始上课时,他对他的学生所发出的令人印象深刻的呼吁:

> 在第一天上课时,我对我的学生说,所有的说服者所索求的只是短暂地借用说服对象的一点点思想……我告诉我的学生,我的课程就是要将这些思想还给他们。我告诉他们,他们愿意借给老师、传教士和露台上的啦啦队长的思想会导致大脑空空如也。我告诉他们,如果他们不断地放弃一部分自己,最后当他们最需要自己的时候——困惑的时候、恐惧的时候、必须做出决定的时候,会发现什么都没留下来。我告诉他们,说服是一门不断发展的科

学,它在看似什么也没有发生的情况下,却从根本上产生着最强有力的影响……我努力使我的学生逐步拥有某种骄傲的谦虚、一种思维方式,它给予学生拆解花言巧语的勇气并同时给予他们不去低估那些华丽的修辞的智慧……说服学课程是他们在大学里所上的最重要的课程(未标页码)。

当你学完这门课程时,我希望你不会停止使用在这里所讨论的批判的接收的技巧。我希望你尝试着用你的努力、技能和能力批判性地分解那些华丽的修辞。我希望你将不断地认识到我们所生活的这个世界和我们所接收到的大量的说服性消息的复杂性。我相信你会形成怀疑说服性诉求的本能。与哈特教授一样,我"完全相信批判性的头脑所具有的神奇的能力,它实话实说,毫无遮掩,戳穿计谋,让上帝变为凡人,并使我们坚信,自己不会像旅鼠一般盲目地掉入大海的深渊"。